筑波大学附属高等学校

▶交通　丸ノ内線茗荷谷駅下車徒歩10分
有楽町線護国寺駅下車徒歩8分

〒[illegible]大塚1-9-1
[illegible]1-7176
[illegible].jp/shs/

沿　革

明治21年，旧高等師範学校尋常中学科として創立され，昭和24年，東京教育大学附属高等学校と改称。同25年に共学となり，同53年に筑波大学に移管され筑波大学附属高等学校となる。

教育目標

1. 自主・自律・自由をモットーとする。
2. 全人的人間の育成という本校の伝統的教育精神を基盤として，知育，徳育，体育の調和をはかる。
3. 教科教育においては，特に，体系的かつ基本的な知識・技能・態度の修得の徹底を期する。
4. 特別教育活動においては，計画的，実践的，協力的人間の育成と生徒の個性の伸長につとめる。
5. 生徒指導においては，生徒の個人的な現実の問題解決を援助するとともに将来の進路の開拓を指導する。

本校の使命

本校は，筑波大学附属の全日制課程普通科の高等学校で，中学校における教育の基礎の上に，心身の発達に応じて，主として後期中等教育を行うとともに，筑波大学における，生徒の教育に関する研究に協力し，かつ，筑波大学の計画に従って，学生の教育実習の実施にあたる使命をもっている。

クラス構成

各学年　6クラス
クラス定員　39～41名(男女同数)

教[illegible]

1年[illegible]リキュラムで学習するが，2年次に[illegible]修選択科目2単位が，3年次には必修選択科目4単位が設けられ，自由選択科目は14単位まで履修が認められている。各自の興味や進路希望に沿った学習が可能となっている。

年間行事

4月　入学式　前期始業式
　　開成レース(ボート部対開成高校定期戦)
5月　2年校外学習　生徒総会
6月　院戦(対学習院総合定期戦)
　　前期中間考査　進路説明会
7月　1年蓼科生活
　　アジア太平洋青少年リーダーズサミット
9月　桐陰祭(文化祭)
10月　前期期末考査　前期終業式
　　スポーツ大会　後期始業式
11月　2年修学旅行
12月　教育研究大会　3年学年末考査
　　1・2年後期中間考査
1月　入学試験(附属中学)
2月　入学試験(一般中学)
　　百人一首大会
　　心理学講習会
3月　1・2年学年末考査　卒業式
　　後期終業式
　　湘南戦（サッカー部対湘南高校定期戦)

クラブ活動

文化部

美術　英字新聞　クイズ研究　写真映画

かるた　ＪＡＺＺ研究　オーケストラ

運動部

サッカー　ダンス　バレーボール　フットサル

バスケットボール　野球　陸上競技　卓球

馬術　バドミントン　水泳　弓道

剣道　柔道　ボート　硬式テニス

ハンドボール　女子サッカー

同好会・愛好会

演劇　文芸　軽音楽　ＴＣＡ（コンピュータ）

数学　化学　書道

主な進学先

東京大　京都大　東北大　筑波大

千葉大　東京工業大　一橋大

慶應義塾大　上智大　中央大

立教大　早稲田大　東京理科大　等

◎応募状況◎

年度	募集数	応募者数	受験者数	合格者数	実質倍率
2018	80	602	525	147	3.6
2019	80	582	510	154	3.3
2020	80	596	527	151	3.5
2021	80	554	485	152	3.2
2022	80	646	552	158	3.5
2023	80	607	531	155	3.4
2024	80	586	499	165	3.0

筑波大学附属高等学校

〈収録内容〉

2024 年度 ……………………… 数・英・理・社・国

2023 年度 ……………………… 数・英・理・社・国

2022 年度 ……………………… 数・英・理・社・国

2021 年度 ……………………… 数・英・理・社・国

2020 年度 ……………………… 数・英・理・社・国

DL 2019 年度 ……………………… 数・英・理・社

DL 平成 30 年度 ……………………… 数・英・理・社

便利な DL コンテンツは右の QR コードから

解答用紙　過去年度　解説+α　非対応 リスニング

⇒

※データのダウンロードは 2025 年 3 月末日まで。
※データへのアクセスには、右記のパスワードの入力が必要となります。 ⇒ 617043

〈合格最低点〉

※学校からの合格最低点の発表はありません。

本書の特長

実戦力がつく入試過去問題集

- ▶ 問題 ………… 実際の入試問題を見やすく再編集。
- ▶ 解答用紙 …… 実戦対応仕様で収録。
- ▶ 解答解説 …… 詳しくわかりやすい解説には、難易度の目安がわかる「基本・重要・やや難」の分類マークつき（下記参照）。各科末尾には合格へと導く「ワンポイントアドバイス」を配置。採点に便利な配点つき。

入試に役立つ分類マーク

基本 確実な得点源！
受験生の90％以上が正解できるような基礎的、かつ平易な問題。
何度もくり返して学習し、ケアレスミスも防げるようにしておこう。

重要 受験生なら何としても正解したい！
入試では典型的な問題で、長年にわたり、多くの学校でよく出題される問題。
各単元の内容理解を深めるのにも役立てよう。

やや難 これが解ければ合格に近づく！
受験生にとっては、かなり手ごたえのある問題。
合格者の正解率が低い場合もあるので、あきらめずにじっくりと取り組んでみよう。

合格への対策、実力錬成のための内容が充実

- ▶ 各科目の出題傾向の分析、合否を分けた問題（過去３年分）の確認で、入試対策を強化！
- ▶ その他、学校紹介、過去問の効果的な使い方など、学習意欲を高める要素が満載！

解答用紙ダウンロード 解答用紙はプリントアウトしてご利用いただけます。弊社ＨＰの商品詳細ページよりダウンロードしてください。トビラのＱＲコードからアクセス可。

＋α ダウンロード 2021 年度以降の数学の解説に ＋α が付いています。弊社ＨＰの商品詳細ページよりダウンロードしてください。トビラのＱＲコードからアクセス可。

UD FONT 見やすく読みまちがえにくいユニバーサルデザインフォントを採用しています。

筑波大附属の数学

——出題傾向と対策 合否を分けた問題の徹底分析——

出題傾向と内容

〈出題形式〉

例年5題の大問で構成されている。問題1が数題の小問群となっていることもあるが，近年は問題1から大問となっていることが多い。大問は数題の関連する小問で成り立っていて，たいていは前の小問が後の小問のヒントになるようになっている。また，理由を説明する問題や証明問題の場合には穴埋め形式で作られていることもあるが，完全な記述式で出題されることもある。全体の小問数は15～18題程度であり，問題のレベルからするとやや多い。年度によって，数量分野が多かったり，図形分野が多かったりするが，たいていは関数，方程式，確率などとの融合問題として出題されていて，出題範囲は中学数学の全分野にわたっている。

〈本年度の出題内容〉

［問題1］ 二つ折りにして重ねて作った冊子についての問題で，最初にそこから抜き出した1枚の紙のページ数の関係を聞いている。次に1ページに2枚ずつの紙を出席番号順に貼り付けて，そこから1枚を取り出したときの出席番号の関係を聞き，最後に間違えた番号を書いた人がいたとして，間違えた出席番号をたずねている。

［問題2］ ハンドボール投げについての問題。3人の欠席者以外の記録と後日測定した3人を加えた度数分布表を提示し，平均値，範囲，四分位範囲，中央値の与えられた条件から欠席者3人の記録を求めさせる問題である。資料の整理の総合問題となっている。

［問題3］ 座標平面上の図形問題。三平方の定理で3辺の比が求められる直角三角形と，それと相似な三角形を使って辺の長さを次々と求めていって，ある点の座標を明らかにする問題。どの三角形を用いるか，どの辺を用いるかに工夫が必要である。

［問題4］ 立方体を2面で切断し，さらに他の平面で切断することによって作られた問題である。面積や体積を求める問題に切断面の図を書かせる問題が混じっている。

［問題5］ 列車Aと列車Bの速さの問題。進む道のりと時間の関係が，出発してしばらくは2乗に比例する関数，ある時刻以降は一次関数として設定されている。関係式を作り，方程式を立て，それを解いて，最後に，出発駅から踏切までの道のりを求めるようになっている。

〈全体的な傾向〉

年度によって範囲や難しさが異なるが，基本的には『数学的なものの考え方』が重視されている。提示される条件や図が複雑なものであることは少ないし，また，要求される決論もすっきりしたものが多い。だが，解決に至るまでには十分な考察や検証が必要とされている。

来年度の予想と対策

来年度も出題形式はほとんど変わらないで，小問2～3題で構成される大問が5題出題されるだろう。数量分野では，計算問題や方程式，関数・グラフの問題が単独で出されることはまずない。数の性質や規則性に関する問題，あるいは図形の軽量問題の中に，複雑な計算や方程式が含まれることが予想される。場合の数や確率についても規則性や図形の問題との組み合わせで出されるだろう。

本校の問題は，数を書き並べたり，表や図を書いたりしながら解決方法を見い出すものが多い。常日頃から，なぜこうなるのだろうと疑問をもったり，どう説明すればよいかの筋道を考えたりする姿勢が大切である。また，途中の考え方をまとめながら学習することも役に立つ。

年度別出題内容の分析表　数学

	出題内容	28年	29年	30年	2019年	2020年	2021年	2022年	2023年	2024年
数・用語	整数・自然数の性質		○	○	○	○	○	○		○
	倍数・約数				○	○				
	用語の意味		○				○			
	規則性・新しい記号					○	○	○		
計算問題	数・式の計算・式の値	○		○						
	分数・小数を含む数・式の計算									
	平方根	○		○						
	多項式の展開・因数分解	○								
方程式・不等式	連立方程式を含む一次方程式									
	二次方程式	○	○	○	○		○	○		
	不等式	○		○						
	等式の変形									
	方程式・不等式の応用	○	○	○	○	○	○		○	○
関数・グラフ	比例・反比例								○	
	一次関数	○	○	○	○	○				○
	$y=ax^2$の二次関数	○	○	○					○	
	その他の関数									
	座標・式を求める問題		○						○	○
	グラフの作成					○				
大問で使われる計算等	複雑な数・式の計算		○		○	○		○	○	○
	平方根の計算		○		○	○		○	○	○
	因数分解									
	やや複雑な方程式・不等式		○		○	○			○	○
	その他の計算									
図形の性質	平行線の性質						○	○	○	
	多角形の性質								○	
	円の性質	○	○	○	○		○	○	○	
	合　同	○		○		○	○			
	相似・平行線と線分の比	○	○	○		○	○	○	○	○
	三平方の定理		○		○		○		○	○
	動　点		○		○	○		○		
	立体の切断・位置関係	○	○	○	○	○		○	○	○
	図形の移動・回転				○					
	説明・証明・作図				○					○
図形の計量	角　度	○								
	長さ・面積・体積	○	○	○	○	○	○	○	○	○
	面積・体積の比		○			○				
確率・統計	場合の数・確率	○	○	○	○	○				
	資料の整理・代表値・平均							○	○	○
	標本調査								○	
融合問題	関数・グラフと図形	○	○		○				○	○
	関数・グラフと確率・場合の数									
	図形と確率・場合の数						○			
	その他の融合問題		○				○			
	記述問題									
	その他の問題	○	○	○	○	○	○	○	○	○

筑波大学附属高等学校

2024年度 筑波大学附属高等学校 合否を分けた問題 数学

〔問題1〕

5枚の紙で20ページの冊子を作るとき，最初がページ数1，最後がページ数20。ページ数1の裏がページ数2で，ページ数20の裏がページ数19。どの1枚でも，表も裏も，隣り合った面のページ番号を加えると21になることに着目するとよい。

出席番号順に自己紹介の紙を貼り付けるとき，例えば5ページ目に貼り付ける2枚の下の方が5×2(番)であり，上の番号は$5\times2-1$(番)である。ページ番号nから始まる紙はそのページの下の段が出席番号$2n$である。そのページの上の段の出席番号は$n-1$　下の段の出席番号が偶数であることに留意しておこう。

〔問題2〕

本問題は資料の総数が23なので，第1四分位数，第2四分位数(中央値)，第3四分位数が何番目であるかを見つけやすかった。資料の総数が偶数の24のときだと，数値の低い方が12，高い方が12と同じ数になるので，12番目と13番目の平均値が第2四分位数となる。この場合，12が偶数なので6と6に分けられる。第1四分位数は6番目と7番目の平均値，第3四分位数は18番目と19番目の平均値となる。

〔問題3〕　(2)，(3)　〔問題4〕　(1)

OAの長さを求めるとき，$\mathrm{OA}=\sqrt{\mathrm{OC}^2+\mathrm{AC}^2}=\sqrt{64+16}=\sqrt{80}=4\sqrt{5}$とやってもよいが，$\mathrm{OC}:\mathrm{AC}=8:4=4\times2:4\times1$として，$\sqrt{2^2+1^2}=\sqrt{5}$，$4\sqrt{5}$と求める方が簡単である。〔問題4〕では2辺が30，15の直角三角形が登場するが，その斜辺の長さを求めるときも，$\sqrt{30^2+15^2}=\sqrt{1125}=15\sqrt{5}$としてではなく，$\sqrt{15^2\times2^2+15^2\times1^2}=15\sqrt{5}$や，$30:15=2:1$　$\sqrt{2^2+1^2}=\sqrt{5}$　よって$15\sqrt{5}$のようにして求めるとよい。

なお，内角の大きさが30°，60°，90°の直角三角形の3辺の比が$2:1:\sqrt{3}$であることや，直角二等辺三角形の辺の比が$1:1:\sqrt{2}$であることは使いこなせるようになっていると思うが，直角を挟む2辺の比が$2:1$の直角三角形の3辺の比が$2:1:\sqrt{5}$であることも覚えておこう。

〔問題4〕　(1)，(3)

重なりのある図形の面積や体積の求め方を問い，重なった部分の面積や体積を求めるために図形の相似の考え方を用いるようになっている。また，2つの図形が重なっているとき，全体の面積や体積を求めるには，2つの図形を加えたものから重なった部分の面積や体積を引けばよい。なお，相似な図形では面積比は相似比の2乗，体積比は相似比の3乗である。

〔問題5〕

s秒後に踏み切りに到達する。つまり進んだ距離が等しくなるとして次のような方程式を作った人がいたかもしれない。$\frac{5}{18}\times54^2+30(s-54)=\frac{5}{12}\times24^2+20(s-24)$　式自体は一次方程式であって難しいものではないが，計算に手間取ったり，計算でミスをしたりするかもしれない。$\mathrm{AB}+\mathrm{AC}=\mathrm{A}(\mathrm{B}+\mathrm{C})$の計算方式を用いて計算してみよう。

$5\times3\times54+30s-30\times54=5\times2\times24+20s-20\times24$　$10s=10\times24-20\times24-15\times54+30\times54=-10\times24+15\times54=-240+810=570$　よって，$s=57$

◎本校の問題集は思考力，応用力を磨くのに最適な参考書でもある。徹底的に研究しておこう。

2023年度 筑波大学附属高等学校 合否を分けた問題 数学

〔問題1〕

平行四辺形の対辺が平行で等しいという当たり前のことを使う問題であり，同一直線上，あるいは平行線上にある線分の比は，その線分の両端のx座標の差(またはy座標の差)で求めることができることを利用すれば，確実に仕上げていくことができる。

(3)では，aが正の数であることから，MK－NL＝$-\frac{1}{16}a$から，MK－NL＜0　MK＜NLと進めることができる。

〔問題2〕 (2)，(3)

(1)で利用した△BAC∽△BEDが出発点になる。ARの長さを求めるために△AROを考えようとするだろう。相似な三角形がどこかにできないかと探してみる。△OQEはどうだろう。∠OAR＝∠EOQがいえるだろうか。△BAC∽△BEDから，∠BAC＝∠BEDがいえる。∠DAC＋∠DEC＝∠DEB＋∠DEC＝180°…①　円の接線と接点を通る半径は垂直に交わるから，∠SOQ＋∠SEQ＝180°…②　①，②から∠PAR＝∠SOQがいえて，∠OAR＝∠EOQ　よって，△ARO∽△OQEがいえる。

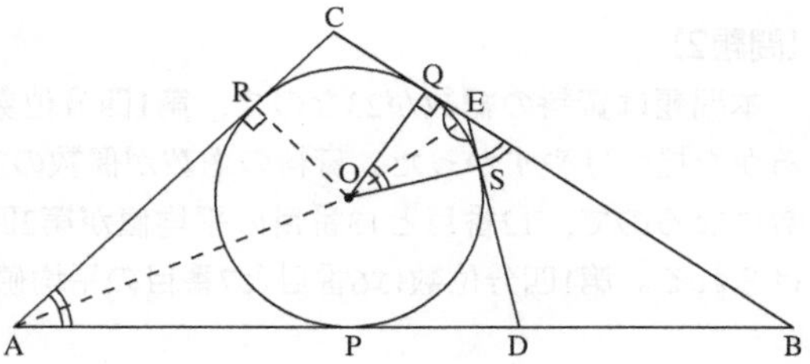

△ARO∽△OQEから，AR：OQ＝OR：EQ　AR＝xとすると，CR＝8－x　円外の1点から円に引いた接線の長さは等しいから，QC＝8－x　EQ＝3－(8－x)＝x－5　OQ＝OR＝rとすると，$x(x-5)=r^2$　$x^2-5x-r^2=0$　r^2の大きさがわかればよいことになる。

この流れを利用するには，次の2つのことが身についていなければならない。

・3辺の長さがわかっている三角形の高さや面積が求められる。

・3辺の長さと面積がわかっている三角形は内接円の半径が求められる。

この2点については、本文解説でていねいに説明してあるので復習してほしい。

(3)については，円と直線によってできる相似な三角形について整理しておくとよい。

① 円に内接する四角形の外角はその内対角(隣の内角と向かいあう角)と等しいことを使う。

② 接線と接点を通る弦の作る角は，その角内にある弧に対する円周角と等しい。

③ 同じ弧に対する円周角は等しい。

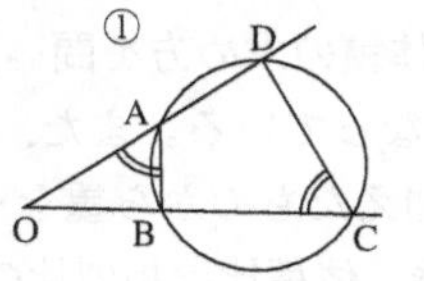

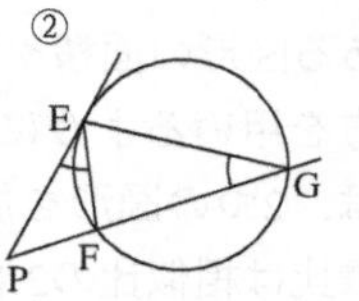

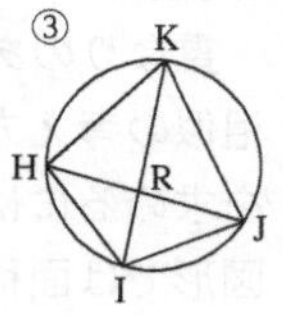

〔問題4〕 (2)，(3)

四角形ACGEで考えるとき，CG＝DH＝AE，CG//DH//AEから四角形ACGEは平行四辺形である。その後で，うっかり∠CGE＝60°としてしまった人がいたかも知れない。六面体の面が正三角形を2つ合わせた形であることから，CF＝CG＝CH＝FG＝GH＝HF＝2の正四面体ができることに気づくことがポイントである。

◎本校の問題には，中学数学の重要事項やその使い方が盛り込まれている。また，思考力や応用力を必要とするものも多数混じっている。中学数学の総復習として，また，数学的感覚を養う格好の参考書・研究書として過去問題集を活用しよう。

2022年度 筑波大学附属高等学校 合否を分けた問題 数学

〔問題1〕 (3), (4)

一の位の数が0, 1, 2, 3, …, 9となるものについて, $\langle n \rangle$と$\langle n^2 \rangle$を書き出しておいて, それを見ながら考えるとよい。例えば, $n=3$のとき, $\langle 3 \rangle=4$, $\langle 3^2 \rangle=\langle 9 \rangle=2$なので, $(\langle n \rangle, \langle n^2 \rangle)=(4, 2)$ 他の数についても確かめて書き出していけば解法が見えてくる。

〔問題2〕 (2), (3)

AB：BE＝5：4であることが問題解決のポイントになる。∠ABC＝2∠BCDであること, ∠BEC＝∠BCEであること, 円に内接する四角形ABCDの外角の性質が使えることなどから, △EAC∽△EDBを導くのがポイントになる。円に内接する四角形の外角の性質について右図で復習しておこう。

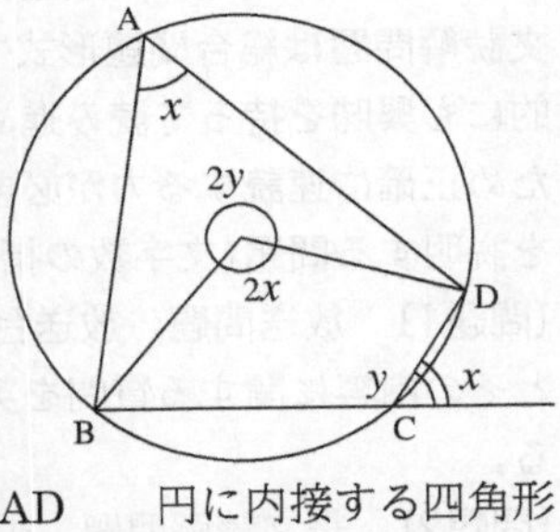

$\overset{\frown}{\mathrm{BCD}}$, $\overset{\frown}{\mathrm{BAD}}$の円周角と中心角の関係から, $\angle\mathrm{BAD}+\angle\mathrm{BCD}=x+y=(2x+2y)\div 2=360^\circ\div 2=180^\circ$　　よって, 円に内接する四角形の向かい合う角の和は180°である。また, $\angle\mathrm{DCE}=180^\circ-\angle\mathrm{BCD}=\angle\mathrm{BAD}$　　円に内接する四角形の外角は, そのとなりの内角と向かい合う内角(内対角という言葉を使ってもよい)に等しい。

〔問題3〕 (2)

青の点滅が始まった後には横断歩道を渡ることができない。青の点滅が始まった後は他の方向は赤のままなのだから待たなくてはならなくて, その時間は10秒未満, または5秒未満である。

〔問題4〕 (2), (3)

本校志望者なら当然知っていることとして本文解説では 詳しくは書かなかったことを説明する。

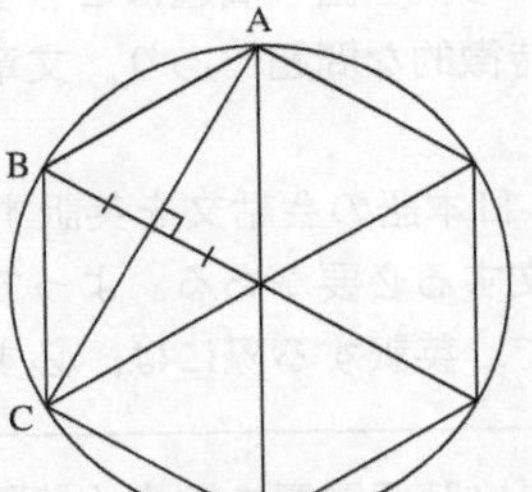

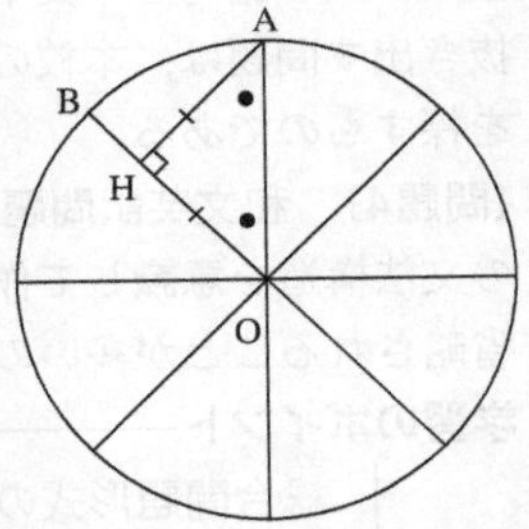

円周を6等分する点を結ぶことで正六角形ができる。正六角形は最も長い対角線を3本引くことで6個の正三角形に分けることができる。また, 図1の△BACは頂角が120°の二等辺三角形であり, 正三角形の高さが1辺の$\dfrac{\sqrt{3}}{2}$倍でありことから, ACの長さは1辺の$\sqrt{3}$倍である。図2は中心角を8等分して作った正八角形であり, 頂角が45°の二等辺三角形8個に分けることができる。図の△ABOで, AからOBに垂線AHを引くと, △HAOは直角二等辺三角形となり, AHは円の半径の$\dfrac{\sqrt{2}}{2}$倍となる。

〔問題5〕

箱ひげ図はデータの分布をわかりやすく表現する方法の1つである。中学数学では箱ひげ図の作り方や読み取り方を学ぶことが目的になっているので, データの数が比較的少ない場合で学習することが多いが, データの個数が少ないときにはあまり意味を持たない。また, データの個数が多い場合には, 箱ひげ図からは平均値は求められない。本問題の(2)では本文解説のように平均値が求められたが, データの個数が少ないときにも平均値が求められないことがある。例えば, データの個数が7個のとき, 数値の小さい方から1番目, 3番目, 5番目, 7番目, 9番目がそれぞれ最小値, 第一四分位数, 第二四分位数, 第三四分位数, 最大値として読み取れるが, その他については数値がわからない。

◎本校の問題には, 中学数学の重要事項やその使い方が盛り込まれている。また, 思考力や応用力を必要とするものも多数混じっている。中学数学の総復習として, また, 数学的感覚を養う格好の参考書・研究書として過去問題集を活用しよう。

筑波大附属の英語 ——出題傾向と対策 合否を分けた問題の徹底分析

出題傾向と内容

本年度も例年通り，放送問題1題，長文読解問題2題，和文英訳問題1題，の計4題が出題された。長文読解問題は総合問題形式で，2題とも物語文である。文法的に複雑な文はそれほど多くなく，内容的にも興味を持って読み進めることができるので，読みやすい文章と言えるが，英文量がかなり多いため正確に速読する力が必要とされる。設問は読解に関するものが中心である。例年，日本語で内容を説明する問題(文字数の指定あり)が主題される。

〔問題1〕　放送問題。放送台本が非公表なため詳細は不明だが，会話文もしくはまとまりのある文章とその内容に関する質問を英語で聞き，その答えを問題用紙に書かれた選択肢の中から選ぶ形式である。

〔問題2〕　長文読解問題。主人公は苦手な平泳ぎで競技会に出ることになり悩むが，母や友人に励まされて競技会当日に泳ぎきることができたという内容の物語文。語句補充問題，語句整序問題，空所に入る語を本文中から抜き出す問題，内容一致問題などが出題されている。

〔問題3〕　長文読解問題。怠け者の若者が妖精に願いごとを3つかなえてもらおうとする，という内容の物語文。例年，本校の長文読解問題のうちの1題は，おとぎ話やファンタジー小説から出題されていて，魔法使いや妖精，ドラゴン，王様と王子などが登場する。問いの種類は〔問題2〕と同様である。空所に入る語句を本文中から抜き出す問題はこちらでも出題されている。空所に入る語を本文中から抜き出す問題は，本校の特徴的な問題であり，文章中から物語を読み取るうえで鍵となる重要な単語を探すものである。

〔問題4〕　和文英訳問題。日本語の会話文を英訳するため，口語の日本語に引きずられすぎず，英語の文法構造を意識して作文する必要がある。よって必ずしも直訳する必要はない。日本語では主語が省略されることが多いので，英訳する際には，必ず主語を補い，動詞の時制に注意すること。

学習のポイント

> 総合問題形式の長文読解問題を数多く練習しよう。時間を決めて集中して読む練習が不可欠である。文章量・設問数ともに多いので，読みながらそのつど設問を解くよう，効率的に取り組もう。

来年度の予想と対策

来年度も，放送問題，長文総合問題2題，および和文英訳問題という出題構成が続くだろう。英語の4技能のうち3技能(リスニング，リーディング，ライティング)を高レベルで磨く必要がある。

長文読解対策としては，難関校向け読解問題集などで800～1000語程度の長文に慣れることが重要だ。本校の出題傾向から，意識的に長めの物語文に取り組んで，本番で文章量に圧倒されないよう十分練習しよう。現代小説とおとぎ話(昔話・民話・神話など)の両方を必ず練習すること。おとぎ話やファンタジー小説特有の非現実的な設定(特に魔法が頻出)に慣れ，奇想天外な話の展開にもついていけるように読み込もう。

英文法は中学の学習内容を超えて学習する必要はないが，複数の文法要素を含む，やや複雑な文に慣れておかなくてはならない。特に語句整序問題を解き，英文の構造を理解することが英作文対策にもなるので，数多く練習しておこう。

放送問題の対策としては，CDやテレビ，ラジオなどを活用して，聞く力を養っておくとよい。

年度別出題内容の分析表 英語

		出題内容	28年	29年	30年	2019年	2020年	2021年	2022年	2023年	2024年
設問形式	話し方・聞き方	単語の発音									
		アクセント									
		くぎり・強勢・抑揚									
		聞き取り・書き取り	○	○	○	○	○	○	○	○	○
	語彙	単語・熟語・慣用句	○	○	○		○	○	○	○	○
		同意語・反意語									
		同音異義語									
	読解	内容吟味	○		○	○	○	○	○	○	○
		要旨把握		○			○		○		○
		語句解釈	○	○	○	○	○	○	○	○	○
		段落・文整序								○	
		指示語	○	○	○			○		○	
		会話文									
		文補充・選択						○	○	○	○
	文法・作文	和文英訳	○	○	○	○	○	○	○	○	○
		語句補充・選択	○	○	○	○	○	○	○	○	○
		語句整序	○	○	○	○	○	○	○	○	○
		正誤問題									
		言い換え・書き換え		○							
		語形変化						○	○	○	○
		英問英答									
		自由・条件作文									
		英文和訳（記述・選択）		○							
文法事項		文型									
		時制						○			○
		間接疑問文			○	○		○			
		進行形		○		○	○		○		
		助動詞	○	○		○		○			○
		付加疑問文									
		感嘆文									
		命令文									
		不定詞	○	○	○	○	○	○	○	○	○
		分詞		○			○			○	○
		動名詞		○			○		○		○
		比較	○	○		○		○	○	○	
		受動態	○				○				
		完了形	○	○	○	○		○	○		○
		前置詞							○		○
		接続詞	○				○	○	○		○
		代名詞									
		関係代名詞	○	○		○	○	○	○	○	

筑波大学附属高等学校

2024年度 筑波大学附属高等学校 合否を分けた問題 英語

〔問題2〕(問8)

本文の内容と一致するものを選ぶ問題。

ア「コーチはメアリーに,背泳ぎをもっと一生懸命練習することでもっと強い選手になれると話した」(×) 下線部(3)を含むコーチの言葉を参照する。コーチはメアリーが平泳ぎの練習に十分な時間をかけていないと思っていた。また,メアリーに得意の背泳ぎではなく,別のこと(平泳ぎ)に挑戦してほしいと思っていた。

イ「メアリーは泳いでいる間,自分が他の選手に遅れていると思った」(○) 空所(6-A)の8つ前の文に I saw the other swimmers ahead of me「私は私の先に他の選手たちが見えた」とあるので,自分が遅れていることに気づいていた。

ウ「メアリーが壁に到達した時,観戦席の観客たちは彼女をほめた」(×) 空所(6-A)の前後の部分を参照する。メアリーがゴールした時の観客の反応については書かれていない。

エ「競技の後,ベティはメアリーが泣き止むまで待っていた」(×) 空所(6-C)の前後の部分を参照する。メアリーが競技の後に泣いたとは書かれていない。

〔問題3〕(問3)

本校の語句整序問題は,例年とても難度が高い。この問題は,you が3つあって戸惑うだろう。文の出だしが Are you sure (that) ~?「あなたは本当に~と思いますか」となることを思いつくかどうかポイントである。

Are you sure　　　　you want me to bring you a wife?

〈want +人+ to +動詞の原形〉「(人)に~してほしい」

〈bring +人+もの〉「(人)に(もの)を運んでくる」

「あなたは本当に思いますか」「あなたは私に,自分に妻を連れてきてほしいと思っている」

→「本当にあなたは,私に妻を連れてきてほしいと思っているのですか?」

下線部(3)の3つ前の文で,ベンが fetch me a wife「私に妻を連れてきてください」と言っていることにも着目する。これを受けて妖精が bring you a wife「あなたに妻を連れてくる」と言う流れになる。

(問6)

空所に入る語句を選ぶ問題。ベンはマッケンジー氏の妻が作ったクッキーを盗んで妖精にあげ,お返しに「妻」がほしいと要望した。妖精が連れてきた「妻」は someone's wife「誰かの妻」(農家のダンカンの妻)だった。そのことを怒るベンに対し,妖精は the cookies were someone else's, too「クッキーも別の誰かのものだった」と返した。

2023年度 筑波大学附属高等学校 合否を分けた問題 英語

本校の語句整序問題は，例年とても難度が高い。一見よくある構文や熟語を使って並べ替えることができそうだが，そうするとうまくいかない(間違ってしまう)ため，注意が必要である。

〔問題2〕(1)

書き出しはI don't needで，選択肢にはtoや動詞doがあるため，I don't need to do「私はする必要がない」という語順が最初に浮かぶかもしれない。残りを並べ替えて意味が通るようにすると，

× I don't need to do　what a stranger telling me with my horse.

となるが，この文は文法的に誤りである。正しくするにはtellingの前にisを入れて現在進行形にし，meの後ろにto doを入れる必要がある。(doは省略可)

○ I don't need to do　what a stranger is telling me to do with my horse.

「私はする必要がない」　「知らない人が私に，自分の馬に対してやれと言っていること」

→「私は知らない人が私に自分の馬に対してやれと言っていることをする必要がない」

(私は知らない人から，自分の馬に対してやれと言われたことをする必要がない)

そこで，この構文や語順ではなく，違う構文を考えることが必要になる。動詞needの目的語としてa strangerを置き，その後ろに現在分詞句をつなげる。

解 I don't need a stranger　telling me what to do with my horse.

「私は知らない人を必要としない」「私に自分の馬に対してどうすべきか言う」

→「私は，私に自分の馬に対してどうすべきか言ってくる知らない人など，必要ではない」

文意は「私は知らない人に，自分の馬に対してどうすべきかなどと言われたくない」ということである。

〔問題3〕(3)

この語句整序問題も，語群の中からCan I do ～ またはCan you do ～という組み合わせを作ってしまいたくなるが，Is there ～「～はありますか」の構文にする。

解 Is there anything else　I can do　to make you happy　enough to sing once more?

「他に何かあるか」　「私ができる」「あなたを幸せにするために」「もう1度鳴けるほど」

→「あなたをもう1度鳴けるほど幸せにするために，何か他に私ができることはありますか」

Iの前には目的格の関係代名詞が省略されている。to make you happyは「～するために」と目的を表す不定詞句。〈形容詞＋enough to＋動詞の原形〉は「～するほど…」の意味。

青い鳥は自分を逃がしてほしいと女王に頼んだ。しかし女王はI will not release you.「私はお前を逃がさない」と言っている。そのうえで，お前を逃がすことの他に，何かできることはあるか，と聞いている。

2022年度 筑波大学附属高等学校 合否を分けた問題 英語

〔問題2〕（問3），〔問題3〕（問7）

ともに語句整序問題だが，一見同じような構文を作るように思えて困惑するため，注意が必要である。

〔問題2〕(問3)は so … that ～「とても…なので～」の構文である。

I' m so surprised　　that I don' t know　what to say.

「私はとても驚いた」　　「のでわからない」　　「何と言うべきか」

→「私はとても驚いたので何というべきかわからない」

〔問題3〕(問7)も同じように並べ替えると，

× I' m scared　　　that I don' t want to see them

「私は怖い」　　　「私は彼らを見たくないということ」

となる。この場合，so がないので，so … that ～「とても…なので～」の構文にはならず，「私は怖いので彼らを見たくない」という意味の文にはならない。

また I' m afraid that ～ は「～ということが怖い」という意味になるが，× I' m scared that ～ とは言わないので，「私は彼らを見たくないということが怖い」という文にもならない。

そこで，この構文や語順ではなく，違う構文を考えることが必要になる。動詞 want は〈want to ＋動詞の原形〉「～したい」だけでなく，〈want ＋人＋ to ＋動詞の原形〉「(人)に～してほしい」の形でもよく用いられることを思い出そう。

I don' t want them to see　that I' m scared.

「私は彼らに見てほしくない」「私が怖がっているのを」

→「私は，私が怖がっているのを彼らに見てほしくない」

少年は，自分以外の家族が皆病気になり，悲しみ，不安，恐怖を感じていたことだろう。それを病気の家族に悟られたくない，自分のそのような姿を見せたくない，と思い，家の外で泣いていたのである。

〔問題3〕（6-B）

語句補充問題。語群の中に紛らわしい動詞が含まれているので注意しよう。(6-B)を含む文は文脈から「その少年は顔を上げた」という意味になると推測されるので，語群の中から lift「～を持ち上げる」を選び，過去形 lifted にして答える。語群にある rise「上がる」は自動詞なのでここでは用いることができない。他動詞 raise「～を上げる」であれば用いることができる。なお，lift は自動詞「(ものが)持ち上がる」，他動詞「(もの)を持ち上げる」の両方の用法がある。

他動詞(目的語を伴う)

He lifted [raised] his face.「彼は顔を上げた」

自動詞(目的語を伴わない)

The balloon lifted up into the air.「その風船は空中に上がった」

The sun rises in the east.　　「太陽は東から上る」

筑波大附属の理科

——出題傾向と対策　合否を分けた問題の徹底分析——

出題傾向と内容

大問数は7～9問が続いていたが，2023年度からは4題となり，各内容が深く問われたり，単元を横断したり，変化の大きい形式となった。物理，化学，生物，地学の4分野から均等に幅広くバランスよく出題される。小問数は30問程度であり，試験時間から見て特に多すぎることはなく，しっかり考える時間はある。解答形式は，記号選択式が減少し，文記述が増加した。

どの問題も，中学で学ぶ基本事項に沿って出題されており，一見すると典型題が多い。しかし，いざ解いてみると，問われる内容は深く，かなりの思考力と考察力が必要な設問が多い。記号選択式の問題では，選択肢の文が長かったり多かったり抽象的であったりすることも多く，一筋縄ではいかない。実験や観察の操作に関する設問は，単なる器具の使い方ではなく，その題材に関わる本質的な部分が問われている。近年は計算問題もやや難化しており，科学的な考え方が多岐にわたって問われる試験問題といえよう。

物理分野　力学，電気，光などのうちからいくつかが出題される。型どおりの計算問題だけでなく，その本質からじっくり問う問題が多い。具体的な数値がないまま思考する問題もみられ，基本原理から確かな理解が求められる。

化学分野　状態変化や化学反応の中からいくつかがテーマになるが，近年では教科書にない素材や法則などを問題文で紹介し，その場で考察するタイプの問題も出題される。また，実験器具や操作に関する問題もよく出題されている。理由や原因には日ごろから気を配りたい。

生物分野　動物系，植物系，生態系などがテーマになる計算問題も多く出題される。例年，実験が関わる大問が出題され，数量的な扱いをすることもある。知識事項も，単なる用語の書き取りレベルではなく，しくみをよく理解しておくことが求められる。

地学分野　地球科学，気象，天文の3単元から，いずれかが出題される。基本的な原理やしくみを問う問題が大半だが，大問によっては，与えられる条件が少ないまま，抽象的な選択肢を検討しなければならないこともある。基礎力とともに想像力も必要である。

学習のポイント

どの分野も，原理やしくみを根本から理解するような学習を心がけよう。

来年度の予想と対策

今後も広範囲から思考力と考察力の必要な問題が出題されるだろう。丸暗記やパターン訓練で対処できる部分だけでは合格点には到達しない。あやふやな知識や理解では，本校入試の問題を正しく答えることは困難である。ふだんから，その単元の要点について，なぜそうなるのか，どういう法則に基づいているのか，本質的な部分を意識して学習を進めたい。学校での実験や観察では，ひととおりの操作を経験して，からだで記憶しておくことも重要である。また，身近な科学については常に関心を持っておきたい。

問題練習は，本校の過去問題をしっかり解くほか，全国の国立高校の入試過去問題も活用して，実験や観察の考察を含む問題を数多く経験しておきたい。ときには，計算を含む難問にも挑戦して，数量の扱いにも熟練しておくとよい。

年度別出題内容の分析表 理科

		出題内容	28年	29年	30年	2019年	2020年	2021年	2022年	2023年	2024年
第1分野	物理分野	光			○			○	○	○	
		音									
		熱	○		○						
		電気・電流回路			○	○	○	○		○	
		磁界		○							○
		力のはたらき	○	○	○	○	○	○	○	○	
		物体の運動		○	○			○	○	○	○
		エネルギー		○							
	化学分野	物質の性質・状態変化	○		○			○	○		○
		気体	○	○		○	○		○		
		水溶液					○	○	○		○
		原子・分子・イオン			○			○	○	○	○
		化合・分解				○					
		酸化・還元		○	○		○	○			
		電気分解・電池	○								
		酸・アルカリ・中和	○			○				○	
第2分野	生物分野	生物の観察							○		
		植物の種類	○						○		
		植物のからだ	○	○	○			○	○	○	
		動物の種類・進化									○
		ヒトのからだ	○	○		○	○				○
		細胞			○						
		生殖・遺伝	○		○		○	○	○	○	
		生態系・環境	○			○			○	○	
	地学分野	地層と地史				○	○		○		
		火山と火成岩		○					○		
		地震			○	○		○			
		大気中の水蒸気			○			○			○
		気象・天気	○		○						○
		地球の自転と公転							○	○	
		太陽系		○			○		○		○
		恒星・宇宙									
その他		時事									
		文記述，論述		○	○		○	○	○	○	○
		描図，作図			○	○	○	○	○	○	
		その他									

筑波大学附属高等学校

2024年度 筑波大学附属高等学校 合否を分けた問題 理科

■ この大問で，これだけ取ろう！

1	日本列島の気象	標準	(2)(3)は図を細かく読む必要がある。(5)は選択肢の意味がとりにくい。あわせて失点は2つまで。
2	記録タイマーによる運動の記録	標準	(2)～(5)いずれも，設問の意味を正しく受け取り，基本事項に従って答えよう。失点は1つまで。
3	プラスチックの分別	標準	(1)は経験のある受験生が有利。他は表を活用していねいに解き進めたい。失点は2つまで。
4	動物の種類や機能	標準	長く多い選択肢に時間を取られるが，内容そのものは難解ではない。失点は1つまで。

■ 鍵になる問題は〔問題1〕だ！

本校の理科の入試問題は，昨年度と同様の大問4題であった。実験や観察，そして図表の読み取りを中心にした内容は，旧来よりもさらに強まった。設問数が少ないので，1問あたりの配点が重い。また，選択肢が抽象的で，意味をとらえるのが難しいのも旧来通りであり，どの基本事項が問われているのかよく洞察しながら，ていねいに答えを作っていく必要がある。

〔問題1〕を取り上げる。気象に関する問題である。

(1)は基本事項とはいえ，図から根拠を述べるのは注意が必要な設問である。単に「西高東低だから」と述べても，それは図2から読み取れないので，得点がもらえるか不安である。図から読み取れることとして，北西から南東に並ぶすじ状の雲(積雲の列)を答えるのが妥当だろう。

(2)は，大阪と東京で気圧が低かった時を，ていねいに読み取る必要がある。解答の四捨五入の仕方に指示がないので迷うところだが，図3には時刻の目盛りがなく，大阪・東京の500kmという距離も大雑把な値なので，どちらも精度のよい値ではない。割り算した答えを小数点以下まで延々答えるのは，かえって不正確である。一の位，または小数第一位を四捨五入する程度で充分であろう。

(3)は，天気図の読み取りで答えにくい設問である。図1アの天気図で，低気圧の後からやってくる，大陸南部の高気圧が，2日後にどこまで移動するのか見極めたい。大阪・東京の距離が500kmだから，それを参考に距離を調べてもよい。また，この手の距離測定でよく使われるのは，図1の天気図に引かれている10°おきの緯線と経線を利用する方法である。経度10°の長さ(図の横1目盛り)は，赤道から北極に向かって狭くなるので，扱いが面倒である。しかし，緯度10°の長さ(図の縦1目盛り)は，どこでも同じである。地球全周は40000kmだから，緯度10°の長さは，$40000 \div 360 \times 10 = 1111$(km)である。緯度10°の長さ1111kmは記憶しておくと，何かと便利である。

(5)は，選択肢があいまいなので答えにくい。アでは，陸は海より暖まりやすく，上昇気流が生じて気圧が下がるので誤りである。すると，イも気温が上がりやすいと考えられるので誤りに見える。確かに，海上に比べれば陸上は気温が上がりやすい。ただ，海岸沿いの町では涼しい海風が流入するので，地面が加熱されるほどには気温は上がらない。例えば，海沿いにある東京よりも，内陸にある熊谷などの方が，夏の気温が極端に上がりやすい。イの選択肢はこのようなことを意図しているのであろう。

2023年度 筑波大学附属高等学校 合否を分けた問題 理科

■ この大問で，これだけ取ろう！

1	物理総合	標準	(2)は斜め上からなので描きにくい。(3)は正確な理解を要するが，ぜひ全て正解したい。あわせて失点は2つまで。
2	2種類ずつの酸とアルカリ	やや難	(1)～(3)は取りこぼしたくない。(4)(5)は条件の整理に手間取りそう。失点は2つまで。
3	呼吸と光合成	標準	(4)の文記述3つで，しっかり得点できるかどうかが分かれ道になる。失点は1つまで。
4	太陽の南中高度と季節	標準	(3)(4)が手間がかかりそう。題意を手早く読み取ってすぐ計算に取りかかりたい。失点は2つまで。

■　鍵になる問題は〔問題2〕だ！

本校の理科の入試問題は，大問7～9題で，それぞれに小問が3～5問ずつという形式が長年続いていた。しかし，本年度は大問4題となり，それぞれの内容を深く問う形式となった。

基礎基本が重視されている出題内容に変わりはないものの，記述論述や描図の設問数が増加した。深く正確な知識と，考察力や論理力が，過年度以上に必要となった。次年度以降の形式がどうなるかわからないが，基礎基本は丸暗記でなく，徹底的に考えて理解するよう心がけよう。

〔問題2〕を取り上げる。中和の量的な関係に関する問題である。酸とアルカリが2種類ずつあり，計4組の中和反応がある。条件を上手に整理する必要がある。

(3)～(5)の条件となる実験結果が3組示されている。これを利用して，4組の体積比を整理する。

水酸化ナトリウム水溶液：塩酸＝$2cm^3$：$2cm^3$
水酸化バリウム水溶液　：塩酸＝$1cm^3$：$2cm^3$
水酸化ナトリウム水溶液：硫酸＝$2cm^3$：$1cm^3$
水酸化バリウム水溶液　：硫酸＝$1cm^3$：$1cm^3$

そして，水酸化ナトリウム水溶液$2cm^3$，水酸化バリウム水溶液$1cm^3$に含まれるOH^-の数は，どちらもグラフ4目盛り分である。また，塩酸$2cm^3$，硫酸$1cm^3$に含まれるH^+の数は，どちらもグラフ4目盛り分である。

(3)は頻出問題であり，確実に正解したい。Na^+とCl^-が水溶液中では結びつかずイオンのままで存在することに注意したい。

(4)は，上記で整理した内容を利用する。水酸化バリウム水溶液$2cm^3$に含まれるOH^-の数は，グラフ8目盛り分である。また，硫酸$2cm^3$に含まれるH^+の数も，グラフ8目盛り分である。硫酸の電離は，$H_2SO_4 \rightarrow 2H^+ + SO_4^{2-}$だから，硫酸$2cm^3$に含まれる$SO_4^{2-}$の数は$H^+$の数の半分で，グラフ4目盛り分である。$Ba^{2+}$と$SO_4^{2-}$が水溶液中で結びついて沈殿することに注意したい。

(5)は，4種類の水溶液を混ぜるが，2つずつの組合せで中和させて過不足を考え，余ったものどうしでさらに中和を考えればよい。

2022年度 筑波大学附属高等学校 合否を分けた問題 理科

■ この大問で，これだけ取ろう！

1	滑車のつり合い	標準	力のつり合いについての基本的な問題である。(3)は滑車の動きを見極めたい。全問正解を狙おう。
2	木星と金星の見え方	標準	木星の位置から，図の朝と夕方の向き，地球の自転や惑星の公転の向きを確認しよう。失点は1つまで。
3	物質の体積の変化	やや難	水の状態変化については，日ごろの経験をもとに，論理的に考えたい。失点は1つまで。
4	光の屈折	標準	光の屈折について，作図をもとにした問題である。手を動かして解答を導こう。失点は1つまで。
5	花のつくりと遺伝	やや難	(2)はやや難しい。(4)は条件をよく読み，考えられる可能性を書き出して検討しよう。失点は2つまで。
6	地質柱状図	標準	火山灰層の厚さと，地層の傾きを，別々に考え分ける必要がある。全問正解を狙おう。
7	気体の発生量	やや難	(3)は，表を簡単にグラフ化すれば考えやすいが，数学的な処理が必要。失点は1つまで。
8	物質の循環	標準	この分野の典型的な問題である。1つ1つの生物群のはたらきを踏まえると答えられる。全問正解を狙おう。

■ 鍵になる問題は7だ！

7を取り上げる。気体の発生量の測定に関する問題である。

(2)では，はじめに三角フラスコの中にあった空気が解答である。気体を捕集する実験では，最初に出てくる気体は捨てるべきだと思うかもしれないが，それは，純粋な気体を集めたいときである。本問のように気体の発生量を測定するには，量が正確であれば純粋である必要がない。

はじめに三角フラスコの中にあった空気の量がz〔mL〕，二酸化炭素の発生量がy〔mL〕とする。気体が発生すると，まず空気が追い出されてメスシリンダーに集まり，その後，発生した二酸化炭素の一部もメスシリンダーに集まる。そして，三角フラスコは二酸化炭素が占める。メスシリンダーに集まった気体の量は，空気z〔mL〕と，二酸化炭素$y-z$〔mL〕が混ざっており，その合計は$z+y-z=y$〔mL〕となり，確かに二酸化炭素の発生量y〔mL〕が測定できる。

(3)は，気体の量が最大となるときの炭酸水素ナトリウムの質量は，前後の変化の割合57：75の逆比で，1.0gを75：57に分けたときである。よって，$1.0\times\frac{75}{75+57}=\frac{25}{44}=0.508\cdots$〔g〕とわかる。このときの気体の量は，0.2g：57mL$=\frac{25}{44}$g：yより，$y=\frac{7125}{44}=161.9\cdots$〔mL〕となる。

筑波大附属の社会

――出題傾向と対策 合否を分けた問題の徹底分析

出題傾向と内容

例年，大問は6題前後出題される。記号問題が最も多く，地名や人名，用語などを答える問題がこれに次いでいる。論述問題の出題数も多く，3題前後は出題される。しかも，難問が多いので，注意が必要である。

地理は，日本地理，世界地理の両方から出題されるが，地図，グラフ，写真などを使った問題が多い。グラフの読み取りでかなりの難問がみられる。また，時事的な話題に触れた問題もみられ，社会の動きに対する感度の高さが求められている。

歴史でも，例年，グラフや表を用いた出題が多く，受験生にとっては初見となる史料をつかった問題も散見される。初見の史料でも，立ち向かっていける対応力の高さが求められる。また，歴史的な出来事について，歴史的な意義を問うようなやや抽象的な問題も出題される。

公民は，日本国憲法，特に基本的人権に関する出題が多い。時事問題とからめた問題が含まれ，難易度はかなり高い。経済分野では，計算が必要な問題，ゲーム理論など，他の学校では出題があまりみられない問題が出題される。論理的な思考力が問われているといえよう。

本年度の出題項目は以下の通りである。

[問題1]：世界の地形，東南アジアの地誌など
[問題2]：東北地方の気候，産業など
[問題3]：資料を使用した日本の歴史
[問題4]：レポートを題材にした日本の歴史
[問題5]：基本的人権の尊重，司法権の独立，国際連合など
[問題6]：需要と供給の関係，市場価格，公共財など

学習のポイント

- 地図・統計資料を細かくみよう！
- 史料問題をたくさんこなそう！
- 新聞やテレビを意識して読んだり，見たりして時事問題に強くなろう！

来年度の予想と対策

各分野からの出題に時事問題などを加えた難易度の高い出題が多く，この傾向が変わることはまずないだろう。幅広く学習し，基礎的・基本的な問題を早めに固めることが重要である。

地理では，練習問題を解く際に，地図や統計資料を参照すること。また，さまざまな地域や国の特徴をしっかりとおさえておこう。

歴史では，教科書の本文だけでなく，資料や年表と関連付けて学習することが必要である。また，同時代の日本と世界のようすも理解しておくことが大切である。

公民では，日本国憲法の学習が最も重要で，かつ深い理解が求められる。また，時事問題にからめた出題が多いので，テレビや新聞を意識して見ることも大切である。国際政治や国内情勢は，日々，大きく変化しているので，このような動きにも興味・関心を持ってほしい。

年度別出題内容の分析表 社会

		出題内容	28年	29年	30年	2019年	2020年	2021年	2022年	2023年	2024年
地理的分野	日本の地理	地形図の見方	○	○	○	○	○		○		○
		日本の国土と自然	○	○	○	○	○	○	○	○	○
		人口・都市						○	○		
		農林水産業	○	○		○				○	○
		鉱工業・エネルギー問題							○		○
		交通・通信・貿易		○	○		○	○			
		諸地域の特色	○								
	世界の地理	世界地図と地球儀						○		○	
		地形・気候									○
		人口・都市	○			○	○		○		
		産業・エネルギー問題	○	○	○	○				○	
		交通・通信・貿易		○	○			○	○	○	
		生活・文化			○	○	○				○
		諸地域の特色	○	○				○		○	○
	公害・環境問題								○	○	
歴史的分野	日本史	政治・外交史	○	○	○	○	○	○	○	○	○
		社会・経済史	○	○	○	○	○	○	○	○	○
		文化史	○	○	○	○	○		○	○	
		各時代の特色	○	○	○	○	○				○
		日本史総合						○			
	世界史	政治・外交史	○	○	○	○	○	○	○	○	○
		社会・経済史	○	○	○	○	○		○	○	○
		文化史									
		各時代の特色									
		世界史総合									
	日本史と世界史の関連							○		○	○
公民的分野	憲法の原理・基本的人権		○	○	○	○	○	○		○	○
	国の政治のしくみと働き		○	○	○	○	○	○	○	○	○
	地方自治								○		
	国民生活と社会保障								○		
	財政・消費生活・経済一般		○	○	○	○		○	○	○	○
	国際社会と平和		○	○	○	○	○				○
時事問題								○	○	○	
その他								○			

筑波大学附属高等学校

2024年度 筑波大学附属高等学校 合否を分けた問題 社会

〔問題4〕 問6

X～Zのモニュメント・像について，建立された時期の古い順に並び替える問題。ここでは，解説で触れることができなかったモニュメント・像の詳細を述べておきたい。

【Xについて】

「ひめゆりの塔」とよばれる慰霊碑。第二次世界大戦末期の1945年，沖縄で看護要員として動員され悲劇的最期をとげた沖縄師範学校女子部と県立第一高等女学校の職員・生徒(ひめゆり部隊)を合祀した塔。その最期の地，沖縄県糸満市伊原に立つ。隣接して，犠牲者の鎮魂と，戦争の悲惨さを後世に伝えるために建設された「ひめゆり平和祈念資料館」がある。

【Yについて】

石碑にある「明治三十七八戦役」とは，明治37年(1904年)～明治38年(1905年)の日露戦争をさす。この戦争の講和は，1905年に開かれたポーツマス講和会議で行われた。なお，石碑の最後に記されている「希典書」は，「乃木希典」の筆によるものという意味である。乃木希典は，明治期の陸軍軍人で，日露戦争において第3軍司令官として旅順攻略の指揮をとったことで知られる。

【Zについて】

東京の渋谷駅前にたつ「忠犬ハチ公像」。ハチは，秋田犬で，大正末期から昭和初期にかけて，渋谷駅まで飼い主の帰りを出迎えに行き，飼い主の死後も約10年にわたって通い続けて飼い主の帰りを待ったという逸話で知られる。このハチの姿は新聞記事に掲載され，人々に感銘を与えたことから，「忠犬ハチ公」と呼ばれるようになった。そして，1934年には渋谷駅前に銅像が設置されることになり，その除幕式には，ハチ自信も参列した。ハチの銅像は，第二次世界大戦中の金属供出によって破壊されたが，戦後再建され，現在に至るまで渋谷のシンボルとして，また駅前の待ち合わせの目印として立像している。

2023年度 筑波大学附属高等学校 合否を分けた問題 社会

〔問題4〕 問1

通常の授業では触れることがほとんどない資料を使用した問題。「版籍奉還」と「廃藩置県」の違いを正しく理解できていないと，正解することが難しかったと思われる。ここでは，両者の違いが明確になるように解説をしておきたい。

【版籍奉還】

1869年(明治2年)に行われた中央集権化政策。薩摩・長州など多くの大名が領土(版)，領民(籍)の天皇への奉還を上表したのを政府は認め，それ以外の大名にも奉還を命じた。これにより形式的には中央集権となったが，知藩事には旧大名が任命され，今まで通り，藩と人々を治めることになったので，実質的にはまだ不十分であった。

【廃藩置県】

1871年(明治4年)に行われた中央集権化政策。版籍奉還後も封建的藩体制は実質的に存続していたので，これを完全に廃絶するために，西郷隆盛，大久保利通，木戸孝允，板垣退助らが政府の中枢を固め，薩摩・長州・土佐3藩の軍隊の力(御親兵)を背景に廃藩置県を断行した。これにより，藩は廃され，東京・大阪・京都の3府と302県(のちに72県)が成立した。旧大名は知藩事を罷免されて東京在住を命じられ，新たに中央から府知事・県令が任命され，これによって中央集権体制が完成した。

2022年度 筑波大学附属高等学校 合否を分けた問題 社会

〔問題4〕 問5

政府に対し民主化を求めた人びとの動きとして適切な出来事を３つ選び，記号で答える問題。ここでは，解説で触れることができなかった選択肢について解説しておきたい。

イ(奴隷解放宣言)：1863年1月1日にリンカーンが発表した，反乱状態の南部の州と地域の奴隷を自由にするとした宣言。この宣言は，憲法修正による奴隷制の全面的廃止を促し，それは憲法修正13条(1865年発効)として実現した。

ウ(大政奉還)：1867年11月9日，江戸幕府第15代将軍徳川慶喜が朝廷へ政権返上を申し入れ，翌日受諾されたこと。1603年以来の江戸幕府はここに自壊した。

エ(義和団事件)：宗教結社である義和団が中心となっておこした排外運動。「扶清滅洋」を掲げて1900年6月ペキンに入り，教会を攻撃し，列国の公使館を包囲して日本，ドイツの外交官を殺害。清は義和団を支持して列国に宣戦した。これに対し，日本，ロシアを中心とする8か国が共同出兵し，8月にペキンを占領した。これにより，列国に対する清の従属が強まった。

カ(ニューディール政策)：1930年代，アメリカ合衆国の恐慌対策として，フランクリン・ルーズベルト政権のもとで実施された一連の政策の総称。「新規まき直し」の意味。TVA(テネシー河谷流域開発公社)を設立するなど政府が積極的に経済介入することで，失業者を吸収し，有効需要を創出した。

キ(国際連合の発足)：国際連合は，国際連盟にかわる国際平和維持組織。1944年のダンバートン・オークス会議，1945年のヤルタ会談を経て，同年4月～6月のサンフランシスコ会議に連合国50か国が参加し，国際連合憲章を採択。同年10月，憲章が発効して発足した。

ク(日本国憲法の発布)：日本国憲法は，1945年11月3日公布，翌年5月3日施行された憲法。形式的には，大日本帝国憲法第73条の改正手続にもとづき，枢密院への諮問，第90回帝国議会での議決により成立した。

ケ(ペレストロイカ)：ペレストロイカは，1980年代以降，ゴルバチョフ書記長のもとで行われたソ連の改革政策。ロシア語で「立て直し」の意味。1985年にソ連共産党書記長になったゴルバチョフは，硬直化したソ連の体制を活性化しようとして，企業活動の自由化，人民代議員大会の設置，共産党と国家との分離などに着手した。しかし，市場経済への移行をめざす改革はかえって経済の混乱を招き，1991年8月，ソ連共産党は解散し，12月にはソ連も消滅した。

筑波大附属の国語

――出題傾向と対策
合否を分けた問題の徹底分析――

出題傾向と内容

現代文の読解問題が2題という現代文中心の出題が続いている。論説文，小説ともに内容は難解なものではないが，文章のテーマをすばやく読み取り，筆者の主張を踏まえたうえで，設問の要求を見抜く力と過不足なく解答にまとめる表現力が必要とされている。

設問形式は，記号選択式を中心に，抜き出しや字数指定のある記述式が中心となっている。

漢字は標準的な漢字の書き取りが毎年出題されており，語句の意味や文法についても大問に含まれて出題されることがある。

論説文　橋場弦の『古代ギリシアの民主政』からの出題。筆者の橋場弦は日本の歴史学者で，古代ギリシアを専門としている。本文は，市民自身が統治の主体であった2500年前の古代ギリシアで行われた民主政を取り上げ，一部の専門家集団によって政治が行われている現代の日本の政治と対比させて，その意味を述べている。古代ギリシアの「分かちあう」という政治の基本は，現代の政治においても意味があるという筆者の主張を読み取らせるものが設問の中心となっている。選択問題では，文脈をていねいにとらえること，言い換えの表現に注目することが重要である。また，記述問題も指定字数はないが，空欄にきちんとおさまるようにまとめ上げなくてはならない。一行二〇字前後を意識しよう。漢字の読み書きや語句の意味も例年通り決して難解ではないが，普段から正確さにこだわることを心がけておきたい。

小　説　水野良樹の『誰がために，鈴は鳴る』からの出題。作者の水野良樹は，「いきものがかり」のギタリストとして数々の作詞・作曲を手がけると同時に，小説家としても活動している。本文は，イップスのため役者を休業していた青年が，祖母の十七回忌に七年ぶりに帰って来た場面を描いている。祖母が亡くなったのは十六年前でありながら，当時の祖母の様子がありありと浮かび，読者にも感情移入しやすい文章となっている。設問は，心情の理由や，それぞれの人物にとって〝身代わり鈴〟の持つ意味を捉えさせるものとなっている。

語句の意味については，普段から知っている言葉でも改めて辞書などで確認する習慣をつけることで対応しよう。「鬼籍に入る」などの読み方についても確認し，知識を正確なものとしておきたい。

学習のポイント

長文読解の力をつけると同時に，本文の表現をもとに自分の言葉で置き換えたり補ったりして，文章の内容を的確にまとめる練習を重ねよう。

来年度の予想と対策

論理的文章と文学的文章という現代文中心の読解問題が予想される。

論説文などの論理的文章の読解問題では，指示語の指示内容の把握や接続語の関係といった読解の基礎をおさえたうえで，正確に文脈をとらえ，内容を理解することができるよう，確実な力を養っておこう。

随筆や小説といった文学的文章の読解問題では，人物の会話や行動，情景の描写を手がかりに，登場人物の心情や行動の理由，さらに人物像や主題を読み取ることに留意したい。

現代文中心の出題ではあるが，古文や韻文についても出題に備えて，あるいは現代文の中に古文や韻文が含まれることも想定して，継続的な学習を心がけよう。

漢字の読み書きや，語句の意味などの知識問題は確実に得点できるようにしておきたい。知っている言葉でも辞書を引くなどして，正確な意味を確認しておくことが得点につながる。

年度別出題内容の分析表　国語

		出　題　内　容	28年	29年	30年	2019年	2020年	2021年	2022年	2023年	2024年
内容の分類	読解	主題・表題						○	○		
		大意・要旨				○		○	○	○	○
		情景・心情	○	○	○			○	○	○	○
		内容吟味	○	○	○	○	○	○	○	○	○
		文脈把握	○	○	○	○	○	○	○	○	○
		段落・文章構成				○	○	○			
		指示語								○	
		接続語						○			
		言い換え									
		脱文・脱語補充				○	○		○		
	漢字・語句	漢字の読み書き	○	○	○	○	○	○	○	○	○
		筆順・画数・部首									
		語句の意味	○		○	○	○	○	○	○	
		同義語・対義語									
		三字・四字熟語									
		熟語の構成									
		ことわざ・慣用句・故事成語									○
	記述	作　文									
		要約・説明								○	○
		書き抜き								○	○
		その他									
	文法	文と文節・品詞分類									
		品詞・用法									
		敬　語									
		仮名遣い									
		返り点・書き下し文									
	古文・漢文の口語訳										
	古文の省略に関する問題										
	表現技法										
	文学史										
問題文の種類	散文	論説文・説明文	○	○	○	○	○	○	○	○	○
		小説・物語	○	○	○	○	○	○	○	○	○
		随筆・紀行・日記									
	韻文	詩									
		和歌・短歌									
		俳句・川柳									
	古　文										
	漢文・漢詩										

筑波大学附属高等学校

2024年度 筑波大学附属高等学校 合否を分けた問題 国語

〔問題一〕 問五

★合否を分けるポイント(この設問がなぜ合否を分けるのか？)

「自分の生き方は自分の意思で決める」という考えに基づいたギリシアの民主政の価値は，現代の日本においても意味があるという筆者の主張に通じる設問である。また，大問一の二題の記述問題のうちの一題であることからも，この問題をきちんとまとめ上げられるかどうかが，合否を分けることになる。「専門家」を「船長」に喩えているので，「船長に操船をまかせる」が専門家に何をさせることなのかを自分の言葉を補ってまとめるという方針を立ててから，文章を練り上げよう。

★こう答えると「合格できない！」

フィンリーの考えの理由を問われているからといって，「むろん専門家は必要だ。船を雇う時には，私も船長に操船をまかせるだろう。だが，行き先を決めるのは私だ。船長ではない」という表現の意味だけを考えては，説得力のある解答とはならず，「合格」できない。直前の文の「プラトンのエリート主義」に対する内容であることを確認し，「プラトンは」で始まる段落の内容に着目することから始めよう。

★これで「合格」！

フィンリーの考えは，直前の文にあるように「プラトンのエリート主義に対し，アテナイの民衆を代弁」するものだ。「プラトンのエリート主義」とは，「当地の専門技術を知らぬ素人の民衆に国家のかじ取りをユダねる民主政が，いかに危険で不合理か……統治は専門家のエリートにまかせればよい」というものである。この「プラトンのエリート主義」に対して，フィンリーは「船を雇うときには，私も船長に操船をまかせるだろう。だが，行き先を決めるのは私だ」と反論しているのだ。将来の方向を決めるのは「私たち」民衆で，「専門家」は「操船」をするために必要だ，という考えが読み取れるだろう。この「操船」を，民衆の考えを実現するための制度を作ったり実施したりする，などと具体的な内容に言い換えてまとめよう。読み返して不自然なつながりがなければ，「合格」だ！

〔問題二〕 問五

★合否を分けるポイント(この設問がなぜ合否を分けるのか？)

『誰がために，鈴は鳴る』という作品名にあるように，本文は〝身代わり鈴〟を中心に過去と現在の家族の姿を描くものである。「母」が「ぎゅって握って」いた鈴の意味を問う本問も主題に関わる設問なので，この設問に答えられるかどうかが合否を分ける。選択肢も迷いやすいものが多い。本文の描写をしっかりと読み込むことで，正答を絞り込もう。

★こう答えると「合格できない！」

芝居の時に声が出なくなったすぐるの焦りや，息子のドラマを見るのが怖いという「母」の気持ちを安易に想像すると，「自分の祈りを届けてくれる」とあるアや，「息子の願いを叶えてくれる」とあるイを選んでしまい，「合格」できない。「母」がどのようにして〝身代わり鈴〟を手にしたのかに注目して読み解きたい。

★これで「合格」！

「母」の〝身代わり鈴〟は，「祖母」の入院前の家族旅行の際に「祖母」が美咲に頼んで，「母」のために買い求めたものだ。その理由を「お母さんにだってお守りが必要なのよ」という「祖母」の言葉や，「お母さんにも必要だったんだよ。支えになるものがね……おばあちゃんはそれをわかっていたんじゃないかな」「おばあちゃんはずっと，お母さんの〝お母さん〟だったんだよ」という美咲の言葉から読み取ろう。「すぐるのドラマをひとりで見るのが怖い」という「母」が握ったのは自分を支えてくれる〝身代わり鈴〟で，〝身代わり鈴〟は「祖母」自身だったことをおさえよう。この「祖母」の姿にふさわしいのはエの「寄り添ってくれるもの」となる。母は〝身代わり鈴〟に息子がうまく演技ができるようにという願いをかけているわけではないので，アやイは迷いやすいが，最も適切なものではない。「母」はドラマを見ながら鈴を握っているので，息子の身の安全を願うウも適切ではないことを確認すれば，正答のエを選べ，「合格」だ！

2023年度 筑波大学附属高等学校 合否を分けた問題 国語

〔問題一〕 問五

★ 合否を分けるポイント(この設問がなぜ合否を分けるのか？)

［問題一］の全体の内容をふまえた設問であり，それぞれの選択肢はどれも確からしく，細かいところにまで注意を払って正誤を判断しなくてはならない。選択肢の一語一語をおろそかにしないようにていねいに読み，違和感のある部分を本文にもどって確定するという作業が必要になる。この違和感のある部分に気づけるかどうかが「合否」を分ける。

★ こう答えると「合格できない！」

まず，設問に「適切でない」ものを選ぶ，とあることを見落とさないようにしよう。選択肢の内容は，いずれも本文の論じ方や，表現の特徴と関連する語句や内容が含まれている。どれも適切なような気がしているうちに時間がなくなり最後に適当に選んでしまっては，「合格」できない。

★ これで「合格」！

イにあるように，本文の前半では「ハムレットとモナリザ」について，後半では「手紙と文学作品」について，筆者は論を展開しているが，イの「対立要素」が気になる。「つまり，文学作品とは」で始まる段落で，「ハムレットとモナリザ」は，モナリザが「しかと確認できる『固体』である」のに対して，ハムレットは「目で見ることも触れることもできない『無形で抽象的な存在』」と対立させているが，「手紙と文学作品」においては，「この手紙を読むことと……文学作品を作者の頭の中から『発見』することとの間に」「本質的な違い」はない，つまり「対立」していないと述べているのに気づく。他の選択肢が，筆者の論の進め方や表現の特徴に合っていることを確認すれば，正解のイが適切でないとわかり，「合格」だ！

〔問題二〕 問六

★ 合否を分けるポイント(この設問がなぜ合否を分けるのか？)

指定字数のない長文の記述問題で，苦悩する文哉の心情につながる設問でもある。この設問の答えをしっかり書き上げられるかどうかが，合否を分けるポイントとなる。「言ったこともある」と「言ってもらったこともある」，「喜んでくれた」と「喜んでみせてくれた」という表現の違いから，文哉の自分自身に対する心情を読み取ろう。

★ こう答えると「合格できない！」

文哉の作る野菜についての幸吉や和海たちの言葉を，そのままの褒め言葉として受け取り，自分の農業を励まし，応援してくれていると思っているとまとめてしまうと，「合格」できない。言葉の裏に隠されている幸吉や和海たちの気持ちを，文哉自身も気付いているということを表現しよう。

★ これで「合格」！

幸吉が「いいんじゃねえか」と「言ってくれた」のは，「できのよかった野菜」に対してだ。さらに和海の「文哉君がつくったなら，喜んで食べますよ」「え，こんなに？いやいや，ありがたくちょうだいするよ」などの言葉は，表面的には文哉のつくった野菜を称賛するものであるが，文哉のつくった野菜を商品として評価するものではなく，また大量の野菜に困惑する様子もうかがえる。「言ってくれた」や「喜んでみせてくれた」という表現からは，野菜がまだ商品になるようなものではなく力不足である文哉を気づかっていると文哉自身が自覚していることが読み取れる。この内容を，設問に問われているように「～と思っていることがわかる。」の形でまとめよう。読み返してみて，主語が「文哉が」となっているか，不自然なつながりはないか，誤字脱字はないかを確認すれば，「合格」だ！

2022年度 筑波大学附属高等学校 合否を分けた問題 国語

〔問題一〕 問四

★ 合否を分けるポイント(この設問がなぜ合否を分けるのか？)

七十字以上八十字以内という最も長文の記述が問われている。傍線部には，難解な言葉も含まれているが，本文の内容や前後の文脈から自分なりの言葉に置き換えて理解することが求められている。筆者の主張につながる伏線ともなる設問だ。この設問のために十分な時間を確保して，まとめあげることが「合否」を分ける。

★ こう答えると「合格できない！」

傍線部は，シュテファン・ツバイクの著書『マゼラン』からの引用であるが，引用部分なので筆者の考えとは別だと考えてしまうと「合格」できない。引用部分は，筆者の考えを伝えるために効果的な例であったり，筆者の考えを的確に示すものであったりする。引用部分がどのような働きをしているのかに注目することで，筆者の考えが読み取りやすくなるはずだ。

★ これで「合格」！

傍線部③の「実用性」は役に立つかどうか，「倫理的価値」とは人としてすべき価値があるかどうかを意味する。ここから，傍線部③は，ある事をすべきかどうかは役に立つかどうかとは関係がないという意味だと自分の言葉で置き換え，その上で設問に提示されている「マゼランの航海」について述べている部分に注目しよう。「マゼランによる」で始まる段落，マゼランは西回りでインドに達する航路を発見したが，「実際に使われることはありませんでした。あまりに遠回りで危険なルートだったから」というのであるから，マゼランの航海に「実用性」はなかったことが読み取れる。その後に筆者は「彼の発見は無意味だったのでしょうか？そんなことはありません」と述べ，続く「なぜなら」で始まる段落で「人類は，自分たちが住んでいる世界の真の姿……を把握できた」というマゼランの航海の意味を述べている。マゼランの航海に「実用性」はなかったが，意味はあったという骨組みをもとにまとめれば，「合格」だ！

〔問題二〕 問七

★ 合否を分けるポイント(この設問がなぜ合否を分けるのか？)

「ミントティー」という語に注目させて，主人公の人物像をとらえさせる設問だ。人物像をとらえる設問は，主題をとらえる設問とともに大変重要で，この設問が合否を分ける。人物像をとらえるには，本文全体のその人物の言動に注目しなくてはならない。妻の話を聞き，子供たちのちょっとした変化を見抜く良い父親だと思われる政彦であったが，妻の綾子に対して本心を見せることができないでいる二面性を読み取れるかどうかがポイントとなる。

★ こう答えると「合格できない！」

「ミントティー」が出てくる場面に注目せずに政彦の人物像を探ろうとすると，「なにごとも感情的になるのは嫌いだ」「そんな愚かな父親にはなりたくない」という政彦の言葉から「感性よりも理性を重視する人物」とあるウや，「我慢強く向上心を持ち続ける人物」とあるイを選んでしまう。「ミントティー」が象徴するものを読み解かなくては，「合格できない」。

★ これで「合格」！

「ミントティー」が登場する場面に注目しよう。まず，「ティーバッグの中のミントの葉が」で始まる段落以降に「相談事を持ちかけられたときは，たいがいそうする……冷静でいるに越したことはない」「なにごとも感情的になるのは嫌いだ……そんな愚かな父親にはなりたくない」とあり，ここから政彦は父親として理性的であろうとしていることが読み取れる。一方，「政彦はゆっくりとミントの香りを嗅いで」で始まる段落の「俺の考え，間違ってないと思うんだけどな――つぶやきを飲みくだすと，ミントの青くささが鼻に抜けた」からは，政彦が自分の言葉に対して違和感を持っていることを見抜きたい。そして，最終文の「ミントティーを旨いと思ったことなど，一度もない」という強い表現からは，政彦が良い父親としての体裁を無理に取り繕おうとしていると気づけば，正答のアを選べ，「合格」だ！「ミントティー」は，政彦にとって子供たちの変化を見逃さない理性的な父親像を象徴することを読み取れれば，「心身の健康」のためとするエも誤答だと見抜けるはずだ。

MEMO

大切なことはメモしておこうネ！

2024年度

入　試　問　題

2024
年
度

2024年度

筑波大学附属高等学校入試問題

【数　学】（50分）　＜満点：60点＞

【注意】　1．円周率を必要とする計算では，円周率はπで表しなさい。
　　　　　2．直定規とコンパスを使用してもかまいません。

〔問題１〕　同じ大きさの長方形の紙を何枚か二つ折りにして重ね，冊子を作ることを考える。例えば３枚の紙では，下図のようにページ数12の冊子を作ることができる。

【表面】

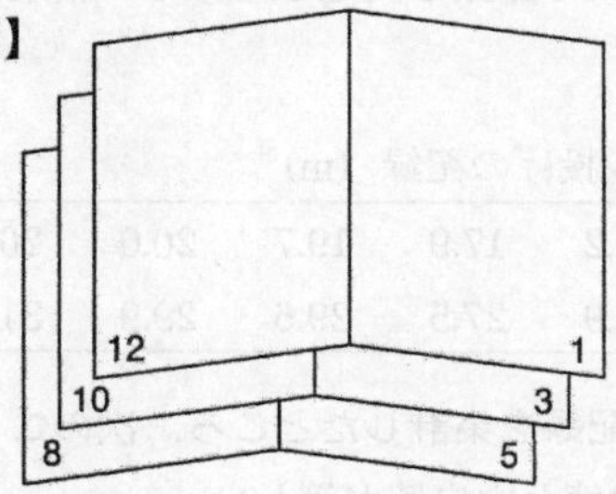

【裏面】

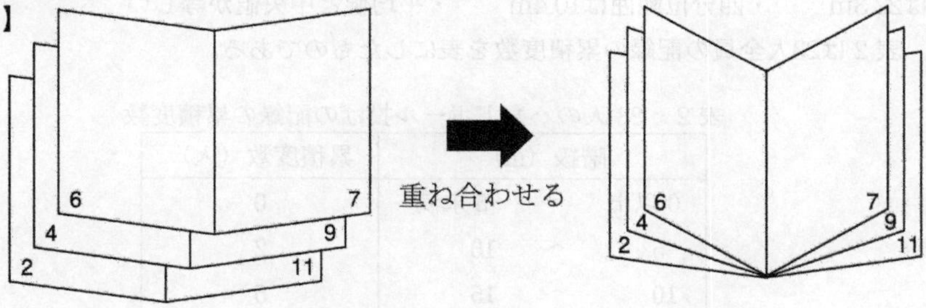

このとき，次の①～④の □ にあてはまる数または式を答えなさい。

５枚の紙でページ数20の冊子を作り，上図のようにページ番号を書く。その後，冊子をばらして５枚の紙に戻す。

(1)　ページ番号15がある紙において，ページ番号15と同じ面にあるページ番号は［　①　］でありその裏面にあるページ番号は［　②－ア　］と［　②－イ　］である。
　ただし，②－アと②－イは解答の順序を問わない。

このページ数20の冊子に，クラス40人の自己紹介を氏名の五十音順に掲載することを考える。冊子のページ１枚分の半分の大きさの紙を40人に１枚ずつ配布して，出席番号（氏名の五十音順）と自己紹介を記入してもらう。その40枚の紙を，右図のように，ページ番号１のページに出席番号１番と２番，ページ番号２のページに出席番号３番と４番，…のように冊子に貼り付ける。その後，冊子をばらして５枚の紙に戻す。

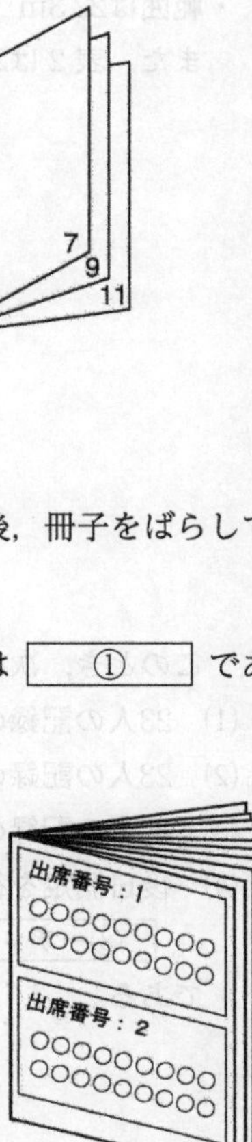

(2)　ある紙に書いてある４つのページ番号の中で，最も小さい番号をnとする。その紙に掲載されている８人の生徒の出席番号のうち，最も小さい番号は ③ーア ，最も大きい番号は ③ーイ である。

(3)　生徒の自己紹介は五十音順に掲載したが，出席番号が２桁の，ある１人の生徒が，誤って出席番号の十の位と一の位を逆にした２桁の整数を記入してしまっていた。誤って記入した整数と，同じ紙に掲載されている他の７人の生徒の出席番号との８つの数の総和は173であった。番号の記入を誤った生徒の正しい出席番号として考えられるものをすべて求めると， ④ である。

〔問題２〕　ある中学校の生徒23人が，ハンドボール投げの記録を測定する予定であった。しかし，測定当日に３人欠席したため，欠席者３人を除く20人で記録を測定した。その結果が表１であり，20人の記録の平均値は21.3mであった。

表１：20人のハンドボール投げの記録（m）

9.8	13.7	14.2	15.4	16.0	16.2	17.9	19.7	20.0	20.7
22.5	23.0	23.1	24.3	24.7	25.9	27.5	29.6	29.9	31.9

欠席していた３人も後日測定を行い，23人全員の記録を集計したところ，次のことがわかった。

・範囲は22.3m　　・四分位範囲は10.4m　　・平均値と中央値が等しい

また，表２は23人全員の記録の累積度数を表にしたものである。

表２：23人のハンドボール投げの記録の累積度数

階級（m）	累積度数（人）
0以上　～　5未満	0
5　～　10	2
10　～　15	5
15　～　20	10
20　～　25	17
25　～　30	22
30　～　35	23

このとき，次の⑤～⑧の □ にあてはまる数を答えなさい

(1)　23人の記録の最大値は ⑤ーア m，最小値は ⑤ーイ mである。

(2)　23人の記録の中央値は ⑥ mである

(3)　23人の記録の第１四分位数は ⑦ーア m，第３四分位数は ⑦ーイ mである

(4)　後日測定を行った３人の生徒の記録を小さい方から順に並べると，

⑧ーア m， ⑧ーイ m， ⑧ーウ m

である。

〔問題３〕 座標平面上の点Ａ（８，－４）を，原点Ｏを中心として反時計回りに60°だけ回転させた点をＢとし，その座標を以下のような方法で求めることを考える。

次の⑨～⑫の［　］にあてはまる数または図形を答えなさい。

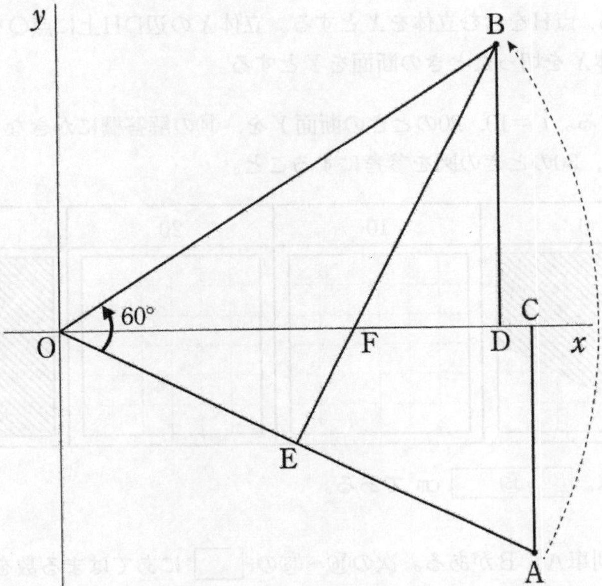

２点Ａ，Ｂからx軸に垂線AC，BDを引く。また，点Ｂから線分ＯＡに引いた垂線BEとx軸との交点をＦとする。

(1) 線分ＯＥの長さは，［　⑨　］である。

(2) ７点Ｏ，Ａ，Ｂ，Ｃ，Ｄ，Ｅ，Ｆから３点を選んでつくる三角形のうち，△ＯＡＣと相似な三角形は△ＯＡＣ以外に３つあり，［　⑩－ア　］，［　⑩－イ　］，△AFEである。

(3) 線分BFの長さは，［　⑪　］である。

(4) 点Ｂの座標は，（［　⑫－ア　］，［　⑫－イ　］）である。

〔問題４〕 １辺の長さが30㎝の立方体ABCD-EFGHにおいて，辺FG，GHの中点をそれぞれM，Nとする。また，線分EM，FNの交点をＰとする。

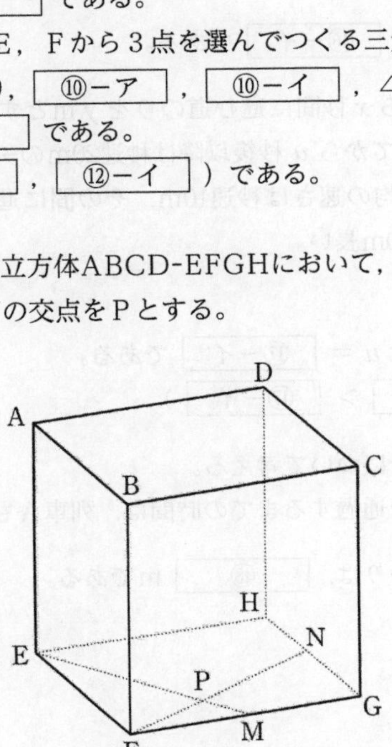

このとき，次の⑬～⑮の □ にあてはまる数または図を答えなさい。

(1) 四角形EPNHの面積は，[⑬] cm^{2}である。

立方体ABCD-EFGHを，３点B，E，Mを通る平面と，３点C，F，Nを通る平面で切る。分けられた立体のうち，点Hを含む立体をXとする。立体Xの辺DH上に点Qをとり，Qを通ってDHに垂直な平面で立体Xを切ったときの断面をYとする。

(2) HQ＝t cmとする。t＝10，20のときの断面Yを，⑭の解答欄にかきなさい。
ただし，t＝0，30のときの図を参考にすること。

t	0	10	20	30
断面Y	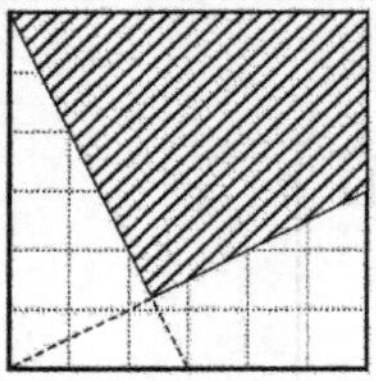	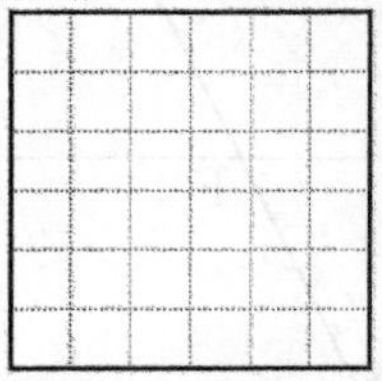	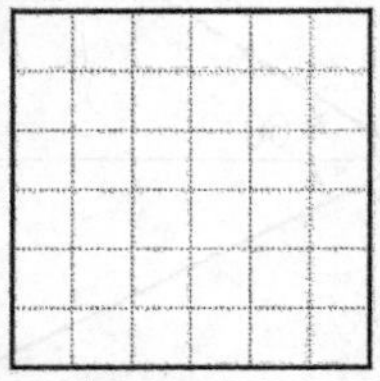	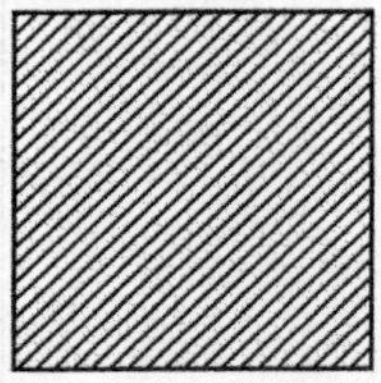

(3) 立体Xの体積は，[⑮] cm^{3}である。

〔問題５〕 ２つの列車A，Bがある。次の⑯～⑱の □ にあてはまる数を答えなさい。

列車Aが駅Pを発車してからx秒間に進む道のりをy mとすると，発車してからt秒後までは$y=ax^2$の関係があり，発車してからt秒後以降は秒速30mの一定の速さで進む。発車してから$3t$秒後までの平均の速さは秒速25m，その間に進む道のりは4050mである。

(1) t，aの値を求めると，

t＝[⑯ーア]，a＝[⑯ーイ] である。

列車Bが駅Pを発車してからx秒間に進む道のりをy mとすると，発車してからu秒後までは$y=bx^2$の関係があり，発車してからu秒後以降は秒速20mの一定の速さで進む（ただし，$u<t$）。発車してからu秒後までの平均の速さは秒速10m，その間に進む道のりは列車Aが発車してからu秒後までに進む道のりより80m長い。

(2) uの値を求めると，

u＝[⑰ーア] またはu＝[⑰ーイ] である。
（ただし，[⑰ーア] ＞ [⑰ーイ]）

以下，u＝[⑰ーア] の場合について考える。

駅Pを発車してから踏切Qを通過するまでの時間は，列車Aも列車Bも同じであった。

(3) 駅Pから踏切Qまでの道のりは，[⑱] mである。

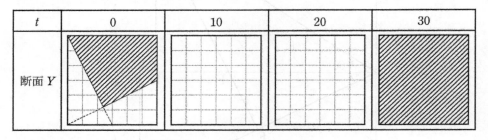

【英　語】（50分）　＜満点：60点＞

〔問題１〕放送の指示にしたがって答えなさい。

例題　ア　A CD.
　　　イ　A pen.
　　　ウ　A cake.
　　　エ　A book.

(1)　ア　Two.　　イ　Three.　　ウ　Four.　　エ　Five.

(2)　ア　Watch the game with Mary.
　　イ　Sell the tickets to Mary.
　　ウ　Play baseball with Mary's sister.
　　エ　Invite Mary's sister to the game.

(3)　ア　Make pancakes.　　イ　Go to school.
　　ウ　Buy some eggs.　　エ　Get some milk.

(4)　ア　Clean the watch.　　イ　Exchange the watch.
　　ウ　Repair the watch.　　エ　Return the watch.

(5)　ア　At 7:50.　　イ　At 8:00.　　ウ　At 8:45.　　エ　At 9:00.

(6)　ア　A black T-shirt and black jeans.
　　イ　A black T-shirt and white pants.
　　ウ　An orange T-shirt and black jeans.
　　エ　An orange T-shirt and white pants.

※リスニングテストの放送台本は非公表です。

〔問題２〕次の英文を読んで,（問１）～（問９）に答えなさい。

"Mary Johnson," Coach Kelly said. She had the list of events and swimmers for the next competition.

'Oh no. Please tell me that she did not say my name for that event. Not the one-hundred-meter breaststroke. I'm not ready for it,' I thought. When Coach announced it, all eyes were turned to me. Susan and her friends were whispering to each other. I didn't have to guess what they were laughing at. Betty pressed her elbow into my side and tried to encourage me. It didn't help. My stomach sank to my knees like a rock in water.

Coach Kelly finished the list of names and said, "Remember, the competition is on Wednesday night. Be here at four-thirty for warming up. I'll see you at practice tomorrow."

We left the pool and went back to the locker room.

"It'll be fine," Betty said.

"You got your event," I said. "I wish I had the backstroke. What was she thinking?"

"Maybe Coach has confidence in you," Betty replied.

"Or maybe," came a voice from the corner of the room, "she wants to make us laugh when you sink to the bottom of the pool." Susan and her friends laughed.

"Shut up, Susan," Betty shouted.

I said nothing and shut my locker.

"Did you find out your events for Wednesday?" Mom asked as she opened the pizza box on the table.

I took a slice and started eating it. "Yeah. The one-hundred-meter breaststroke," I said without looking at her eyes.

"I don't know why Coach didn't give me (1-A)________. She knows it's my best. I can't swim (1-B)________!" I said as I picked up another slice. "I'm terrible at (1-C)________. What will happen if I swim the race and sink to the bottom of the pool? Or, if I become last?"

"Someone has to be the last," Mom said.

"But I don't think I can swim the breaststroke for one hundred meters!" I said as I put my pizza down. "I'm going to tell Coach. I won't join this competition."

Mom said, "Don't worry about other people. Just do your best and swim your own race."

"Thanks. But (2)________________________," I replied.

Coach Kelly was reading her notes when I found her at practice. She looked up and said, "Hi, Mary. Are you ready for the practice?"

I was nervous. I breathed in deeply and said, "I can't do the breaststroke. It's my worst, and I'm always last in practice."

Coach said, "Mary, I know you're very good at the backstroke, but I think you can do more. You just need confidence in yourself." She held up a hand when I started to speak. She continued, "(3)[time / the breaststroke / given / practice / you / yourself / to / haven't / enough], and I want you to try something different."

"OK," I said.

My teammates arrived. Coach placed a hand on my shoulder and said, "Go and get ready. Practice will start in five minutes. You can do it, Mary."

Practice was terrible. I lost rhythm on my strokes. I couldn't do my turns. I even had to stop and catch my breath a few times. Susan and her friends laughed at me.

"Just ignore them," Betty said when we were in the locker room. "(4)________. Just count your strokes and focus on your own race."

I arrived at the pool on Wednesday. Teams from other schools were already warming up. The sitting area was full of people.

"I don't think I can do this," I said.

"You'll be fine," Mom said. "Remember, (5) it's just you. Don't worry about any of the other swimmers. Just swim your race."

"OK," I replied.

After we finished warming up, the first swimmers were up on the starting blocks. The race began. I felt sick. My teammates looked so strong. Betty finished second in her event. My knees shook as each event finished.

Then the one-hundred-meter breaststroke was announced. I was really nervous.

"You can do it, Mary!" Betty smiled and waved as I took off my jacket and walked to the blocks.

'Just swim your race. Don't think about the other swimmers,' I said to myself.

I was ready on my block. My heart was beating in my ears.

The buzzer rang. I dived into the water and kicked like a dolphin.

'Just count strokes,' I thought.

I kept focusing on the line in front of me.

I pulled, breathed, and kicked. I counted strokes.

I hit the end of the pool. I breathed in fast and pushed hard against the wall. My legs started to get tired, but I kept kicking and counting strokes. I saw the other swimmers ahead of me, but I focused back on the line.

I pulled, breathed, and kicked. I kept counting strokes.

My arms were getting tired. The other swimmers were ahead of me. The wall was so far away. I pushed myself forward while I was counting strokes and looking at the line until the wall came into sight. I finally touched it. There was no one else (6-A)＿＿＿＿＿ in the pool. I was last.

I lifted myself out of the water on (6-B)＿＿＿＿＿ arms. All my energy was left in the water, and I walked slowly back to my team.

Betty (6-C)＿＿＿＿＿ a towel around me and shouted, "You did it!"

I sat in a chair. I was too tired to (6-D)＿＿＿＿＿.

After the competition, I waited outside the locker room until everyone was gone. Mom found me there.

"I'm so proud of you," she said.

"I (7)＿＿＿＿＿," I said.

"Yeah," she nodded and said, "but you did it, right?"

I bit my lip and answered, "Yeah. I guess I did." I became last, but I gave everything I had to finish. "I swam my race. And I think I won."

(注) event 種目　stroke ひとかき　block 飛び込み台　buzzer ブザー

（問１） 下線部（１－Ａ）～（１－Ｃ）のそれぞれの空所に入る語句として適切なものを，次のア，イから１つずつ選び，記号で答えなさい。

ア the backstroke　イ the breaststroke

（問２） 下線部(2)の空所に入る最も適切なものを，次のア～エから１つ選び，記号で答えなさい。

ア I want to be able to swim better someday

イ I want you to tell Coach about it tomorrow

ウ I think I'm going to practice the breaststroke hard

エ I think I'm going to talk to Coach tomorrow

（問３） 下線部(3)の［ ］内の語句を，意味が通るように並べかえなさい。

（問４） 下線部(4)の空所に入る最も適切なものを，次のア～エから１つ選び，記号で答えなさい。

ア Don't take it seriously

イ You don't mean that

ウ You must be kidding

エ We are all in trouble

（問５） 下線部(5)が表す意味として最も適切なものを，次のア～エから１つ選び，記号で答えなさい。

ア チームから大会に出場する選手はMaryだけであるということ。

イ 母は他の選手には目もくれずにMaryだけを応援するということ。

ウ Maryは他の選手を気にせず自分の泳ぎをするべきだということ。

エ Maryはコーチに期待されている唯一の選手であるということ。

（問６） 下線部（６－Ａ）～（６－Ｄ）のそれぞれの空所に入る最も適切な動詞を次から選び，必要があれば適切な形に変えて答えなさい。

answer　catch　leave　shake　wrap

（問７） 下線部(7)の空所に入る最も適切な１語を，本文中から抜き出して答えなさい。

（問８） 本文の内容に合うものを，次のア～エから１つ選び，記号で答えなさい。

ア Coach told Mary that she would be a strong swimmer by practicing the backstroke more.

イ Mary thought that she was behind the other swimmers while she was swimming.

ウ When Mary reached the wall, the audience in the sitting area praised her.

エ After the competition, Betty waited for Mary until Mary stopped crying.

（問９） 次の英文は，この日の終わりにMaryが書いた日記である。文中の空所①，②に入る最も適切な英語１語を答えなさい。

Today, I joined the swimming competition. I swam the 100-meter breaststroke. Even though I didn't have (①) in my skill, I was able to finish it. I really thank Mom. She encouraged me by giving me a piece of (②). It was "Don't worry about other people." Through this experience, I think I've become a stronger swimmer.

〔問題３〕次の英文を読んで，（問１）～（問９）に答えなさい。

Ben was a lazy young man. He was lying under the tree one afternoon when he smelled the fresh cookies. He went to his mother's kitchen. When he tried to reach for a warm cookie, a spoon hit his fingers.

"Boy, don't be lazy and start working in the fields," said his mom. "Farmer Duncan is always ready to pay a hard worker. Earn some gold, then you can get a wife, build a house, and live by yourself."

"No, Mom," said Ben, "it is too hot to work today. I'll take some cookies to invite a fairy and ask him to do it instead. Then your wishes for me will come true."

"Such a foolish boy," said his mom.

Ben took the plate of cookies and went back to the (1−A)________. He put the plate in the shade and waited for a fairy. Soon, he got bored of waiting. He started to eat one cookie, then another and another... and fell asleep. The last piece was in his palm. Ben dreamed of a fine house, a warm-hearted wife, and a field of gold, then suddenly his fingers were pulled. He woke up. Someone was stealing the cookie from his (1−B)________.

"Go away!" Ben shouted. Then he was surprised to find a small fairy. The fairy was eating the cookie.

"Excuse me, little sir," said Ben, "but as you have eaten my cookie, you must give me three wishes."

The fairy sighed, "That's true, I suppose. You can't get something for nothing."

"My mom is telling me to build a house of my own, but it is hard work. So, for that cookie you got from me, I wish for a fine house," said Ben.

"Accepted," said the fairy. The little man put his hand in his bag, and drew out a cottage. It was beautiful, but not big enough even for a dog—certainly not for a man.

"What's this?" cried Ben.

"It's a house, as you wished," replied the fairy.

"I meant a house for myself. That one is a little (2)________," said Ben.

"You know," said the fairy, "it was a very (2)________ cookie."

"Fine, fine. I'll give up the house," said Ben. "Instead, I need a wife."

"You can't get something for nothing," said the fairy. "As you have no more cookies, you'll get no more wishes."

"I can get you a lot of cookies," said Ben. "Only fetch me a wife, sir. Any one will be OK. I suppose one is as good as another!"

"(3)[want / sure / to / you / you / you / are / me / a wife / bring]? You didn't look happy with the house I gave you," said the fairy.

Ben sighed, "My mom will be happy with any woman."

He led the way down the path to Mr. Mackenzie's house. His wife's cookies were very famous. Often Ben stole one from the plate of cookies cooled near the kitchen window. As he expected, a lovely plate of cookies sat there.

Ben passed a few cookies to the fairy. He ate them quickly and cried, "Accepted!" Soon, Ben felt a hand on his shoulder.

"Oh, hello, Ben, I was looking for you," said a woman.

When Ben turned around, he saw a big woman who was as old as his mom.

"Do I know you?" he asked.

"(4)________________, but my husband, Farmer Duncan, sent me to fetch you," she said.

Ben was surprised and asked, "Your husband?"

"Yes," said the woman. "He wants you to work in his fields."

Ben looked at the fairy. The fairy was hiding behind the tree. To the farmer's wife, Ben said, "I'll come soon after (5)doing something important."

The wife nodded and hurried toward Farmer Duncan's land. Ben gave the fairy an angry look. "When I wished for a wife, I wasn't asking for someone's wife," shouted Ben.

"You know," said the fairy, "the cookies (6)________________, too. And you said one wife was as good as another."

Ben said, "Very well. I have thought about it carefully. All my trials will be over if you give me a field of gold. You've tricked me twice, but with a field full of gold I can get both a wife and a house."

"Yes, well, (7)you can't get something for nothing," said the fairy.

"Just wait a little. I'll work in the field and earn the money to buy you the best cookies. Then you'll give me that field of gold, and you will play no more strange tricks on me," Ben said.

"All right," said the small man. "I'll be back when the coins hit your palm."

Ben worked hard through the day. When the sun began to set, Farmer Duncan appeared. He shook hands with Ben and some other workers and gave them a few silver coins. Ben looked at the coins and pushed them around his palm. For him, there was never a sweeter sight than these coins until he looked up at the girl who gave him a cup of cold water and some cookies. She smiled and said, "I'm sure my dad will be proud to have a fine hard worker like you. He will be happy to eat dinner together with you." And she led Ben to Farmer Duncan's kitchen.

While he was walking with the girl, Ben looked back to see the setting sun. It was turning the field into an ocean of (8)________. And somebody whispered on the wind, "Accepted!"

（問１）下線部（１−Ａ），（１−Ｂ）の空所に入る語の組み合わせとして最も適切なものを，次のア〜エから１つ選び，記号で答えなさい。

ア （１−Ａ）house （１−Ｂ）hand
イ （１−Ａ）tree （１−Ｂ）hand
ウ （１−Ａ）house （１−Ｂ）plate
エ （１−Ａ）tree （１−Ｂ）plate

（問２） 下線部(2)の空所に共通して入る最も適切な１語を，本文中から抜き出して答えなさい。

（問３） 下線部(3)の［ ］内の語句を，意味が通るように並べかえなさい。

（問４） 下線部(4)の空所に入る最も適切なものを，次のア〜エから１つ選び，記号で答えなさい。

ア Yes, of course, I do
イ No, we have not met
ウ No, we don't know that
エ Yes, I have brought you here

（問５） 下線部(5)の内容を次のように説明するとき，空所に入る日本語を，句読点を含む10字以内の日本語で答えなさい。

妖精に＿＿＿＿＿＿＿＿＿＿＿＿＿＿＿＿＿＿＿＿＿＿＿＿＿＿

（問６） 下線部(6)の空所に入る最も適切なものを，次のア〜エから１つ選び，記号で答えなさい。

ア were someone else's　　イ were taken by mistake
ウ were all the same　　エ were freshly baked

（問７）下線部(7)の内容として最も適切なものを，次のア〜エから１つ選び，記号で答えなさい。

ア 持っていないものを与えることはできない
イ ただで何かを手に入れることはできない
ウ 安いものばかり買っても得にはならない
エ まだ手に入っていないものはあてにならない

（問８）下線部(8)の空所に入る最も適切な１語を，本文中から抜き出して答えなさい。

（問９）次の英文は，後日，Ben が妖精への贈り物に添えた手紙である。文中の空所①〜④に入る最も適切な英語１語を答えなさい。

Dear Fairy,

Hello, how have you been? Last summer, I started to work at Farmer Duncan's field to earn some money. There, I met a very nice girl who invited me to her family dinner. Actually, she was the （ ① ） of Farmer Duncan. And a few months later, I （ ② ） her. She is such a lovely and cheerful wife. Thanks to you, I got a chance to get a job, have a family, and live in a nice house. My （ ③ ） is very happy that her wishes have come true. Do you remember I promised to give you the best （ ④ ）? I baked some with my wife. I hope you will like them.

Best wishes,
Ben

〔問題４〕次の(1)～(4)の対話を読んで，それぞれの空所に，［　］内に示した日本語の意味を表す英語を書きなさい。

(1) A: Mom, what time is Uncle George going to come?
B: Around five. ________________________
［３時までには家の掃除を終えないとね。］
A: OK. I'll start with the entrance hall.

(2) A: Did you watch the drama yesterday?
B: No. ________________________
［宿題で忙しくてテレビを観る時間がなかったんだ。］
A: That's too bad.

(3) A: You should listen to this band's songs. They are all great.
B: Oh, they are my favorite, too. ________________________
［ファン歴はどのくらいなの。］
A: For about a year. How about you?

(4) A: Wow, so many people have come to see our performance. Do you see your mother?
B: Over there. ________________________
［あの青いシャツで眼鏡の人がうちのお母さんだよ。］
A: Oh, she looks just like you!

【理　科】（50分）　＜満点：60点＞

【注意】 直定規とコンパスを使用してもかまいません。

〔問題１〕

A　次の図１のア～エは，それぞれの季節に特徴的なある日の天気図である。これについて，(1)～(3)の問いに答えよ。

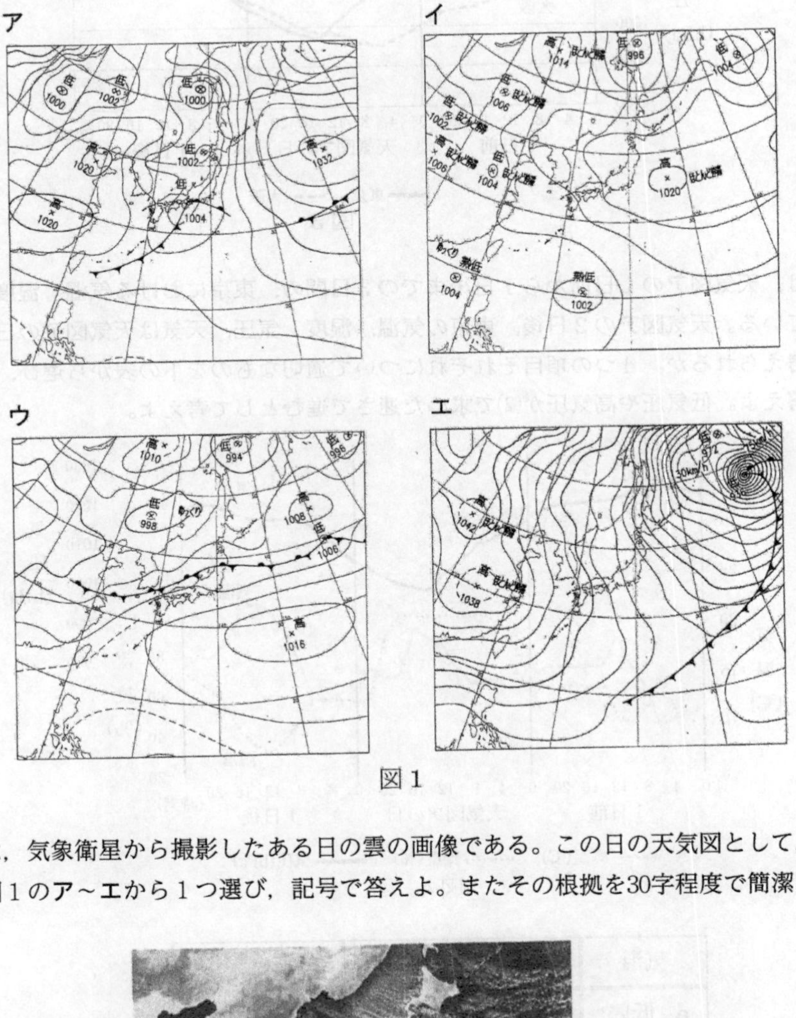

図１

(1)　図２は，気象衛星から撮影したある日の雲の画像である。この日の天気図として，最も適切なものを図１のア～エから１つ選び，記号で答えよ。またその根拠を30字程度で簡潔に述べよ。

（日本気象協会）

図２

(2) 図３は，天気図アの１日前から１日後までの３日間の，東京と大阪の気圧の変化を示している。気圧が最も低かった時を低気圧の中心が通過した時と考え，低気圧の速さはおよそ何km/時になるかを求めよ。ただし，東京一大阪間の距離は500kmとする。

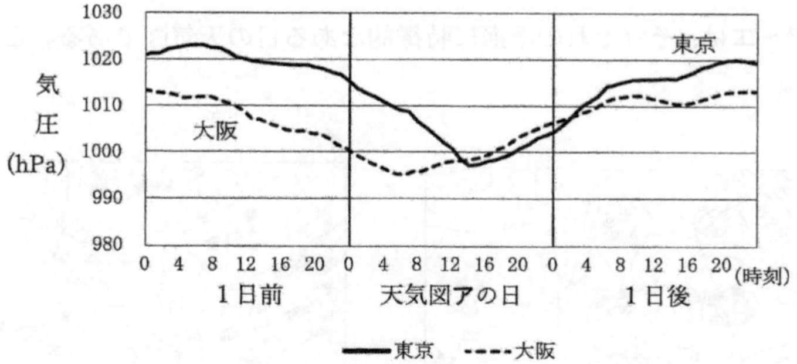

図３

(3) 図４は，天気図アの１日前から１日後までの３日間の，東京における気温，湿度，気圧の変化を示している。天気図アの２日後，東京の気温，湿度，気圧，天気は天気図アの日と比べどう変わると考えられるか。４つの項目それぞれについて適切なものを下の表から選び，aまたはbの記号で答えよ。低気圧や高気圧が(2)で求めた速さで進むとして考えよ。

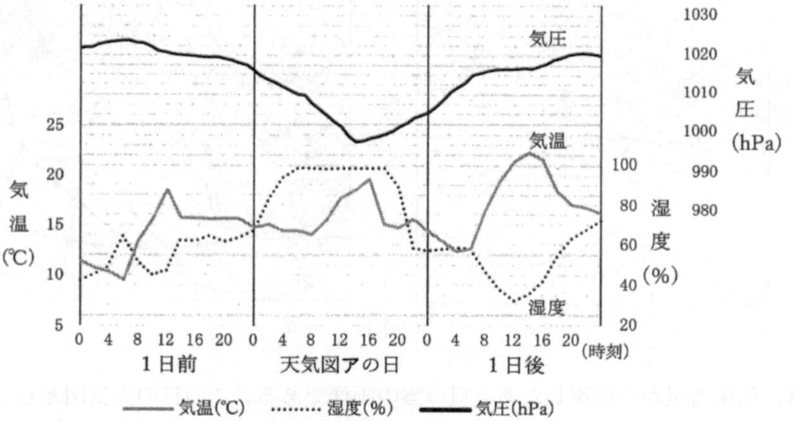

図４

気温	湿度	気圧	天気
a 低い	a 低い	a 低い	a 晴れ
b 高い	b 高い	b 高い	b 曇りや雨

B 空気の流れは，気圧差や温度差など様々な要因によって生じることが知られている。地球表面の温度差によって空気がどのように流れるかを調べるために，以下の実験を行った。あとの(4)，(5)の問いに答えよ。

＜準備＞

図５のように，水槽《すいそう》の中にＡ・Ｂ２枚のトレイを用意し，Ａには砂を，Ｂには水を入れ，２つのトレイに温度計を入れた。また，２つの同じライトを，水槽上部に点灯していない状態で設置した。

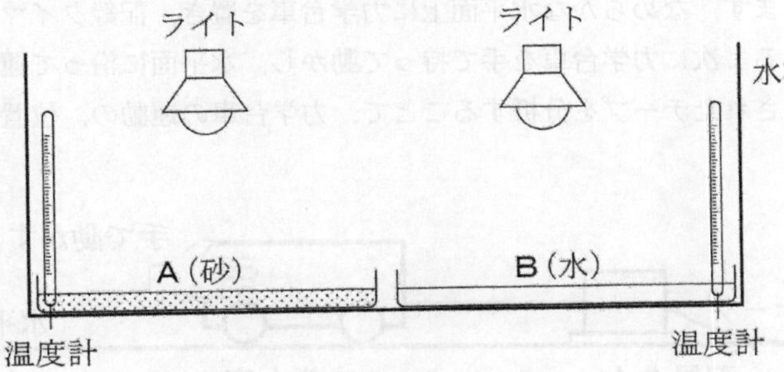

図５

＜操作と結果＞

(i) 水槽を室内にしばらく置き，Ａ・Ｂのトレイ内の温度を測ると同じ温度だった。

(ii) 次に，水槽上部の２つのライトを点灯させ，Ａ・Ｂそれぞれに同じように光が当たる状態でしばらく置き，aＡ・Ｂのトレイ内の温度を測ると，温度差が生じていた。

(iii) その後ライトをはずし，水槽上部にふたをした。次に，ふたをわずかにずらし，そのすき間から煙の上がった線香を差し入れた。しばらくして，b線香を抜き，ふたを戻してすき間をなくしたところ，線香の煙によって水槽全体の空気が対流している様子を観察することができた。

(4) ① 文中の下線部ａで，温度が高かったのはＡ・Ｂどちらのトレイか。Ａ・Ｂの記号で答えよ。

② 文中の下線部ｂで，水槽全体の空気の対流の様子を示した図として，最も適切な図をア～エから１つ選び，記号で答えよ。ア～エの図は，図５と同じ側から見たものである。

ア　イ　ウ　エ

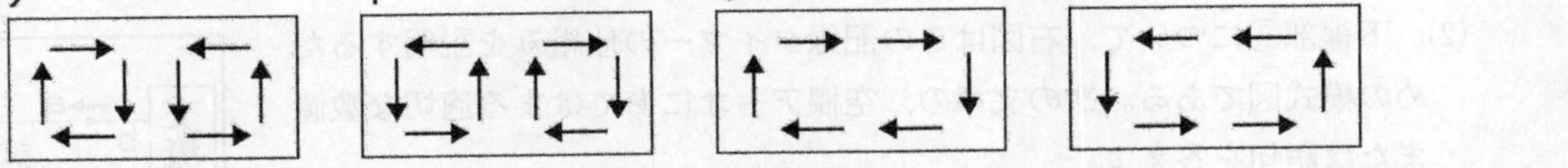

(5) 次のア～ウは陸海間の温度差により吹く風や，その影響について述べたものである。誤ったものを次のア～ウの中から１つ選び，記号で答えよ。

ア　晴れた夏の日の昼，海岸沿いの町では，気圧が上がりやすい。

イ　晴れた夏の日の昼，海岸沿いの町では，気温が上がりにくい。

ウ　晴れた日の朝方や夕方，海岸沿いの町では，無風の状態になることがある。

〔問題２〕 物体の運動についての次の文章を読み，あとの(1)～(5)の問いに答えよ。

「運動」とは何だろうか。ある辞書には，「物体が，時間の経過とともに空間内の位置を変える現象」と書かれている。つまり物体の運動を観察するということは，物体の位置と時間の関係を調べることに他ならない。

時間の測定には，周期的な現象が利用される。例えば，長い周期では太陽や①月の運動，短い周期では脈拍やふり子などが，古くから利用されてきた。運動をより精密に測定するためには，より短い周期での測定が必要となる。

その代表的なものに，記録テープと記録タイマーを利用した方法がある。ある②記録タイマーは，家庭用コンセントにつなぐことで，一定時間ごとに記録テープに打点することができる。たとえば下図のように，まず，なめらかな水平面上に力学台車を置き，記録タイマーを通した記録テープを力学台車につける。次に力学台車を手で持って動かし，水平面に沿って運動させる。その後，一定時間ごとに打点されたテープを分析することで，力学台車の運動の，位置と時間の関係を調べることができる。

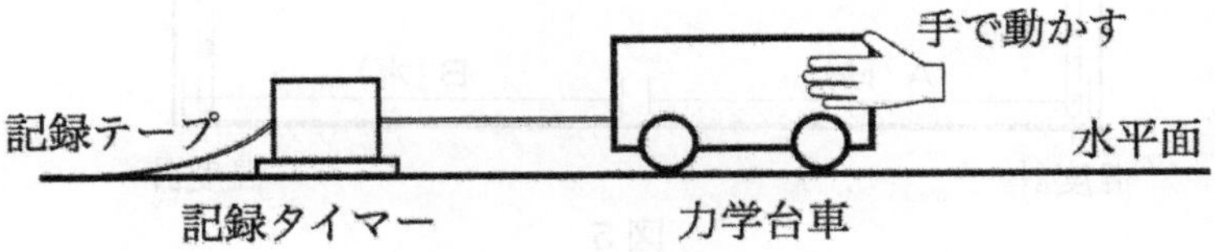

実際に上記の実験を，異なる動かし方で３回行った。下のＡ～Ｃの記録テープは，それぞれの運動の記録の一部である。なお，各テープとも，左側の打点ほど，先に記録されたものである。

Ａ 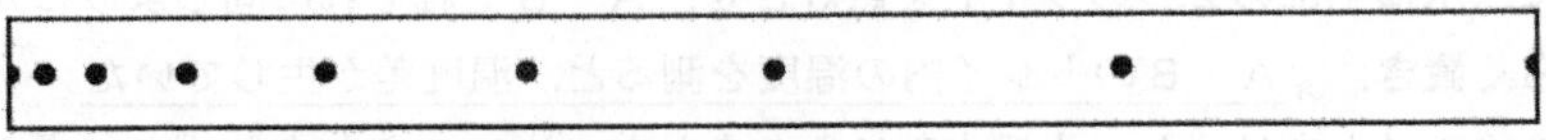

Ｂ 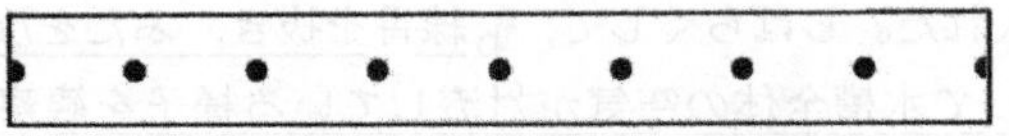

Ｃ 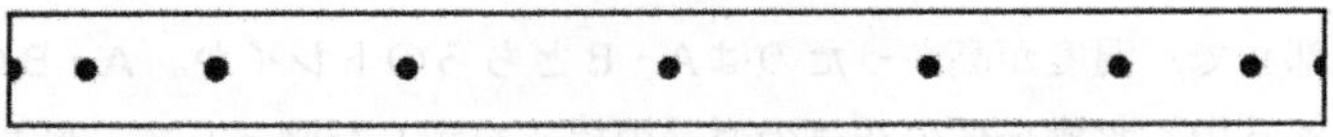

(1)　下線部①について，月の公転周期に最も近いものを，次のア～カから１つ選び，記号で答えよ。

ア　12時間　　イ　24時間　　ウ　７日　　エ　15日　　オ　30日　　カ　365日

(2)　下線部②について，右図はこの記録タイマーの仕組みを説明するための模式図である。次の文章の，空欄ア～オにあてはまる適切な数値または語句を答えよ。

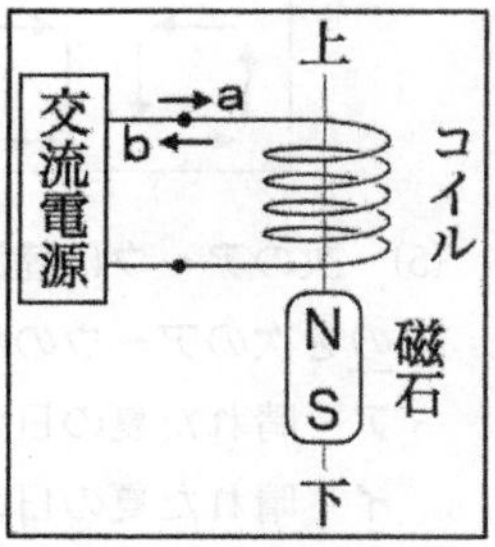

記録タイマーの内部には，コイルと磁石がある。記録タイマーを家庭用コンセントの交流電源につなぐと，東京ではコイルに（　ア　）Hzの交流電流が流れる。図のように磁石があるとき，ａの向きに流れるコイルの電流は，図の磁石の位置に（　イ　）向きの磁界を作るので，磁石には全体として（　ウ　）向きの磁力がはたらく。ｂの向きに流れるコイルの電流は，図の磁石の位置に（　エ　）向きの磁界を作るので，磁石には全体として（　オ　）向きの磁力がはたらく。つまり磁石は周期的に振動することになり，うまく位置を調整することで，一定時間ごとにテープに打点することができる。

(3)　Ａ～Ｃの記録テープに記録された部分の運動について，その部分の運動に要した時間を比較せよ。解答欄に，「Ａ＞Ｂ＝Ｃ」のように等号や不等号を用いて表せ。

(4)　Ａ～Ｃの記録テープのうち，「記録テープに記録された部分の運動の向き」と，「力学台車にはたらくすべての力の合力の向き」とが常に一致していると考えられるものを，すべて選び，記号で答えよ。

(5)　Cの記録テープに記録された部分の運動について述べた文として，最も適切なものを次のア～ウから１つ選び，記号で答えよ。

ア　手が力学台車に及ぼす力は，はじめ大きくなっていき，その後小さくなっていった。

イ　運動の途中から，手が力学台車に及ぼす力の向きが変わった。

ウ　運動の途中から，力学台車の運動の向きが変わった。

〔問題３〕 次の文章を読み，あとの(1)～(5)の問いに答えよ。

図１のように，エタノールをいれたビーカーに15%食塩水を加えていくと，①シュリーレン現象(液体中にもや状のものが見える現象)が起こった。さらに白色の粉末が発生した。この白色の粉末は②塩化ナトリウムであった。

エタノール，水，15%食塩水の密度を比較した場合，最も大きいのは（　A　）で，次いで大きいのは（　B　）である。

ペットボトルの容器を１辺１㎝の正方形に切りとったものとペットボトルのキャップを１辺１㎝の正方形に切りとったものを，それぞれ図２のようにピンセットでつかみ，同じビーカーのエタノールの中に入れて離した。それぞれのプラスチック片が浮くか沈むか観察したところ，両方とも（　C　）。つぎに少量の15%食塩水をビーカーのエタノールに加え，混ぜたのち静置したところ，プラスチック片の位置に変化はなかった。さらにこの操作を繰り返し行ったところ，プラスチック片のうち，（　D　）のプラスチック片が液面に浮いたり，底に沈んだりせず，③溶液中に留まっていた。その後も同様の操作を繰り返し行うと（　D　）のプラスチック片は（　E　）。また，もう一方のプラスチック片は（　C　）ままであった。なお，ペットボトルの容器やキャップに使われている素材はそれぞれ，下表の中のいずれかである。

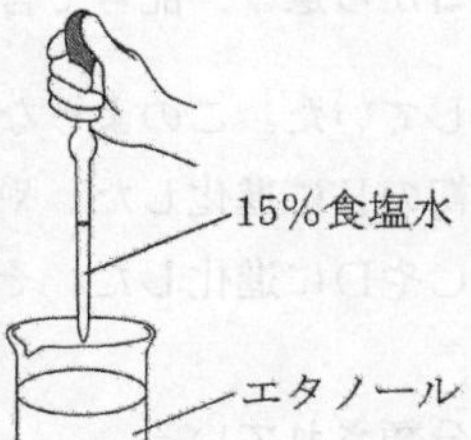

図１

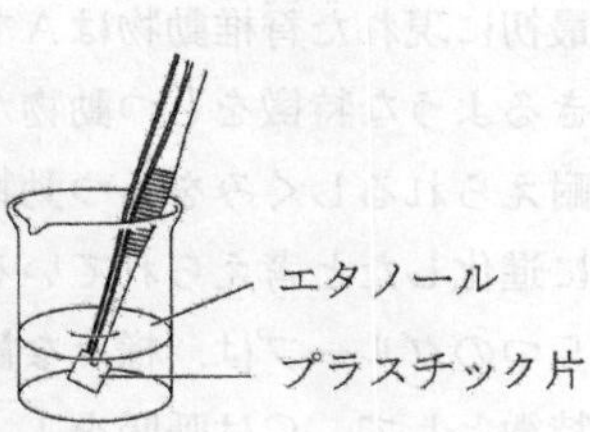

図２

表

密度〔g/cm³〕	プラスチックの名称	略称
0.90～0.91	ポリプロピレン	PP
0.91～0.92	低密度ポリエチレン	LDPE
0.94～0.96	高密度ポリエチレン	HDPE
1.05～1.07	ポリスチレン	PS
1.34～1.46	ポリエチレンテレフタラート	PET

(1) 下線部①について，エタノールも食塩水も用いずに，シュリーレン現象を起こすには，何を用いてどのように操作すればよいか。具体的に述べよ。

(2) 文中の（A）～（E）にあてはまる最も適切な語句を，次の**ア**～**キ**から１つずつ選び，記号で答えよ。ただし，同じ記号を何度使用してもよい。

ア エタノール　**イ** 水　**ウ** 15%食塩水　**エ** 液面に浮いた
オ 底に沈んだ　**カ** ペットボトルの容器　**キ** ペットボトルのキャップ

(3) 下線部②の物質を作ることができる組み合わせはどれか，下の**ア**～**エ**から２つ選び，記号で答えよ。さらに，選択した祖み合わせから下線部②の物質が生成するときの反応を，化学反応式でそれぞれ表せ。

ア 塩化アンモニウムと水酸化バリウム
イ 炭酸水素ナトリウムと塩酸
ウ 塩酸と水酸化バリウム
エ 塩酸と水酸化ナトリウム

(4) 下線部③のときの水溶液$5.0\,cm^3$をはかり取り，その質量を測定したところ，4.7 g であった。下線部③のプラスチック片の密度を求め，単位とともに答えよ。さらに，このプラスチック片の素材の**略称**を本文の表から１つ選び，答えよ。

(5) ペットボトルの容器とキャップをまとめて細かく裁断し，混ざったものが多量にある。これをエタノールも食塩水も用いずに２つの素材に分別するには，何を用いてどのように操作すればよいか。具体的に述べよ。

〔問題４〕 動物に関する次の(1)～(5)の問いに答えよ。

(1) 現在生きているA～Eの５つのグループの動物の進化について，次の文章を読み，空欄①～④にあてはまる最も適切なものをそれぞれあとの**ア**～**コ**から選び，記号で答えよ。

地球上に最初に現れた脊椎《せきつい》動物はAで，海で生活していた。このようなAの中から陸上に適した生活ができるような特徴をもつ動物が現れて，最初のBに進化した。やがて，Bのあるものから，乾燥に耐《た》えられるしくみをもつ動物が現れて，CやDに進化した。そして，Dの中の一部の動物からEに進化したと考えられている。

これらの５つのグループは，様々な観点で比べて分類されている。

一般的な特徴として，Cは呼吸を［　①　］で行う。Dの子のうまれ方は［　②　］で，生活場所は［　③　］である。Eの体表は［　④　］でおおわれている。

①の選択肢　**ア** 幼生はえら，成体は皮膚や肺　**イ** えら　**ウ** 肺
②の選択肢　**エ** 卵生　**オ** 胎生
③の選択肢　**カ** 幼生は水中，成体はおもに陸上　**キ** おもに陸上
④の選択肢　**ク** うろこ　**ケ** 毛　**コ** 羽毛

(2) 大昔の生物に近い特徴を現在まで保っている生物を「生きている化石」という。「生きている化石」にあてはまる生物を次の**ア**～**キ**から２つ選び，記号で答えよ。

ア マンモス　**イ** カブトガニ　**ウ** オウムガイ　**エ** ビカリア
オ アンモナイト　**カ** サンヨウチュウ　**キ** フズリナ

(3)　現在地球上で生活する脊椎動物の特徴を詳しく見ると，進化の道すじが見えてくることもある。現在の見かけの形やはたらきは異なっていても，コウモリの翼とクジラのひれのように，基本的なつくりが同じで，起源は同じものであったと考えられる器官のことを何というか。漢字で答えよ。

(4)　ヒトのからだや動物の染色体について，次の**ア**～**コ**から正しいものを３つ選び，記号で答えよ。

ア　ヒトの赤血球には，ヘモグロビンが含まれている。

イ　ヒトの組織液には，酸素が含まれているが二酸化炭素は含まれていない。

ウ　ヒトの心臓から送り出された血液が流れる血管は，他の血管とくらべて壁がうすく弾力性がある。

エ　ヒトが呼吸をするとき，吸気と呼気では酸素と二酸化炭素の割合が逆転し，　呼気の成分のうち約20％は二酸化炭素になる。

オ　ヒトの尿素は肝臓でつくられ，血管を通って小腸に運ばれる。

カ　ヒトの胆汁は肝臓でつくられ，胆のうに貯蔵される。

キ　ヒトの胃では，消化酵素のほかに酸性の物質が分泌される。

ク　ヒトが成長するとき，からだの中の細胞が分裂する前後で，１つの細胞の中の染色体の数は増加する。

ケ　カエルの受精卵の染色体数と，その受精卵が成長したオタマジャクシの１つの細胞の中の染色体数は異なる。

コ　オタマジャクシの尾にある１つの細胞の中の染色体数と，そのオタマジャクシが成長したカエルの後あしにある１つの細胞の中の染色体数は異なる。

(5)　だ液のはたらきと温度の関係を調べるために，実験①と実験②を行った。あとの問いに答えよ。

<実験①>

操作１　水でうすめただ液を小さな試験管㋐，㋑，㋒に２cm^3ずつ入れ，別の小さな試験管，㋓，㋔，㋕には水を２cm^3ずつ入れた。

操作２　㋐と㋓を０℃の氷水に，㋑と㋔を40℃の湯に，㋒と㋕を90℃の湯にしばらく入れた。

操作３　0.5％デンプン水溶液を５cm^3ずつ６本の試験管Ａ～Ｆに入れた。

操作４　試験管Ａには操作２の㋐を，試験管Ｃには操作２の㋑を，試験管Ｅには操作２の㋒をそれぞれ２cm^3加えた。

操作５　試験管Ｂには操作２の㋓を，試験管Ｄには操作２の㋔を，試験管Ｆには操作２の㋕をそれぞれ２cm^3加えた。

操作６　試験管Ａ～Ｆを40℃の湯に入れ，温度を保ちしばらく待った。

操作７　試験管Ａ，Ｂ，Ｃ，Ｄ，Ｅ，Ｆの溶液をそれぞれ２つの試験管Ａ１とＡ２，Ｂ１とＢ２，Ｃ１とＣ２，Ｄ１とＤ２，Ｅ１とＥ２，Ｆ１とＦ２に分けた。

操作８　Ａ１～Ｆ１の６本には，ヨウ素液を加えて，色の変化を観察した。

操作９　Ａ２～Ｆ２の６本には，ベネジクト液を加えて加熱し，色の変化を観察した。

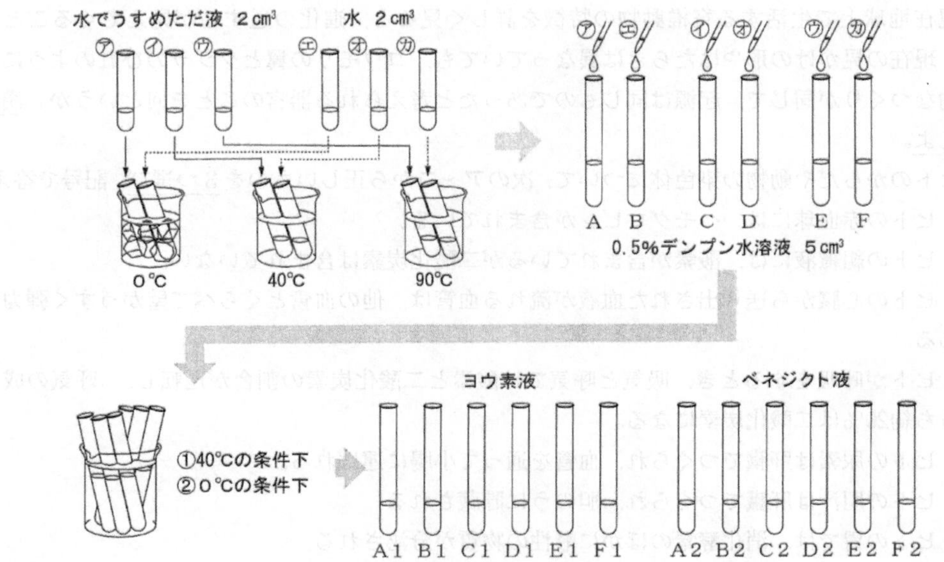

＜実験②＞

実験①の操作1～操作9のうち，操作6の下線部を0℃の氷水に変えて，同様の実験を行った。

＜実験①と実験②の結果＞

実験①（40℃の条件下）

試験管	ヨウ素液の変化	試験管	ベネジクト液の変化
A1	変化しなかった	A2	赤褐色に変化した
B1	青紫色に変化した	B2	変化しなかった
C1	変化しなかった	C2	赤褐色に変化した
D1	青紫色に変化した	D2	変化しなかった
E1	青紫色に変化した	E2	変化しなかった
F1	青紫色に変化した	F2	変化しなかった

実験②（0℃の条件下）

試験管	ヨウ素液の変化	試験管	ベネジクト液の変化
A1	青紫色に変化した	A2	変化しなかった
B1	青紫色に変化した	B2	変化しなかった
C1	青紫色に変化した	C2	変化しなかった
D1	青紫色に変化した	D2	変化しなかった
E1	青紫色に変化した	E2	変化しなかった
F1	青紫色に変化した	F2	変化しなかった

この結果からわかることを，次のア～シからすべて選び，記号で答えよ。

ア 0℃にしただ液は，0℃の条件下に保った場合に，よくはたらく。

イ 0℃にしただ液は，0℃の条件下に保った場合に，はたらかない。

ウ 0℃にしただ液は，40℃の条件下に保った場合に，よくはたらく。

エ 0℃にしただ液は，40℃の条件下に保った場合に，はたらかない。

オ 40℃にしただ液は，0℃の条件下に保った場合に，よくはたらく。

カ　40℃にしただ液は，0℃の条件下に保った場合に，はたらかない。
キ　40℃にしただ液は，40℃の条件下に保った場合に，よくはたらく。
ク　40℃にしただ液は，40℃の条件下に保った場合に，はたらかない。
ケ　90℃にしただ液は，0℃の条件下に保った場合に，よくはたらく。
コ　90℃にしただ液は，0℃の条件下に保った場合に，はたらかない。
サ　90℃にしただ液は，40℃の条件下に保った場合に，よくはたらく。
シ　90℃にしただ液は，40℃の条件下に保った場合に，はたらかない。

【社　会】（50分）　＜満点：60点＞

［問題１］

〔問１〕　下のＸ～Ｚは，図１のＡ～Ｃのいずれかの地形断面図である。これらの正しい組合せを，あとのア～カの中から１つ選び，記号で答えなさい。なお，Ａ～Ｃの●と□の間の実際の距離はそれぞれ異なるが，Ｘ～Ｚでは同じ長さで表現してある。

図Ｉ

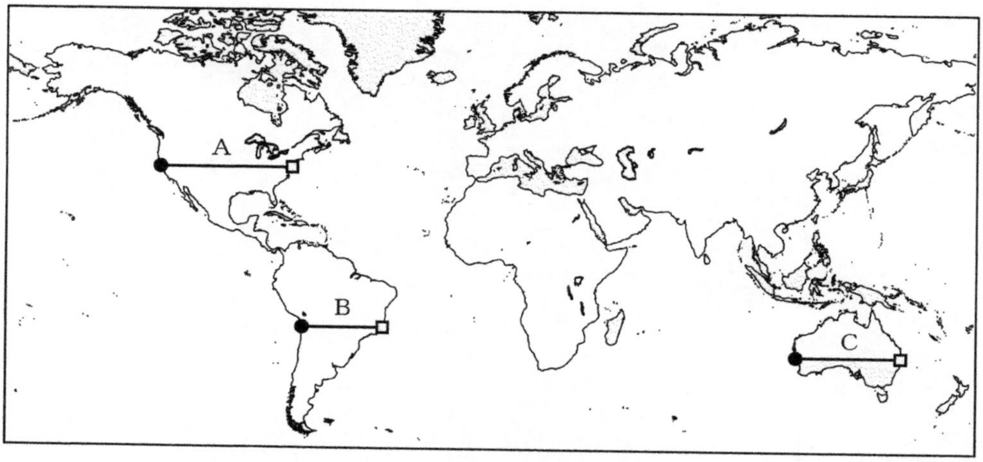

X

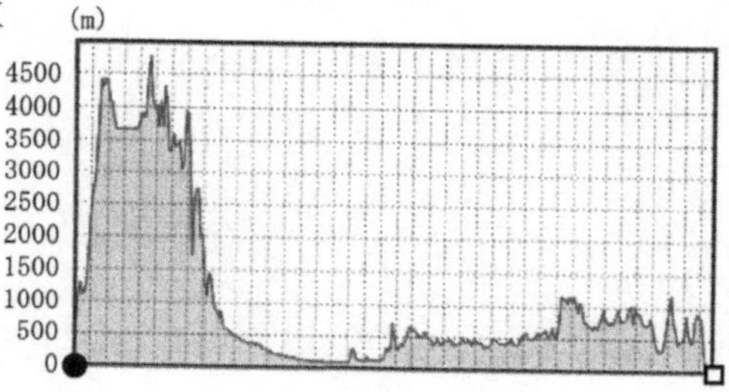

Y

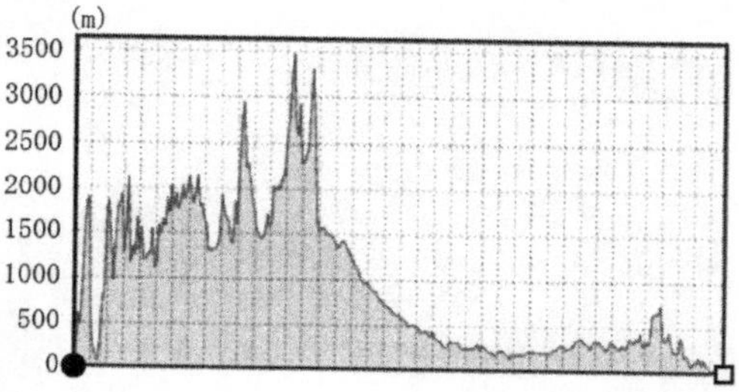

Z

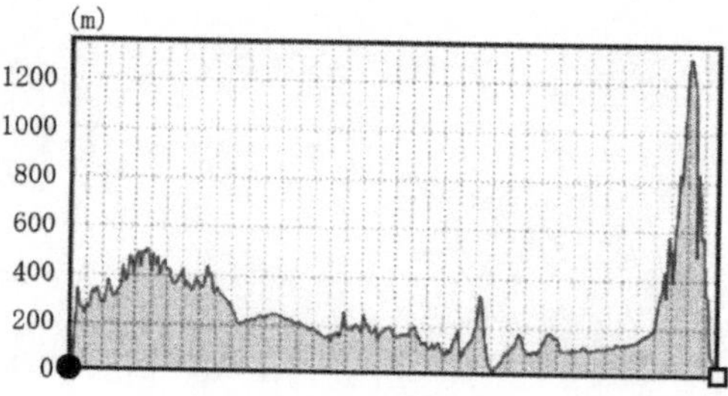

（地理院地図により作成）

	ア	イ	ウ	エ	オ	カ
X	A	A	B	B	C	C
Y	B	C	A	C	A	B
Z	C	B	C	A	B	A

［問２］　東南アジアの様子や，関連した事がらについて述べた文として，下線部に誤りを含むものを，次のア～オの中から２つ選び，記号で答えなさい。

ア．インドネシアの列島の北側には東西に海溝型のプレート境界が位置するため，このプレートの働きで，標高の高く険しい山が多く，地震や火山活動が活発である。

イ．インドシナ半島の沿岸部の平野では，６月から９月ころにおもに西から吹き込む湿った季節風（モンスーン）によって雨季となり，稲作が広く行われている。

ウ．仏教，イスラム教，キリスト教，ヒンドゥー教などのさまざまな宗教が信仰されている。これは，アジアの他地域やヨーロッパ諸国の影響を受けたことによる。

エ．多くの国ぐには，工業化を図ることにより，農産物や鉱産資源の輸出に依存したモノカルチャー経済から脱却してきている。

オ．ASEAN諸国は経済発展が著しく，EUやアメリカ合衆国に比べて総人口が多いことからも，これから大きく成長する市場として注目されている。

［問３］　次のＡ～Ｄのカードは，図Ⅱの①～④のいずれかの国の国歌の特徴を説明したものである。①と④の正しい組合せを，次ページのア～シの中から１つ選び，記号で答えなさい。

図Ⅱ

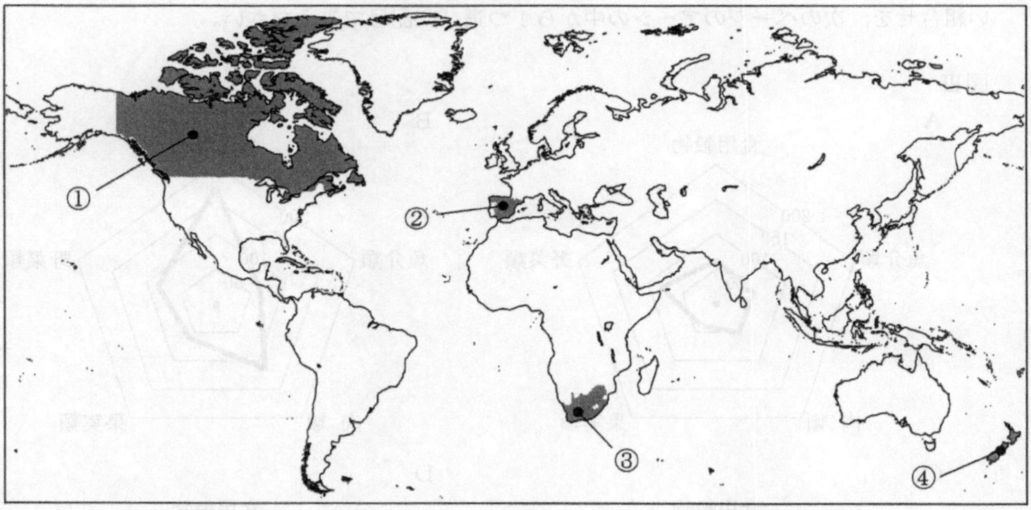

カードＡ

この国の公用語は11あるが，１つの国歌の中で，その内５言語が混在する形で使用されている。具体的には，コーサ語，ズールー語などの現地で使用されている４言語と，英語で歌詞がつづられている。

カードＢ

作曲された当初は，公用語のフランス語の歌詞のみであった。同じく公用語である英語の歌詞は遅れて作詞され，現在では，同じメロディでフランス語版と英語版の２つの版で歌われている。

カードC

この国には，２つの国歌がある。１つは，英語と，先住民の言語であるマオリ語で歌われるものである。もう１つの「国王陛下万歳」は英語のみで歌われ，別の国でも国歌として使われている。

カードD

この国の国歌の起源は，軍隊の行進曲である。国歌として使われるようになったが，歌詞が無いため，作詞する試みが何度も行われた。しかし，現在でも歌詞は無い状態である。

	ア	イ	ウ	エ	オ	カ	キ	ク	ケ	コ	サ	シ
①	A	A	A	B	B	B	C	C	C	D	D	D
④	B	C	D	A	C	D	A	B	D	A	B	C

〔問４〕 図Ⅲの A～D は，日本，アメリカ合衆国，スイス，スペインのいずれかの国における，品目別カロリーベースの食料自給率（％）を示したものである（2019年）。日本とスペインの正しい組合せを，次のページのア～シの中から１つ選び，記号で答えなさい。

図Ⅲ

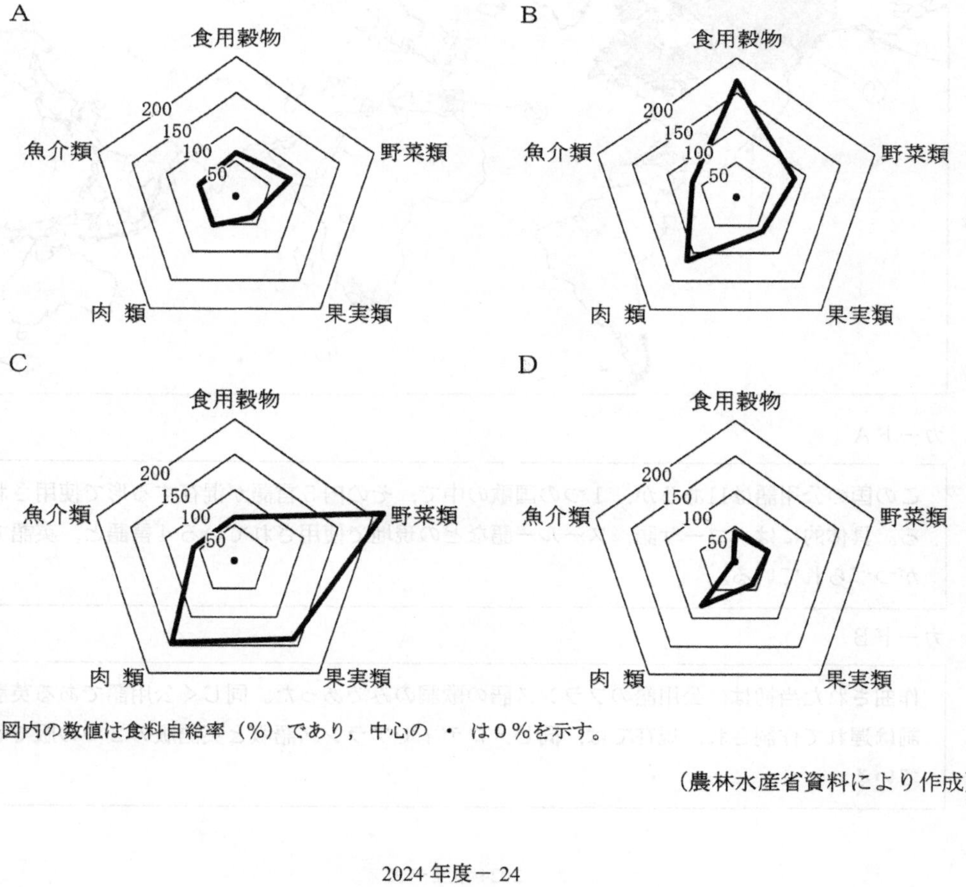

＊各図内の数値は食料自給率（％）であり，中心の ・ は０％を示す。

（農林水産省資料により作成）

	ア	イ	ウ	エ	オ	カ	キ	ク	ケ	コ	サ	シ
日本	A	A	A	B	B	B	C	C	C	D	D	D
スペイン	B	C	D	A	C	D	A	B	D	A	B	C

［問題２］

〔問１〕 図１の３地点（A～C）について，図Ⅱは月別日照時間，図Ⅲは気温に関するデータを示したものである（1991年から2020年までの30年間の平均）。AとCの正しい組合せを，次のページのア～カの中から１つ選び，記号で答えなさい。

図Ⅰ　３地点の位置

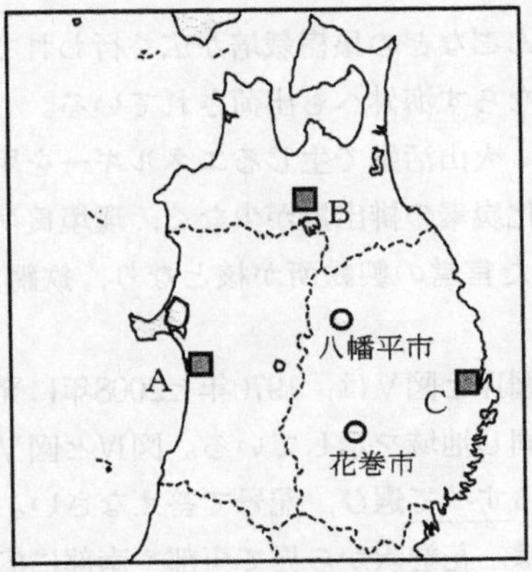

図Ⅱ　３地点の月別日照時間の最少月と最多月とその時間

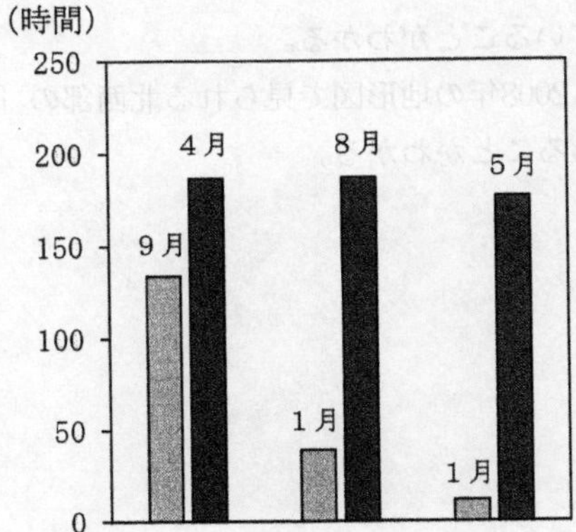

図Ⅲ　３地点の最暖月と最寒月平均気温
（P～Rは図Ⅱと同地点を示す）

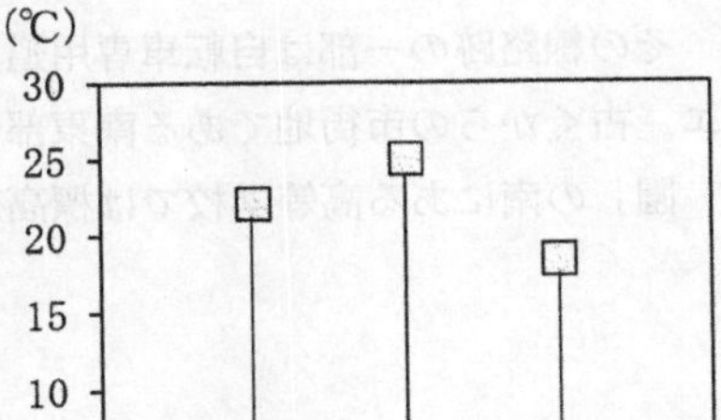

（いずれも気象庁資料により作成）

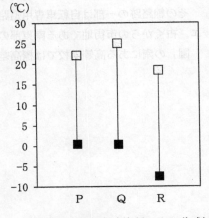

	ア	イ	ウ	エ	オ	カ
A	P	P	Q	Q	R	R
C	Q	R	P	R	P	Q

〔問2〕 東北地方のさまざまな産業に関して説明した文として，誤りを含むものを，次のア～オの中から1つ選び，記号で答えなさい。

ア．リアス海岸が続く太平洋沿岸部は，波が穏やかであり，かき，わかめ，ほたてなどの養殖業が盛んに行われている。

イ．かつて，農閑期には出稼ぎに行く人が大勢いたが，各地に工業団地が造成されたため，現在では減少した。

ウ．さくらんぼや桃，りんごなどの果樹栽培が広く行われている。高速道路や空港の整備が進んだことから，国内のみならず海外へも出荷されている。

エ．火山が多いことから，火山活動で生じるエネルギーを用いて，地熱発電が各地で行われている。地熱発電は，二酸化炭素の排出量が少なく，環境負荷が少ない。

オ．明治時代に整備された官営の製鉄所が核となり，鉄鋼業を中心とした工業地帯が整備された。

〔問3〕 次ページ以降の，図Ⅳと図Ⅴは，1970年と2008年に発行された2万5千分の1地形図であり，岩手県花巻市周辺の同じ地域を示している。図Ⅳと図Ⅴから読み取れることとして適切なものを，次のア～エの中からすべて選び，記号で答えなさい。

ア．市街地は，1970年では，花巻駅から見て東部や南部に広がっていたが，2008年では，北部や西部にも広がっていることがわかる。

イ．1970年では，花巻駅の東側にあった市役所やその付近にある官公署は，2008年では，駅の西側に移転していることがわかる。

ウ．1970年には敷設されていた花巻電鉄花巻温泉線は，2008年の地形図では廃線となっており，その線路跡の一部は自転車専用道路に転用されていることがわかる。

エ．古くからの市街地である南東部の「上町」と，2008年の地形図で見られる北西部の「運動公園」の南にある高等学校では標高差が40m以上あることがわかる。

図Ⅳ（1970 年発行）

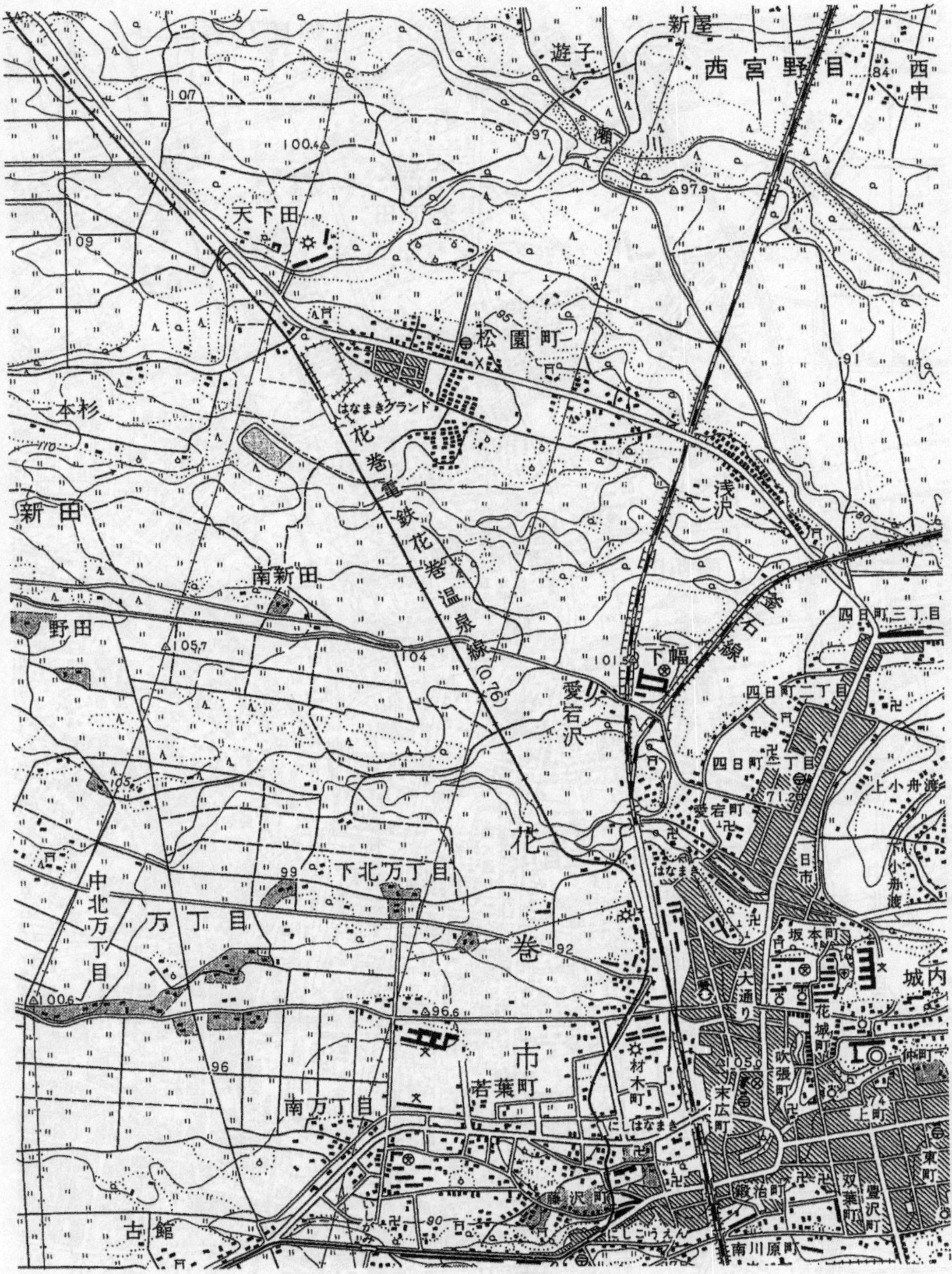
新屋
遊子
西宮野目
西中
84
107
100.4
97
瀬川
97.9
天下田
109
松園町
95
91
はなまきグランド
本杉
110
新田
浅沢
80
花巻電鉄花巻温泉線
(0.76)
釜石線
南新田
野田
105.7
104
101
下幅
愛宕沢
四日町三丁目
四日町二丁目
四日町一丁目
71.2
上小舟渡
愛宕町
はなまき
105
99
下北万丁目
中北万丁目
万丁目
花
巻
市
92
坂本町
城内
大通り
花城町
小舟渡
100.6
96.6
96
材木町
105.0
吹張町
仲町
若葉町
南万丁目
にしはなまき
末広町
74
上町
東町
鍛治町
双葉町
豊沢町
藤沢町
90
古館
にしこうえん
南川原町

図Ｖ（2008 年発行）

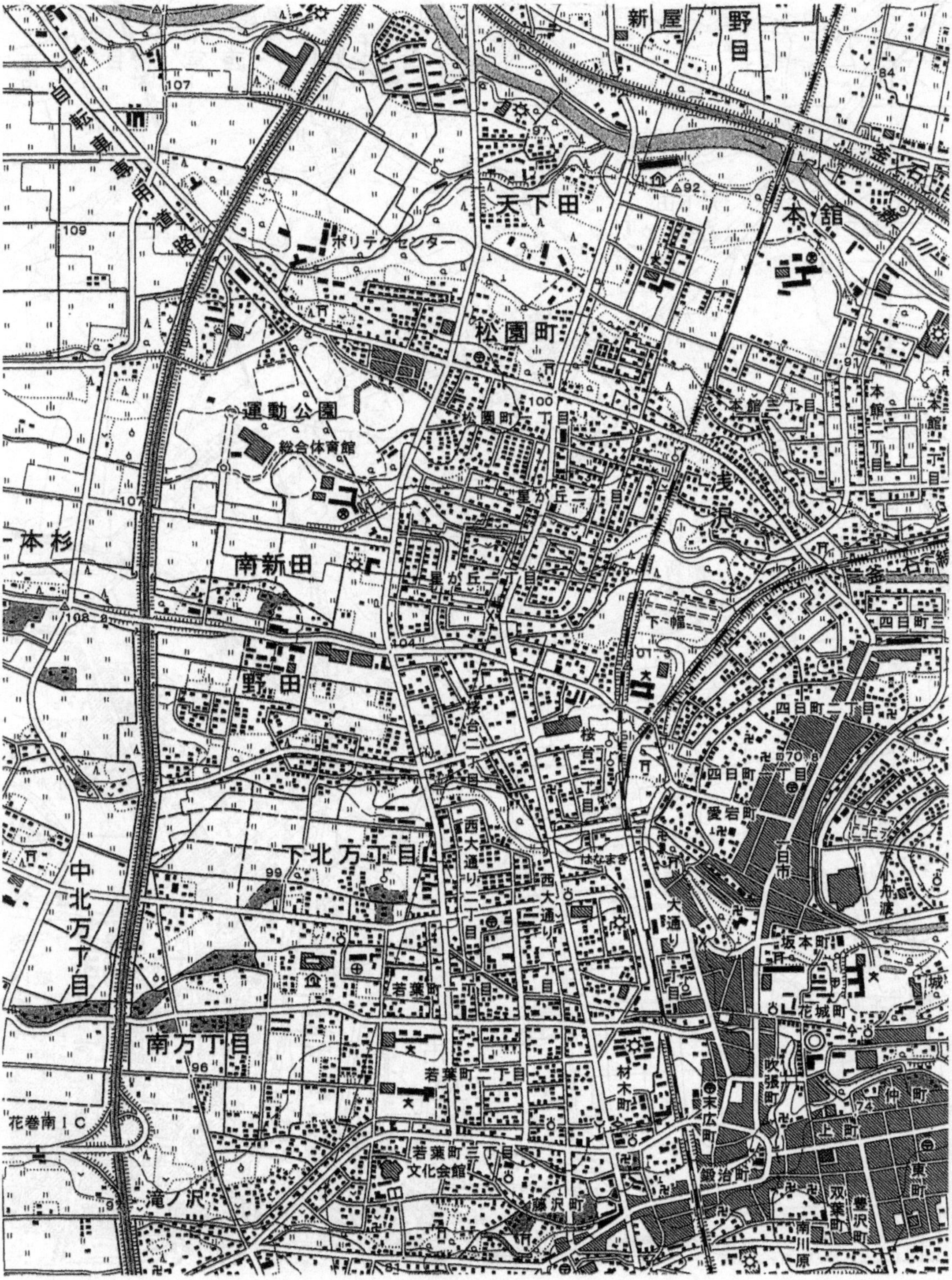
新屋
野目
自転車専用道路
天下田
本舘
ポリテクセンター
松園町
運動公園
総合体育館
星が丘二丁目
星が丘一丁目
浅沢
一本杉
南新田
野田
四日町三丁目
四日町二丁目
四日町一丁目
桜台
愛宕町
西大通り二丁目
西大通り一丁目
大通り一丁目
下北万丁目
中北万丁目
はなまき
坂本町
花城町
若葉町一丁目
若葉町二丁目
若葉町三丁目
南万丁目
材木町
末広町
吹張町
仲町
上町
東町
花巻南ＩＣ
文化会館
鍛治町
双葉町
豊沢町
藤沢町
滝ノ沢

〔問４〕 岩手県八幡平市には，松尾鉱山と呼ばれる硫黄鉱山があった。この鉱山は20世紀半ばに大きく栄えたが，1970年代初めには閉山（操業停止）してしまった。資料Ⅰ～資料Ⅲをもとに，考えられる閉山理由を説明しなさい。

松尾鉱山とは（八幡平市松尾鉱山資料館資料などによる）

松尾鉱山は，岩手県北西部の標高1,000mの高所に位置し，20世紀初めから硫黄や硫化鉄鉱を採掘しました。最盛期となる1950年代半ばには全国で生産される硫黄の１/３を生産して「東洋一」の硫黄鉱山となりました。一帯の人口は約15,000人を超え，山中にありながら都会の人がうらやむほどの近代的な福利厚生施設の整った「雲上の楽園」と呼ばれました。しかしその繁栄は続かず，1970年代初めに閉山に追い込まれました。次の写真は，最盛期に建設された鉱山従業員とその家族用のアパートの一部で，現在は廃墟となっていますが，解体されることなく現存しています。

資料Ⅰ　日本の硫黄生産量（1955 年～1971 年）と硫黄のおもな用途

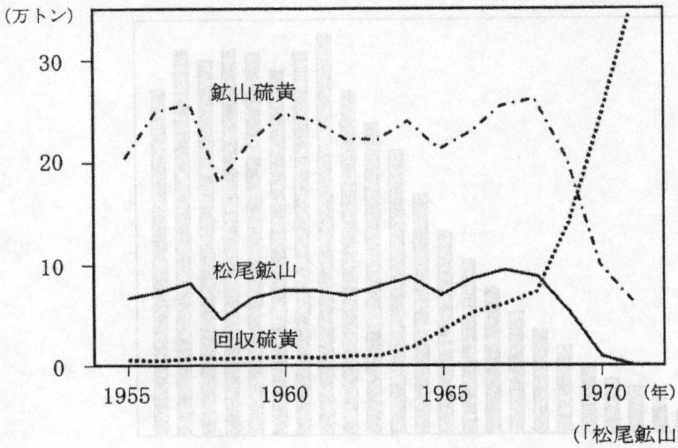

（「松尾鉱山閉山に伴う鉱山集落の変容」などにより作成）

硫黄のおもな用途

合成繊維，製紙，農薬，化学薬品，医薬品，肥料，ゴムなどの原料

資料Ⅱ　石油精製のプロセス

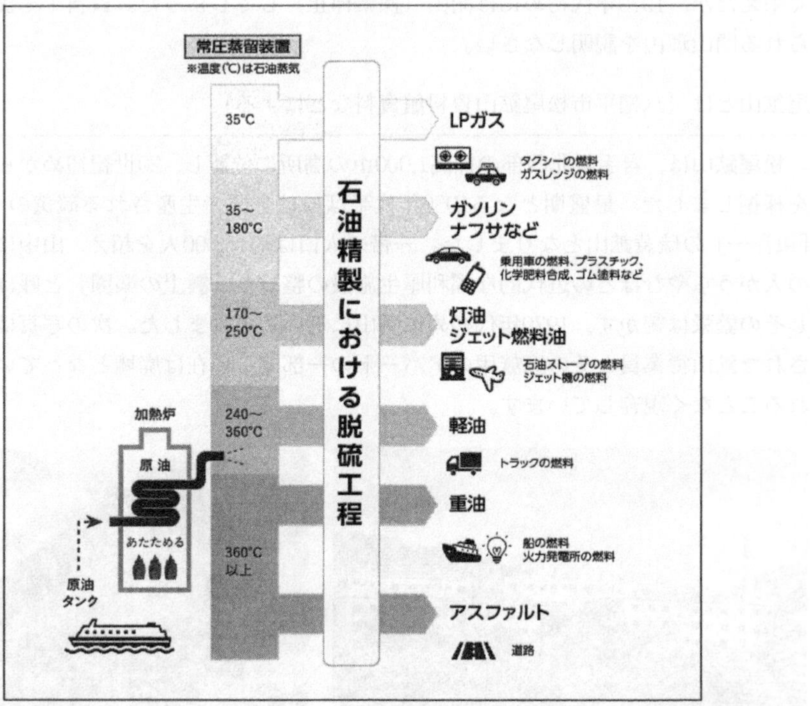

（Tipton 社資料により作成）

資料Ⅲ　日本における石油供給量の推移（1950 年度～1980 年度）

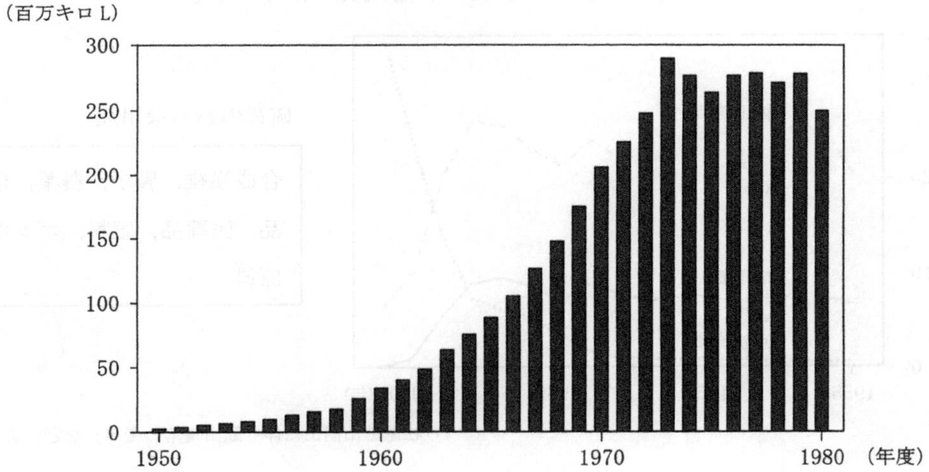

（資源エネルギー庁資料により作成）

［問題３］

［問１］ 資料Ⅰ，Ⅱ（原文一部改め）に関する問題に答えなさい。

資料Ⅰ

「魏志」倭人伝より

法を犯した場合は，軽罪ならばその妻子を取り上げて奴隷の身分におとし，重罪ならばその一門および一族を奴隷とする。尊卑に従ってそれぞれの序列がはっきりしており，身分に応じた礼が尽くされている。…

その国では，以前は男王をたてて70～80年を過ごしたが，国内が乱れ何年間も戦争が続いたので，諸国が共同で一人の女子を王として推戴した。この女王の名を［A］といい，呪術を行い，多くの人に自分の占いを信じさせている。すでに成人しているが，夫はなく，弟が政治を補佐している。王位についてから［A］を見た者は少なく，1,000人の婢を近侍させている。…

資料Ⅱ

偉大な光明であるブラフマンは，彼が創造した一切のものを守護するために，口，腕，腿，足から生まれた者たちに，各々が従事すべき職業を割り当てた。…

バラモンには教授と学習，自分と他人のための祭式執行などを割り当てた。クシャトリヤには人民の守護などを指示した。ヴァイシャには家畜の飼育，商業および農業などを定めた。ブラフマンは，シュードラに対し，バラモン・クシャトリヤ・ヴァイシャに不平を言わずに奉仕するという唯一の行為のみを命じた。…

生活難に陥ったクシャトリヤは，ヴァイシャに定められたこれらすべての生活法によって生活してもよい。しかし，いかなるときでもバラモンの生業につこうなどと考えてはならない。…

(1) 資料Ⅰの［A］にあてはまる語を漢字で答えなさい。

(2) 資料Ⅱは，資料Ⅰとは時代も地域も異なる社会で成立したものである。資料Ⅰと資料Ⅱの社会の共通点を簡潔に１つ答えなさい。

［問２］ 次の新聞記事に関する問題に答えなさい。

…①北前船の寄港地が交流を深める「北前船寄港地フォーラム」が２日，鹿児島市の城山ホテル鹿児島であった。フォーラムは，これまでも北前船ゆかりの各地で開かれ，今回が29回目。九州では初めての開催という。鹿児島は寄港地ではないが，北前船が北海道で調達した［B］などを②薩摩藩が入手し，琉球経由で中国に輸出し，財政を立て直したといわれる。…

(2020年２月３日付『朝日新聞』鹿児島版朝刊より，一部改め)

(1) 下線部①について，北前船が往復し，河村瑞賢によって整備された航路の名称を答えなさい。

(2) ［B］にあてはまるものを，ア～カの中から１つ選び，記号で答えなさい。

ア．織物　　イ．銀　　ウ．米　　エ．昆布　　オ．砂糖　　カ．木材

(3) 下線部②に関連して，財政を立て直すうえで，薩摩藩が資料Ⅲを定めたねらいを説明しなさい。

資料Ⅲ

> 一　薩摩の許可書がない商人を入れてはならない。
> 一　琉球からほかの藩へ貿易船を出してはならない。
>
> （薩摩藩が琉球に対して1611年に定めたものから抜粋）

(4) 琉球が中継貿易で繁栄しはじめたのは14世紀後半であった。この時期の東アジアに関する説明として適切なものを，ア～エの中から１つ選び，記号で答えなさい。

ア．中国では，元が厳しい海禁政策をとって民間の交易を禁じた。
イ．朝鮮半島では，高麗が権力を確立して倭寇を撃退した。
ウ．日本では，足利義満が朱印状によって貿易を管理下に置いた。
エ．蝦夷地と呼ばれた現在の北海道では，アイヌが独自の文化を営んでいた。

[問題４]

社会科の宿題で音羽さんが作成したレポートをもとに，後の問いに答えなさい。

レポート

祖父母の家の近くにあった石碑について，小さいころから気になっていたので調べてみました。【写真】の石碑には大きく「拓魂碑」とあります。建立当時の県知事の名前で碑文も刻まれていました。

【写真】

【碑文の抜粋（一部改め）】

開拓は戦後荒廃と困苦の中に，祖国再建の国策として実施され，此の①国家的要請に応じて東雲原に入植した開拓者は百四十五戸であった。その多くは海外引揚者，被戦災者，復員者等でその土地も僻遠不毛の地で，営農と生活の基盤は皆無に等しい状態であった。

…かつての荒野は今や整斉とした四百五十余町歩の沃土と化し，現存する百二十五戸の同志は益々団結を強め模範的経営者としてまた団体として，農林大臣賞の栄に浴した事は我等開拓者の努力のたまものといささか自負するところである。

ここに東雲原開拓者は入植二十五周年を記念し，更に今後の躍進を期する為拓魂不滅を信じて碑を建立するものである。

これは，②満州（中国東北部）から帰国した開拓団による③開拓の歴史を顕彰したものだということがわかりました。開拓の中心は東京都出身の人々だったということも知り，私の住む東京と帰省先の④移民を通じた意外なつながりも見えてきました。この石碑に限らず，⑤今日，お寺や神社，学校の敷地，駅や旅先なども含め，私たちに身近な様々なところでも歴史的な石碑や像などを見ることが出来ます。

〔問１〕 この石碑が建立された時期の日本や世界の様子として最も適切なものを，次のア～オの中から１つ選び，記号で答えなさい。

ア．ソ連と不可侵条約を結んだドイツがポーランドに侵攻した。

イ．海軍の青年将校らが首相官邸を襲い，犬養毅首相を暗殺する事件が起きた。

ウ．大気汚染などの公害問題が深刻化し，公害対策基本法が制定された。

エ．地域の経済的・政治的統合を進めるためにヨーロッパ連合（EU）が発足した。

オ．ソ連などを除く連合国と日本の間で，サンフランシスコ平和条約が結ばれた。

〔問２〕 下線部①に関して，近現代の日本における「国家的要請」の一例である次の法律とその説明文の [A] ～ [C] にあてはまる語を答えなさい。

法律

本法は国民食糧の確保及び国民経済の安定を図るため，食糧を管理し，その需給及び価格の調整ならびに [A] の統制を行うことを目的とする。本法において主要食糧とは，米穀，大麦，…その他勅令を以て定める食糧をいう。米穀，大麦…の生産者又は土地について権利を有し，小作料としてこれを受ける者は命令の定める所により，その生産し，又は小作料として受けた米麦にして命令を以て定めるものを，政府に売渡すべし。

（1942年成立時の条文　一部改め）

説明

この法律は，大正期の [B] を教訓として政府が制定した「米穀法」という法律を基にしたもので，「食糧管理法」と呼ばれ，1942年に制定されました。制定当初の目的は，当時の社会状況から，政府による [A] 実施の円滑化だと思われますが，この法律は戦後も改正を経て1995年に廃止されるまで継続されました。農産物の価格や流通を政府が管理する同法律は，結果として自由な取引を規制します。廃止の背景には，20世紀後半に加速した経済の自由化・ [C] 化を背景とした国際的な競争に，日本のそれまでの仕組みでは対応出来なくなったこともあるでしょう。

〔問３〕 下線部②に関連して，次の資料は1914年に日本の雑誌に掲載されたある論文である。これに関して述べた文として適切なものを，あとのア～カの中から，すべて選び，記号で答えなさい。

ⓐ青島陥落がわたしの予想よりはるかに早かったのは，同時に戦争の不幸が意外に少なかったという意味において国民の一人として喜びを共有するものである。しかし，このように我が軍の手に帰した青島は，結局どう扱うのが最も得策だろうか。…この問題に対するわ

たしの立場は明白だ。日本はアジアに領土を拡張すべきでなく，満州も速やかにこれを放棄すべきだというのが私の宿論である。…ややもすれば中国の領土に野心を抱いていると認識されているのが，露独日の三国である。この点において，ⓑ我が日本は深く中国人に恐れられ，排斥を受け，更に米国には危険視され　盟邦の英人にすら大に疑念を抱かれている。それなのに，今若しドイツが中国の山東半島から駆逐されたらどうなるか。それだけでも，日本の中国における満州進出は，著しく目立つのに，その上で更に日本が青島を拠点に，山東の地に領土的経営を行ったならば，その結果は果してどうなるか。中国への我が国の侵出は一層明白となり，世界列強の注目を集めることは言うまでもない。

（「石橋湛山全集」より，現代語訳してある）

ア．下線部ⓐの戦争において，日本はドイツの同盟国として戦った。

イ．下線部ⓐの戦争の講和会議で，日本はこの戦争で得た一切の領土や利権を放棄した。

ウ．著者は日本がポーツマス条約で獲得した利権だけは維持すべきだと主張している。

エ．著者は日本が中国に新たな領土を獲得することに批判的である。

オ．著者の考えは，同じころアメリカのウィルソンが提唱した14か条の内容と対立するものであった。

カ．下線部ⓑで著者が心配していたとおり，中国では日本の要求に反発する運動がおこった。

〔問４〕　下線部③に関連して，明治期に，失職した士族らを北海道の防備と開拓の担い手とする制度がつくられた。この制度の名称を答えなさい。

〔問５〕　下線部④に関連して，音羽さんはアメリカの開拓についての授業を思い出し，学習プリントを見返した。音羽さんのプリントの［A］・［B］にあてはまる語の組合せとして正しいものをあとのア～エの中から１つ選び，記号で答えなさい。

【プリントの一部】

移民の流入による人口増

戦争や土地の購入，開拓の進展

発展
領土が主に［A］へ急速に拡大した。

一方

対立
［B］が土地を奪われたり居留地に強制移住させられた。　⇒図版参照

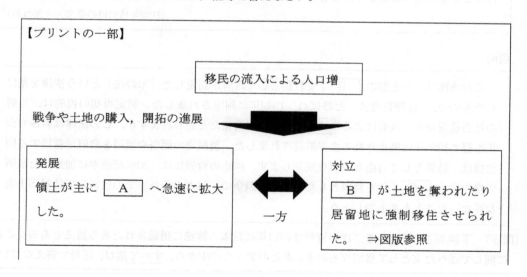

図版

ア．A－北から南　　B－黒人奴隷
イ．A－北から南　　B－先住民（ネイティブ＝アメリカン）
ウ．A－東から西　　B－黒人奴隷
エ．A－東から西　　B－先住民（ネイティブ＝アメリカン）

［問６］ 下線部⑤に関連して，次のX～Zのモニュメント・像について，建立された時期の古いものから順に並べなさい。

X

大規模な地上戦が展開された，沖縄県糸満市にある洞窟（ガマ）の上に立てられた碑

Y

ある戦争の講和翌年に立てられた碑で，題字は激戦地旅順で指揮した将軍が書いたもの
（石碑中の「卅」は30の意味）

Z

2023年に生誕100年を迎えた「忠犬」が11歳になる年に建立（ただし現在は二代目）

［問題５］

小日向さんが社会科の授業をまとめたノートをもとに，後の問いに答えなさい。

ノート

> **男女平等の実現**
>
> ・①法律の制定
>
> 　男女共同参画社会基本法の制定（1999年）
>
> ・権利を守るためには②司法の働きも大切
>
> ・男女平等は世界的な課題
>
> 　1979年の第34回国連総会で女子差別撤廃条約が採択
>
> 　2015年に③国際連合で採択されたSDGsの中にも示されている。

［問１］　下線部①に関連して，小日向さんのノートを見た先生は，男女共同参画社会基本法の他にも男女平等を目指す法律があることを，資料Ⅰを示しながら教えてくれた。資料Ⅰの法律名を答えなさい。

資料Ⅰ

> 第６条　事業主は，次に掲げる事項について，労働者の性別を理由として，差別的取扱いをしてはならない。…

［問２］　男女平等に関心を持った小日向さんは,「女性参画」について発表するために資料を探したところ，次の資料Ⅱ・Ⅲを見つけた。ふたつの資料をもとにまとめたメモの［A］～［C］にあてはまる語句や数字をそれぞれ答えなさい。

資料Ⅱ

	政治	経済	教育	健康
日本	0.057	0.561	0.997	0.973
平均	0.221	0.601	0.952	0.960

（世界経済フォーラムのサイトによる）

資料Ⅲ　男女別・年代別投票率（第26回参議院議員通常選挙）

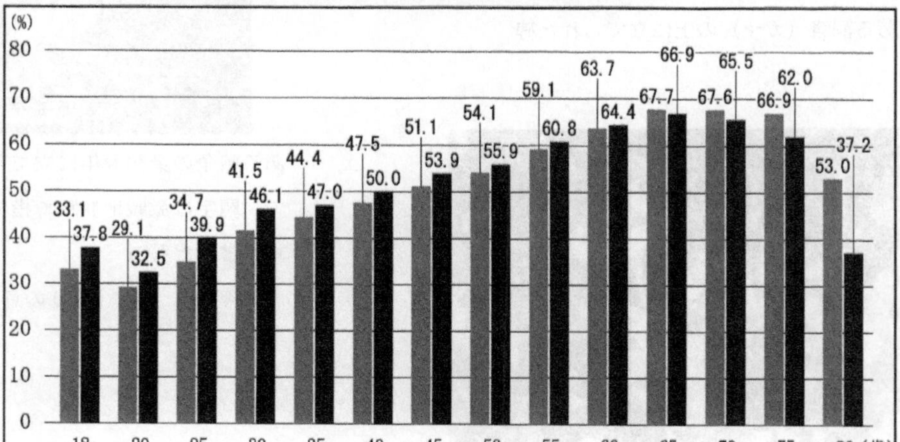

（内閣府男女共同参画局「女性活躍・男女共同参画の現状と課題」より）

メモ

資料Ⅱは，スイスの非営利財団「世界経済フォーラム」が公表したジェンダー・ギャップ指数（2023年）から日本の数値と全体の平均を抜き出したものです。この指数は，０が完全不平等，１が完全平等を表しているので，日本は４つの分野の中でも特に［ A ］の値が低いことがわかります。

［ A ］に関しては，女性の関心が低いのかとも考えましたが，資料Ⅲをみると「18～19歳」の年代から「［ B ］歳」の年代までは，女性の方が投票率は高くなっていることがわかります。一方で，国会議員の数について調べたところ，令和３年の衆議院議員総選挙では女性が45名当選しています。つまり，議員定数に占める女性の割合は［ C ］％です（数字は小数第一位を四捨五入）。

〔問３〕 小日向さんは，次の資料Ⅳを見つけた。資料Ⅳの読み取りとして適切なものを，下のア～エの中から２つ選び，記号で答えなさい。なお，例えばグラフ上の60％と30％との差は「30ポイント」と表現している。

資料Ⅳ　男女の年代別人口における就業率と正規雇用比率

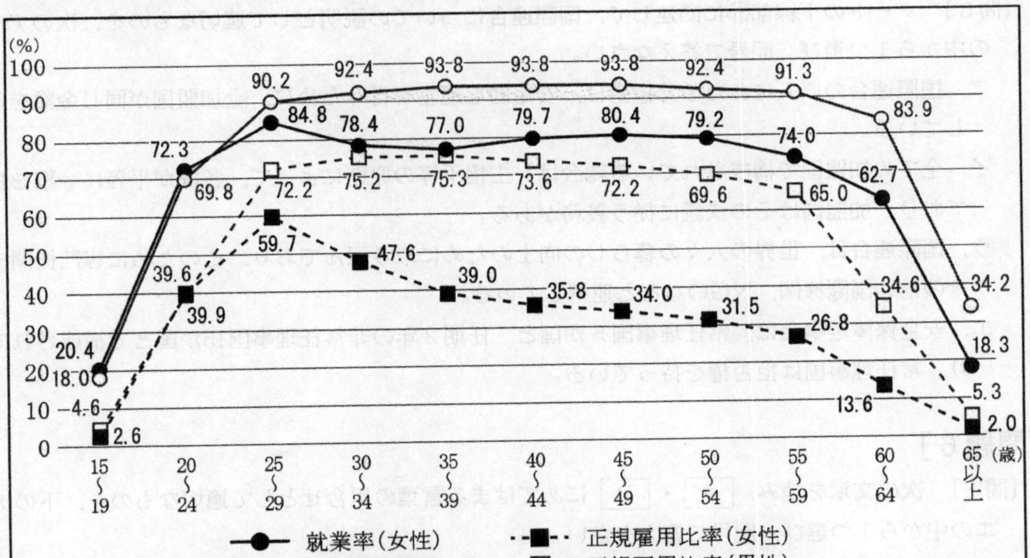

（総務省「令和４年　労働力調査（基本集計）」により作成）

注１：就業率は，各年代別の人口に対する就業者の割合（％）

注２：正規雇用比率は，各年代別の人口に対する正規の職員・従業員数の割合（％）

ア．男性の30～34歳の年代から45～49歳の年代の間のいずれの年代においても，就業率と正規雇用比率との間の差は，25ポイントを超えることはない。

イ．女性の25～29歳の年代から55～59歳の年代の間における就業率の最大値と最小値の差は，５ポイント以内である。

ウ．男性の正規雇用比率は35～39歳の年代をピークに下がり続けており，35～39歳の年代と55歳～59歳の年代との差は30ポイント以上ある。

エ．女性の正規雇用比率を25～29歳の年代と35～39歳の年代とで比較すると，その差は15ポイント以上である。

〔問４〕 ノートの下線部②に関連して，裁判が正しい手続きによって，中立な立場で公正に行われるためには司法権の独立が守られなければならない。司法権の独立にかかわる日本国憲法の条文を，次のア～オの中からすべて選び，記号で答えなさい。

ア．すべて裁判官は，その良心に従い独立してその職権を行い，この憲法及び法律にのみ拘束される。

イ．すべて刑事事件においては，被告人は，公平な裁判所の迅速な公開裁判を受ける権利を有する。

ウ．最高裁判所は，その長たる裁判官及び法律の定める員数のその他の裁判官でこれを構成し，その長たる裁判官以外の裁判官は，内閣でこれを任命する。

エ．裁判官は，裁判により，心身の故障のために職務を執ることができないと決定された場合を除いては，公の弾劾によらなければ罷免されない。

オ．何人も，抑留又は拘禁された後，無罪の裁判を受けたときは，法律の定めるところにより，国にその補償を求めることができる。

〔問５〕 ノートの下線部③に関連して，国際連合についての説明として適切なものを，次のア～エの中から１つ選び，記号で答えなさい。

ア．国際連合の収入にあたる分担金は，安定的な運営を行うために，全加盟国が同じ金額を負担している。

イ．全ての加盟国で構成されている総会は，主権平等の原則によって，各国が平等に一票を持っており，加盟国はその決議に従う義務がある。

ウ．国際連合は，世界の人々の暮らしの向上のために取り組んでおり，そのために専門機関や，その他の国際機関，ＮＧＯなどと連携している。

エ．安全保障理事会は，常任理事国５か国と，任期２年の非常任理事国15か国とで構成されており，常任理事国は拒否権を持っている。

［問題６］

〔問１〕 次の文章を読み， A ・ B にあてはまる言葉の組合せとして適切なものを，下のア～エの中から１つ選び，記号で答えなさい。

ある財・サービスに対する需要が，価格が変化してもほとんど変わらない場合，このことを「需要の価格弾力性が小さい」と言う。逆に，価格の変化によって敏感に需要が変化することを「需要の価格弾力性が大きい」と言う。

縦軸に価格，横軸に需要量をとるグラフで需要曲線を考えると，需要の価格弾力性が小さい財・サービスの需要曲線は A に近い B の曲線になる。

	ア	イ	ウ	エ
A	垂直	水平	垂直	水平
B	右上がり	右上がり	右下がり	右下がり

＊「垂直」「水平」は横軸を基準にして考える。「右上がり」とは，グラフの線が右に行くほど上にあがること。

［問２］　あるパソコンの価格が市場の働きで決まるとして，市場価格（均衡価格）が上がる原因となる出来事として適切なものを，次のア～オの中からすべて選び，記号で答えなさい。

ア．そのパソコンで故障が多発して，悪い評判が立った。

イ．人気俳優がそのパソコンを使っていることが知られ，パソコンの人気も高まった。

ウ．同じ機能を持つ別のパソコンが他社から発売された。

エ．景気が悪くなって，消費者の収入が減った。

オ．そのパソコンに欠かせない部品の供給が減った。

［問３］　道路，港湾施設などは経済学では公共財と呼ばれ，警察や消防などは公共サービスと呼ばれる。公共財・公共サービスは

①複数の人が同時に消費できること（非競合的であるという。反対語は競合的）

②代金を払わずに消費できること（非排除的であるという。反対語は排除的）

の少なくとも一方の性質をもつものとして定義できる。

(1)　次の文章の [A] ～ [F] にあてはまるものを下のア～エの中から選び，それぞれ記号で答えなさい。なお，同じ記号を何度使ってもよい。また，[X] にあてはまる用語を答えなさい。

Ⅰ　食料は，ある人が食べてしまえば別の人は食べられないから [A] で，また普通，手に入れるためには代金を払わなければならないから [B] である。一般の道路は，同時に何人もの人や何台もの車が使えるから [C] ，かつ，通行するのに費用はかからないから [D] である。映画館（映画館で映画を鑑賞させるサービス）は非競合的であり [E] であると考えられる。

Ⅱ　ある街で空き巣狙いが増えたことから，町内会で警備員を雇うことにし，賛同する町内の住民からの寄付でその費用をまかなうことにした。

このとき，警備員の提供するサービス（警備をして泥棒を防ぐこと）は，非競合的で [F] である。そのため「自分が寄付をしなくても，街を警備してくれるのなら自分の家に入ろうとする泥棒も減るだろう」とお金を出し渋る人が出る可能性がある。もし，そういう人が増えれば，寄付が不足して警備員が雇えなくなる。

Ⅲ　ⅠとⅡから想像できるように，公共財・公共サービスは，市場において，企業にゆだねては，社会に必要とされるだけ [X] されない場合がある。そのため，公共財・公共サービスの [X] は一般に政府の役割とされる。

ア．競合的　　イ．非競合的　　ウ．排除的　　エ．非排除的

(2)　政府は公共財・公共サービスに必要な費用を税金てまかなう。日本の税金についての次のア～オの中から，誤っているものをすべて選び，記号で答えなさい。

ア．所得税は国税の一種である。

イ．固定資産税は間接税の一種である。

ウ．法人税は累進課税制度をとっている。

エ．国の2023年度予算の歳入では直接税の税収が間接税の税収より多い。

オ．国の2023年度予算での税収は10兆円に達しない。

くなって下を向いた。

もう一度、顔をあげると、母の笑顔は前よりも少し、祖母に似ていた。

手のなかで、鈴が鳴った。

（水野良樹《みずのよしき》「誰《た》がために、鈴は鳴る」による）

【注】 ＊ダッシュボード……自動車の運転席の前のメーターやスイッチ類が並んでいる部分。

＊飛んだ……思い出せなくなった、の意。

問一 傍線部①「一応、持ってきた」とあるが、すぐるが鈴を持ってきた本当の理由は何か。わかりやすく説明しなさい。

問二 傍線部②「孫にこんなものもらったら」とあるが、「こんなもの」とはどのようなものか。その説明として最も適切なものを次の中から一つ選び、記号で答えなさい。

ア 身代わりに厄災を引き受けてくれるもの。
イ 家族四人の旅行の思い出となるもの。
ウ 孫の無邪気な愛情がこもったもの。
エ 死んだ後で形見となるもの。

問三 傍線部③「あんたには黙ってたんだけどさ……」とあるが、今まで黙っていた話をここですることによって、美咲がすぐるに最も伝えたかったことはどのようなことか。それを述べた部分を本文中から**四〇字以内**で抜き出し、**はじめとおわりの五字ずつ**を答えなさい。

問四 傍線部④「もうひとつ、身代わり鈴を買ってきて」とあるが、「祖母」が美咲にこのように頼んだ理由は何か。わかりやすく説明しなさい。

問五 傍線部⑤「まるで一生懸命に拝むみたいに両手で鈴をぎゅって握って」とあるが、この鈴は「母」にとって、どのようなものだったか。その説明として最も適切なものを次の中から一つ選び、記号で答えなさい。

ア 自分の祈りを届けてくれるもの。
イ 息子の願いを叶えてくれるもの。
ウ 息子の身を守ってくれるもの。
エ 自分に寄り添ってくれるもの。

問六 傍線部⑥「〝お母さん〟」とあるが、美咲はここで「〝お母さん〟」をどのような意味で用いているか。本文中から**一〇字以内**で抜き出して答えなさい。

問七 二重傍線部a「鬼籍に入った」・b「由緒」・c「口走った」について、それぞれの本文中の意味として最も適切なものを次の中から一つずつ選び、記号で答えなさい。

a「鬼籍に入った」
ア 連絡が取れなくなった
イ 代替わりをした
ウ 亡くなった
エ 隠居した

b「由緒」
ア 古くから言い伝えられた教え
イ 神様から与えられるご利益《りやく》
ウ 事のおこりやいきさつ
エ こまごまとした規則

c「口走った」
ア たまりかねてつぶやいた
イ うっかりと言葉にした
ウ 強い口調で言い放った
エ 早口でまくし立てた

カチと鳴っている。すぐるは自分でも気づかないうちに、鈴を握りしめていた。指先に力が入る。

「あんたが初めて主演したドラマあるじゃない？　第一回が放送されるとき、お母さん、テレビの前に座ってさ、なんか大事そうに握ってるなって思ったら、あの鈴を握ってたの。⑤まるで一生懸命に拝むみたいに両手で鈴をぎゅって握って、あんたのドラマ見てた」

手のひらを開き、視線を落とす。そこには見慣れた鈴がある。

初めて台詞《せりふ》が＊飛んだとき……いや、あれは飛んだのではなかった。頭では台本に書かれた文字が浮かんでいて、自分の肉体はちゃんと芝居のなかで脈を打ち、唇は声を待っていた。でも漏れるのは息ばかりで、台詞ではなく空白がこぼれて、しゃぼん玉のように目の前で膨らんだ。相手役の女優が、その無言のしゃぼん玉越しにこちらを見ていた。

現場に鈴を持っていくようになった。縁起担《かつ》ぎなのか、お守りなのか、いい大人が祖母の思い出に甘えるようで恥ずかしかったが、芝居に向かう前に指先で鈴に触れて「頼む」と心のなかで呟《つぶや》くのが常になっていた。

それでも願いは叶《かな》わなかった。声は出なかった。

祖母の墓に、鈴を置いていこうと思っていた。祖母に返そうと思っていた。もう夢は終わりにするから。芝居の現場には戻らないから。

「思わず私、聞いちゃったよ。お母さん、それどうしたのって。そしたら、なんて言ったと思う？　すぐるのドラマをひとりで見るのが怖いのって。おばあちゃんに一緒に見てもらおうと思って……って、お母さん、そう言ったの」

また黙り込んでいる弟に、まるで言い聞かすように、美咲は話を続けた。

「お母さんにも必要だったんだよ。支えになるものがね。だって、あのひと、一生懸命ひとりで子どもたちを食わせてさ、それで最後には私たち、家を出ていっちゃうんだよ。おばあちゃんはそれをわかっていたんじゃないかな」

「姉貴は出戻ったけどな」

「やかましいわ」

すぐるはテレビの前に座る母親の後ろ姿を想像した。頭の中で一度も見たことのないはずのその背中を見つめながら、これは祖母が見せてくれているのだなと思った。

「おばあちゃんはずっと、お母さんの⑥〝お母さん〟だったんだよ」

「うん」

「ねえ、すぐる。私の言っている意味、わかる？」

「ん？　なんだよ」

「お母さんもあんたの〝お母さん〟だってこと。あんたはひとりじゃないってことだよ。だからどうしたってわけじゃないけど、覚えておきな。私から言えるのは、それだけ」

「うん」

寺の駐車場は細い路地を入った坂の上にあって、斜面をつたって車を進めていくと表門にたどりつく。門の前で、母は待っていた。

「少し、老《ふ》けたか」

「そりゃ、これだけ息子が悪ガキじゃ、心労で老けもするでしょう」

車が止まるとフロントガラス越しに母と目があった。どんな表情をすればいいのかわからないでいると、母が微笑んだので、途端に恥ずかし隣にいた母だけが顔色を変えなかった。布団《ふとん》から起き上がった祖母の肩を支えながら「お母さんも②孫にこんなものもらったら、もうひと踏ん張りしなくちゃね」と言った。母が祖母のことを「お母さん」と呼んだのを見たのは、あのときだけだった。

「あの頃はこれが形見になるなんて思ってなかったよね。あんたなんかさ、僕がこんなもの買ったから、おばあちゃんが死んじゃったんだって泣いてさ」

「わざわざ形見になるようなものを、ばあちゃんに押し付けた気がしたんだよ」

姉は「そうね」と言って微笑《ほほえ》むと、黙ってしまった。

母親に抱きしめてもらった回数よりも、祖母に抱きしめてもらった回数の方が多い。

学校から帰るといつも祖母が迎えてくれ、祖母がつくる夕飯を食べ、祖母が見てくれている居間で宿題をした。シングルマザーという言葉が当時からあったのかは知らない。祖母が怒った顔は少しも思い出せないが、一方でいつも夜遅くに帰ってきて、ため息を吐《つ》きながら鞄《かばん》をテーブルに置き、そのまま風呂に直行し、そこから出るなり「今日は学校で何があった？」「塾の課題はした？」と問い詰めてくる母の顔はよく覚えている。

父親という存在がどういうものなのか、すぐるはよくわからないまま育ったが、母がまとっていた厳しさがそれに似ているのではないかと、よく思った。

大学に行かず、上京して芝居の道に進みたいと言ったとき、母は「許せるわけないじゃない」と繰り返した。あまりに頑《かたく》なに首を振るから、苛立《いらだ》って「ばあちゃんが生きていたら、応援してくれたはずだよ」とc口走った。あのとき母は視線をそらし、しばらくテーブルに乗せた自分の拳を見ていた。涙を流しはしなかった。何度か息を吐き、最後に「勝手にしなさい」とだけ、言った。

次の交差点を曲がり、しばらく道なりに進めば、祖母が眠っている吉澤家の墓がある寺に着く。そして久しぶりに会う、母が待っている。

「③あんたには黙ってたんだけどさ……」

「なんだよ。急に。こえーな。再婚でもするのか？」

「違うわ、アホ。あのとき、④もうひとつ、身代わり鈴を買ってきてって言われたの」

「え？　誰に？」

「おばあちゃんに」

声は出さなかったが、すぐるは思わず運転席の姉に顔を向けた。

「みーちゃん、おばあちゃんの代わりにお母さんにも買ってきてあげてって」

十六年も前に聞けなくなったはずの祖母の声が、頭のなかで蘇《よみがえ》るから不思議だった。

「お母さんにだってお守りが必要なのよって、おばあちゃん、そう言ってた。次の日の朝にひとりで買いにいってさ、おばあちゃんに渡したの。でも、おばあちゃんがお母さんに渡したところは見てないのよ。本当に渡せたのかなって、ずっと思ってた」

姉はハンドルに肘をかけ、信号をみつめながら少し黙った。姉弟のあいだに生まれた刹那《せつな》の沈黙のなかを泳ぐように、ウインカーの音がカチ

　実家がある浜松に帰ってきたのは約七年ぶりだった。七年前には美咲《みさき》の結婚式があった。姉は二年前に苗字《みょうじ》をもとに戻した。さすがにその話題に触れる勇気はない。

　信号が青になった。車が発進すると、振動で鈴の音が鳴る。＊ダッシュボードの上に置かれた美咲のキーケースに、祖母の形見の〝身代わり鈴〟が結びつけられていた。

「おばあちゃんの十七回忌だから今年だけは絶対に帰ってきなさい」

　母から二週間前に電話がきていた。

「なんとか、あんたが帰ってくる理由をつくりたかったんじゃないの、お母さんも」

「うん」

「うん……じゃねーわ。ほんと素直じゃないっていうか。親も子も。おたがいね」

　月日だけが顔色を変えず、過ぎ去っていく。主だった親戚たちも、多くがもうa鬼籍に入った。集まる人間も少なくなって、祖母の法事はこれでひと区切りにするという。

　美咲がハンドルを大きく右に切る。車が揺れて、またキーケースの鈴が鳴った。それに呼応するように今度はすぐるの膝上からも鈴の音が鳴った。

「あれ、あんたも持ってきたの？」

「うん、ばあちゃんの墓に行くのも久しぶりだから。①一応、持ってきた」

　すぐるは膝上で折り畳んだコートのポケットから、手のひらに収まる小袋を取り出した。紺の紐《ひも》をほどき、アイボリー色の袋から身代わり鈴を取り出す。

「そんな小綺麗《こぎれい》な袋なんかに入れちゃって。そういうところ、変に几帳《きちょう》面《めん》よね」

　すぐるが首を振る。白糸で上部が結びつけられ、さくらんぼのように垂れた銀色の鈴が一つと、大人の親指の爪先ほどの大きさの守り袋が一つ、並んで二つ取り付けられている。鈴は同色だが守り袋にはカラーバリエーションがあって、姉のものは桃色で、すぐるのものは薄水色だった。

　祖母が入院する前に、母と祖母、美咲とすぐるの家族四人で熱海《あたみ》の温泉に行ったことがあった。当時、美咲は中学三年生、すぐるは小学六年生だった。

　旅館の近くの土産物屋に陳列されていた身代わり鈴は、どこぞの神社の名前を冠した小さな説明書きが添えられていたが、まわりくどい古文調でb由緒《ゆいしょ》はよくわからなかった。

　御身に降りそそぐ、ありとあらゆる厄災を此《こ》の鈴が身代わりと為《な》りまして……

　姉に訊《き》くと「なんか悪いものを引き受けてくれるってことでしょ。身代わりなんだから」とそっけなく返された。どちらが買おうと言い出したかは覚えていない。姉弟で別々の色を選び、旅館の部屋で横になっていた祖母に二つの身代わり鈴を手渡した。

　もちろん、喜んでくれるとは思っていた。だが、その喜びを、祖母はあの快活な笑顔で表してくれたわけではなかった。しわくちゃの両手の中に二つの鈴を大事そうに収めて、小さく背を丸め、祖母はしくしくと泣いた。その姿に孫たちは声を失った。

の重みを、雄弁に物語っている」とあるが、どのような意味か。その説明として最も適切なものを次の中から一つ選び、記号で答えなさい。

ア 民主主義についての議論は現代においても必要だが、その際には最初に「デモクラティア」の本質を検討する必要があり、ギリシア人が残してくれた古典が役に立つということ。

イ 民主主義という言葉は、ギリシア人によって生み出されたものであるため、その語源に遡って考えることで、彼らが世界史上に残した「民主主義」の意義が理解できるということ。

ウ 民主主義という訳語は、ギリシア人が経験してきた民主政への意識的な制度化を反映した言葉であり、その本質を知るには、ギリシア人の経験に頼る必要があるということ。

エ 民主主義について考えるとき、ギリシア人がいかにその本質を理解し、意識的に民主政を採用し、制度として洗練させてきたのかということが、改めて分かるということ。

問五 傍線部⑤「むろん専門家は必要だ」とあるが、「フィンリー」がそのように考えるのはなぜか。わかりやすく説明しなさい。

問六 傍線部⑥「彼らがエレウテリア（自由）と名づけたその価値は、今も色あせることがない」とあるが、そのようにいえるのはなぜか。その説明として最も適切なものを次の中から一つ選び、記号で答えなさい。

ア 古代ギリシア人が価値を見出した自由は、専門家集団に勝手に支配されかねない現代にあって、自分の生き方を自ら決めることの尊さに気づかせてくれるから。

イ 古代ギリシア人が価値を明らかにした自由は、日々大量の情報が飛び交う現代にあって、他人の意見に流されずに生きることの重要さに気づかせてくれるから。

ウ 古代ギリシア人が価値を高めた自由は、平和の維持が困難な現代にあって、自分で意思決定できることがいかに素晴らしいかという点に気づかせてくれるから。

エ 古代ギリシア人が価値を確かなものにした自由は、政治家の発言力が増す現代にあって、自分の意地を貫き通して生きることの大切さに気づかせてくれるから。

問七 本文の論じ方についての説明として**適切でない**ものを次の中から一つ選び、記号で答えなさい。

ア 近代民主主義の基本について先に触れておくことで、その後に触れる古代民主政の基本が対比的に明らかになるようになっている。

イ ポストコロニアリズムの影響による論調の変化に言及することで、民主政の概念が次第に変容していったことが暗示されている。

ウ 日本の惣村の自治意識という例を対比的に示すことで、古代ギリシアにおける権力の捉え方に見える民主政の本質を強調している。

エ プラトンに反論するフィンリーの言葉を引用することで、現代民主主義の課題と古代ギリシアの民主政の価値を明確にしている。

問八 二重傍線部a～cのカタカナを適切な漢字に改めなさい。

【問題二】 次の文章を読んで、後の問いに答えなさい。

（吉澤《よしざわ》すぐるは役者をしているが、職業性ジストニア（意思に反して決まった動作ができなくなる疾患。イップスともいう。）のため休業している。）

とには、かけがえのない価値がある。そのことに、はやくから気づいたのがギリシア人であった。⑥彼らがエレウテリア（自由）と名づけたその価値は、今も色あせることがない。

（橋場《はしば》 弦《ゆづる》『古代ギリシアの民主政』による。一部改）

[注] ＊ハンナ・ピトキン……アメリカの政治学者（一九三一～二〇二三）。
＊三部会……フランスで一四世紀以降設置された身分制議会。
＊アテナイ……ギリシアの首都アテネの古い名称。
＊寡頭政……少数の者が権力を握って行う政治形態。
＊あずかる……関わりをもつ、の意。「与る」と書く。
＊アゴラ……都市国家ポリスの広場。市民総会である「民会」の会場でもあった。
＊三〇人政権……ペロポネソス戦争に敗れたアテナイで成立した寡頭政の政権。
＊ポストコロニアリズム……帝国主義、植民地主義に対する反省的な態度。
＊ポピュリズム……大衆の権利こそ尊重されるべきだと主張する政治思想。
＊碩学……学問を広く修めた人のこと。
＊フィンリー……アメリカの歴史学者（一九一二～一九八六）。

問一 傍線部①「ことばの成り立ちから考えてみよう」とあるが、そのような考え方をするのはなぜか。その説明として最も適切なものを次の中から一つ選び、記号で答えなさい。

ア ラテン語レプラエセンタレの原義を考えれば、代議制がどのような過程を経て生じたのかが理解できるようになるから。

イ ラテン語レプラエセンタレの由来を考えれば、代議制がヨーロッパで連綿と受け継がれてきたことが明らかとなるから。

ウ ラテン語レプラエセンタレの変遷を考えれば、代表制がいつから当たり前のものとなったのかが分かるようになるから。

エ ラテン語レプラエセンタレの意味を考えれば、代表制が近代以降に特有の考え方によるということがはっきりするから。

問二 傍線部②「生活を『分かちあう』ことは、包摂と統合にもつながった」とあるが、それはなぜか。その説明として最も適切なものを次の中から一つ選び、記号で答えなさい。

ア 分かちあうということは、人々がみな参政権を持つことであり、様々な情報を広く共有することが重視され、市民が集う大きな施設や大規模な集会の仕組みが形成されたため。

イ 分かちあうということは、持っている権力が等分されることであり、一部に権力が偏って階級差が生まれるということがなく、身分差による分断や対立が生じなかったため。

ウ 分かちあうということは、全体で公平に分け前を得ることであり、敵対する相手も含めて折り合いをつけようと努め、みな同じものを共有していると捉えることになったため。

エ 分かちあうということは、利益だけではなく負担についても分担することであり、多くの人で請け負う方が個人の負荷が減る上に、集団としての強い一体感が生まれたため。

問三 傍線部③「それはまた別の問題である」とあるが、民主政が「寄り合い」と異なる点は何か。わかりやすく説明しなさい。

問四 傍線部④「それは、私たちがギリシア人の経験に負っているもの前にもまして目につくようになった。住民が集会での熟議によって意思を決定するという政治スタイルは、古代のエジプトやメソポタミア、インド、中国など世界各地に古くから見られるもので、民主主義を古代ギリシアだけの遺産と考えるのは、西欧中心主義的な偏見であるという主張である。

言われてみれば、日本中世にも惣村《そうそん》の自治組織というものがあって、村の集会で熟議がはかられていたことはよく知られている。また民俗学者の宮本常一《みやもとつねいち》が指摘したように、西日本の村落共同体には、成員の平等を原則とした「寄り合い」という集会の伝統があり、戦後の農地改革の問題などを何日もかけて話しあいながら解決したという。

しかし、ではこれらの集会を民主政と呼べるかというと、③それはまた別の問題である。民主政とは、たんなる集団的意思決定のことだけではないからである。

デモクラティアという語が「民衆の権力」を意味することから明らかなように、古代ギリシアでは民会が意思決定をするのみならず、その決定を実行するために、市民たちみずからが権力を行使した。市民団自身が権力者であり、少なくとも理念上は、王や領主やＧＨＱのような上位の権力があってはならなかった。これはやはり他の古代文明にない、古代ギリシアに固有の特徴である。

何よりギリシア人は、民主政が君主政や貴族政とはことなる独自の政体であることをよく自覚し、それがなぜほかよりもすぐれているのか、どこがちがうのかというテーマをめぐり、さかんに知的な議論をかわした。彼らが民主政というものを意識化、制度化し、それについて（たとえ批判的にでも）豊かなテクストを古典として後世に遺《のこ》した世界史的な意義は大きい。

民主主義について考えたり話したりするとき、結局のところ私たちは、今なおデモクラティアを語源とすることばにたよるほかはない。「デモクラシー」にしても、その訳語である「民主主義」にしてもそうである。④それは、私たちがギリシア人の経験に負っているものの重みを、雄弁に物語っている。

プラトンは、国家を船にたとえた。そして統治の専門技術を知らぬ素人の民衆に国のかじ取りをcユダねる民主政が、いかに危険で不合理かを説いた。統治は専門家のエリートにまかせればよい、と彼は信じた。

選挙の投票率は低迷し、政治には一般国民の手が届かぬものという諦めが漂う一方で、*ポピュリズムや強権政治が幅をきかせるようになった現代の世界に、プラトンと同じ信念をいだく人びとがいたとしても、おかしくはない。「反民主主義の伝統」は、けっして過去のものではない。

しかしここで私は、*碩学《せきがく》*フィンリーのことばを借りたい。彼はプラトンのエリート主義に対し、アテナイの民衆を代弁してこう反論する。⑤むろん専門家は必要だ。船を雇うときには、私も船長に操船をまかせるだろう。だが、行き先を決めるのは私だ。船長ではない。

私たちの将来を決めるのは、私たちであって、政治家ではない。フィンリーは、「ファシズムとの戦い」に勝利したはずの現代民主政治が、実は政党や官僚のような専門家集団に牛耳られる偽物《にせもの》だと訴えたかったのだ。彼のことばが心を打つのは、民主政の生命を、まっすぐに言い当てているからである。

個人であれ集団であれ、自分の生き方を自分の意思で決めるというこ

【国語】（五〇分）〈満点：六〇点〉

【注意】 1．字数制限のある設問は、句読点やその他の記号も一字として数えます。

2．解答用紙の一行の枠には、二行以上書いてはいけません。

〔問題一〕 次の文章を読んで、後の問いに答えなさい。

近代民主主義の基本原理は、代表制（代議制）である。しかし、選挙された特定の一人が大勢の人びとの利益を「代表する」という考え方自体、そもそも古代のデモクラティアには存在しなかった。

①ことばの成り立ちから考えてみよう。代表を意味する英語リプリゼンテイションは、ラテン語レプラエセンタレに由来する。それは本来、「あるものを別のあるものによっておき替えること」を意味するにすぎなかった。それが政治的な文脈のなかで、ある人物が別のある人物もしくは集団になり代わり、その代理人として行動すること、すなわち「代表する」という概念を指ししめすようになるのは、a メイチョ『代表の概念』で政治学者*ハンナ・ピトキンが明らかにしたとおり、ようやく近代初期になってからのことである。それは、身分制議会（イギリス議会やフランスの*三部会）の発展とともに、近世から近代のヨーロッパにはじめて出現した考え方であった。

多数者の利益を「代表する」と称する人物が現れれば、その人に権威や権力が集中することは避けられない。古代*アテナイ人がもし今日の議会政治を目にしたならば、それを民主政ではなく、b キョクタンな*寡頭政《かとうせい》と見なすであろう。彼らにとって統治の主体とは代議士ではなく、市民自身だったからである。

近代民主主義の基本が「代表する」ことにあるならば、古代民主政の基本とは何か。それは「*あずかる」、あるいは「分かちあう」ことであると私は思う。

ギリシア人は政治に参加することを、国政に「あずかる（メテケイン）」と表現した。この語は「分かちあう」とも訳すことができ、大きな全体の一部、たとえば獲物の分け前などに、みんながあずかるときに使われる。市民にとって政治参加とは、ポリスの公共性という大きな全体に、一人一人が平等にあずかることを意味した。

参政権・市民権というものは、いわば大きな全体と考えられていて、めいめいの市民がその分け前にあずかる、というふうに理解されていた。参政権を個人の権利と考える近代的発想と、その点で根本的にちがう。

兵役や財政の負担も、（個々の市民の能力に応じて）公平に「分かちあう」ものであった。祭祀《さいし》もまた、市民たちが分かちあう大事な営みであった。*アゴラの掲示板で公共のできごとを告知し、碑文《ひぶん》や公文書館で過去の記録を公開したのも、市民が情報をひろく分かちあうためであった。

②生活を「分かちあう」ことは、包摂と統合にもつながった。「嫌いな人びとと共生する技術」でもあった民主政は、おのれを倒した*三〇人政権の一派とさえ和解する道を必死で探った。目標としたのは分断や排除ではなく、統合と共存であった。「分かちあう」は、古代民主政を理解するためのキーワードである。

二一世紀に入ると、いわゆる*ポストコロニアリズムの影響下、民主主義を最初に発明したのは古代ギリシア人ではない、という論調が、以

MEMO

大切なことはメモしておこうネ！

2024年度

解　答　と　解　説

《2024年度の配点は解答欄に掲載してあります。》

＜数学解答＞

《学校からの正答の発表はありません。》

〔問題1〕 (1) ① 6　②－ア，②－イ　5，16(順不同)
(2) ③－ア　$2n-1$　③－イ　$42-2n$　(3) 12，23，34

〔問題2〕 (1) ⑤－ア　31.9m　⑤－イ　9.6m　(2) ⑥ 20.7m
(3) ⑦－ア　15.4m　⑦－イ　25.8m　(4) ⑧－ア　9.6m　⑧－イ　14.7m
⑧－ウ　25.8m

〔問題3〕 (1) ⑨ $2\sqrt{5}$　(2) ⑩－ア　△OFE　⑩－イ　△BFD
(3) ⑪ $2\sqrt{15}-\sqrt{5}$　(4) ⑫－ア　$2\sqrt{3}+4$　⑫－イ　$4\sqrt{3}-2$

〔問題4〕 (1) ⑬ 495cm^2　(2) 解説参照　(3) ⑮ 22650cm^3

〔問題5〕 (1) ⑯－ア　$t=54$　⑯－イ　$a=\frac{5}{18}$　(2) ⑰－ア　$u=24$　⑰－イ　$u=12$
(3) ⑱ 900m

○推定配点○
〔問題1〕 (1)②　各1点×2　(3)　4点　他　各2点×3　〔問題2〕 (2)　3点
(3)　各2点×2　他　各1点×5　〔問題3〕 (1)　1点　(3)　3点　他　各2点×4
〔問題4〕 (2)　各2点×2　他　各4点×2　〔問題5〕 (3)　4点　他　各2点×4
計60点

＜数学解説＞

〔問題1〕 (番号の関係)

(1)　1ページの裏は2ページで，1ページのとなりが20ページであり，2ページのとなりが19ページとなる。次が3ページで裏が4ページ，3ページのとなりが18ページで4ページのとなりが17ページである。このようにとなりのページ数を加えると21になる。1枚の紙の最も小さいページ番号をnとすると，その裏のページ番号は$n+1$　nのとなりのページ番号は$21-n$，$n+1$のとなりのページ番号は$21-(n+1)=20-n$　ページ番号15がある紙では，となりのページ番号との和が21だから，ページ番号15と同じ面にあるページ番号は$21-15=6$　6は偶数なので，6の裏側が5　ページ番号が5のページのとなりのページ番号は$21-5=16$

(2)　ある紙に書いてあるn，$n+1$，$20-n$，$21-n$のページの最も小さい番号はnである。そのページの下の段の出席番号が$2n$なので，上の段の$2n-1$が最も小さい番号である。最も大きい出席番号は最も大きいページ番号のページの下の段の番号だから，$2(21-n)=42-2n$

やや難 (3)　1枚の紙に書かれている出席番号は，$2n-1$，$2n$，$2(n+1)-1$，$2(n+1)$，$2(20-n)-1$，$2(20-n)$，$2(21-n)-1$，$2(21-n)$である。その総和を求めると，nが消去されて164となる。173になったということは，誤った2桁の整数を記入したからである。正しい出席番号の十の位の数字をx，一の位の数字をyとすると，$x<y$であり，十の位と一の位を逆にした整数との差は，$(10y+x)-(10x+y)=173-164=9$　$9y-9x=9$　$y-x=1$　よって，$x=1$のとき$y=2$，$x=2$のとき$y=$

3，$x=3$のとき$y=4$　　$x>4$の出席番号はないから，12，23，34(34については位を入れかえると43になるが，そういう書き間違いもあり得るので答えに入れた。)

〔問題2〕（資料の整理—度数分布表，最大値，最小値，中央値，平均値，第1四分位数，第3四分位数，範囲，四分位範囲）

(1)　20人のときと23人のときの度数分布表を作ると右図のようになる。5以上10未満，10以上15未満，25以上30未満の階級の度数がそれぞれ1増えるので，欠席者3人はそれぞれその階級に入る。

欠席者に30以上の人がいなかったから最大値は31.9(m)である。20人のときの範囲は$31.9-9.8=22.1$であり，23人で範囲が22.3になるのだから，$31.9-22.3=9.6$の人がいる。よって，最大値は31.9(m)，最小値は9.6(m)

階級(m)	20人の度数	23人の度数
0以上 ～ 5未満	0	0
5 ～ 10	1	2
10 ～ 15	2	3
15 ～ 20	5	5
20 ～ 25	7	7
25 ～ 30	4	5
30 ～ 35	1	1

(2)　23人の中央値は，$(23+1)\div2=12$　低い方から12番目であり，欠席者に15m未満が2人いたのだから，20人のときの10番目が中央値になる。よって，中央値は20.7(m)である。

(3)　第1四分位数は，$(23-1)\div2=11$　　$(11+1)\div2=6$　　20人のときの4番目の15.4(m)である。第3四分位数は，$12+6=18$　　18番目である。その差が四分位範囲の10.4だから，18番目は$15.4+10.4=25.8$(m)

(4)　20人のときの平均値が21.3(m)だったから，合計は$20\times21.3=426$(m)　　23人のときの平均値は中央値と等しいので，その合計は$20.7\times23=476.1$(m)　　欠席者のうちの2人の合計がわかっているので3人目は，$476.1-(426+9.6+25.8)=14.7$(m)　よって，9.6m，14.7m，25.8mの順

〔問題3〕（平面図形—三平方の定理，相似，長さ，座標）

基本　(1)　OBはOAを回転した線分なので$OB=OA$　　△OACにおいて，A$(8,\ -4)$なので，$OC=8$，$AC=4$　　△OACで三平方の定理を用いると，$OA=\sqrt{OC^2+AC^2}=4\sqrt{5}$　$OB=OA=4\sqrt{5}$　　△BOEは内角の大きさが30°，60°，90°の直角三角形だから，$OB:OE:BE=2:1:\sqrt{3}$　よって，$OE=2\sqrt{5}$

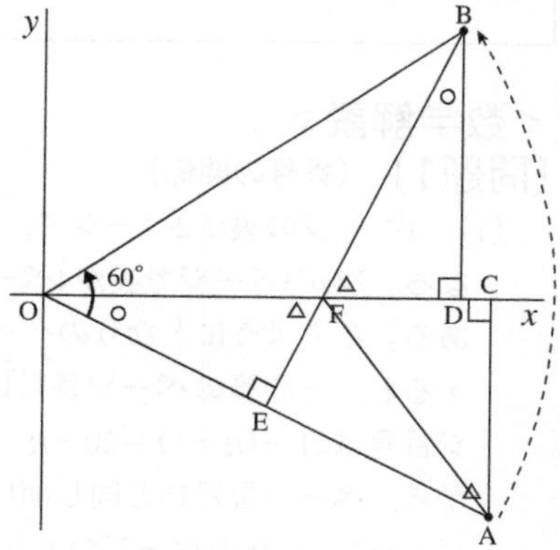

(2)　△OACと△OFEは∠AOCと∠FOEが共通な直角三角形なので，2組の角がそれぞれ等しいから相似である。△BFDと△OFEは∠BFDと∠OFEが対頂角で等しい直角三角形なので，2組の角がそれぞれ等しいから相似である。

重要　(3)　$BE=\sqrt{3}OE=2\sqrt{15}$　　△OFE∽△OACだから，$FE:AC=OE:OC$　　$FE:4=2\sqrt{5}:8$　$FE=\sqrt{5}$　よって，$BF=2\sqrt{15}-\sqrt{5}$　よって，⑪は$2\sqrt{15}-\sqrt{5}$

やや難　(4)　△OFE∽△OACだから，$OF:OA=OE:OC$　　$OF:4\sqrt{5}=2\sqrt{5}:8$　　$OF=5$　　△BFD∽△OACだから，$BF:OA=FD:AC$　　$2\sqrt{15}-\sqrt{5}:4\sqrt{5}=FD:4$　　$FD=\frac{2\sqrt{15}-\sqrt{5}}{\sqrt{5}}=2\sqrt{3}-1$　$OD=5+(2\sqrt{3}-1)=2\sqrt{3}+4$　　$BD:OC=FD:AC$　　$BD:8=2\sqrt{3}-1:4$　　$BD=4\sqrt{3}-2$　よって，B$(2\sqrt{3}+4,\ 4\sqrt{3}-2)$

α〔問題4〕（空間図形－立方体の切断，面積，作図，相似，平行線と線分の比）

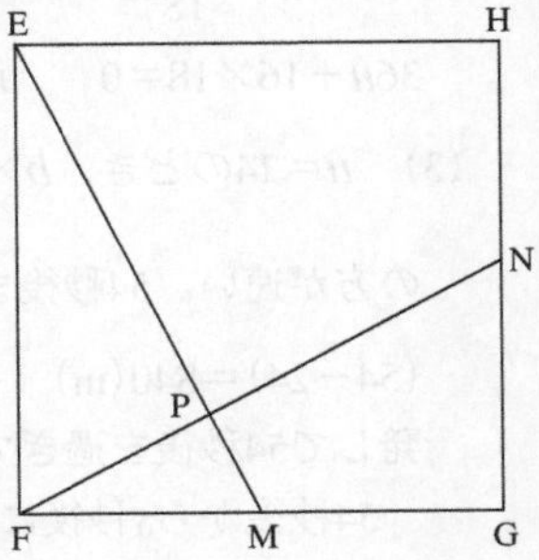

(1)　△EFM≡△FGNであり，どちらも面積は$\frac{1}{2}\times30\times15=225$
△FPMと△EFMにおいて，△EFM≡△FGNだから，∠PFM＝∠FEM
∠FEM＋∠EMF＝90°なので，∠PFM＋∠PMF＝90°　よって，
△FPM∽△EFM　△EFMで三平方の定理を用いると，EM＝$\sqrt{(15\times2)^2+15^2}=15\sqrt{5}$　FM：EM＝15：$15\sqrt{5}$＝1：$\sqrt{5}$　相似な図形では面積の比は相似比の2乗に等しいから，△FPM：△EFM＝$1^2:(\sqrt{5})^2=1:5$　よって，△FPM＝225÷5＝45
△EFM＋△EGN－△FPM＝405　したがって，四角形EPNHの面積は，$30^2-405=495$

重要
(2)　右図のように，断面YがAE，BF，CG，DHと交わる点をそれぞれI，J，K，Lとし，BEとIJ，BMとJK，CFとJK，CNとKLの交点をそれぞれQ，R，S，Tとする。$t=10$のとき，IQ：JQ＝EI：BJ＝10：20＝1：2　よって，IQ＝10，JQ＝20　また，JR：KR＝1：2　JR＝10，KR＝20　JS：KS＝FJ：CK＝1：2となるのでJS＝10，KS＝20　点Rと点Sは一致する。CK：CG＝2：3なので，KT＝$\frac{2}{3}$GN＝10　よって，$t=10$のときの断面は図1となる。

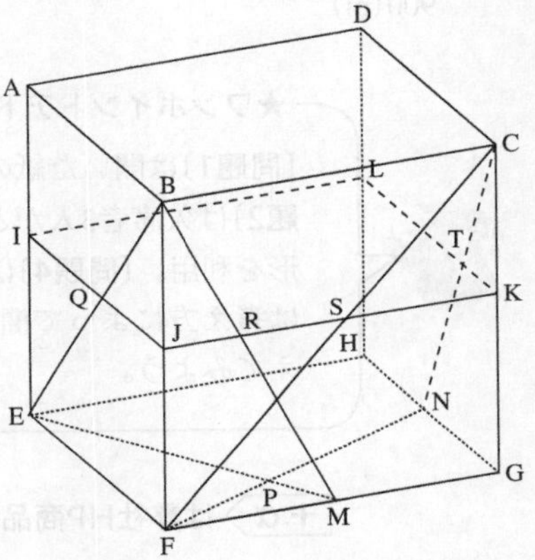

$t=20$のときは，BJ：BF＝1：3なので，QJ＝$\frac{1}{3}$EF＝10，
QR＝$\frac{1}{3}$FM＝5　CK：CG＝1：3なので，
SK＝$\frac{1}{3}$FG＝10，TK＝$\frac{1}{3}$NG＝5　よって，
$t=20$のときの断面は図2となる。

図1

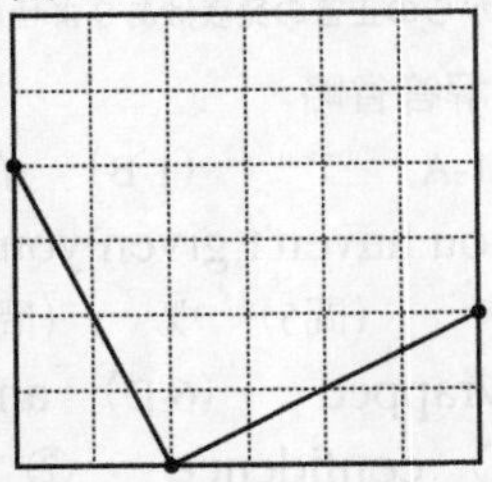

図2

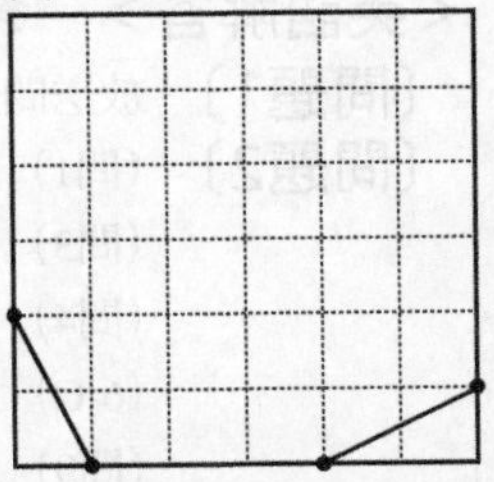

(3)　立方体から切り取る立体の体積は，三角すいB－EFMの体積と三角すいC－FGNの体積を合わせて重なりの部分の三角すいの体積を引いて求められる。BC//MF，BC：FM＝2：1なので，(2)で用いた点RはBMとCFの交点だから，重なりの三角すいはR－PFMであり，点Rから面PFMまでの高さは10である。よって，立方体から切り取る立体の体積は，(1)で求めた△EFM＝△FGN＝225，△PFM＝45を用いて，$\frac{1}{3}\times225\times30\times2-\frac{1}{3}\times45\times10=4350$　したがって，立体Xの体積は，$30^3-4350=22650$

〔問題5〕（方程式の応用－速さ，関数，方程式，2次方程式）

(1)　列車Aがt秒後までに進む道のりはat^2，その後$2t$秒の間に進む道のりは$60t$　よって，$at^2+60t=4050$…①　$3t$秒後までの平均の速さが秒速25mだったので，$at^2+60t=75t$…②　よって，$75t=4050$　$t=4050\div75=54$　これを②に代入して，$a\times54^2+60\times54=75\times54$　$54a+60=75$　$a=\frac{15}{54}=\frac{5}{18}$

(2)　列車Bが発車してからu秒後までに進む道のりはbu^2であり，そのときの平均の速さが秒速10mだったから，$bu^2=10u$…③　また，その道のりは列車Aがu秒間に進む道のりより80m長いの

で，$bu^2=\frac{5}{18}u^2+80$…④　③，④から，$\frac{5}{18}u^2+80=10u$　両辺に$\frac{18}{5}$をかけて整理すると$u^2-36u+16\times18=0$　$u^2-36u+12\times24=0$　$(u-24)(u-12)=0$　$u=24,\ u=12$

(3)　$u=24$のとき，$b\times24^2=10\times24$　$b=\frac{5}{12}$　$\frac{5}{18}<\frac{5}{12}$だから，出発して24秒後までは列車Bの方が速い。54秒後までに進む道のりを確かめると，Aは$\frac{5}{18}\times54^2=810$(m)，Bは$\frac{5}{12}\times24^2+20\times(54-24)=840$(m)　まだBの方が進む道のりが多い。よって，進む道のりが等しくなるのは出発して54秒後を過ぎてからである。

54秒後からs秒後に等しくなるとすると，$30s-20s=840-810=30$　$s=3$　よって，$54+3=57$(秒後)　したがって，駅Pから踏切Qまでの道のりは列車Aについて求めると，$810+30\times3=900$(m)

★ワンポイントアドバイス★

〔問題1〕は開いた紙の左右のページのページ数の和が一定であることを用いる。〔問題2〕は欠席者3人がどの階級に入るかから考える。〔問題3〕は$2:1:\sqrt{5}$の直角三角形を利用。〔問題4〕は図に切断面を書き込んで辺の比を利用。〔問題5〕の最後の問題は考え方によって簡単に仕上げられる。面倒な2次方程式が出てきたら，発想を変えてみよう。

＋α は弊社HP商品詳細ページ(トビラのQRコードからアクセス可)参照。

＜英語解答＞ 《学校からの正答の発表はありません。》

〔問題1〕　放送問題解答省略

〔問題2〕　(問1)　(1-A)　ア　(1-B)　イ　(1-C)　イ　(問2)　エ
(問3)　you haven't given yourself enough time to practice the breaststroke
(問4)　ア　(問5)　ウ　(問6)　(6-A)　left　(6-B)　shaking
(6-C)　wrapped　(6-D)　answer　(問7)　lost　(問8)　イ
(問9)　①　confidence　②　advice

〔問題3〕　(問1)　イ　(問2)　small　(問3)　Are you sure you want me to bring you a wife　(問4)　イ　(問5)　願いをかなえてもらう　(問6)　ア
(問7)　イ　(問8)　gold　(問9)　①　daughter　②　married
③　mother　④　cookies

〔問題4〕　(1)　We have to finish cleaning our house by three.　(2)　I was so busy with my homework that I had no time to watch TV.　(3)　How long have you been their fan?　(4)　That one wearing the blue shirt and the glasses is my mother.

○推定配点○

〔問題1〕　各2点×6　〔問題2〕　(問3)・(問7)～(問9)　各2点×5　他　各1点×10
〔問題3〕　(問1)・(問4)・(問6)・(問7)　各1点×4　他　各2点×8　〔問題4〕　各2点×4
計60点

＜英語解説＞

〔問題1〕　放送問題解説省略。

〔問題2〕　(長文読解問題・物語文：語句補充・選択，文補充・選択，語句整序，現在完了，不定詞，語句解釈，語形変化，分詞，時制，内容一致，要旨把握)

(全訳)「メアリー・ジョンソン」とケリーコーチが言った。彼女は次の競技会の種目と選手名簿を持っていた。

「ああ，イヤ。彼女が私の名前をあの種目に言わなかった，とお願いだから私に言って。100m平泳ぎはダメ。私はそれには準備ができていない」と私は思った。コーチが発表すると，全ての目が私に向けられた。スーザンと彼女の友達たちはささやきあっていた。彼女たちが何を笑っているのか，私には推測するまでもなかった。ベティは肘を私の脇腹に押し当て，私を励まそうとした。それは役に立たなかった。私の胃は水中の岩のように，膝まで沈み込んだ。

ケリーコーチは名簿の発表を終えて行った。「競技会は水曜日の夜です，忘れないようにね。ウオーミングアップのため4時30分にはここにいるように。明日の練習で会いましょう」

私たちはプールを出て更衣室へ戻った。

「きっと大丈夫よ」とベティが言った。

「あなたは自分の種目をもらったね」と私は言った。「私，背泳ぎだったらよかったのに。彼女は何を考えていたんだろう？」

「コーチはあなたを信じているのかも」とベティが応じた。

「それとももしかしたら」と部屋の角から声が聞こえた。「彼女は私たちを笑わせたいのかもね，あなたがプールの底に沈んだ時に」　スーザンと彼女の友達たちは笑った。

「黙りなさいよ，スーザン」とベティが叫んだ。

私は何も言わず，ロッカーを閉めた。

「水曜日の種目はわかった？」　ママがテーブルでピザの箱を開けながら尋ねた。

私は1切れ取って食べ始めた。「うん。100m平泳ぎ」　私は彼女の目を見ずに言った。

「どうしてコーチは私を(1-A)背泳ぎにしてくれなかったのか，私はわからない。それが私の得意だって，彼女は知っているのに。私は(1-B)平泳ぎは泳げない！」　私はもう1切れを取りながら言った。「私は(1-C)平泳ぎがダメなのに。もし私がレースで泳いでプールの底に沈んだらどうなるの？もし私がビリになったら？」

「誰かが最下位にならなきゃいけないのよ」とママが言った。

「でも私は100mも平泳ぎできないわ！」と私はピザを置いて言った。「私はコーチに言う。この競技会には出ない」

ママは言った。「他の人のことは気にしないで。ベストを尽くして自分のレースを泳ぐのよ」

「ありがとう。でも(2)私は明日コーチと話すつもり」と私は返事した。

私がケリーコーチを練習で見つけた時，彼女はメモを読んでいた。彼女は顔を上げて「こんにちは，メアリー。練習の準備はできている？」

私は緊張していた。私は深く息を吸って言った。「私は平泳ぎができません。一番苦手だし，練習ではいつも最下位です」

コーチは言った。「メアリー，あなたが背泳ぎがとても得意なことはわかっているわ，でも私は，あなたはもっとできると思うの。あなたには自信が必要よ」　私が話そうとすると彼女は手を挙げた。「(3)あなたは自分自身に平泳ぎを練習する十分な時間を与えていないし，私はあなたに別のことに挑戦してほしいの」と彼女は続けた。

「わかりました」と私は言った。

私のチームメートたちが到着した。コーチは私の肩に手を置き,「支度をしに行きなさい。練習は5分後に始まります。メアリー，あなたはできるわ」

練習はひどかった。私はストロークのリズムを失った。ターンもできなかった。私は数回立ち止まって息継ぎをしなくてはいけなかった。スーザンと彼女の友達は私を笑った。

「彼女たちのことは無視しなよ」私たちが更衣室にいる時にベティが言った。「(4)深刻に考えないで。ただストロークを数えて自分のレースに集中するの」

私は水曜日，プールに到着した。他の学校のチームたちは既にウオーミングアップをしていた。観戦席は人でいっぱいだった。

「こんなことできない」と私は言った。

「大丈夫よ」とママが言った。「覚えておいて，(5)あなただけだって。他の選手のことは気にしちゃダメ。自分のレースを泳ぎなさい」

「わかった」と私は返事した。

ウオーミングアップを終えると，最初の選手たちがスタート台に上がった。レースが始まった。私は気持ちが悪くなった。私のチームメートたちはとても強そうに見えた。ベティは彼女の種目で2位でフィニッシュした。私の膝は各種目が終わるたびに震えた。

そして100m平泳ぎがアナウンスされた。私は本当に緊張していた。

「あなたはできるよ，メアリー！」 私が上着を脱いで台に向かう時，ベティが微笑んで手を振った。

「自分のレースを泳ぐだけ。他の選手については考えない」と私は自分に言い聞かせた。

私は台の上で準備を整えた。心臓の音が耳の中で鳴っていた。

ブザーが鳴った。私は水に飛び込み，イルカのように蹴った。

「ただストロークを数える」と私は思った。

私は自分の前のラインに集中し続けた。

私は腕を動かし，息継ぎし，足で蹴った。私はストロークを数えた。

私はプールの端にあたった。私は素早く息をのんで壁に向かって強く押した。両脚が疲れ始めたが私はキックし続けストロークを数え続けた。私の先に他の選手たちが見えたが，私はラインに集中した。

私は腕を動かし，息継ぎし，足で蹴った。私はストロークを数え続けた。

両腕が疲れ始めた。他の選手たちは私の先にいた。壁はとても遠かった。私は壁が視界に入るまで，ストロークを数えてラインを見ながら，自分を前に押し出した。私はついにタッチした。プールの中には他に誰も(6-A)残っていなかった。私はビリだった。

私は(6-B)震える腕で水の中から体を持ち上げた。全てのエネルギーを水中で使ってしまい，私はゆっくりと歩いてチームに戻った。

ベティはタオルで私(6-C)を包んで「やったね！」と叫んだ。

私はイスに座った。疲れすぎていて(6-D)答えられなかった。

競技会の後，私は皆が出ていくまで更衣室の前で待っていた。ママが私をそこで見つけた。

「私はあなたがとても誇らしいわ」と彼女が言った。

「私は(7)負けた」と私は言った。

「ええ」と彼女は頷いて言った。「でもあなたはやったでしょ？」

私は唇をかんで答えた。「うん。やったと思う」 私はビリだったけど，ゴールするために持てる力の全てを出した。「私は自分のレースを泳いだ。だから私は勝ったと思う」

重要 (問1) 全訳下線部参照。メアリーは breaststroke「平泳ぎ」のレースに出ることになったが，平泳ぎは苦手で，得意な種目は backstroke「背泳ぎ」だった。

(問2) 全訳下線部参照。メアリーは母親に励まされたが，コーチと話す意志は固かった。

(問3) haven't があることから，現在完了の文だとわかる。〈give ＋人＋もの〉の語順で You haven't given yourself enough time とし，time を後ろから修飾する不定詞句 to practice the breaststroke を置く。

(問4) メアリーは苦手な平泳ぎのレースに出ることに動揺し，練習もうまく行かなかった。そこでベティは「気にしなくていい」という意味で「真面目に受け取めてはダメ」と言っている。〈take ＋目的語＋ seriously〉「～を真面目にとらえる」

(問5) 下線部(5)の直後の2文より，ウが適切。

重要 (問6) (6-A) leave「～を残す」の過去分詞 left は「残された，残っている」の意味で名詞を後ろから修飾する。 (6-B) shake「震える」 現在分詞にして「震えている腕」とする。

(6-C) wrap A around B「AをBに巻き付ける，AでBをくるむ」 過去形にする。語末の p が重なることに注意。 (6-D) 〈too … to ＋動詞の原形〉「…すぎて～できない」

重要 (問7) 主語の直後に1語だけ入れて文が完結することから，自動詞を入れる。また文脈より時制は過去。下線部(4)の5つ前の文の I lost rhythm「私はリズムを失った」から lost を抜き出す。I lost rhythm「私はリズムを失った」の lost は他動詞 loose「～を失う」の過去形だが，I lost.「私は負けた」は 自動詞 loose「負ける」の過去形。

重要 (問8) イ「メアリーは泳いでいる間，自分が他の選手に遅れていると思った」(○) メアリーは他の選手たちが自分の先にいることに気づいていたので，自分が遅れていたことはわかっていた。

(問9) 「今日，私は水泳競技会に参加した。私は100m平泳ぎで泳いだ。私は自分のスキルに①自信がなかったが，ゴールすることができた。私はママに本当に感謝している。彼女は私に1つ②アドバイスをくれて励ましてくれた。それは『他の人を気にしてはダメ』ということだった。この経験を通じて，私はもっと強い水泳選手になったと思う」 ① confidence「自信」 最初の場面のベティの言葉に Maybe Coach has confidence in you とある。 ② a piece of advice「1つのアドバイス」 advice「アドバイス」は数えられない名詞なので，「1つの～」という時は a piece of をつける。

〔問題3〕 (長文読解問題・物語文：語句補充・選択，語句整序，不定詞，文補充・選択，語句解釈，要旨把握)

(全訳) ベンは怠惰な若者だった。ある午後，彼が木の下で寝そべっている時，焼きたてのクッキーのにおいがした。彼は母親の台所へ行った。彼が温かいクッキーに手を伸ばそうとした時，スプーンが彼の指をたたいた。

「ねえ，怠けないで畑で働きなさい」と彼の母が言った。「農家のダンカンはいつでもよく働く者にお給料をくれるよ。お金を稼ぎなさい，そうすれば奥さんをもらって，家を建てて，自分で暮らせる」

「いいや，母さん」とベンは言った。「今日は暑すぎて働けないよ。クッキーをもらって，妖精を招いて，代わりにやってくれるよう頼むよ。そうすれば母さんの僕への望みは実現するだろう」

「本当にバカな子だね」と母親は言った。

ベンはクッキーの入った皿を持ち，(1-A)木に戻った。彼は影にその皿を置いて妖精を待った。すぐに彼は待つことに飽きた。彼はクッキーを1枚食べ始め，その後もう1枚，もう1枚，そして寝てしまった。最後の1枚が彼の手の中にあった。ベンは素敵な家，心の温かい妻，一面に広がる金の夢を見た。すると突然彼の指が引っ張られた。彼は目を覚ました。誰かが彼の(1-B)手からクッキーを盗もうとしていた。

「あっちへ行け！」と彼は叫んだ。そして彼は小さな妖精を見つけて驚いた。妖精はクッキーを食べていた。

「すみません，小さいお方」とベンは言った。「あなたは僕のクッキーを食べてしまったのだから，僕に願いを3つかなえてくれますよね」

妖精はため息をついた。「まあ，その通りだな。ただで何かを手に入れることはできないからね」

「母は僕に自分の家を建てろと言っているのですが，それは大仕事です。だからあなたが僕から取ったクッキー代として，僕は素敵な家を希望します」とベンは言った。

「了解」と妖精は言った。その小人はカバンに手を入れてコテージを引っ張り出した。それは美しかったが，犬にさえも十分な大きさではなかった。人間にとってはなおさらだ。

「これは何ですか」とベンは泣きついた。

「家だ，お前が望んだ通りの」と妖精が答えた。

「僕は自分の家のつもりで言いました。あれはちょっと(2)小さい」

「ほら」と妖精は言った。「あれはとても(2)小さいクッキーだったぞ」

「ああ，わかりました。家はあきらめます」とベンは言った。「代わりに僕は妻が必要です」

「ただで何かを手に入れることはできない」と妖精が言った。「お前はもうクッキーがないのだから，もう望みは手に入らない」

「僕はあなたにたくさんのクッキーを持ってくることができます」とベンが言った。「妻を1人連れてくるだけでいいんです。どの人でもいいです。どの人も同じようにいいと思いますから！」

「(3)お前は本当に，私に妻を連れてきてほしいのか？　お前は私がお前にあげた家を喜んでいなかったぞ」と妖精が言った。

ベンはため息をついた。「母はどんな女性でも喜ぶと思います」

彼は先導してマッケンジーさんの家へ続く小道を進んだ。彼の妻のクッキーはとても有名だった。ベンは台所の窓の近くで冷ましているクッキーの皿からよく盗み取った。彼が思った通り，素晴らしいクッキーが皿に入れられてそこに置かれていた。

ベンは数枚のクッキーを妖精に渡した。彼はそれらを素早く食べて「了解！」と叫んだ。するとベンは肩に手が置かれたのを感じた。

「あら，こんにちは，ベン。私はあなたを探していたの」と女性が言った。

ベンが振り返ると，彼の母親と同年代の大柄な女性が目に入った。

「僕はあなたを知っていますかね？」と彼は尋ねた。

「(4)いいえ，私たちは会ったことはありません，でも私の夫，農家のダンカンがあなたを連れてくるよう私を使いに出したんですよ」と彼女が言った。

ベンは驚いて尋ねた。「あなたの夫？」

「ええ」と女性は言った。「彼はあなたに畑で働いてほしいと思っています」

ベンは妖精を見た。妖精は木の後ろに隠れていた。その農家の妻に対しベンは「(5)大事なことをしたらすぐに行きます」と言った。

その妻はうなずき，農家のダンカンの土地に向かって急いでいった。ベンは妖精に怒りの表情を向けた。「僕が妻を望んだ時，誰かの妻を求めていたわけじゃない」とベンが叫んだ。

「だって」と妖精が言った。「クッキーも(6)他人のものだったぞ。それにどの妻も同じだとお前が言った」

ベンは言った。「なるほど。僕はよく考えた。もしあなたが僕に一面の金をくれたら，僕の全ての試みは終わる。あなたは僕を2回だましたけど，僕は一面の金があれば妻と家の両方が手に入るんだ」

「そうだ，まあ，(7)ただで何かを手に入れることはできない」と妖精が言った。

「少し待っていてください。僕は畑で働いてあなたに最高のクッキーを買うお金を稼ぎます。そうしたらあなたは僕に一面の金をくれて，僕をこれ以上だますようなことはしない」とベンが言った。

「わかった」と小人が言った。「硬貨がお前の手のひらにあたったら，私は戻ってくる」

ベンはその日ずっと一生懸命働いた。太陽が沈み始めると，農家のダンカンが現れた。彼はベンや他の数人の労働者と握手し，数枚の銀貨を渡した。ベンは硬貨を見つめ，手のひらに押し当てた。彼にとって，これらの硬貨よりもうっとりする光景は今までになかった。冷たい水とクッキーをくれた少女を見上げた時までは。彼女は微笑んで言った。「あなたのような素晴らしい働き者がいて，父はきっと誇りに思っていると思います。父はあなたと一緒に夕食を食べられたら喜ぶでしょう」そして彼女はベンを農家のダンカンの台所へ連れて行った。

ベンはその少女と歩いている時，振り向いて沈んでいく太陽を見た。それは畑を一面の(8)金に変えていた。そして誰かが風に乗せて「了解！」とささやいた。

（問1） 全訳下線部参照。

（問2） 妖精が出した小屋は犬にも十分な大きさではなかった，とあることから small「小さい」が適切。空所(1-B)の3つ後の文から small を抜き出す。最初の空所(2)の前の a little は「少し」という程度を表し，a little small は「少し小さい」となる。

やや難 （問3） まず Are you sure「あなたは本当にそう思うか？」とし，you want me to bring you a wife「あなたは私に，自分に妻をつれてきてほしい」と続ける。「本当にあなたは私に妻を連れてきてほしいと思っているのか？」という意味になる。

（問4） ベンはその女性が誰だかわからなかったので，Do I know you?「私はあなたを知っていますか？」(私たちは知り合いでしたっけ？)と尋ねた。その答えとして，イ「いいえ，私たちは会ったことがありません」が適切。

（問5） 今ベンにとって「大事なこと」は妖精に願いをかなえてもらうことである。

重要 （問6） ベンはマッケンジー氏の妻が作ったクッキーを盗んで妖精にあげ，お返しに「妻」がほしいと要望した。妖精が連れてきた「妻」は「誰かの妻」(農家のダンカンの妻)だった。そのことを怒るベンに対し，妖精は「クッキーも別の誰かのものだったから」と返した。

（問7） for nothing「ただで」 ベンが妖精にクッキーの見返りとして望みをかなえるよう迫っていることからもイが適切とわかる。

重要 （問8） ベンは3つ目のお願いとして a field of gold「畑一面の金」(たくさんの金)を望んだ。妖精はそれを，沈む太陽が畑を金色に染めることとして実現した。an ocean of gold は広い海のように見渡す限り金色に染まっている様子を表している。

重要 （問9） 「妖精へ，こんにちは，元気ですか。去年の夏，僕はお金を稼ぐために農家のダンカンさんの畑で働き始めました。そこで僕はとても素敵な少女と出会い，彼女は僕を家族の夕食に招待してくれました。実は彼女は農家のダンカンさんの①娘でした。そして数か月後，僕は彼女②と結婚しました。彼女はとてもかわいらしく明るい妻です。あなたのおかげで，僕は仕事を得て，家族を持ち，素敵な家に住む機会を得ました。僕の③母は，望みがかなってとても喜んでいます。僕があなたに最高の④クッキーをあげると約束したことを，あなたは覚えていますか。僕は妻と一緒に何枚か焼きました。あなたが気に入ってくれると良いのですが。 ベンより」

① daughter「娘」 ② marry「～と結婚する」 他動詞なので前置詞は不要。また文脈より過去形にする。 ③ 文章冒頭のベンと母親の会話を参照する。母はベンが結婚して家を建て，自分で暮らすことを望んでいた。 ④ 下線部(7)の2つ後の文参照。ベンは3つ目の願い(たくさんの金)

をかなえてもらうために，妖精に最高のクッキーを買うと約束し，そのために農家のダンカンの畑で働いた。

やや難 〔問題4〕（和文英訳：助動詞，動名詞，前置詞，接続詞，不定詞，現在完了，分詞）

(1) 日本語では主語が省略されているが，英語では必要。文脈より We とする。〈have to ＋動詞の原形〉「～しなくてはならない」 finish ～ing「～し終わる」 by ～「～までに」

(2) 〈so … that ＋主語＋動詞〉「とても…なので～」の文にする。be busy with ～「～で忙しい」〈have no time to ＋動詞の原形〉「～する時間がない」

(3) 現在完了の疑問文で「あなたはどのくらいの期間，彼らのファンなのですか？」と表す。

(4) ここでの「あの人」は that one とし，後ろから形容詞的用法の現在分詞句 wearing ～「～を身につけた」が修飾する形にする。「めがね」は glasses と複数形にする。

★ワンポイントアドバイス★

〔問題2〕の問9および〔問題3〕の問9のように，「当日の日記」や「後日に書かれた手紙」などの文は本文の要約となっていることが多い。

＜理科解答＞《学校からの正答の発表はありません。》

〔問題1〕 (1) エ （根拠） 北西の季節風に沿って，日本海にすじ状の雲が現れているから。
(2) 60km/時 (3) （気温） b （湿度） a （気圧） b （天気） a
(4) ① A ② ウ (5) ア

〔問題2〕 (1) オ (2) ア 50 イ 下 ウ 下 エ 上 オ 上
(3) A＝B＝C (4) A (5) イ

〔問題3〕 (1) （例） 氷砂糖に糸をつけ，ビーカーに入れた水の中につり下げる，
(2) A ウ B イ C オ D キ E エ
(3) イ，$NaHCO_3 + HCl \rightarrow NaCl + CO_2 + H_2O$ エ，$HCl + NaOH \rightarrow NaCl + H_2O$
(4) （密度） 0.94g/cm^3 （略称） HDPE (5) （例） 容器に混合物と充分な量の水を入れ，かきまぜたあと放置する。

〔問題4〕 (1) ① ウ ② エ ③ キ ④ コ (2) イ，ウ (3) 相同器官
(4) ア，カ，キ (5) イ，ウ，カ，キ，コ，シ

○推定配点○

〔問題1〕 (3) 各1点×4 他 各2点×5((1)完答) 〔問題2〕 (2) 各1点×5 他 各3点×4 〔問題3〕 (2) 各1点×5 他 各3点×4((3)・(4)各完答) 〔問題4〕 (1) 各1点×4 他 各2点×4 計60点

＜理科解説＞

〔問題1〕（気象―日本列島の気象）

(1) 図2の気象衛星画像は，冬によく見られる形で，日本海にも太平洋にも，北西から南東に向かって，すじ状の雲が現れている。冬は大陸の温度が低く，下降気流が生じて高気圧となるため，大陸から大洋に向かって季節風が吹く。天気図では，西高東低の気圧配置となる。大陸のシベリア高気圧から吹き出す季節風は，大陸では乾燥しているが，日本海で水蒸気を供給されて，積雲

の列を生じる。これがすじ状の雲である。同様の雲が太平洋でも発生する。

(2)　図3で，低気圧の中心が大阪を通過したのが，アの日の6時ごろである。また，東京を通過したのが14時ごろである。大阪から東京までの500kmを，8時間で移動しているので，その速度は500÷8＝62.5で，およそ60km/時である。

(3)　天気図アは，温帯低気圧と移動性高気圧が交互に通過し，天気が周期的に変化する春や秋の天気図である。天気図アでは，東京の西およそ2500kmの大陸上に高気圧がある。(2)でみたように，低気圧はおよそ60km/時で西から東へ移動するので，高気圧が2500km移動する時間は2500÷60で約42時間である。つまり，アの日の2日後も高気圧が本州付近をおおっている。そのため，東京は晴天で気温は高く湿度が低いことが予想される。

(4)　砂は水に比べて比熱が小さいため，ライトの光で同じエネルギーを与えたとき，砂Aの方が温度が上がりやすい。そのため，砂Aの上の空気が軽くなって上へ移動し，水Bのところで降りる対流が生じる。

重要 (5)　海岸付近では，陸は海に比べて比熱が小さいため，昼間に太陽の光で同じエネルギーが与えられたとき，陸の方が温度が上がりやすい。そのため，陸の上の空気の密度は小さくなり，低気圧が生じて，上昇気流が起こる。それを補うように，海から陸へ海風が吹く。海岸沿いの町は，海に比べれば温度が高いものの，海風が吹くことで，内陸の町よりは温度の上がり方が緩やかである。夜間は，海の方は冷えにくいので，陸の温度が低くなり，陸から海に陸風が吹く。そして，朝と夕方には，海風と陸風が入れ替わる時間帯に風が止まることがあり，凪(なぎ)とよばれる。

〔問題2〕（物体の運動－記録タイマーによる運動の記録）

(1)　月の公転周期は，月の自転周期と等しく，27.32日である。

重要 (2)　東日本の家庭用コンセントに流れるのは，(ア)50Hzの交流電流であり，1秒間に50回＋と－が入れ替わる。西日本では60Hzである。コイルにaの向きに電流が流れるとき，右手の4本指を電流の向きに合わせると，親指は下を向くことから，コイルに生じる磁界の向きは(イ)下向きである。そのため，コイルの下端に生じたN極と，磁石のN極が反発して，磁石には(ウ)下向きの磁力がかかる。一方，コイルにbの向きに電流が流れるときは，その逆で，コイルに生じる磁界の向きは(エ)上向きで，コイルの下端にはS極が生じるので，磁石には(オ)上向きの磁力がかかる。

(3)　東日本では，記録タイマーは1秒間に50回点を打つので，1打点の間隔は0.02秒間である。A～Cのテープはどれも8打点の間隔が記録されており，時間は0.16秒間で等しい。

重要 (4)　運動の向きに合力がはたらき続けている場合は，Aのように加速していく。物体がBのように等速直線運動をするときは，物体にかかっている力がつり合って，合力は0である。

(5)　Cは加速したあと減速しているので，はじめは運動の向きに合力がはたらき，その後は運動と逆向きに合力がはたらいた。アであれば，はじめは大きく加速し，後半でも小さいながら加速するはずである。ウはテープの記録から判断できない。

〔問題3〕（物質の性質－プラスチックの分別）

(1)　問題文の通り，シュリーレン現象とは，液体中にもや状のものができる現象である。これは，液体によって光を通す速さが違うため，液体どうしの境界で光の屈折が起こるのが原因である。このことは，濃い水溶液と水の間でも起こるので，エタノールや食塩水以外の水溶液を用いた実験を述べればよい。例えば，角砂糖や氷砂糖を，ビーカーの水の中に入れて，混ぜずに放置すれば，その近くだけは濃い水溶液ができるので，もや状のものが観察できる。ただし，濃い水溶液は密度が水より重いので，底に入れるのではなく，上からつるした方が，降りていくもや状のものを，より効果的に観察できる。崩れやすい溶質を用いるときは，ティーバッグに入れて水中につり下げるなどの工夫をするのもよい。

基本 (2) (A)・(B) エタノールの密度は0.8g/cm^3程度なので，水1g/cm^3よりも軽い。また，食塩水の密度は水よりも重い。まとめると，密度の小さい順に，エタノール＜水＜食塩水である。

重要 (C)～(E) 表の5種類のプラスチックの密度は，どれもエタノールより重いので，どのプラスチック片もエタノールの中を沈む。エタノールに食塩水を混ぜていくと，液体の密度が大きくなっていくので，やがてプラスチックの中には浮くものも出てくる。ペットボトルの容器は，その名前の通りPET，つまりポリエチレンテレフタラートだから，表の中では最も重く，沈んだままである。よって，下線部③が起こったのはキャップの方である。

(3) 塩化ナトリウムNaCl(食塩)は，ナトリウムイオンNa^+と塩化物イオンCl^-からできるので，これらを含む組み合わせを選ぶ。塩化物イオンCl^-はどの選択肢の組み合わせにもあり，Na^+のあるイとエが正しい。

(4) プラスチックが液体中にとどまっているのだから，液体の密度とプラスチックの密度は等しい。液体の密度は，4.7÷5.0＝0.94(g/cm^3)だから，表から高密度ポリスチレンHDPEである。

(5) ペットボトルの容器の本体はPETで，密度は1.34～1.46g/cm^3である。一方，キャップはHDPEで0.94～0.96g/cm^3である。これらを分別するには，密度が0.96g/cm^3と1.34g/cm^3の間の液体の中に入れればよく，本体は沈み，キャップは浮く。このような液体の中で最も簡単なのは1g/cm^3の水である。実際，リサイクルの現場では，ペットボトルを粉砕したあと，水を使って分別し，本体側に残ったキャップのリングも含めて分別している。

〔問題4〕 (動物の種類―動物の種類や機能)

(1) 文中のAは魚類，Bは両生類，Cはホ乳類，Dはハ虫類，Eは鳥類である。ホ乳類はハ虫類が進化したものではないが，鳥類はハ虫類の一部から分かれたと考えられる。よって，①はホ乳類の呼吸器官なので肺，②はハ虫類の子の生まれ方なので卵生，③はハ虫類の生活場所なので多くは一生のあいだ陸上，④は鳥類の体表なので羽毛である。

(2) 生きている化石は，長い年月のあいだ形態をほとんど変えていない種のことである。選択肢ではイとウが該当する。他の種はすべて現在生息していない。

(3) 魚類の胸びれ，鳥類の翼，両生類，ハ虫類，ホ乳類の前肢は，どれも起源が同じで，基本的な骨格のつくりも共通しており，生活環境や使用方法に応じて形が変化しているに過ぎない。このような器官を相同器官という。

(4) イ…組織液は，血管と細胞の間で物質のやりとりをするので，酸素，二酸化炭素の両方を含む。 ウ…動脈のことであり，壁は厚く，弾力性があって破れにくく，弁はない。 エ…呼気では二酸化炭素が5%ほどに増え，酸素は16%ほどに減るが，まだ酸素が多い。 オ…肝臓で合成された尿素は腎臓に運ばれて，尿の中に含まれて排出される。 ク…体細胞分裂では，分裂前後の染色体数は等しい。 ケ・コ…細胞1個あたりの染色体数は，受精卵，オタマジャクシの体細胞，成体のカエルの体細胞ではすべて等しい。精子と卵では体細胞の半分である。

重要 (5) 実験①で，操作2で0℃にしただ液と，40℃にしただ液は，その後に操作6で40℃に保つと，デンプンを分解して糖にするはたらきをしている。対照実験もおこなっているので，だ液のはたらきであることが確認される。操作2で90℃にしただ液は，その後に操作6で40℃に保ってもはたらかない。これは，90℃にしただ液で，酵素を構成するタンパク質が変質してしまい，酵素が失活してしまうためである。そして，実験②では，どれも操作6で0℃に保ってもはたらかない。

★ワンポイントアドバイス★

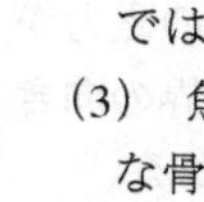

問題文や選択肢は，問われている主題が何なのかよく考えながら，慎重に読み解いて答えを導こう。

＜社会解答＞ 《学校からの正答の発表はありません。》

〔問題1〕 問1　ウ　問2　ア・イ　問3　オ　問4　イ

〔問題2〕 問1　ウ　問2　オ　問3　ア・ウ　問4　（例）　1960年代半ばまでは，日本で必要とされる硫黄の大半は鉱山で採掘されていた。しかし，1960年代後半以降は，石油精製の際に回収される硫黄によって需要を満たすことができるようになり，石油供給量が増加するにともなって，硫黄鉱山は閉山に追い込まれた。

〔問題3〕 問1　(1)　卑弥呼　(2)　（例）　身分制度が確立されており，奴隷も存在していた。
問2　(1)　西廻り航路　(2)　エ　(3)　（例）　琉球が行った貿易の利益を薩摩藩が独占するため。　(4)　エ

〔問題4〕 問1　ウ　問2　A　配給　B　米騒動　C　グローバル　問3　エ・カ
問4　屯田兵制度　問5　エ　問6　Y(→)Z(→)X

〔問題5〕 問1　男女雇用機会均等法　問2　A　政治　B　60～64　C　10
問3　ア・エ　問4　ア・エ　問5　ウ

〔問題6〕 問1　ウ　問2　イ・オ　問3　(1)　A　ア　B　ウ　C　イ　D　エ
E　ウ　F　エ　X　供給　(2)　イ・ウ・オ

○推定配点○
〔問題1〕　各1点×4(問2完答)　〔問題2〕　問4　3点　他　各1点×3(問3完答)
〔問題3〕　各2点×6　〔問題4〕　問1・問5　各1点×2　他　各2点×6(問3完答)
〔問題5〕　各2点×7(問3，問4各完答)　〔問題6〕　各1点×10(問2，問3(2)各完答)
計60点

＜社会解説＞

〔問題1〕 (地理ー世界の地形，東南アジアの地誌など)

問1　Aは左端付近に高くて険しいロッキー山脈，右端付近に低くてなだらかなアパラチア山脈が位置し，この間は平原が広がっている。よって，Y。Bは左端付近に高くて険しいアンデス山脈，右端付近に台地状のブラジル高原が広がっている。よって，X。Cは全体的に平坦な地形であるが，右端付近に低くてなだらかなグレートディヴァイディング山脈が位置している。よって，Z。なお，X～Zは標高を示す目盛りが異なるので，注意が必要である。

やや難　問2　ア　インドネシアの列島の南側には東西に海溝型(スンダ海溝)のプレート境界が位置する。「北側」ではない。　イ　インドシナ半島の沿岸部の平野では，6月から9月ころに主に南西から吹き込む季節風(モンスーン)によって雨季になる。「おもに西から」ではない。

問3　カードAは，「コーサ語，ズールー語」などから③の南アフリカ共和国。カードBは，「フランス語版と英語版」などから①のカナダ。カードCは，「マオリ語」などから④のニュージーランド。残ったカードDが②のスペイン。

重要　問4　Aは，5つの品目の自給率がいずれも低いことから日本。Bは食用穀物の自給率が150%を超えていることからアメリカ合衆国。Cは野菜類の自給率が200%を超えていることからスペイン。残ったDがスイスである。

〔問題2〕 (地理ー東北地方の気候，産業など)

重要　問1　まず，Rは最寒月平均気温が－10度近くまで下がっていることから，内陸に位置し，標高も高いBである。残ったP，Qを比較すると，最暖月平均気温はPが低く，Qが高い。これはPが寒流の千島海流と冷涼な地方風であるやませの影響を受けて，夏でも気温が上がらず，これに比べて暖

流の対馬海流の影響を受けるQの方が気温が高くなるからである。よって，PがC，QがAである。

基本 問2　明治時代に整備された官営の製鉄所（八幡製鉄所）が核になり，鉄鋼業を中心とした工業地帯が整備されたのは福岡県を中心とした北九州工業地帯。東北地方には工業地帯は存在しない。

問3　ア　市街地は，1970年では，花巻駅から見て右（東部）や下（南部）に広がっていた。しかし，2008年では，上（北部）や左（西部）にも広がっている。　ウ　1970年には，花巻駅から北西の方角に向って花巻電鉄花巻温泉線が伸びていた。しかし，2008年では，この路線は廃止されて，その線路跡の一部は自転車専用道路に転用されている。　イ　1970年に花巻駅の東側にあった市役所（◎）やその付近にある官公署（ö）は，2008年も同じ場所に位置している。　エ「上町」の標高は74m前後，「運動公園」の南にある高等学校（⊗）の標高は100m前後。両者の間の標高差は30m前後である。

問4　資料Ⅰから，1960年代半ばまでは，日本で生産される硫黄の大半は鉱山硫黄であったこと，1960年代後半以降は，その大半が回収硫黄に置き換わったことが読み取れる。また，資料Ⅱから，石油の精製過程で硫黄が回収されていることが読み取れる。さらに，資料Ⅲから，1960年代以降，日本における石油供給量が急増したことが読み取れる。

〔問題3〕（日本の歴史―資料を使用した歴史）

基本 問1　(1)　卑弥呼は，3世紀前半頃，邪馬台国を統治したといわれる女王。『魏志』倭人伝によれば呪術を得意とし，30近い周辺の諸国を従えていたといわれる。239年に魏に使いを送り，「親魏倭王」の金印と銅鏡100枚を授かったとされる。　(2)　資料Ⅰ中の「奴隷の身分におとし」，「身分に応じた礼が尽くされている」，資料Ⅱ中の「各々が従事すべき職業を割り当てた」，「不平を言わずに奉仕するという唯一の行為のみを命じた」などから，どちらも身分制度が存在し，奴隷も存在していたことが読み取れる。

問2　(1)　西廻り航路は，日本海沿岸の出羽酒田を起点に，下関経由で大阪に至る航路。1672年，河村瑞軒の改良で秋田以北にも及び，のちに蝦夷地の松前に至った。　(2)　昆布は現在も北海道が最大の産地である。　(3)　薩摩藩は，琉球を介して中国と貿易し，多額の利益を得た。そのため，この貿易を独占するために資料Ⅲのようなきまりを琉球に守らせようとした。　(4)　14世紀後半，蝦夷地では，アイヌが叙事詩であるユーカラを口承するなど，独自の文化を営んでいた。　ア　元ではなく，明。　イ　高麗ではなく，朝鮮王朝。　ウ　朱印状ではなく，勘合。

〔問題4〕（日本の歴史―レポートを題材にした歴史）

問1　東雲原への入植が始まったのは戦後すぐの1945年ごろ。石碑が建立されたのは「入植二十五周年を記念し」の記述から，1970年ごろと考えられる。一方，公害対策基本法が制定されたのは1967年。なお，アは1939年，イは1932年，エは1993年，オは1951年。

やや難 問2　A　問題に示された法律は，1942年成立の食糧管理法。同法は，米穀そのほかの穀物の配給を一元化するとともに，政府による供出価格と供出数量の決定についても定められた。　B　米騒動は，1918年，米価の高騰のために生活難に苦しんでいた民衆が，米の廉売を求めて米屋・富豪・警察などを襲撃した事件。富山県魚津に起こって全国に波及し，労働者・農民を主力とする大衆暴動に発展，政府は軍隊の力でこれを鎮圧した。　C　グローバル化は，人や物，お金，情報などが，国境を超えて地球規模で動き回ること。国際化，グローバリゼーションともいう。

問3　エ「日本はアジアに領土を拡張すべきでなく，満州も速やかにこれを放棄すべきだというのが私の持論である」とある。　カ　1919年5月4日，北京大学の学生を中心としたに反日街頭運動に端を発し，日本帝国主義反対運動が全国規模に発展した（五・四運動）。　ア　第一次世界大戦において，ドイツは日本の敵国であった。　イ　日本は，第一次世界大戦の講和会議であるパリ講和会議において，南洋諸島と中国の山東半島における旧ドイツ権益を要求し，承認された。

ウ　筆者は，「満州も速やかにこれを放棄すべきだ」と明言している。　オ　筆者の立場は，アメリカのウィルソンが提唱した14か条の内容(軍備縮小，民族自決など)に近い。

基本　問4　屯田兵は，北海道開拓と北方の警備にあたった農兵。1874年，開拓次官黒田清隆の建議で方針が決定。屯田兵条例が定められて，屯田兵村が設置され，入植が始まった。士族授産の意味もあり，初め宮城，青森などの困窮士族が移住した。

問5　アメリカ合衆国では，西部の開拓地と未開拓地の境界線をフロンティア・ラインとよび，17世紀には大西洋沿岸にあったが，農民，毛皮商人，猟師などが未開拓地をめざして移住したため急速に西方に移り，19世紀半ばにロッキー山脈を超え，1890年ごろに消滅した。この過程で，先住民であるネイティブ＝アメリカン(インディアン)が土地を奪われたり，居留地への移住を強制されるなどの人権侵害が起こった。

問6　Xは，1945年の沖縄戦の悲劇を後世の人々に伝えるために建立されたもの。Yについて，石碑に記されている明治三十七八戦役は，日露戦争。この戦争の講和会議は1905年に開かれた。Zは，「2023年に生誕100年を迎えた忠犬が11歳になる歳に建立」とあるので，建立されたのは，1923＋11＝1934(年)。

〔問題5〕　(公民―基本的人権の尊重，司法権の独立，国際連合など)

基本　問1　男女雇用機会均等法は，職場での男女平等をめざし，募集・採用，配置・昇進，定年・解雇などにおける女性差別を禁止した法律。1985年に，女性差別撤廃条約の批准にともない，勤労婦人福祉法の改正という形で成立した。

問2　A　資料Ⅱから，政治，経済，教育，健康の4つの分野の中で，政治が極端に値が低いことが読み取れる。　B　「60～64歳」は，男性の投票率が63.7%，女性の投票率が64.4%で，女性の方が投票率が高い。しかし，「65～69歳」は，男性の投票率が67.7%，女性の投票率が66.9%で，男性の方が高い。　C　衆議院議員の定数は465名。そのうち，女性の衆議院議員が45名。よって，議員定数に占める女性の割合は，9.6…%≒10%

問3　ア　男性の就業率と正規雇用比率の差は，30～34歳では，17.2%(92.4%－75.2%)，35～39歳では，18.5%(93.8%－75.3%)，40～44歳では，20.2%(93.8%－73.6%)，45～49歳では，21.6%(93.8%－72.2%)で，いずれも25ポイントを超えることはない。　エ　女性の正規雇用比率は，25～29歳は59.7%，35～39歳は39.0%で，その差は20.7ポイントである。　イ　女性の25～29歳の年代から55～59歳の年代の間における就業率の最大値は，25～29歳の84.8%，最小値は55～59歳の74.0%。よって，両者の差は10.8ポイント。　ウ　男性の正規雇用比率は，35～39歳が75.3%，55～59歳が65.0%。よって，両者の差は10.3ポイント。

問4　アは日本国憲法第76条③，エは日本国憲法第78条に定められている。

問5　国際連合は，1945年10月に，連合国を中心に集団的安全保障の考えをもとに発足した国際平和機関。世界平和の維持と経済的・社会的・文化的な国際協力の促進を目的とし，専門機関，NGO(非政府組織)などと連携して活動している。　ア　GDP(国内総生産)に比例して分担金を負担している。　イ　総会の決議に拘束力はない。　エ　安全保障理事会は，常任理事国5か国，非常任理事会10か国の計15か国によって構成されている。

〔問題6〕　(公民―需要と供給の関係，市場価格，公共財など)

やや難　問1　需要の価格弾力性が小さい財，サービスは，価格が変化しても需要はほとんど変わらない。よって，縦軸に価格，横軸に需要量をとるグラフで，需要曲線を考えると，この曲線は縦軸にほとんど平行になる。それでも，価格が低い方が需要はごくわずかであるが高まるので，右下がりとなる。

問2　イ　そのパソコンの人気が高まると，それを買おうとする人が増える(需要が高まる)ので，市場価格は上昇する。　オ　そのパソコンに欠かせない部品の供給が減ると，そのパソコンの供給も減る。その結果，市場価格は上昇する。ア　悪い評判が立つと，需要が減少し，市場価格は下降する。ウ　同じ機能を持つ別のパソコンが他社から発売されると，そのパソコンの需要が減少し，市場価格は下降する。　エ　消費者の収入が減ると，パソコンを買う余裕がなくなる。その結果，そのパソコンの需要が減少し，市場価格は下降する。

やや難　問3　(1)　A　複数の人が同時に消費できることを「非競合的」，そうでないことを「競合的」という。また，代金を払わずに消費できることを「非排除的」，そうでないころを「排除的」という。食料は，「競合的」かつ「排除的」，一般の道路は，「非競合的」かつ「非排除的」，映画館は，「非競合的」かつ「排除的」，警備員の提供するサービスは，「非競合的」かつ「非排除的」である。一般の道路や警備員の提供するサービスのような，「非競合的」かつ「非排除的」な財，サービスは，市場において供給されない可能性が高いので，政府が供給する必要がある。
(2)　イ　固定資産税は直接税の一種である。　ウ　法人税は比例課税制度をとっている。
オ　国の2023年度予算での税収は69.4兆円。

★ワンポイントアドバイス★

グラフの読み取り問題は，時間のかかるものが含まれている。このような問題は最後に回すなどの工夫が必要である。

＜国語解答＞《学校からの正答の発表はありません。》

〔問題一〕　問一　ウ　　問二　ウ　　問三　(例)　人びとが民主政を意識化，制度化し，その制度に基づいて意思決定をし，みずからが権力を行使した点。　　問四　エ
問五　(例)　民衆の決めた考えを実現するために，制度を作ったり実施したりするのに必要だから。　　問六　ア　　問七　イ　　問八　a　名著　　b　極端
c　委(ねる)

〔問題二〕　問一　(例)　生きていたら応援してくれたであろう祖母の墓に身代わり鈴を返して，役者の夢をあきらめると祖母に報告しようと思ったから。　　問二　ア
問三　お母さんも～ことだよ。　　問四　(例)　一生懸命に子どもたちを育てている母に，心の支えとなるお守りを持たせたかったから。　　問五　エ
問六　支えになるもの　　問七　a　ウ　　b　ウ　　c　イ

○推定配点○
〔問題一〕　問三・問五　各5点×2　　問八　各2点×3　　他　各3点×5
〔問題二〕　問一　6点　　問四　5点　　問七　各2点×3　　他　各3点×4　　計60点

＜国語解説＞

〔問題一〕　(論説文―大意・要旨，内容吟味，文脈把握，指示語，漢字の読み書き，要約・説明)

問一　同じ段落の「ラテン語レプラエセンタレ」の成り立ちの説明に着目する。「本来……を意味するにすぎなかった」が，「……になり代わり」，「『代表する』という概念を指ししめすようになった」のは「ようやく近代初期になってからのこと」とあるので，「レプラエセンタレ」の変遷から，代表制の概念は近代初期に当たり前のものとなったとわかる。この内容を説明しているの

はウ。「連綿と受け継がれてきた」とあるイは，この内容に合わない。「レプラエセンタレ」の変遷を述べているので，「意味」とあるエも合わない。アの「過程」の「理解」のためでもない。

問二　傍線部②の「包摂」は包み込むことという意味で，「包摂と統合」は，直後の文の「統合と共存」に言い換えられる。古代民主政において「分かちあう」ことは，「ギリシア人は」で始まる段落にあるように「ポリスの公共性という大きな全体に，一人一人が平等にあずかること」を意味している。この「分かちあう」の意味を踏まえた上で，傍線部②の直後の「嫌いな人びとと共生する技術」を，「敵対する相手も含めて折り合いをつけよう」と言い換えて説明しているウの理由が最も適切。他の選択肢は「嫌いな人びとと共生する技術」に通じる内容を含まない。

問三　直後の文で「民主政とは，たんなる集団的意思決定のことだけではないから」と異なる点を挙げている。さらに，直後の段落の，民主政は「意思決定をするのみならず，その決定を実行するために，市民たちが自らが権力を行使した」，一つ後の段落の「彼らが民主政というものを意識化，制度化し」という説明を加えてまとめる。

問四　傍線部④の「それ」は，「デモクラティアを語源とすることば」を指示している。また，「ギリシア人の経験」は，直前の段落の「何よりギリシア人は，民主政が……独自の政体であることをよく自覚し」「さかんに知的な議論をかわし」「民主政というものを意識化，制度化し……豊かなテクストを古典として後世に遺した」ことを言っている。ギリシア人の「デモクラティアを語源とすることば」は，現代の私たちの民主主義政治について説得力を持って教えてくれるという意味のエを選ぶ。アのギリシア人が残した古典や，イの民主主義の語源が重要なのではない。「ギリシア人の経験に負っている」は恩恵を受けるという意味で，ウの「頼る」わけではない。

やや難　問五　傍線部⑤の「専門家」を，直後の文で「船長」に喩え，「船を雇うときには，私も船長に操船をまかせるだろう。だが，行き先を決めるのは私だ」と述べている。将来の方向を決めるのは「私たち」だが，「専門家」は「私たち」の考えを実現するための制度を作ったり実施したりするのに「必要だ」というフィンリーの考えが読み取れる。この内容を簡潔にまとめる。

重要　問六　傍線部⑥の「その価値」は，同じ段落の「自分の生き方を自分の意思で決めるという」「かけがえのない価値」を，「今」は，「選挙の」で始まる段落の「政治には一般国民の手が届かぬものという諦めが漂う一方で，ポピュリズムや強権政治が幅をきかせるようになった現代」を意味していることから考える。専門家集団が幅をきかせる現代において「自分の生き方を自分の意思で決める」ことの価値は変わらないと述べているアが最も適切。イの「日々大量の情報が飛び交う現代」ウの「平和の維持が困難な現代」は，筆者のいう「今」に合わない。エの「自分の意地を貫き通して生きる」とは言っていない。

重要　問七 「二一世紀に入ると」で始まる段落で「ポストコロニアリズムの影響」から「民主主義を最初に発明したのは古代ギリシア人ではない，という論調」が起こり，住民が集会での熟議によって意思を決定するという他の時代や他の国の政治スタイルを後に挙げているが，「しかし」で始まる段落以降で理由を挙げて「別の問題である」と否定している。したがって，「ポストコロニアリズムの影響」による「論調」は筆者にとって予想される反論を述べたもので，それを否定することで「民主主義を最初に発明したのは古代ギリシア人」だという論を補強するためのものだとわかる。したがって，適切でないのはイ。

問八　a　すぐれた著作。「著」の訓読みは「あらわ(す)」「いちじる(しい)」。　b　普通の程度から大きく外れていること。　c　音読みは「イ」で，「委嘱」「委細」などの熟語がある。

〔問題二〕（小説一情景・心情，内容吟味，文脈把握，語句の意味，ことわざ・慣用句・故事成語，要約・説明，書き抜き）

問一 「祖母の墓に」で始まる段落の「祖母の墓に，鈴を置いていこうと思っていた。祖母に返そうと思っていた。もう夢は終わりにするから。芝居の現場には戻らないから」をもとに，なぜ，「祖母」に返そうと思ったのかという理由を加えてまとめる。

問二　直後の「もうひと踏ん張りしなくちゃね」という「母」の言葉は「祖母」に長生きするよう促すものである。長生きするためには，厄災を代わりに引き受けてくれるものが必要であることからアを選ぶ。

基本 問三　「お母さんもあんたの」で始まる美咲の会話に「だからどうしたってわけじゃないけど，覚えておきな。私から言えるのは，それだけ」とある。この前の会話の内容が，美咲がすぐるに最も伝えたかったことになる。

問四　後の「みーちゃん，おばあちゃんの代わりにお母さんにも買ってきてあげてって」や「お母さんにだってお守りが必要なのよって，おばあちゃん，そう言ってた」に着目する。「お母さんにだってお守りが必要」な理由を，後の「お母さんにも必要だったんだよ……おばあちゃんはそれをわかっていたんじゃないかな」という美咲の会話から読み取って加える。

やや難 問五　美咲がなぜ鈴を握っているのかと「母」に尋ねる場面に着目する。後の「思わず私，聞いちゃったよ……すぐるのドラマをひとりで見るのが怖いのって。おばあちゃんに一緒に見てもらおうと思って……って，お母さん，そう言ったの」から，「祖母」から渡された身代わり鈴は，「母」にとって「祖母」そのものであるとわかる。したがって，エが最も適切。「一緒に見てもらおうと思って」という言葉に，他の選択肢は適切ではない。

やや難 問六　傍線部⑥を含む「おばあちゃんはずっと，お母さんの〝お母さん〟だったんだよ」と，少し前の「お母さんにも必要だったんだよ。支えになるものがね」という美咲の会話を重ねる。〝お母さん〟は「支えになるもの」という意味で用いているとわかる。

問七　a 「きせき(に)い(った)」と読む。「鬼籍」は，寺が死者の名前や死亡年月日を記入しておく帳面。 b 物事の起こりと今に至るまでのいきさつ。 c 「口」が勝手に走る，と考える。言ってはならないことを無意識のうちに言ってしまうという意味になる。

★ワンポイントアドバイス★

記述式の問題では，文章中にはっきりと書かれていないことも行間から読み取ることが求められている。どういう意味なのか自分の言葉で置き換えて考え，行間の内容を読み取ろう。

2023年度

★★★★★★★★★★★★★★★★★★★★★★★★

入　試　問　題

2023年度

筑波大学附属高等学校入試問題

【数　学】（50分）　＜満点：60点＞

【注意】 円周率を必要とする計算では，円周率はπで表しなさい。

〔問題１〕 a，bを正の数とし，関数$y=ax^2$のグラフが表す曲線を放物線P，関数$y=-\frac{b}{x}$のグラフが表す曲線を双曲線Hとする。

放物線P上にx座標が$\frac{1}{2}$である点A，x座標が１である点Bをとり，双曲線H上にx座標が$-\frac{1}{2}$である点C，x座標が-1である点Dをとったところ，四角形ABCDは平行四辺形となった。

辺AB，CDの中点をそれぞれM，Nとし，Mからx軸に引いた垂線と放物線Pとの交点をK，Nからx軸に引いた垂線と双曲線Hとの交点をLとする。

このとき，次の①～③の［　］にあてはまる数または式を求めなさい。また，④の解答欄には適切な記号に○をつけ，その理由を述べなさい。

(1)　$a=4$とする。このとき，$b=$［　①　］であり，線分MKとNLの長さの差MK－NLの値を求めると，

MK－NL＝［　②　］

である。

(2)　線分NLの長さを，aを用いて表すと，

NL＝［　③　］

である。

(3)　線分MK，NLの長さの大小関係について，適切なものを以下の(ア)～(エ)から１つ選び，④の解答欄の該当する記号に○をつけ，その理由を簡潔に述べなさい。

(ア)　aの値によらず，MKの方がNLより長い。
(イ)　aの値によらず，MKとNLは同じ長さである。
(ウ)　aの値によらず，MKの方がNLより短い。
(エ)　aの値が決まらないと，MKとNLのどちらが長いかは定まらない。

〔問題２〕 次のページの図のように，長さが14㎝の線分AB上に点Pをとる。ただし，AP＜BPとする。Pで線分ABと接する円Oに，２点B，Aからそれぞれ点Q，Rで接する接線を引き，その２本の接線の交点をCとすると，BC＝10㎝となった。

また，線分AB上にBD＝５㎝となる点Dをとり，Dから円Oに引いた接線と線分BCとの交点をEとすると，BE＝７㎝となった。

このとき，次の⑤～⑦の［　］にあてはまる数を求めなさい。

(1)　線分ACの長さは，線分DEの長さの［　⑤　］倍である。

(2)　線分ARの長さは，

AR＝［　⑥　］㎝

である。

⑶　線分AE，CDの交点をFとするとき，AF：FEを最も簡単な整数の比で表すと，

AF：FE＝ ⑦－ア ： ⑦－イ

である。

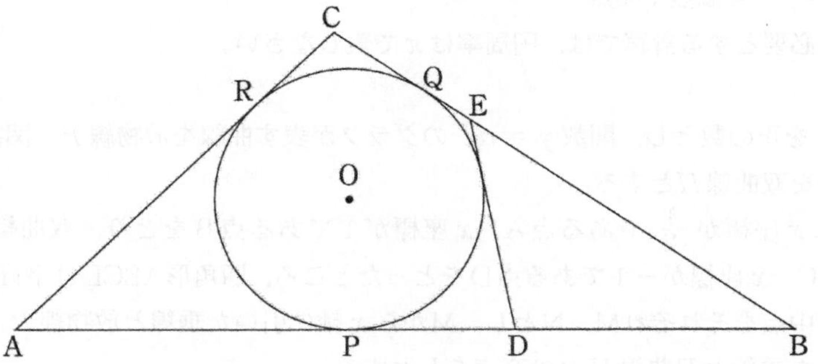

〔問題３〕　あるバスは，地点Aを午前９時に出発し，停留所Tを経由して地点Bまで行き，折り返してTを経由してAまで戻るという往復運行をする。Tでは往路，復路いずれも10分間停車し，Bでも10分間停車する。

渋滞がない場合，バスは各区間を次に定める一定の速度（以下，標準速度とする）で運行する。

	地点A～停留所T	停留所T～地点B
往路	時速40km	時速50km
復路	時速30km	時速40km

標準速度で運行する場合，往路について，AからTまでの走行時間はTからBまでよりも30分短く，往路全体の走行時間は復路全体よりも１時間短い。

このとき，次の⑧～⑩の □ にあてはまる数を求めなさい。

⑴　２地点A，B間の距離は ⑧ ㎞である。

ある日，渋滞のために，Aを出発後，２地点A，T間のある地点Pまで標準速度より遅い一定の速度で走ることとなり，Pを通過する時点で15分の遅れが生じた。Pからは渋滞が少し緩和し，それまでより速い一定の速度で運行できたが，渋滞がなかった場合のTへの到着予定時刻にはまだTの16㎞手前の地点にいて，Tに到着したのは午前11時であった。

⑵　２地点A，P間の距離は ⑨ ㎞である。

その後，渋滞は解消し，TからBまでは標準速度で走った。復路では遅れを取り戻すため，BからTまでは標準速度より速い一定の速度で運行することとした。Tから先の速度は，BからTまでの速度の$\frac{2}{3}$倍としたところ，Pに到達した時点で遅れを取り戻すことができた。

⑶　復路でTに到着したのは，午後 ⑩－ア 時 ⑩－イ 分である。

〔問題４〕 ６つの合同なひし形でできる立体を，ひし形六面体という。下の図は，すべての辺の長さが２cmであるひし形六面体ABCD－EFGHの見取図であり，∠CGF＝∠FGH＝∠HGC＝60°である。

このとき，⑪の解答欄には展開図を完成させ，⑫，⑬の □ にはあてはまる数を求めなさい。

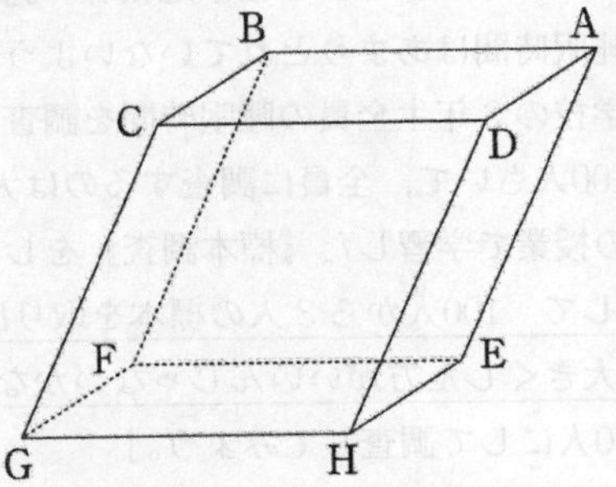

(1) 下の図は，ひし形六面体ABCD－EFGHの展開図の一部である。

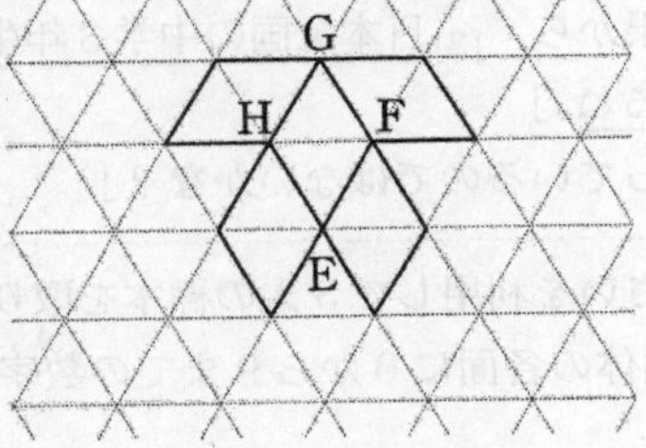

解答欄⑪の図にひし形を１つかき加えて，展開図を完成させなさい。その際，下の例を参照し，展開図のひし形のすべての頂点に，Ａ～Ｄのいずれかを記入すること。

※かき加えるひし形は複数考えられるが，そのうちの１つをかけばよい。

例　正四面体ABCDの見取図と展開図

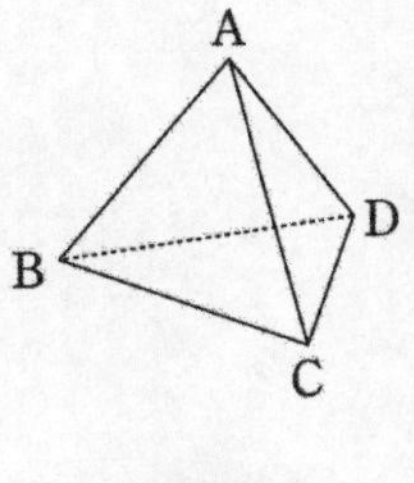

見取図

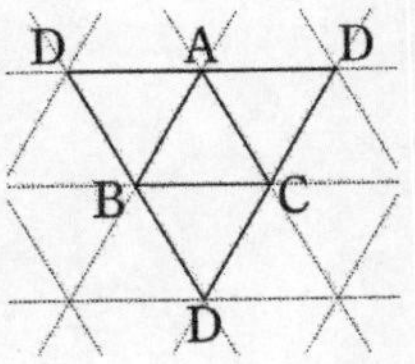

展開図

(2) ひし形六面体ABCD－EFGHにおいて，対角線CEの長さは，

CE＝ ⑫ cm

である。

(3) ひし形六面体ABCD－EFGHを，３点Ａ，Ｂ，Ｈを通る平面で切断したとき，切断面の面積は

⑬ cm^2である。

〔問題５〕 東京都のＴ中学校３年生のＡさん，Ｂさんが，以下の会話をしている。その会話文を読んで，各問いに答えなさい。

Ａ「昨晩，遅くまで受験勉強をしていて，あまり寝ていないんだ。」
Ｂ「高校受験も近づいてきているし，私も少し寝不足気味…。」
Ａ「同じ学年のみんなも，睡眠時間はあまりとれていないような気がするな。」
Ｂ「どうだろう。私たちの学校の３年生全員の睡眠時間を調査してみない？」
Ａ「面白いけど，３年生は100人もいて，全員に調査するのは大変ではないかな。」
Ｂ「そうだね。では，数学の授業で学習した『標本調査』をしてみようか。」
Ａ「では[1]乱数さいを利用して，100人から３人の標本を取り出すのではどうかな。」
Ｂ「[2]標本の大きさは少し大きくした方がいいんじゃないかな。」
Ａ「では，標本の大きさを10人にして調査してみよう。」

（中略）

Ｂ「標本平均は６時間50分だったよ。この結果から，Ｔ中学校の３年生100人の睡眠時間の平均は６時間50分であると推測できるね。」
Ａ「そうだね。さらにこの結果から，[3]日本全国の中学３年生全員の睡眠時間の平均も，６時間50分であると推測できるね。」
Ｂ「う～ん…，その推測は誤っているのではないかな？」

⑴　下線部 [1] について，乱数さいを利用して３人の標本を取り出す方法を⑭の解答欄に説明しなさい。（乱数さいは，正二十面体の各面に０から９までの数字がそれぞれ２回ずつ書かれたさいころである。）

⑵　下線部 [2] について，標本の大きさを大きくすることの利点を⑮の解答欄に説明しなさい。ただし，「標本平均」，「母集団の平均」という言葉を使用すること。

⑶　下線部 [3] について，Ａさんの推測が誤っている理由を⑯の解答欄に説明しなさい。

【英　語】（50分）＜満点：60点＞

〔問題１〕 放送の指示にしたがって答えなさい。

例題 ア A CD.　イ A pen.　ウ A cake.　エ A book.

(1) ア 360 yen.　イ 400 yen.　ウ 450 yen.　エ 500 yen.

(2) ア Enjoy talking with Bob.　イ Do Bob's homework.
　ウ Practice soccer.　エ Take a music lesson.

(3) ア Write a report.　イ Enjoy fine arts.
　ウ Play video games.　エ Watch a tennis match.

(4) ア A bag of coffee beans.　イ A box of potatoes.
　ウ A chocolate bar.　エ A pair of sneakers.

(5) ア 30 minutes.　イ 40 minutes.　ウ 50 minutes.　エ 60 minutes.

(6) ア She has a cough.　イ She has a sore throat.
　ウ She has a broken arm.　エ She has a broken leg.

※リスニングテストの放送台本は非公表です。

〔問題２〕 次の英文を読んで，（問１）～（問９）に答えなさい。

"Whoa, boy," Emma said to Aster, the horse in front of her. "You heard what Dad said yesterday. If I can't get this halter on you by tomorrow, we'll have to send you back to the rescue ranch. I don't want to send you back. I want you to stay with me."

"I know what your problem is," a voice said from the stall door.

Emma turned and asked, "Who are you?"

"I'm Ben," the boy said with a smile. "We just moved to this town."

"You don't know me or my horse," Emma said. "How can you know what my problem is?"

"I just do," Ben said.

Emma turned her back on him and said, "Leave me alone. I have work to do."

"OK. I'll be around if you need me," said Ben. He waved his hand at Emma's back and left.

"I don't need (1)[do/ me / my horse / telling / to / what / with / a stranger]," Emma said. "I've been riding horses for twelve years, my whole life." She pulled out a biscuit from her bag, and held it out to Aster. He smelled it but didn't take it. Emma wanted him to come closer by himself, and waited with patience. He didn't take a step forward. When her arm began to shake, she sighed and said, "Maybe tomorrow, Aster?" Aster made a sound with his nose.

The next morning, Emma greeted Aster in a joyful way. He gave a cheerful reply. That made her happy. 'Today is the day!' (2)Emma could feel it. She fed him, and cleaned up his stall while he was eating.

An hour later, the stall shone softly. Emma turned to Aster and said, "Have you finished eating, sweet boy?" She held her hand out to him and waited. He reached toward her hand with his nose, and she could feel the heat of his breath. She got excited, and took a step forward. Suddenly he breathed out loudly, and stepped back. When she stretched out both hands and he pushed himself back, her heart was broken. '(3)__________,' she thought.

Emma found Ben in a stall on the far side of the building. He was taking care of Colt, his horse.

"Hello," Emma said.

"Hello!" he smiled, invited her inside, and asked, "(4)__________?"

"Well..." The words stuck in her throat, but she thought of Aster's sweet face and said, "I need your help. What's my problem?"

"It's your face," said Ben.

"Excuse me?" Emma got really angry.

"No, no. I didn't mean anything bad. It's your facial expressions," Ben said. Emma frowned. "Yes, like that," Ben said. "Probably you don't even notice. You're frowning at Aster when you are trying to get close to him."

"Why is it a problem?" Emma asked.

"Horses can read a person's facial features, and they guess what might happen because of the look on your face," Ben explained.

"(5)That's silly," said Emma. "I can't believe it."

"I can show it's true," said Ben.

Emma thought for a while, and finally said, "OK."

Ben said, "Let's do an experiment. We will use two big photos." He took out the photos of a man Colt didn't know. They were as big as Ben's face. In one of them, the man was making a smile, and in the other, an angry face. "Now," he said, "you'll hold Colt's lead rope and wait here." He went out of the stall. Emma waited.

Ben stepped in. He was holding the "happy" photo in front of his face.

(6)

By twisting his head, Colt pulled the lead rope, and went back into the corner. "Whoa," Emma said and tried to cool him down.

Ben dropped the photo, and Colt became calm immediately.

"Now I see," said Emma, "That's amazing.... Well then, it's best to put on a happy face when you're around horses."

Ben said, "Exactly. I'm sure you can do it. Are you ready to put the halter on Aster now?"

'This is my last chance,' Emma thought. She took a deep breath and nodded to Ben. They walked silently back to Aster's stall.

"OK, sweet boy," said Emma, as she entered Aster's stall. She had his halter and lead rope in her hand. She was very nervous, but she was able to (7)________. "We can do this, Aster," she said softly. He moved his ears in her direction. Emma raised the halter toward his face. Aster didn't (8-A)________ to step into it. Tears filled Emma's eyes as she (8-B)________ it behind his ears.

"I knew you could do it," said Ben from outside.

Emma kept smiling at Aster, and she touched his face softly with her hand. "We did it," she whispered to her beautiful horse. She turned to Ben as she (8-C)________ her eyes quickly, and said, "Thanks."

"You're welcome," said Ben. "Let's take him outside and watch how he'll run."

"Sure," said Emma.

Ben opened the door, and Aster (8-D)________ Emma outside.

(注) whoa 「どうどう」(馬への掛け声)　halter 端綱《はづな》(馬につける綱)

rescue ranch 他に行き場のない家畜を育てる牧場

stall 馬屋の一区画　frown しかめ面をする

lead rope 端綱に取りつける綱

(問１) 下線部(1)の［ ］内の語句を，意味が通るように並べかえなさい。

(問２) 下線部(2)を次のように書き換えるとき，空所に入る最も適切なものを，次のア～エから１つ選び，記号で答えなさい。

Emma could feel that ________.

ア she would achieve her goal　イ people around her would be happy

ウ somebody would help her　エ something would hurt her feelings

(問３) 下線部(3)の空所に入る最も適切なものを，次のア～エから１つ選び，記号で答えなさい。

ア He did a good job　イ He needs my help

ウ I did a good job　エ I need some help

(問４) 下線部(4)の空所に入る最も適切なものを，次のア～エから１つ選び，記号で答えなさい。

ア How about riding my horse

イ How are you doing with your horse

ウ How long have you been with your horse

エ How many times did you come to see my horse

(問５) 下線部(5)の内容を次のように説明するとき，空所に入る日本語を，句読点を含む30字以内で答えなさい。

馬は人の________________

(問６) 次のページのア～エは本文中の空所 (6) に入る英文である。意味が通るように正しい順番に並べかえ，記号で答えなさい。

ア When he turned around with the "angry" one, Colt suddenly breathed out loudly.

イ Then Ben turned away and changed photos.

ウ Colt looked up and turned his ears forward.

エ He didn't step back or get scared.

（問７） 下線部(7)の空所に入る最も適切な連続する５語を，本文中から抜き出して答えなさい。

（問８） 下線部 (8-A) ～ (8-D) のそれぞれの空所に入る最も適切な動詞を次から選び，必要があれば適切な形に変えて答えなさい。

attach　decide　follow　hesitate　hide　wipe

（問９） 本文の内容に合うものを，次のア～キの中から２つ選び，記号で答えなさい。

ア As soon as they met, Emma and Ben made friends with each other.

イ When he first saw Emma and her horse, Ben realized what was wrong with them.

ウ As Aster refused the carrots, Emma gave him some cookies instead.

エ In order to upset Emma, Ben began to speak about her face.

オ Ben gave a demonstration of horse behavior to Emma.

カ After Emma listened to Ben's advice, things got worse.

キ Emma told her friends about the importance of reading facial features.

〔問題３〕次の英文を読んで，（問１）～（問９）に答えなさい。

Early one morning, a queen was riding a horse through the woods. As the sun rose, songs by birds filled the air. The queen found that one of the songs was especially sweet. She whispered to a knight she trusted, "I have never heard such a melody. I will make that bird mine."

The queen discovered the bird with the sweet voice in the tallest tree in the forest. He had dark blue feathers, and his neck was vivid purple. She told the knight to catch the bird, and he succeeded. They brought the bird to the castle.

At the castle, a golden cage was placed beside the queen's seat. "I'll give you the finest home, my treasure," the queen said to the bird and shut the door behind him.

As he suddenly lost his freedom, the blue bird kept on shaking and became silent inside the cage. The queen offered tasty berries to him. This made him feel a little better, though his feet still stuck tightly to the perch.

Soon, the queen fed the blue bird only when he sang for her. He quickly cooperated, and she was (1)________ about it. Her pleasure with this new treasure increased when he began to speak to her.

Yet, the blue bird spoke only to ask her to release him. "I am wild. I am not a pet."

"Ah, you are not a pet. Instead, you are one of my most valuable treasures. You decorate my castle with your lovely voice. Now, sing once more," the queen said.

(2) This went on for weeks. The queen knew that the bird's song was not as sweet as before, but it was not a big problem for her because he sang when she told him to.

One morning, the blue bird woke up and cried, "Unfair! Unfair! Why can a human fly, though I am locked here in the castle?"

"Fly?" asked the queen. "What do you mean?"

"In my dream, you had a flying carpet. You were flying in the sky as I once did," replied the bird.

The queen laughed and said, "Dreams often show impossible things. Sing, my treasure, and forget about it."

But that day, there was something wrong with the bird's song. Over the next two days he sang less. He didn't eat much, and got thinner.

The queen was worried about her valuable bird. She said, "I will not release you. (3) [I / you / do / enough / can / to make / anything else / there / happy / is] to sing once more?"

After thinking about it for a while, the bird answered, "I would like to send a message to my friends and family in the forest. They don't know what happened to me. Perhaps they think that I am already dead. Or they may hope for my return. Let me at least tell them that I live in a castle and that I am locked in a golden cage by a queen. Perhaps I will stop thinking of getting out if they know the truth."

The queen quickly called the knight and said, "Go to the forest and announce (4) the bird's message. Then, the friends and family of my precious bird will hear it. When you return, let us know if they have any news for him."

A few hours later, the knight reached the woods. He found the tallest tree in the forest. It was filled with birds. Among them, there were a few birds that (5-A) ________ similar to the queen's. They were jumping from branch to branch. He said, "Ah, I'm sure they are the family of the queen's blue bird."

He took a deep breath and said, "Listen. The bird that left this forest the other day is now kept by the queen of this land. He is now her treasure and sings for her every day." The knight heard nothing from the blue birds. He was annoyed that they (5-B) ________ him. Then he added, "He sings from a golden cage!"

At that, one of the birds fell on the forest floor. She moved her head and wings rapidly. The knight was scared and stepped back. Suddenly, the bird became still. The knight got down on his knees, held the bird in his hands, and said, "I am so sorry, little one. I didn't know how precious (6) ________ was to you, creatures of the air. The queen's bird is already sad about his situation. Oh, what shall I tell him now?" The knight felt very bad. He laid the bird on the forest floor, and covered her with a few leaves.

The knight was depressed and didn't feel like going back, but his sense of responsibility took him to the castle.

"What news do you have?" asked the queen.

The knight shook his head. He couldn't look at the queen or the blue bird in the eye.

"Nothing?" whispered the bird. "(7)＿＿＿＿＿＿＿＿＿＿?"

"Never!" the knight cried. "When I told them that you are now the queen's, the birds didn't pay attention. But when I said you are locked in a cage, one bird fell down at my feet. She moved her head and wings quickly, became still... and died. I could only cover her with leaves."

"No!" screamed the queen's bird. He fell to the bottom of the cage, and moved his head and wings rapidly. Then, he became still.

The queen and the knight were shocked. The queen opened the cage, and carried the blue bird to the window. "Air, he needs fresh air!" the knight said and opened the window. A cool breeze came into the room.

Suddenly, the blue bird flew out and sat high on a cherry tree branch. "Thank you, messenger!" he said, "Because of you, my family was able to teach me how to (8)＿＿＿＿＿."

Moments later, in a flash of blue and purple feathers, the queen's former treasure was gone.

（注） melody メロディー　knight 騎士　perch とまり木　still 静止した

（問１） 下線部(1)の空所に入る最も適切なものを，次のア～エから１つ選び，記号で答えなさい。

ア happy　イ sad　ウ worried　エ careful

（問２） 下線部(2)が指す内容を，句読点を含む30字以内の日本語で答えなさい。

（問３） 下線部(3)の［ ］内の語句を，意味が通るように並べかえなさい。

（問４） 下線部(4)の内容として最も適切なものを，次のア～エから１つ選び，記号で答えなさい。

ア 青い鳥は女王のために歌ったので，約束通り逃がしてもらえること。

イ 青い鳥は死んでしまい，森の家族のもとに帰ることはできないこと。

ウ 青い鳥は食欲がなく，やせ細り，日に日に元気がなくなっていること。

エ 青い鳥は女王によって城に捕らわれ，鳥かごの中で暮らしていること。

（問５） 下線部（5-A），（5-B）のそれぞれの空所に入る最も適切な動詞を次から選び，必要があれば適切な形に変えて答えなさい。

forget　ignore　keep　look　make

（問６） 下線部(6)の空所に入る最も適切な１語を，本文中から抜き出して答えなさい。

（問７） 下線部(7)の空所に入る最も適切なものを，次のア～エから１つ選び，記号で答えなさい。

ア Have you seen my family　イ Have they forgotten me so soon

ウ Have they got my message　エ Have you got lost in the forest

（問８） 下線部(8)の空所に入る最も適切な１語を答えなさい。

（問９） 本文の内容に合うものを，次のページのア～キの中から２つ選び，記号で答えなさい。

ア In the forest, the queen found a blue bird and caught it by herself.

イ When the blue bird was put in a golden cage, he got upset and cried many times.

ウ After he had a bad dream, the blue bird didn’t eat or sing as much as before.

エ The blue bird said that he might accept his situation if he could send a message.

オ When the knight told the message to the blue birds, they got surprised and flew away.

カ As the knight didn’t want to see the blue bird, he didn’t return to the castle.

キ The knight felt sorry for the blue bird, so he opened the cage and let him go.

〔問題４〕 次の⑴～⑷の対話を読んで，それぞれの空所に，［ ］内に示した日本語の意味を表す英語を書きなさい。

⑴ A : I heard you are going to study abroad. Are you excited?

B : Yes, I am. ______________________________

［できる限り多くの現地の人たちと話をしたいです。］

⑵ A : Our gym is small and old, isn’t it?

B : Yes, it is. And it’s too hot in summer.

A : I know it’s impossible, but ______________________________ .

［もっと大きくてより快適な体育館ならなあ。］

⑶ A : How can I help you?

B : I have a runny nose caused by hay fever. ______________________________

［眠くならない薬はありますか。］

A : Sure. Then I recommend this.

⑷ A : Can I ask a favor of you?

B : No problem. What can I do for you?

A : ______________________________

［根岸先生（Mr. Negishi）から出された宿題を手伝ってほしいんだ。］

【理　科】(50分)　＜満点：60点＞

【注意】コンパスと定規は使用してもかまいません。

〔問題1〕次の(1)～(3)の問いに答えよ。

(1)　抵抗器，電源，導線を用いて，図1と図2の回路をつくった。図1と図2の電源の電圧は等しく，抵抗器はすべて同一のものである。

図1のa点を流れる電流をI_1，ab間に加わる電圧をV_1とする。また，図2のc点を流れる電流をI_2，cd間に加わる電圧をV_2とする。電流や電圧の大きさについて正しい関係を，次のア～カから2つ選び，記号で答えよ。

ア　$I_1 < I_2$　　エ　$V_1 < V_2$

イ　$I_1 = I_2$　　オ　$V_1 = V_2$

ウ　$I_1 > I_2$　　カ　$V_1 > V_2$

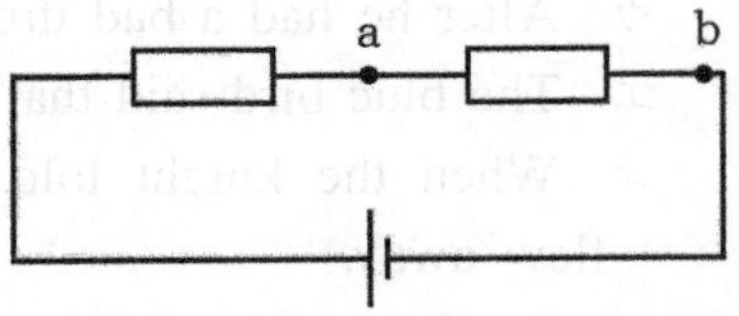

図1

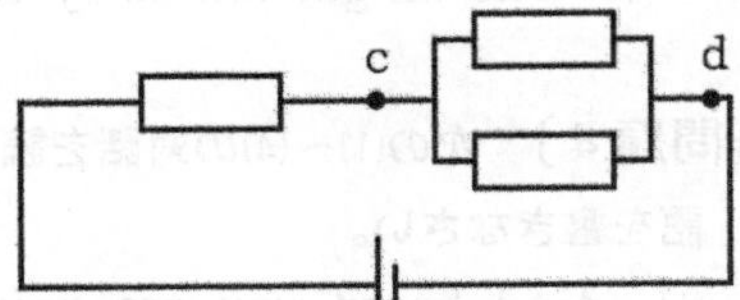

図2

(2)　図3のように，2枚の鏡を水平な机の上に立てた。2枚の鏡の間の角度は90°で，どちらの鏡も机に垂直に立っている。鏡の手前に鉛筆を，とがっている方が左を向くように置くと，鏡には鉛筆の像が複数見えた。それらの像のうち1つがこの図に示されている。他に見える鉛筆の像をすべて解答欄の図に描《か》き加えよ。

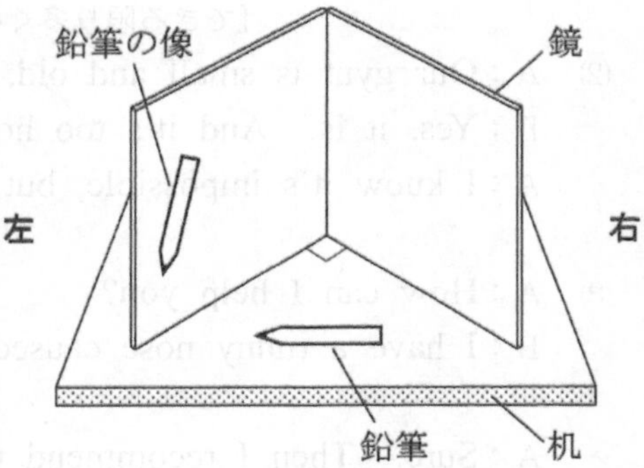

図3

(3)　図4のように直線レールADをBとCの2か所で曲げて，BC間が水平で，AとDが同じ高さになるように，また，CD間のレールの傾斜がAB間に比べて急になるようにした。レール上のAに小球をのせて，静かに手を離すと，小球はレールに沿ってなめらかにDまで運動した。

XとZは同じ高さにあるレール上の点，YはBC間の中央にあるレール上の点として，あとの①～③の問いに答えよ。ただし，摩擦や空気抵抗の影響はないものとする。

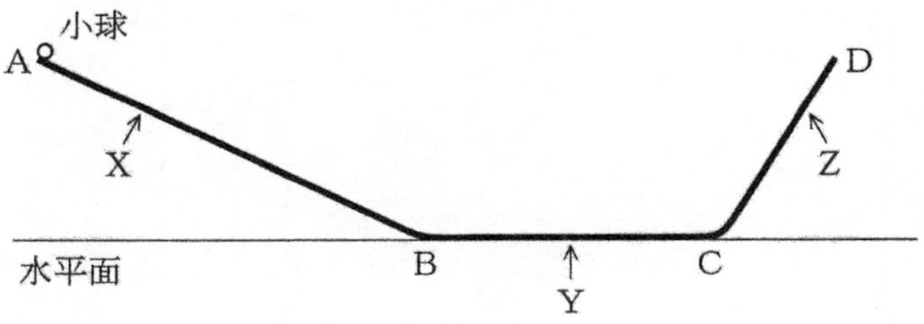

図4

①　小球がYを通過するとき，小球には重力の他にどのような力がはたらくか。解答欄の図に，力を表す矢印を描き加えよ。ただし，力の名称は書かなくてよい。

② 次のａ～ｃのそれぞれの量は，小球がＸを通過するときと，Ｚを通過するときとを比較すると，どちらを通過するときの方が大きいか，または等しいか。正しいものをそれぞれ，あとの**ア**～**ウ**から１つずつ選び，記号で答えよ。

ａ 小球の位置エネルギー

ｂ 小球にはたらく力（複数の力がはたらくときはそれらの合力）の大きさ

ｃ 小球の運動エネルギー

ア Ｘを通過するときの方が大きい

イ Ｚを通過するときの方が大きい

ウ Ｘを通過するときとＺを通過するときは等しい

③ レールをＺで切断して短くしてから，レール上のＡに再び小球をのせて，静かに手を離すと，小球はレールに沿って運動したのちに右端から飛び出した。飛び出した小球が通る道すじに最も近いものを，次の図５の中の**ア**～**ウ**から１つ選び，記号で答えよ。また，そのように考えた理由を簡潔に答えよ。ただし，図中の破線は小球の最初の位置と同じ高さであることを表している。

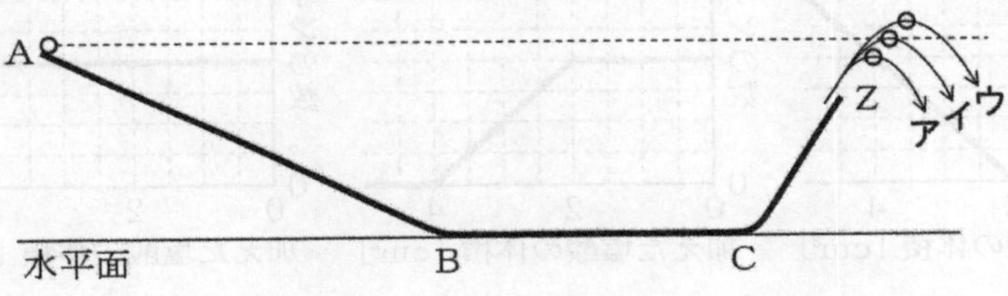

図５

〔**問題２**〕 次の記述を読み，あとの⑴～⑸の問いに答えよ。

塩酸は（ Ａ ）を水に溶かした溶液である。塩酸に電流が流れるのは，水溶液中で（ Ａ ）が（ Ｂ ）して陽イオンと陰イオンに分かれて存在しているためである。この（ Ａ ）のように，水に溶けたときに電流が流れる物質を（ Ｃ ）という。

⑴ （Ａ）～（Ｃ）にあてはまる最も適切な語を，それぞれ漢字５字以内で答えよ。

⑵ （Ａ）が（Ｂ）する変化を化学反応式で表せ。

ここに４種類の水溶液，塩酸，水酸化ナトリウム水溶液，水酸化バリウム水溶液，硫酸がある。これらの水溶液を混ぜ合わせると，次のような結果が得られた。

水酸化ナトリウム水溶液２cm^3に塩酸２cm^3を加えると中性になった。
塩酸２cm^3に水酸化バリウム水溶液１cm^3を加えると中性になった。
水酸化ナトリウム水溶液２cm^3に硫酸１cm^3を加えると中性になった。

続いて，最初の４種類の水溶液を用いて，次のような操作を行った。

操作１ 水酸化ナトリウム水溶液２cm^3に塩酸５cm^3を少しずつ加えていった。
操作２ 水酸化バリウム水溶液２cm^3に硫酸５cm^3を少しずつ加えていった。

操作3　塩酸1 cm^3，水酸化ナトリウム水溶液2 cm^3，水酸化バリウム水溶液3 cm^3，硫酸4 cm^3を混合した。ここにさらに（　D　）を（　E　）cm^3加えると中性になった。

⑶　操作1において，混合溶液中に存在する水酸化物イオンの数は，右図の実線のように変化した。次の①～③のイオンの数の変化を表す図を下のア～ケの中からそれぞれ1つずつ選び，記号で答えよ。

①　ナトリウムイオン　　②　水素イオン

③　塩化物イオン

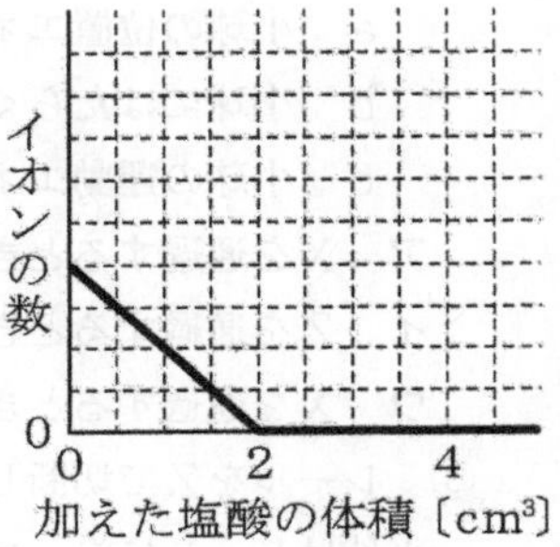

ア

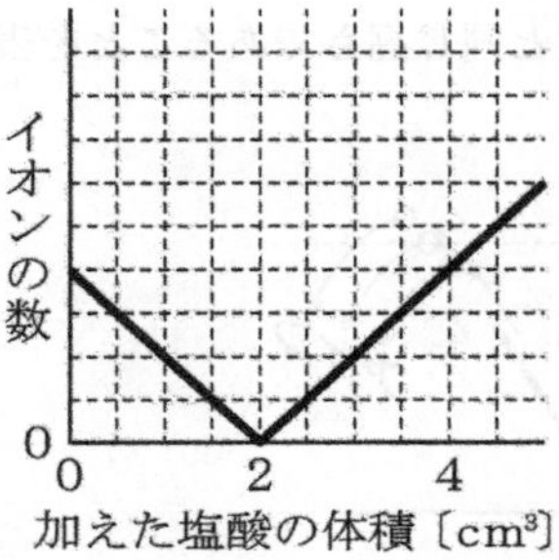

イ

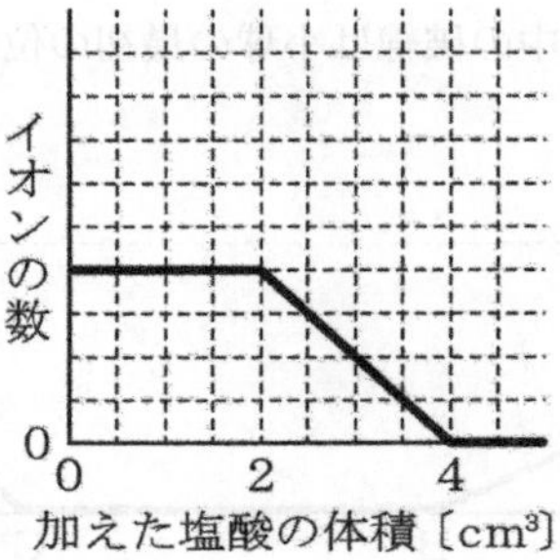

ウ

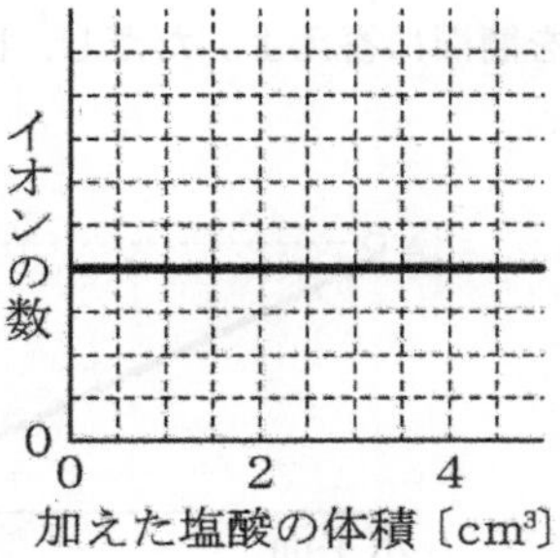

エ

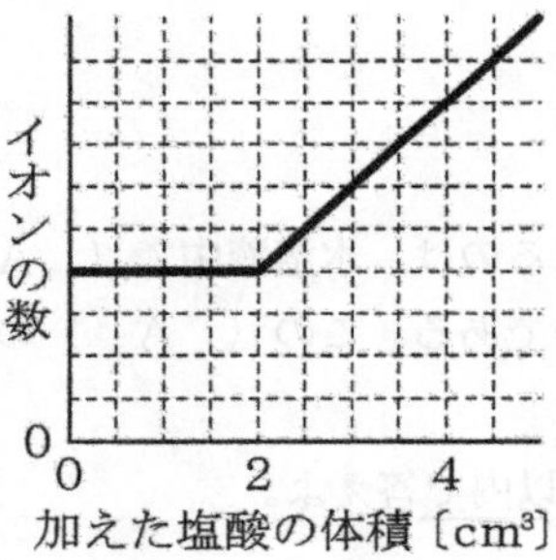

オ

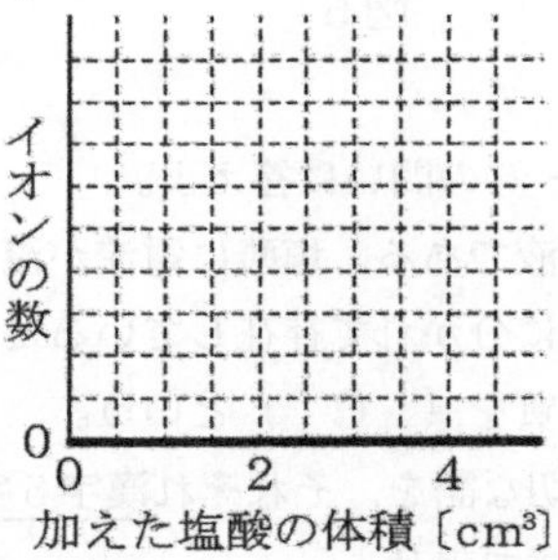

カ

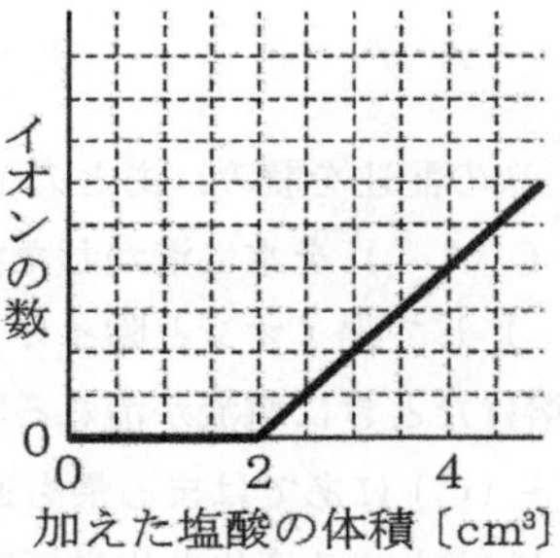

キ

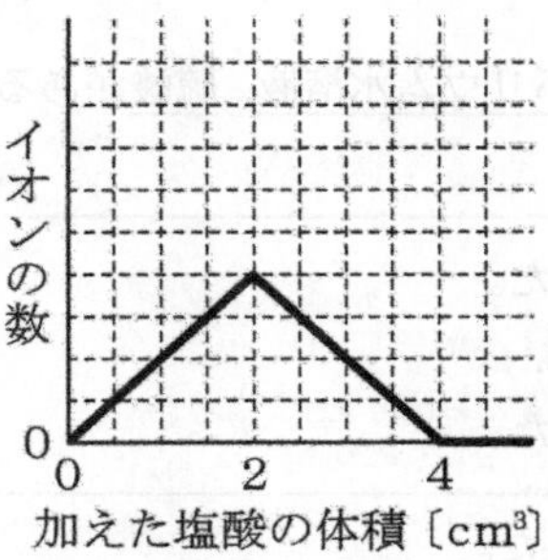

ク

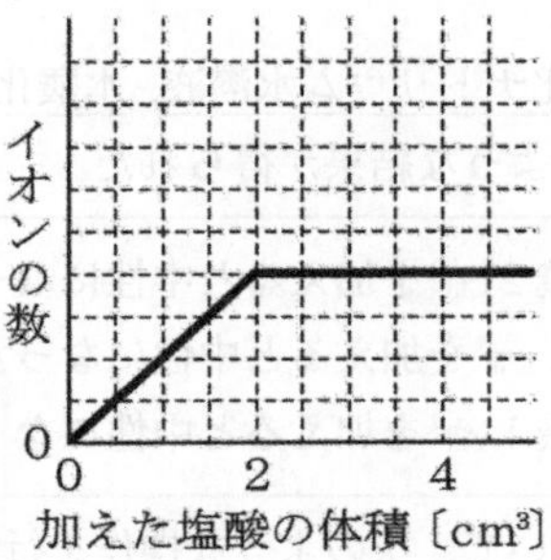

ケ

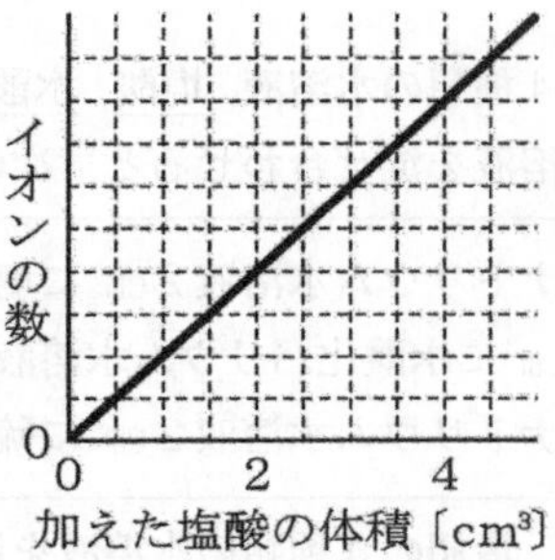

⑷　操作2において，混合溶液中に存在する次の④，⑤のイオンの数の変化を，それぞれ解答用紙の図に描け。ただし，縦軸の目盛りは，⑶の図と同じであるとする。

④　水酸化物イオン　　⑤　硫酸イオン

⑸　操作３において，(Ｄ)にあてはまる水溶液を，次の**ア**，**イ**から１つ選び，記号で答えよ。また，(Ｅ)にあてはまる数値を答えよ。

ア　塩酸　　**イ**　水酸化ナトリウム水溶液

〔問題３〕　次の３人の会話文を読み，あとの⑴～⑷の問いに答えよ。

はなこ：あたたかくなってきたから，もうそろそろサクラの花が咲くかしら。

つばさ：ソメイヨシノというサクラは，どの木も同じ遺伝子をもつみたいだね。昔の人がソメイヨシノをつくった後は，それをⓐさし木などでふやして，各地に広がったらしいよ。

はなこ：気象庁では，決まった基準によって，全国各地で様々な植物の開花した日や黄葉《こうよう》した日などを観測しているそうよ。サクラの開花については，毎年ニュースで報道されるわよね。

研究者：そうですね。サクラのⓑ開花日とは，標本木（観測する対象の木）で５～６個以上の花が開いた状態となった最初の日のことです。標本木は主にソメイヨシノです。ソメイヨシノが生育しない地域では，ヒカンザクラ，エゾヤマザクラを観測します。

はなこ：それらのデータが何年分もあるのですね。

つばさ：黄葉は，イチョウの木も観測しているのかな。

研究者：イチョウのⓒ黄葉日とは，標本木全体を眺めたときに，大部分の葉が黄色に変わった状態になった最初の日のことです。イチョウは落葉樹で，街路や社寺の境内に多く植えられ，食用の銀杏《ぎんなん》が実ることからもよく知られた植物です。

はなこ：サクラもイチョウも落葉樹で，落ち葉は，分解者によって無機物に変えられて再び生産者に利用されるのよね。落葉樹は，葉を落とした後，ⓓ光合成を行わないのかしら。

つばさ：光合成でつくった栄養をどこかにたくわえているのかな。あたたかい地方には，落葉樹より常緑樹のほうが多くなるよね。寒い地方で，葉を維持するのは大変なのかもしれないね。

研究者：常緑樹のように，１年中，葉をつけているのと，落葉樹のように，葉を落とし，また新しく葉をつくるのとでは，何がどのように違うのでしょうね。

⑴　下線部ⓐのように，雌雄《しゆう》の親を必要とせず，親の体の一部が分かれて，それがそのまま子になる生殖を無性生殖という。無性生殖をする生物の例としてあてはまるものを，次の**ア**～**ク**から３つ選び，記号で答えよ。

ア　メダカ　　**イ**　ヒドラ　　**ウ**　ミミズ　　**エ**　アメーバ
オ　ウニ　　**カ**　ベンケイソウ　　**キ**　タコ　　**ク**　ダンゴムシ

⑵　下線部ⓑ，ⓒについて，次のページの**ア**～**エ**の図は，植物ごとに開花した日や黄葉した日を表したものである。図中の数字は，開花した日や黄葉した日を表している（例「1.31」は，「１月31日」のこと）。これらの図について，あとの①～③の問いに答えよ。

①　サクラの開花日を表した図はどれか。**ア**～**エ**から１つ選び，記号で答えよ。

②　イチョウの黄葉日を表した図はどれか。**ア**～**エ**から１つ選び，記号で答えよ。

③　開花や黄葉は，様々なことが条件となって起こる。３人の会話文や図を参考にして，考えられる条件のうち１つを答えよ。

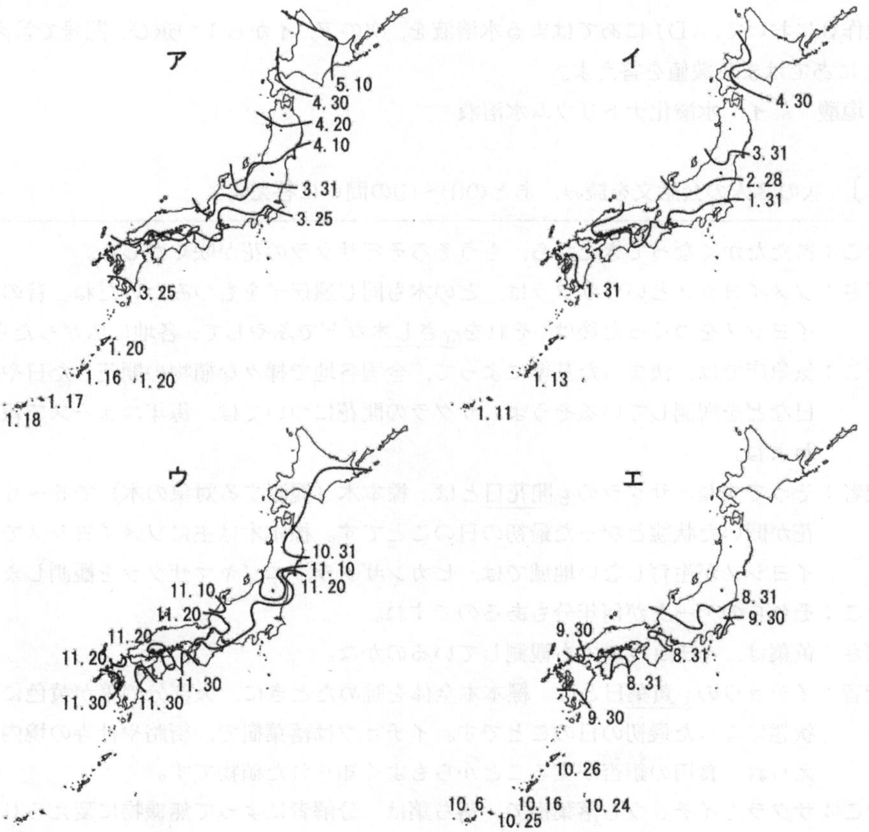

(気象庁HPより作成　1991～2020年の30年間の平均)

⑶　下線部ⓓについて，次の文の①，②にあてはまる最も適切な用語を，それぞれ漢字で答えよ。

光が当たる昼は，植物が（　①　）を行うために二酸化炭素が取り入れられ，その量は（　②　）によって生じる二酸化炭素の量より多い。光が当たらない夜は，（　①　）を行わず，（　②　）だけを行うので二酸化炭素が放出される。

⑷　腐葉土《ふようど》を入れた鉢植え，および，黒色と透明のポリエチレンの袋を用いて，次のA～Dのように袋のおおい方を変えて準備をした。これを用いて，次ページに示す１～４の手順で実験を行い，結果を得た。

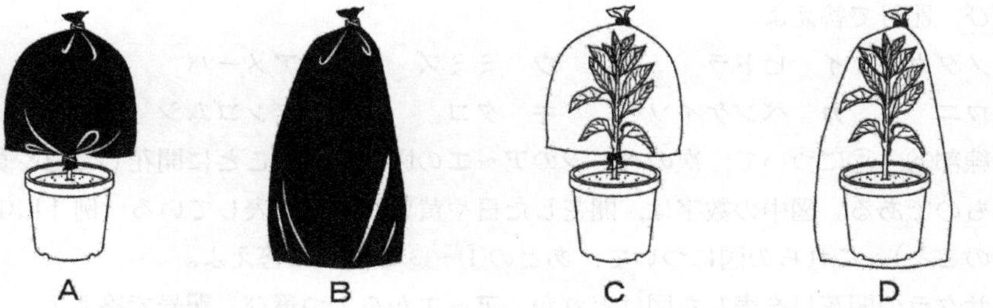

A	B	C	D
植物の土より上の部分を黒色の袋でおおう。	鉢ごと植物全体を黒色の袋でおおう。	植物の土より上の部分を透明な袋でおおう。	鉢ごと植物全体を透明な袋でおおう。

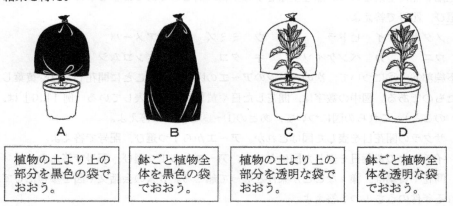

<手順>

1．袋でおおった後，袋の中の空気を追い出し，その中に同じ量の息をふきこみ袋を密閉する。

2．袋の中の二酸化炭素濃度を気体検知管で調べる。

3．じゅうぶんに明るい環境に６時間おく。ただし，袋の中は同じ温度で保たれているものとする。

4．再度，袋の中の二酸化炭素濃度を気体検知管で調べる。

<結果>　手順２と手順４で調べた二酸化炭素濃度は，以下のような結果になった。文中のＡの値とは，Ａの袋の中の二酸化炭素濃度をさす。Ｂの値～Ｄの値も同様である。

手順２　Ａの値～Ｄの値はいずれも同じであった。

手順４　Ａの値とＢの値はいずれも手順２のときよりも大きく，さらにＢの値の方がＡの値よりも大きかった。Ｃの値とＤの値は，どちらも気体検知管では検知できないほど小さかった。

①　手順４で，Ｂの値の方がＡの値よりも大きくなったのはなぜか。簡潔に述べよ。

②　①で答えたことを確かめるには，どのような実験を行い，どのような結果であればよいか。実験方法と期待される結果を述べよ。

③　手順４において，鉢の土の有無の違いがあるにも関わらず，Ｃの値もＤの値も検知できないほど小さかったのはなぜか。簡潔に述べよ。

〔問題４〕　ある年の冬至の日に，日本のＡ～Ｅの各地点で太陽が南中した時刻と南中高度を測定したところ，次の表のようになった。現在の地軸の傾きを23.4°として，あとの⑴～⑸の問いに答えよ。

地点	Ａ	Ｂ	Ｃ	Ｄ	Ｅ
南中した時刻	12時28分	11時52分	11時38分	12時15分	11時38分
南中高度	40.4°	30.0°	26.9°	33.8°	31.0°

⑴　次の①～③にあてはまる地点をＡ～Ｅからそれぞれ選び，記号で答えよ。同じ記号を何回用いてもよい。

Ａ～Ｅの各地点を比較したときに，最も北に位置する地点は（　①　），最も西に位置する地点は（　②　），夏至の日に，日の出から日の入りまでの時間が最も長い地点は（　③　）である。

⑵　夏至の日，Ｄ地点における太陽の南中高度は何度か。

⑶　冬至の日，Ｂ地点で，太陽が南中したときに水平な地面１m^2に当たる光の量は，真上から当たる場合の何％になるか。

⑷　ＣとＥの２地点間の距離は460㎞である。これをもとに地球の半径が何㎞であるかを計算せよ。ただし，地球の形は球と考え，距離は地表面に沿って測ったものとする。また，円周率は3.1とし，答えは四捨五入して整数で答えよ。

⑸　もし地軸の傾きが45°になったとすると，北緯45°のＦ地点では，現在と比べどのような変化がおこるのかを考えたい。以下の問いに答えよ。

①　地軸の傾きが45°である場合，夏至の日，Ｆ地点における太陽の南中高度は何度になるか。

②　日射の影響から考えて，地軸の傾きが45°である場合のＦ地点における夏と冬の気温差は，現在と比べてどうなるか。理由と共に答えよ。

【社　会】（50分）　＜満点：60点＞

［問題１］

［問１］

⑴　アフリカ州の様子について述べた文として誤っているものを，次のア～オの中から２つ選び，記号で答えなさい。

ア．地形は，大部分が台地状となっている。低緯度付近の内陸部にはキリマンジャロ山やケニア山などの火山がみられる。

イ．気候は，赤道を挟んでほぼ南北対称となっている。赤道付近は熱帯で，高緯度に向けて順に，乾燥帯，温帯，亜寒帯（冷帯）の地域が広がっている。

ウ．サハラ砂漠より南の国では，植民地支配を受けた影響で，共通語としてヨーロッパの国ぐにの言語を用いており，英語よりスペイン語を使用している国が多い。

エ．原油やダイヤモンドなどの鉱産資源に恵まれた国では，それらの資源の輸出に頼ったモノカルチャー経済の国が多い。

オ．人口が急激に増加している国では，さまざまな要因から主食となる農作物の生産が追いつかず，食料不足が発生している。

⑵　図Ⅰの３か国（Ｘ～Ｚ）について，次ページの図Ⅱは，図Ⅰの●印の位置にある都市の雨温図，表Ⅰはその国で生産されている特徴的な農産物を１つずつ示している。Ｙにあてはまる正しい組合せを，次ページのア～ケの中から１つ選び，記号で答えなさい。

図Ⅰ

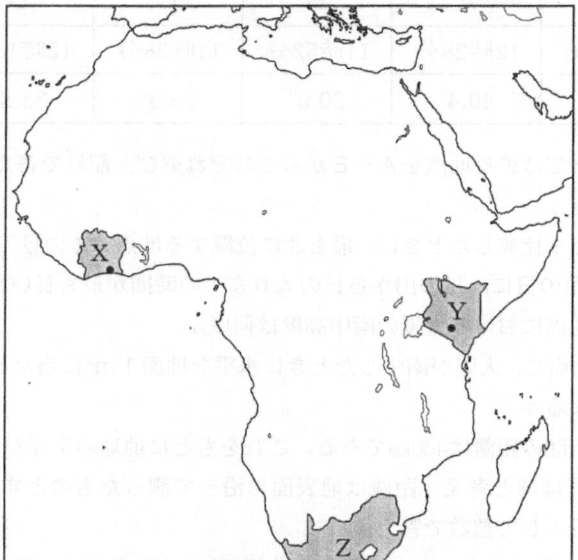

図Ⅱ

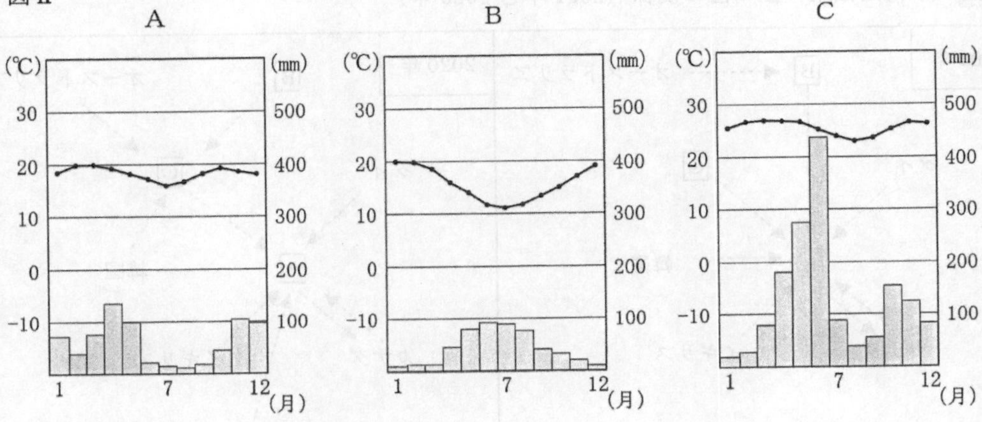

表Ⅰ

D	グレープフルーツ
E	カカオ豆
F	茶

	ア	イ	ウ	エ	オ	カ	キ	ク	ケ
雨温図	A	A	A	B	B	B	C	C	C
農作物	D	E	F	D	E	F	D	E	F

〔問２〕　次ページの図Ⅲと図Ⅳは，2001年と2020年の世界のおもな国の貿易の様子を示したもので，図Ⅲは輸出額第１位を，図Ⅳは輸入額第１位の国の関係をそれぞれ示している*。２つの図のA～Dには日本，アメリカ合衆国，中華人民共和国，ドイツのいずれかが共通してあてはまる。アメリカ合衆国と中華人民共和国の正しい組合せを，下のア～シの中から１つ選び，記号で答えなさい。

*図Ⅲ・図Ⅳの読み方

図Ⅲ　P国┈┈┈▶Q国　「P国の輸出額第１位の国はQ国」

図Ⅳ　X国――▶Y国　「Y国の輸入額第１位の国はX国」

なお，それぞれの矢印の長さ，図内の国の位置に，意味はない。

	ア	イ	ウ	エ	オ	カ	キ	ク	ケ	コ	サ	シ
アメリカ合衆国	A	A	A	B	B	B	C	C	C	D	D	D
中華人民共和国	B	C	D	A	C	D	A	B	D	A	B	C

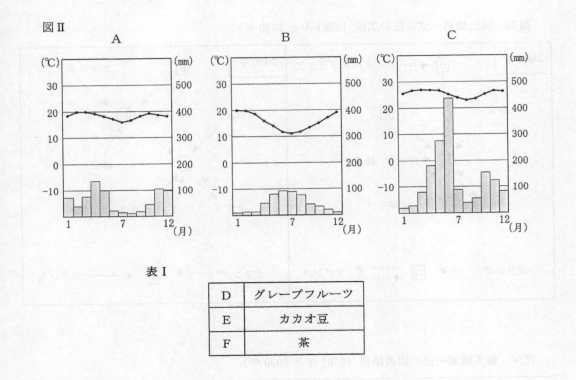

図Ⅲ　輸出額第一位の国の関係（2001年と2020年）

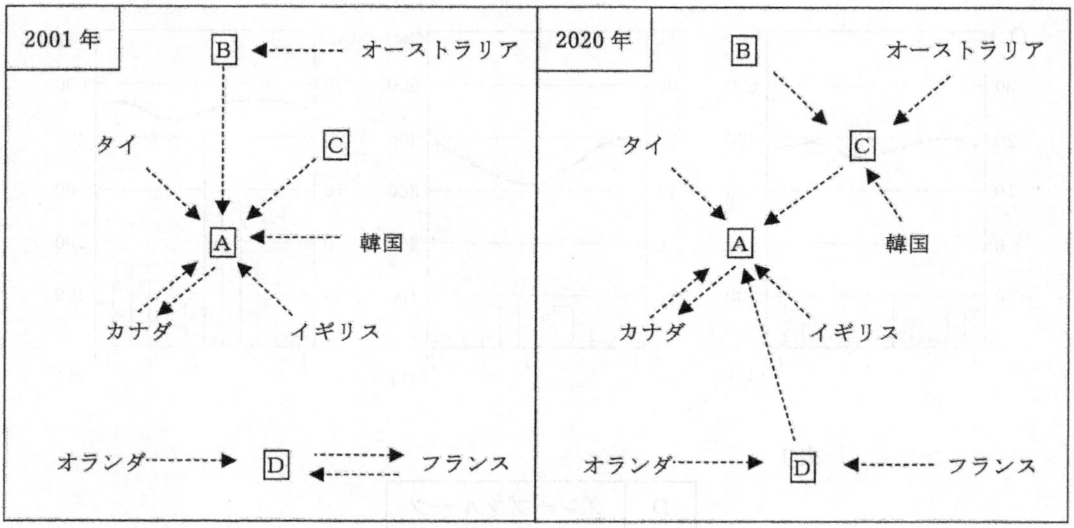

図Ⅳ　輸入額第一位の国の関係（2001年と2020年）

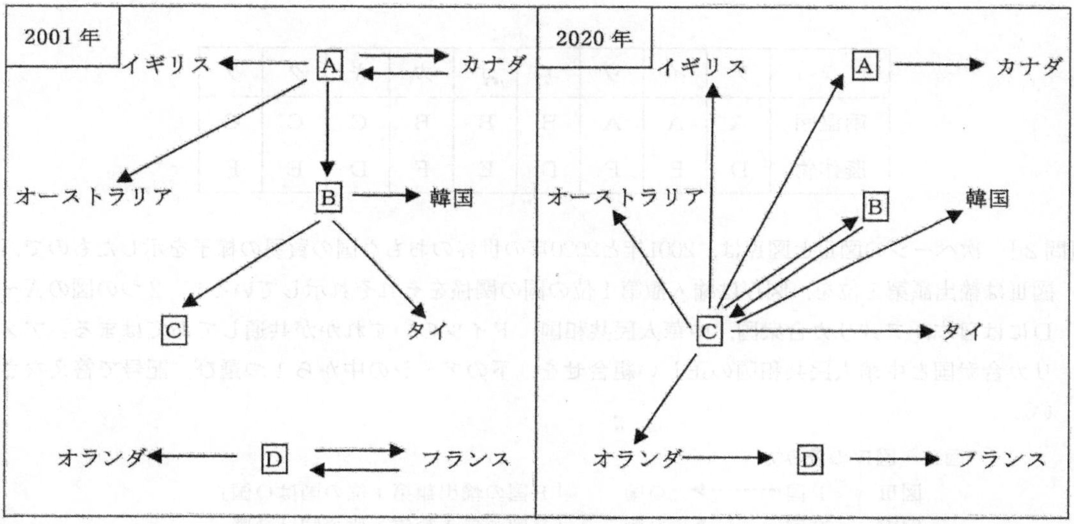

（いずれも IMF Direction of Trade Statistics により作成）

［問3］インターネット上のデジタルの地図は，紙の地図では難しい拡大・縮小が容易にでき，確認したい地域の様子をつぶさに見ることが可能である。このような機能を備えるために，一般的にインターネット上の地図は，メルカトル図法を用いて作成されている。次ページの図Ⅴは，Google社が提供しているインターネット上の地図（Google Maps）の一部である。ズームレベルは0～21までの整数で設定ができ，数値が小さいほど広域，大きいほど詳細な地図を表示できる。

図ⅤのＡとＢはある都市の一部を示した地図で，どちらも同じズームレベルで表示している。どちらが高緯度に位置する地図か答えなさい。また，そう考えた理由を，地図から読み取れる固有名詞を用いずに，説明しなさい。

図Ⅴ

Ａ

Ｂ

［問題２］

〔問１〕　図Ⅰの３地点（Ｘ～Ｚ）について，表Ⅰは気温，図Ⅱは降水量に関するデータを示したものである。地点Ｚにあてはまる正しい組合せを，ア～ケの中から１つ選び，記号で答えなさい。

（図Ⅰ，表Ⅰ，図Ⅱは次ページにあります。）

	ア	イ	ウ	エ	オ	カ	キ	ク	ケ
気温	A	A	A	B	B	B	C	C	C
降水量	P	Q	R	P	Q	R	P	Q	R

図Ⅰ

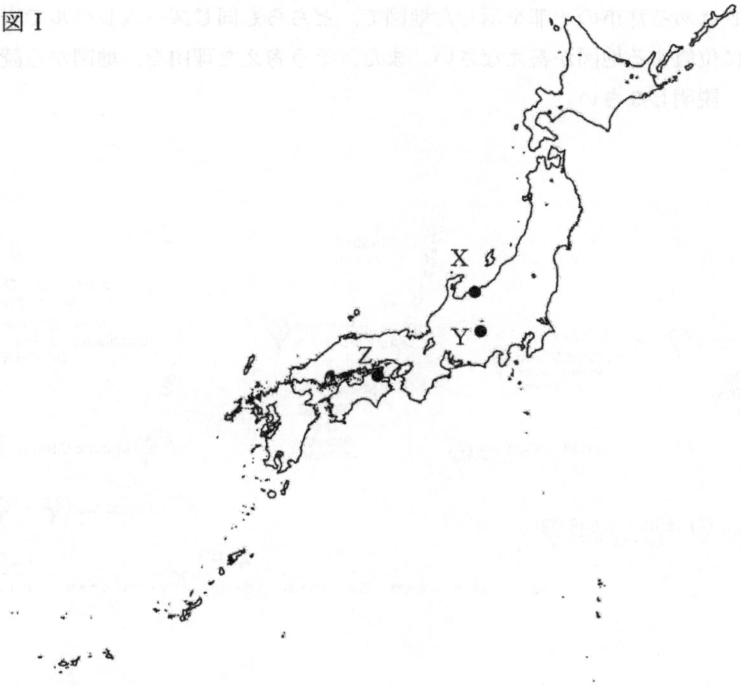

表Ⅰ　３地点の最暖月と最寒月

	最暖月平均気温	最寒月平均気温
A	26.9℃（８月）	3.0℃（１月）
B	28.6℃（８月）	5.9℃（１月）
C	25.4℃（８月）	1.0℃（１月）

図Ⅱ　３地点の月別降水量

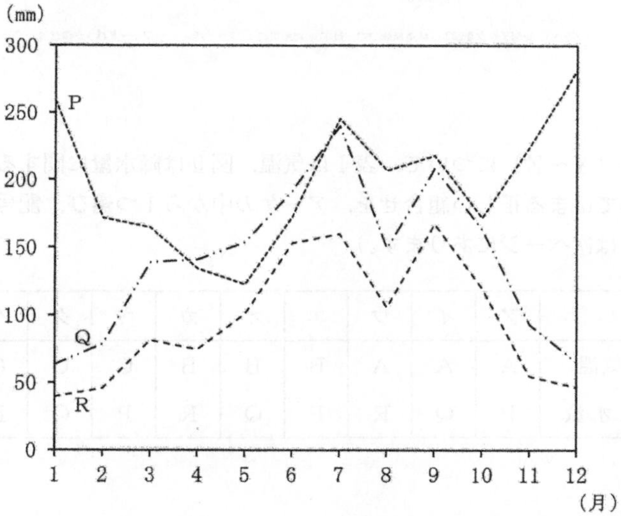

（いずれも気象庁資料により作成）

〔問２〕　表Ⅱは，2019年度の５つの都県別二酸化炭素（CO_2）排出量の推計値を示したものである。A～Dには，愛知県，岐阜県，静岡県，東京都のいずれかがあてはまり，残る１つは神奈川県である。岐阜県と東京都の正しい組合せを，下のア～シの中から１つ選び，記号で答えなさい。

表Ⅱ

（単位：千トン-CO_2）

	部門別 CO_2 排出量				CO_2 排出量
	産業部門*	家庭部門	運輸部門	その他**	合計***
A	32,394	8,725	11,813	11,305	64,237
B	5,261	16,988	10,179	31,698	64,126
神奈川県	24,960	11,119	9,168	13,231	58,478
C	9,351	4,269	6,516	5,072	25,208
D	4,785	2,579	3,788	2,987	14,139
全国平均	9,232	3,414	4,156	4,205	21,006

（環境省資料により作成）

*産業部門とは，製造業，建設業・鉱業，農林水産業を指す。
**その他とは，産業部門以外の業種，一般廃棄物などを指す。
***数値は，小数点以下を四捨五入しているため，CO_2 排出量合計の値は各欄の合計と合致しない場合がある。

	ア	イ	ウ	エ	オ	カ	キ	ク	ケ	コ	サ	シ
岐阜県	A	A	A	B	B	B	C	C	C	D	D	D
東京都	B	C	D	A	C	D	A	B	D	A	B	C

〔問３〕　次ページの図Ⅲは，2012年から2021年における４つの統計を示したものである。A～Dは，訪日外国人旅行者数（各年），出国日本人数（各年），東京都総人口（各年10月１日のもの），通信販売市場の売上高（各年度）のいずれかであり，この期間における最大値が100になるように示してある。訪日外国人旅行者数と通信販売市場の売上高の正しい組合せを，下のア～シの中から１つ選び，記号で答えなさい。

	ア	イ	ウ	エ	オ	カ	キ	ク	ケ	コ	サ	シ
訪日外国人旅行者数	A	A	A	B	B	B	C	C	C	D	D	D
通信販売市場の売上高	B	C	D	A	C	D	A	B	D	A	B	C

図Ⅲ

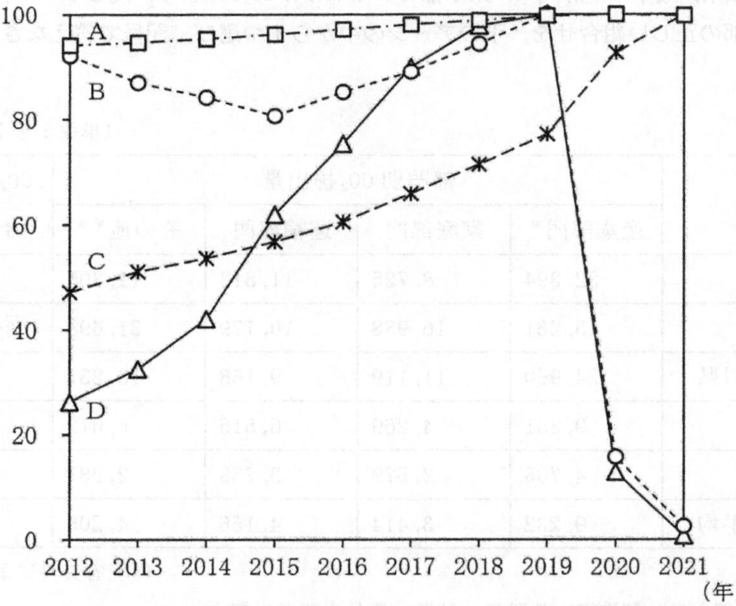

（日本政府観光局資料，「東京都の統計」，日本通信販売協会資料により作成）

〔問４〕 表Ⅲ，次のページの資料Ⅰ・Ⅱは，2020年の茶生産量上位２県に関する資料である。表Ⅲによれば，茶栽培農家数や茶園面積の値は，静岡県の方が鹿児島県よりはるかに大きいが，荒茶生産量は両県ともほぼ同量である。鹿児島県の荒茶生産量が静岡県に匹敵する理由について，資料Ⅰ・Ⅱも参照して説明しなさい。

表Ⅲ　静岡県と鹿児島県の茶に関する統計（2020年）

	静岡県	鹿児島県
茶栽培農家数	5,827	1,281
茶園*面積（ha）	15,200	8,360
１茶栽培農家あたり茶園面積（ha）	2.6	6.5
荒茶**生産量（t）	25,200	23,900

*茶畑のこと。

**摘みたての葉を蒸気で加熱し乾燥しただけで，まだ精製していない茶のこと。

（「農林業センサス」「農林水産統計」などにより作成）

資料Ⅰ　茶の収穫について

茶は，比較的温暖で降水量の多い地域が栽培に適しており，栽培に適した気候下では，同じ木から年に複数回茶葉を収穫することができる。そのため，同一の農地で複数回収穫された場合，収穫に使用された農地の延べ面積（「摘採延べ面積」という）は次のとおりになる。

2020 年	静岡県	鹿児島県
摘採延べ面積（ha）	29,000	25,100

（「作物統計」などにより作成）

資料Ⅱ　茶園の傾斜度について

静岡県	県内の茶園の約３割を占める中山間地域の茶園の半数が，傾斜度 15 度以上となっている。
鹿児島県	県内のすべての茶園のうち，傾斜度が 0～5 度の平坦な茶園の割合は 99.6%である。

（「茶関係資料」，農林水産省資料により作成）

［問題３］

［問１］　社会科の宿題で，関心があった「試験と勉強の歴史」について調べた音羽さんのレポートをもとに，問いに答えなさい。

［レポート］

中国では「科挙」と呼ばれる大規模な試験が20世紀に廃止されるまで千年以上もずっと続けられてきたということを知り，興味を持ちました。私自身，勉強やテストが「大変だなぁ」と思うことがあるからです。

「科挙」の合格は非常に難しく，何十回と挑戦しても合格できなかったり，白髪のおじいさんになってやっと合格する例もあったようです。実は「選挙」という言葉は，もともと中国で官僚として選ばれることを意味していて，その官僚を選ぶための試験が「科挙」だったということです。この「科挙」の歴史を調べたところ，その仕組みが確立したのは宋の時代と書いてありました。①隋や唐の時代にもあったということですが，なぜ宋の時代が「科挙の確立期」とされているのか知るために，それ以前の時代も含め官僚がどのように選ばれていたのか調べてまとめました。

漢や魏の時代の「選挙」	中央の役人や，地方の有力者が官僚としてふさわしい者を推薦する。
唐の時代の「選挙」	試験は課されるが，役人の多くが貴族の子弟の学ぶ学校から推薦されることが多かった。

宋の時代の「選挙」

受験者の出身地での試験 ▶ 都の大試験会場での一斉試験 ▶ 皇帝自ら出題する皇帝の面前での試験 ▶ 官僚になる権利を得る ▶ 官僚に任用

（受験者の出身地での試験・都の大試験会場での一斉試験）試験科目はいずれも②儒教の経典の解釈，作詩，論文。答案回収後受験者の名前の部分は糊付けされ，全ての解答は試験官が転記する。

（皇帝自ら出題する皇帝の面前での試験）試験科目は論文で，儀礼的な意味合いが強く，基本は全員が合格する。

このように見てくると，宋の時代に確立した「科挙」は，一つは中国における皇帝の力を強めることにつながり，また，それまでの時代の「選挙」の仕組みの［ A ］という問題点を［ B ］という方法で解決することも試みたものだと考えられます。

そういえば，時代は少しずれますが，日本の歴史で学んだ［ C ］ことなども同じねらいがあるのではないかと気づきました。日本の政治でも中国と同じ課題が意識されていたということかなと思いました。しかし，律令を取り入れたにも関わらず日本では中国とは違い，「科挙」のような仕組みは結局確立されなかったということです。

⑴　試験方法にも着目し，宋の時代における「選挙」制度改革のねらいを［ A ］，［ B ］にあてはまる形で答えなさい。

⑵　［ C ］にあてはまるものとしてもっとも適切なものを次のア～エの中から１つ選び，記号で答えなさい。

ア．源頼朝が朝廷から全国に守護や地頭を設置する許可を得た

イ．卑弥呼が魏に使いを送った

ウ．鎌倉幕府が徳政令を出して御家人の救済を試みた

エ．聖徳太子（厩戸王）が冠位十二階の制度を定めた

⑶　下線部①に関連して，次のア～オの出来事のうち，隋が成立するより前の出来事を<u>すべて</u>選び，記号で答えなさい。

ア．現在のインド北部やアフガニスタンなどにわたる地域にムガル帝国が誕生した。

イ．バビロニアのハンムラビ王がハンムラビ法典を制定した。

ウ．ローマ帝国が，共和政から強力な権力を持った皇帝による政治に移った。

エ．蝦夷地へ進出した和人と，コシャマインを指導者としたアイヌの人びととが衝突した。

オ．高句麗が滅亡したあと，朝鮮半島北部から中国東北部に及ぶ渤海が成立した。

⑷　下線部②に関連して，江戸時代の儒学（朱子学）について述べた次のア～エのうち，正しいものを１つ選び，記号で答えなさい。

ア．徳川綱吉は，武力よりも学問や礼節による政治を重視し，朱子学を奨励した。

イ．本居宣長は，『古事記伝』を著して朱子学を特に重視するべきと説いた。

ウ．田沼意次は幕府の学問所において朱子学以外の学問を禁止する命令を出した。

エ．身分や年齢などの上下関係を重んずる朱子学は，武士以外には浸透しなかった。

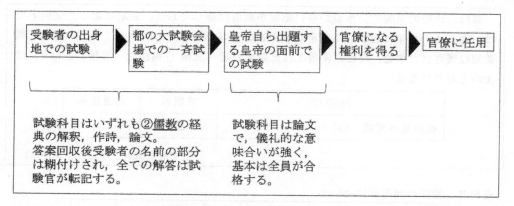

(5) 音羽さんは，日本における勉強の歴史についてさらに調べを進め，江戸時代の寺子屋の様子を描いた次の資料を見つけた。次の資料及び江戸時代の教育に関して説明したW～Zのうち，正しいものの組合せを，下のア～エの中から１つ選び，記号で答えなさい。

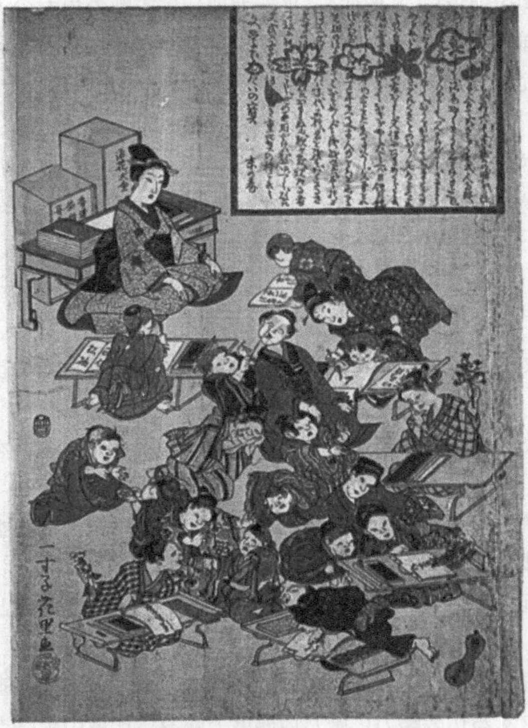

W　資料には，女性が先生となったり学んだりする様子が描かれている。

X　資料には，現在の多くの学校のように整然と机を並べて学ぶ様子が見られる。

Y　各藩は藩校を設置して主に町人や農民らの教育を行った。

Z　商取引の発展なども背景に，独自の数学である和算が流行した。

ア. W・Y　　イ. W・Z　　ウ. X・Y　　エ. X・Z

［問２］　次の新聞記事を読んで，あとの問いに答えなさい。

疫病退散を願ったり，怨念をはらしたりと，長い歴史を持つ呪術をテーマにした，ユニークな企画展が京都市内で開かれている。漫画「呪術廻戦」が大人気だが，実際のところ，昔の人々はどのように，どんな願いを込めてきたのか。

「考古資料とマンガで見る呪術―魔界都市京都―展」は，京都市考古資料館（上京区）と京都国際マンガミュージアム（中京区）が共同で開いている。市内で出土した平安時代以降の呪物約200点を資料館で展示し，マンガなどで分かりやすく解説している。…

呪術の変遷も学ぶことができる。例えば，平安前期の馬の形をした土製品「土馬」は，何かを願うときに神に捧げていた「いけにえ」の代わりだ。①仏教が普及して殺生が忌避されるようになったことで，作られるようになった。現在の絵馬の起源だという。

山本館長は「呪術というと，人を呪う怖いものという印象があるが，実際は自然災害などから身を守るものや幸福を招く願いがほとんど」と話す。

ただし，本当に怖いものもやっぱりある。

平安京右京六条三坊出土の「人形代」（平安前期）は木製の男女の人形で，井戸の中から出土した。人形には名前が墨で書かれ，組み立て式の男性の腕を胴体にくっつけると，後ろ手にしばられているように見えるという。「②おそらく呪いに使われたのでしょう」と山本館長は言う。

展示品の横には解説ボードが添えられている。子どもたちの間で流行しているカードゲームにヒントを得て，呪物の説明だけでなく，「危険度」「希少度」などを学芸員目線で分析し，特級やA級にランク付け。さきほどの「人形代」は特級だった。…

（『朝日新聞（京都版）』2022年８月19日付より）

⑴　下線部①に関連して，平安時代以降の仏教について述べた文として正しいものを，次のア～オの中から**すべて**選び，記号で答えなさい。

ア．法華経を重視した一遍は，国難を訴えて幕府などを批判し，題目を唱えれば国家も人びとも救われると説いた。

イ．室町時代には，禅宗の影響を受けて書院造などの建築様式や枯山水の庭園，雪舟による水墨画などの芸術が生まれた。

ウ．法然の弟子の道元は，罪を自覚した悪人こそが救いの対象であるととなえ，浄土真宗を開いた。

エ．遣唐使として中国に渡った空海は，中国で密教を学び，帰国後に唐招提寺を開いた。

オ．織田信長は，対立する仏教勢力に厳しい態度で臨み，比叡山延暦寺に対して焼き討ちを行った。

⑵　下線部②に関連して，次の記事はある人物の日記の一部である。この日記の内容を踏まえ，この出来事の背景として考えられる政治状況にもっとも近いものを，あとのア～エの中から１つ選び，記号で答えなさい。

四月十日

惟風朝臣*がやって来て言うには，「（妍子**さまがいらっしゃる）東三条殿の井戸に，呪物がありました」ということであった。そこで，東三条殿に参上して陰陽師***を呼んで尋ねさせたところ，陰陽師が申して言うには「これは呪物です」とのことである。

四月十一日

惟風朝臣がやって来て言うには，「前日に呪物が見つかった井戸の底をさらったところ，（昨日のもの以外にも）呪いをかけるための品々がございました」とのことであった。再び陰陽師たちを呼んでお祓いをさせる。

惟風朝臣*：人名，貴族の一人　妍子**：三条天皇の后　陰陽師***：占いやまじないを行う役人

ア．天皇の位を皇子に譲ったあとに上皇として政治を行う仕組みが確立した。

イ．武士として初めて太政大臣になった人物の一族が広大な荘園や公領を支配した。

ウ．特定の氏族が他氏族を退けて権力を握り，摂関政治を展開した。

エ．朝廷との対立に勝利した将軍の妻の一族が，執権の地位を確立した。

［問題４］

［問１］ 1869年，明治政府は各藩の代表227人を集めて意見を聞く場を設けた。次の資料は，そこでの議論の様子を表したものである。これに関する事がらの説明として適切なものを，下のア～エの中から１つ選び，記号で答えなさい。

資料

> 議案　日本の国制を封建とする（藩を残す）か，郡県（中央集権）とするか。
>
> 郡県とし，旧藩主などを知事とするという意見　103
> 封建とするという意見　122

ア．廃藩置県においては封建が維持された。

イ．廃藩置県においては中央から県令（知事）が派遣された。

ウ．版籍奉還においては郡県がおかれ，旧藩主が県令（知事）となった。

エ．版籍奉還においては中央から県令（知事）が派遣された。

［問２］ 明治政府は，国家や国民をまとめるために，さまざまな政策を実施した。こうした政策の説明として適切なものを，次のア～エの中から１つ選び，記号で答えなさい。

ア．キリスト教を禁止し，神道を国教とした。

イ．教育勅語によって，すべての子どもの義務教育を定めた。

ウ．身分制度を解体し，平民・華族・士族の間の結婚を認めた。

エ．徴兵令において，士族の男子にのみ兵役を課した。

［問３］ 次の資料Ⅰ・Ⅱは，大正デモクラシーの中心的人物である吉野作造によるものである。これを読んで，あとの各問いに答えなさい。

資料Ⅰ

> 民本主義という文字は，日本語としては極めて新しい用例である。従来は民主主義という語をもって普通に唱えられておったようだ。時としてはまた民衆主義とか，平民主義とか呼ばれたこともある。しかし民主主義といえば，…「国家の主権は人民にあり」という危険なる学説と混同されやすい。また平民主義といえば，平民と貴族とを対立せしめ，貴族を敵にして平民に味方するの意味に誤解せらるるの恐れがある。…我々がみてもって憲政の根底となすところのものは，政治上一般民衆を重んじ，その間に貴賤の上下の別を立てず，しかも国体の君主制たると共和制たるとを問わず，あまねく通用するところの主義たるがゆえに，民本主義という比較的新しい用語が一番適当であるかと思う。

資料Ⅱ

> 本年（1914年）２月，…民衆の示威運動があった。問題としては，減税問題などもあったけれども，主なるものは海軍収賄問題であった。同じようなことは昨年（1913年）の２月にもあっ

た。昨年の２月の方は今年よりは運動も激烈で，その結果はとうとう桂を内閣から追い出してしまった。…民衆が政治上において１つの勢力として動くという傾向の流行するに至った初めはやはり1905年９月からとみなければならぬと思う。

⑴　次の①②は資料Ⅰ・Ⅱについての説明である。①②についての正誤の組合せとして適切なものを，下のア～エの中から１つ選び，記号で答えなさい。

①　資料Ⅰでは吉野作造は，天皇に主権がある現状を打破するべきだと言っている。

②　資料Ⅱでは吉野作造は，世論や一般民衆の行動が政治に影響を与えるようになったと言っている。

ア．①　正　②　正　　イ．①　正　②　誤

ウ．①　誤　②　正　　エ．①　誤　②　誤

⑵　資料Ⅱの下線部について，これは何のことを指しているのか，答えなさい。

［問４］　次の資料は，1950年３月，東京大学総長が卒業式で述べたものである。ここに記されている単独講和が指している内容を，下のア～エの中から１つ選び，記号で答えなさい。

資料

単独講和説ぐらい，短見にして速断的なものはあるまい。…もしこれによって軍事同盟や軍事基地設定を条件として考えるものであるならば，それこそわが国の中立的性格を放棄し，その瞬間に敵か味方かの決断をあえてすることになり，わが国はもちろん，世界を再び戦争に追いやる動因となるであろう。

ア．朝鮮戦争の休戦協定が結ばれること。

イ．日中共同声明により日本が中国と国交を正常化し，台湾と国交を断絶すること。

ウ．ソ連などを除いた交戦国と平和条約を結ぶこと。

エ．ソ連との領土問題が棚上げにされる形で日ソ共同宣言に調印すること。

［問５］　次の資料は，『ウィメンズ・オウン』誌インタビューにおける当時のイギリス首相の発言である。ここでの主張と，方向性が同じである戦後の日本の政策としてもっとも適切なものを，下のア～エの中から１つ選び，記号で答えなさい。

資料

あまりにも多くの子どもや大人たちが，もし自分たちに問題があれば，それに対処するのは政府の仕事だと思い込まされた時代を過ごしてきたように思います。「私は困っている。援助金が得られるだろう！」「私はホームレスである。政府は私に家を探さなければならない！」こうして，彼らは自分たちの問題を社会に転嫁しています。でも社会とはだれのことを指すのでしょうか。社会などというものは存在しないのです。存在するのは個々の男と女ですし，家族です。

（1987年10月３日）

ア．所得倍増計画の発表　（池田勇人内閣）　　イ．公害対策基本法の制定　（佐藤栄作内閣）

ウ．日本国有鉄道の民営化　（中曽根康弘内閣）　　エ．消費税の導入　（竹下登内閣）

[問題５]

［問１］　次の文章を読んで，下の問いに答えなさい。

> 確かに①言論の自由，宗教の自由，身体の自由など，一般に自由権と呼ばれるものは，政府が何も「悪さ」をしなければ，実現することができるでしょう。こうした自由は政府の不作為を求めるわけです。…しかしその一方で，まずは暮らしていくことができなければ，他の自由も実現できない。すでに見たように，そこから最低限度の生活を保障することを求める生存権など，②社会権と呼ばれる権利への要求が，とりわけ二〇世紀以降に出てきました。こうした権利は憲法で宣言されさえすれば，そのまま実現できるというものではない。人びとの生活を保障するために政府が何らかの制度をつくり，そこに③財政を投入しないと，生存権は達成できません。つまりこの場合，自由権とは異なって，権力の積極的な働きを必要とする。自由対権力，自由対政治という構図ではなく，自由のための権力，自由のための政治という構図になるということです。
>
> （杉田敦『政治的思考』より）

⑴　下線部①に関連して，日本における表現の自由について述べた文として適切なものを，次のア～エの中から１つ選び，記号で答えなさい。

ア．通信の秘密は日本国憲法で保障されているが，組織的な犯罪の捜査に関しては，令状に基づいた通信の傍受が認められている。

イ．表現の自由の一部である報道の自由は，民主政治に不可欠であるため，誤った報道を防ぐために，国は事前に検閲をすることができる。

ウ．表現の自由を保障することが原則であることから，不当な差別的言動であってもそれを規制するような法律は制定されていない。

エ．結社や集会の開催については，どのような規模のものであっても必ず国の認可が必要であるとされている。

⑵　下線部②に関連して，日本国憲法に規定されている社会権について述べた文として適切なものを，次のア～エの中から１つ選び，記号で答えなさい。

ア．労働条件を自由な交渉に任せていたのでは，労働者に不利な契約となってしまうため，労働時間や賃金などの労働契約の最低基準は法律で定められる。

イ．公務員の不法行為により損害を受けたときには，国や地方公共団体に対してその賠償を求めることができる。

ウ．自分らしい生活を送ることができるように，好きな職業を選んで働いたり，財産を自由に使ったりしてよい権利が保障されている。

エ．人権を侵害された人びとは，裁判に訴えて裁判所に法に基づいて公正に判断してもらうことができる。

⑶　下線部③に関連して，日本の国会での予算成立過程について述べた文として正しいものを，あとのア～エの中から１つ選び，記号で答えなさい。

ア．衆議院と参議院が異なる議決をした場合，閣議で意見が一致すると，それが直ちに予算となる。

イ．参議院が衆議院とは異なる議決を行った場合は，必ず公聴会を開かなければならない。

ウ．衆議院が可決した議決を受け取った後，国会休会中の期間を除いて60日以内に参議院で可決されない場合は衆議院の議決が国会の議決となる。

エ．日本国憲法において，予算案は衆議院が先に審議することが定められており，参議院で先に審議されることはない。

〔問２〕 次の文章を読んで，下の問いに答えなさい。

> 国土交通省の有識者会議は，赤字が続く鉄道の地方路線の見直しについて，１キロあたりの１日平均乗客数（輸送密度）が1000人未満などの条件を満たす区間で，バスへの転換などを含めた協議ができるとする提言をまとめた。
>
> 協議に入る基準は輸送密度のほかに，対象となる路線が複数の都道府県や経済圏にまたがり，広い範囲での調整が必要な場合など。廃線前提の協議にはしない。
>
> 地方路線の見直し方法としては，「バス高速輸送システム」（BRT）への転換，設備を自治体が保有し，鉄道会社が運行を請け負う「上下分離方式」の導入などが想定される。
>
> （『朝日新聞』2022年８月４日付より）

⑴ 下線部に関連して，国土交通省などの省庁で働く公務員について日本国憲法ではどのように定められているか。次の憲法第99条の［A］にあてはまる語を漢字で答えなさい。

第99条　天皇又は摂政及び国務大臣，国会議員，裁判官その他の公務員は，この憲法を尊重し［A］する義務を負ふ。

⑵ 上の文章に関連して，鉄道やバスの路線を見直すような場合，効率とともに公正の考え方にも配慮して合意に至るようにすることが大切であるとされる。

例えば，X県にあるA市，B市，C村という隣接する複数の自治体が共同で体育施設を建設しようとするとき，「手続きの公正さ」を満たしているものとしてもっとも適切なものを，次のア～オの中から１つ選び，記号で答えなさい。

ア．X県の知事が建設する場所を決定する。

イ．それぞれの自治体の役所から等距離にある場所に設置する。

ウ．A市，B市，C村の三者の話し合いにより場所を決める。

エ．費用を一番多く出すことができる自治体に建設する。

オ．人口がもっとも多い自治体に建設する。

［問題６］

〔問１〕

経子さんは町内会のお祭りの日に，屋台を用意して，タコ焼きをつくって販売しようと考えた。タコ焼きをつくるのにかかる費用は

① 小麦粉，タコ，卵など原材料費

② タコ焼き器など用具一式，テントなどのレンタル料

の２つだけと考える。

このうち①の費用は，タコ焼きを１パックつくると100円かかり，製造・販売するタコ焼きのパック数に比例して増える。②の費用は１万円と決まっているとする。

つくったタコ焼きが売れ残ったり，材料が余ったりすることは考えなくてよい。

売上高＝（タコ焼き１パックの値段）×（販売したパック数）である。

利益＝（売上高）－（費用）である。

タコ焼き１パックを180円で売るとする。３万８千円の利益を出すためには，経子さんは何パックのタコ焼きを売らなければならないか答えなさい。

〔問２〕

済くんも，同じお祭りでタコ焼きの屋台を開くとする。済くんの売上高，費用，利益の計算方法は経子さんと同じである。

経子さんと済くんの店のそれぞれのタコ焼きの価格と，その場合に売れるパック数が下の表のようだとする。

この表は次のように読む。例えば，経子さんがプランAのように「１パック200円」で売り，済くんがプランYのように「１パック180円」で売る場合（**太字にしてある**），その行と列のぶつかるマスの「経子さん：300パック売れる」「済くん：800パック売れる」という結果が生じる。

表

済くん ＼ 経子さん	プランX １パック 200 円で売る	**プランY** **１パック 180 円で売る**
プランA **１パック 200 円で売る**	経子さん：500 パック売れる 済くん　：500 パック売れる	**経子さん：300 パック売れる** **済くん　：800 パック売れる**
プランB １パック 180 円で売る	経子さん：800 パック売れる 済くん　：300 パック売れる	経子さん：600 パック売れる 済くん　：600 パック売れる

⑴　経子さんがプランBを選択し，済くんがプランXを選択した場合，それぞれの利益は何円になるか答えなさい。

⑵　上の表に基づいて考えた場合，なるべく利益を大きくしたい経子さんは，プランAよりプランBを選択すべきである。その理由を50字以内で説明しなさい。なお具体的な利益の額は示さなくてよい。

〔問３〕　上の表をみながら済くんはこう考えた。 ア ・ イ に入る言葉を答えなさい。

〔問２〕の⑵では，経子さんと同じく僕も「180円で売る」プランYを選択すべきだということが分かる。でももし２人とも「200円で売る」ことができれば，その方がどちらにとっても，より多くの利益をあげられるはずだ。ただ，そうするためにはお互いに相手を裏切らないように経子さんと「どちらも180円では売らない」と取り決めをしなければならないな。

でも，こういう取り決めは社会の授業で習った ア にあたる行為だ。だから，子どものタコ焼きの屋台同士ならまだしも，大きな会社同士でこういう取り決めをしたら イ 委員会から「やめなさい」と言われてしまうかもしれないな。世の中難しいな。

〔問４〕〔問２〕のお祭りの場は，タコ焼きに関して寡占市場になっていると考えることができる。寡占市場の説明として正しいものを，次のページのア～エの中から１つ選び，記号で答えなさい。

ア．需要側が価格を操作しやすく，供給側が不利になる。
イ．生鮮食料品市場にみられるが，家庭用ゲーム機市場にはみられない。
ウ．消費者が不当に高い価格で購入せざるを得なくなる場合がある。
エ．寡占市場では，社会資本が提供されやすくなる。

くれた」という表現から、文哉の作る野菜についての幸吉や和海たちの言葉を、文哉がどう思っていることがわかるか。説明しなさい。

問七　傍線部⑧「ひねくれた思い」とあるが、どういう点で「ひねくれ」ているのか。その説明として最も適切なものを次の中から一つ選び、記号で答えなさい。

ア　軌道に乗り始めた農業を中止しなければならない無念さから、役割を忠実に果たした農業委員に怒りの矛先を向けている点。

イ　時間をかけて進めてきた努力と耕作する正当性を上手に説明できなかった悔しさから、必要以上に自虐的になっている点。

ウ　農家としては力不足である自分のふがいなさを、地域になじめていないことによる疎外感にすり替えようとしている点。

エ　制度上の理由で耕作を止められたことを、排他的な地域住民がいるせいだと見なして卑屈になっている点。

問八　二重傍線部a「小一時間」、b「まんざらでもない」c「お裾分け」の本文中での意味として最も適切なものを、それぞれ後の中から一つずつ選び、記号で答えなさい。

a「小一時間」

ア　約一時間半　　イ　一時間強

ウ　一時間弱　　エ　約三〇分

b「まんざらでもない」

ア　もっと褒められてよい　　イ　必ずしも悪くはない

ウ　照れくさいほどだ　　エ　これ以上はない

c「お裾分け」

ア　余り物を惜しまず与えること

イ　少ない物を大人数に配ること

ウ　大事な物を敢えてゆずること

エ　もらい物の一部をあげること

＊農業委員……農地法に基づき、農地の売買や貸し借りを許可したり、農地の転用に意見を述べたり、休耕地の調査や指導を行う行政委員。
＊寺島や和海……文哉と同じ地域に住む知人。
＊海が見える家……文哉が父から相続した住宅の名称。
＊野菜ソムリエ……野菜・果物の知識を身につけ、その魅力や価値を社会に広めることができる者として、民間団体が認定する専門家。
＊中瀬……文哉と同じ地域に住む知人。
＊瓜子……和海の姪《めい》。
＊店……文哉の営む雑貨店。瓜子が手伝っている。

問一　傍線部①「このあたりは古くからの里道が残っているものの、狭い道は舗装されておらず、ふだん人がやって来るところではない」とあるが、そのような場所を別の言い方で端的に表現した部分を、本文中から**二〇字以内**で抜き出しなさい。

問二　傍線部②「めずらしいことではない」とあるが、何が「めずらしいことではない」のか。最も適切なものを次の中から一つ選び、記号で答えなさい。

ア　舗装されていない道を人が歩いていること。
イ　少子高齢化、過疎化が進んでいること。
ウ　見知らぬ老人と出会うこと。
エ　文哉の畑に人が来ること。

問三　傍線部③「五メートルほど手前で立ち止まった老人はなにも言わず、畑に視線を送っている」とあるが、このときの老人の気持ちの説明として最も適切なものを次の中から一つ選び、記号で答えなさい。

ア　休耕地だったはずの土地が耕されているのを見て、困ったことだと考えている。
イ　初対面なのに親しげに話しかけてくる若者を見て、失礼なやつだと考えている。
ウ　「自然栽培」と称する農法を見て、うまくいかないだろうと考えている。
エ　畝も立てていないのを見て、いかにも素人《しろうと》っぽい畑だと考えている。

問四　傍線部④「老人の声が沈んだ」とあるが、なぜ老人の声は沈んだのか。その理由として最も適切なものを次の中から一つ選び、記号で答えなさい。

ア　穏やかに説得しようと思った矢先に反論されて、うまく言い返せなくなったから。
イ　文哉に農家として生きていく覚悟がないことを知って、がっかりしたから。
ウ　自分の土地を耕作できなくなった幸吉の、健康状態を心配していたから。
エ　農地が耕作されずに荒れ果てていることを、残念に思っていたから。

問五　傍線部⑤「まずいんだわ」とあるが、老人は文哉の行動のどこが「まずい」と考えているのか。後で引用されている「農地法」の「第一条」をふまえて、**二〇字以内**で説明しなさい。

問六　傍線部⑥「言ってもらったこともある」、および⑦「喜んでみせてどこにでも売っている野菜だが、彼らは喜んでくれた。

いや、⑦喜んでみせてくれた。

＊凪子《なぎこ》の家に持って行くと、凪子からお礼に青色のメダカをまたもらった。

返せるものがある喜び。

その喜びを与えてくれた自分の畑が奪われてしまう。

いや、自分の畑ですらない。資格すらないと、宣告されてしまった。

――どうせ、おれはよそ者なんだ。

⑧ひねくれた思いが喉元《のどもと》までこみあげる。

怒りの火照《ほて》りが引くと、からだから力が抜けた。

浮かんだ涙が乾き、大きなため息が漏れる。

「どうかしたんですか？」

＊店のほうから、凪子の細い声がした。

「いや、べつに……」

文哉は無理に明るい声色《こわいろ》を使った。

ネットで調べたところ、すぐに農地法という法律を見つけた。

海に漁業法があるように、田や畑にも法律があるだろうことはわかっていたが、これまで目を通したことはなかった。

なぜなら、自分には関係のない世界だと思っていたからだ。

――少なくとも、ここへ来る前までは。

農地法

第一条　この法律は、国内の農業生産の基盤である農地が現在及び将来における国民のための限られた資源であり、かつ、地域における肯重な資源であることにかんがみ、耕作者自らによる農地の所有が果たしてきている重要な役割も踏まえつつ、農地を農地以外のものにすることを規制するとともに、農地を効率的に利用する耕作者による地域との調和に配慮した農地についての権利の取得を促進し、及び農地の利用関係を調整し、並びに農地の農業上の利用を確保するための措置を講ずることにより、耕作者の地位の安定と国内の農業生産の増大を図り、もって国民に対する食料の安定供給の確保に資することを目的とする。

長い一文だった。

総則である第一条には、「農地」という言葉が八回も出てきた。

農地が特別な土地とされていることは、なんとなくわかった。農地を守るための法律だということも。

そもそも法律で言う「農地」とはなんなのか？

まずそこから調べはじめた。

「農地」とは、農地法の定義によれば、「耕作の目的に供《きょう》される土地」のことらしい。

では、「耕作」とはなにか――。

などと調べているうちに腹が減ってきた。

（はらだみずき『海が見える家　逆風』による。一部改）

[注]

＊畝……………畑で作物を作るために細長く直線状に土を盛り上げた場所。

＊三角ホー………雑草を刈り取ったり土を掘り起こしたりするための農具。

＊休耕地…………一時的に耕作を行っていない農地。

んはな、農家のもんしか使えんのさ」

きっぱり言われてしまった。

老人はやはり農家であり、＊農業委員という立場でもあるらしかった。

すぐに立ち入りをやめ、せっかく建てた物置小屋も撤去するよう言い渡された。

――マジかよ。

今はここへはだれもやって来ない。

閉ざされた土地と言ってもいい。

この畑だってしばらくすれば、すぐにもとの草ボーボーの土地にもどるだろう。

――それでいいのだろうか？

老人の曲がった背中が里道の向こうに消えていく。

文哉はぼう然と見送ってから、「くそっ」とつぶやき、手にした三角ホーを乾いた地面に打ち込んだ。

――ようやくこれから、というときに。

家に着くなり、居間の畳に大の字になった。

農家の苦労は、それこそ幸吉の質素な身なりや、汚れの落ちない黒く変色した爪を見ればわかる。わかっているつもりだった。

でも、自然を相手にする仕事に憧れもあり、以前、＊寺島《てらしま》や和海《かずみ》から聞いた田舎での働き方として、兼業で農業ができないか考えていた。

だから文哉としては、自然栽培の野菜づくりについて、今は幸吉に頼りきりだが、将来は自分でも負けないような作物を手がけたいと思っていたわけで、しかし土地がなければその実践経験を積むことがそもそもできない。

――できるわけがない。

別荘地の丘の上にある＊海が見える家の限られた土地では、それこそ、春に目論《もくろ》んでいた養鶏や養蜂に取り組むことはむずかしい。野菜の販売にあたって、＊野菜ソムリエの資格取得を目指そうと思っていた自分を笑いたくもなる。

春にまいたタネから、この夏、たくさんの夏野菜を収穫できた。

中玉トマト、ミニトマト、ナス、キュウリ、ピーマン、シシトウ、ゴーヤ。

まだまだ、だとは思っている。

でも、自分では b まんざらでもないとも思えた。

幸吉の言うとおり、野菜は育てるというより、自分で育ってくれる、と実感した。

手を入れすぎてもダメだし、手を入れなすぎてもうまくいかない。今回だけうまくいけばよいわけではない。またこの秋からも、そして来年の夏も、続けていくつもりだったから――。

できのよかった野菜の味見を幸吉に頼むと、「いいんじゃねえか」と⑥言ってもらったこともある。

いつも c お裾《すそ》分けをもらってばかりの和海や寺島や＊中瀬《なかせ》には、お礼として自分がつくった野菜を配った。

「ほー、こいつはたいしたもんだ」

「文哉君がつくったなら、喜んで食べますよ」

「え、こんなに？　いやいや、ありがたくちょうだいするよ」

③五メートルほど手前で立ち止まった老人はなにも言わず、畑に視線を送っている。

聞こえなかったのかと思い、帽子を脱いで挨拶《あいさつ》し直した。

「＊畝《うね》も立てねえってか」

老人は目を合わさずにつぶやいた。

その言葉は以前、文哉が幸吉に投げかけた疑問と同じだった。

「ええ、自然栽培なんで」

すると老人が、「へっ」と口をひしゃげた。

「――なにか？」

問いかけると、「今日はパトロールにお邪魔した」と老人は答えた。

しかしどう見ても警察関係の人には見えない。

話を聞けば、パトロールとは、農地の見まわりのことらしい。

「ここいらは、安原幸吉さんのもんだべ？」

そう言った老人は、幸吉よりは若そうだ。長靴に長袖長ズボンの作業服、朱色の刺繍《ししゅう》の入ったツバのある帽子、しわを刻んだ顔は日に焼け、見るからに農業従事者の風貌《ふうぼう》だ。

「ええ、そうですが」

「ここで、なにしとる？」

「え？　畑ですけど」

文哉は＊三角ホーを構えてみせた。

「だれに断って、鍬《くわ》入れてんだって聞いてんだ？」

老人の声がとがった。

「それは――」

言葉に詰まりながら、正直にこれまでの経緯を話した。

「借りてるってか？　あんた、まさか幸吉さんに金さ払ってんのか？」

「いえ、そういうわけでは」

事実、幸吉は、文哉の支払いの申し出を断っていた。

「そんじゃ、タダ借りってわけか」

老人は帽子のツバを上げ、もう一度畑を見まわした。

「この畑では、自分で食べる野菜をつくってます」

「家庭菜園ってことか？」

「まあ、それにちかいです。人に買ってもらえるようなものは、まだなかなか……」

「んでもな、それもまずいんだわ」

老人の声が少しだけ穏やかになった。

「けど、ここって、長いあいだ畑として使われてなかったんですよ。クワやウルシなんかの木まで何本も生えちゃって草ボーボーだったわけです。ほら、あっちみたいに」

文哉は夏草の生い茂った場所を指さした。

「それは知っとる」

④老人の声が沈んだ。

「で、そこから手を入れて、なんとかここまでにして、有効活用してるだけなんですけど？」

「＊休耕地だったって、ことだべ」

「そうです。それをぼくが自分で……」

「ともかく、⑤まずいんだわ」

老人は言葉を遮り、ツバのある帽子を右手で動かし、額を掻《か》くようにした。「知ったからにゃあ、おれとしても放ってはおけん。農地っても

問三　傍線部③「文学作品のもとをただし、その在処を問い続けることは、将来どのような状況が生じようとも、有効な方法であり続けるでしょう」について、次の⑴・⑵の問いに答えなさい。

⑴「文学作品のもとをただ」すとは、どうすることをいうのか。**四〇字以内で**説明しなさい。

⑵「有効な方法」であると筆者が考える理由は何か。その説明として最も適切なものを次の中から一つ選び、記号で答えなさい。

ア　読者にとって作者が遠い存在でも近い存在でも、作品と作者の関係は本来的に密着したものだから。

イ　ずっと先の時代にも、作品が世に出たときに見出された価値や存在感を踏まえた考察ができるから。

ウ　作者と密着させた作品の考察を経ることで、新たな視点による有意義な文学の探究もなし得るから。

エ　作者と切り離して作品を考察すべきという考え方よりも、将来的に作品の社会的価値を高めるから。

問四　傍線部④「作品を『発見』する」とはどのようなことか。わかりやすく説明しなさい。

問五　本文の論じ方や表現の特徴についての説明として**適切でない**ものを次の中から一つ選び、記号で答えなさい。

ア　筆者の意見とは異なる文学理論を主張する者の存在に言及することで、文学作品と作者との関係について筆者がとっている立場が明らかにされている。

イ　ハムレットとモナリザ、手紙と文学作品というように、対立要素のある例を挙げることで、文学というものの独自性が浮かび上がるようになっている。

ウ　全体を通じて読者に問いかけるような表現で論点を示し、それに応答する形で自分の主張を述べることで、読者の理解を促すような展開になっている。

エ　文学という抽象的なものがテーマとして扱われているが、すべてが抽象的な情報というわけではなく、具体的な事例が主張の根拠として示されている。

問六　二重傍線部**a**〜**d**のカタカナを適切な漢字に改めなさい。

〔問題二〕　次の文章を読んで、後の問いに答えなさい。

東京から亡父の故郷である千葉県南房総に移り住んだ緒方文哉《おがたふみや》は、別荘地管理や雑貨店経営のかたわら、地元の住人である安原幸吉《やすはらこうきち》から借りた畑で野菜を育てている。

畑に着いてa小一時間過ぎた頃、だれかがこちらに向かって歩いてくるのが見えた。

①このあたりは古くからの里道が残っているものの、狭い道は舗装されておらず、ふだん人がやって来るところではない。

目を凝らすと、見知らぬ老人だった。

といっても、②めずらしいことではない。ここ、房総半島の南、安房《あわ》地域では、人口の約四割以上が六十五歳以上であり、多くの地方と同じく、少子高齢化、過疎化が進んでいる。

「――こんちは」

幸吉の知り合いかと思い、文哉は畑仕事の手を休めた。

誰かからもらった手紙を読む時のことでも考えればわかりやすいのですが、その手紙中に意味のはっきりしない箇所やdゴキらしき部分に出会っても、私たちは私たちなりに、その人が「頭の中」で考えていたことを推し量り、「発見」しながら読んではいないでしょうか。「書かれたままの形」には特にこだわらないで、自分の「頭の中」でそっと再構成しながら、読んではいないでしょうか。それは私たちが、「書かれたままの形」を「手紙」そのものではなく、「手紙」を発見するための「手段・資料」なのだと、それなりにわかっているからだと思います。

この手紙を読むことと、「無形で抽象的な」文学作品を作者の頭の中から「発見」することとの間にどれほどの違いがあるでしょう。違うのは、手紙なら通常は一点・一種類で、個人宛《あて》である場合が多いのに対し、文学作品の場合は不特定多数に宛てて、いろいろな本文が存在するということです。しかしこれが特別に本質的な違いであるとも思えません。

では漱石の場合、④作品を「発見」するためには、どんな本文があり、どれを拠り所にして読めばいいのでしょうか。

まず思い浮かぶのは自筆の原稿です。漱石の場合、明治の他の作家に比べて自筆原稿がたくさん残っています。次には、その原稿を使ってはじめて活字化されたいわゆる初出の本文、新聞や雑誌です。さらには漱石自身もその製本に携わった美しい初版本などの単行本があります。漱石の死後は全集も出版されて、多数の版を数えています。これ以外に今日ではたくさんの文庫本も存在しています。それぞれの版はそれぞれに存在意義を持つわけですが、漱石という「作者」が書いた、「漱石に拠る、漱石の作品」を読みたいということになると、どれでもいいというわけにはいきません。

（山下《やました》浩《ひろし》「『漱石新聞小説復刻全集第11巻』解題」による。一部改）

[注]

＊判型……書籍のサイズ。「二折判」はその種類の一つ。「フォーリオ」とも呼ばれる。

＊千円札……一九八四年から二〇〇七年までの間、夏目漱石の肖像が印刷されていた。

＊『三四郎』……夏目漱石作の長編小説。一九〇八年発表。

問一 傍線部①「その間、最初の姿・形をどれほど変形させ、そこなっているとしても同じ物である」とあるが、このように「同じ物である」といえるものに何があるか。その具体例として**適切でない**ものを次の中から一つ選び、記号で答えなさい。

ア 有名な画家の書いたメモ用紙の落書きを、額縁に収めて飾ってあるもの。

イ 壊れて一部分が失われた古代の彫像を、そのまま展示しているもの。

ウ 昔の資料を基に、歴史的建造物を創建当時の姿に再建したもの。

エ 古い絵画の汚れを落としたり、傷みを修復したりしたもの。

問二 傍線部②「そういう事態」とあるが、どのような事態のことか。その説明として最も適切なものを次の中から一つ選び、記号で答えなさい。

ア 作品の原稿を保存する手立てがなくなる事態。

イ 作品の展開が勝手に改変されてしまう事態。

ウ 作品の版本が数限りなく複製される事態。

エ 作品の本文を記す媒体が消失する事態。

しょう。

しかし仮に②そういう事態になったとしても、ハムレットは、私たちがその有名な台詞《せりふ》や物語のaスジだけでも憶《おぼ》えていれば、モナリザがなくなるようにはなくなりそうにありません。

手元にある辞書を見てみると、「文学」とは「情緒・思想を想像の力を借り、言語または文字によって表現した芸術作品」とありました。

つまり文学作品とは、絵や彫刻がその存在をしかと確認できる「固体」であるのに対して、目で見ることも触れることもできない「無形で抽象的な存在」だということになります。冒頭のハムレットの質問に学生たちが答えにくかった理由もどうやらこの辺にありそうです。となると、作者の自筆原稿であれ、印刷物であれ、目に見えるテクスト・本文《ほんもん》とはいったい何なのでしょう。

さてこの『漱石《そうせき》新聞小説復刻全集』の漱石とは、慶応三年（一八六七）二月九日（陰暦一月五日）に江戸牛込《うしごめ》馬場《ばば》下横町《したよこちょう》（現新宿区牛込喜久井《うしごめきくい》町《ちょう》）に生まれ、大正五年（一九一六）十二月九日に死去した、＊千円札の肖像《しょうぞう》でもおなじみの作家、夏目漱石（本名金之助《きんのすけ》）のことです。ここに収録した作品は、その実在の作家夏目漱石が、専属の作家として当時の朝日新聞に掲載した作品ばかりです。

なぜこんなことをわざわざ断るかといえば、それは近年、ある種の文学理論に拠《よ》って、文学作品から作者を切り離せとか、作者の「意図」など考えるなとか、はては生身の作者になど何の興味もない、などとまるで作者の名を口にするのは悪だといわんばかりの勢いで文学を論じる人たちが出現しているからです。ですからせめてもこのように断っておかねば、ハムレットはどこにあるか、漱石の作品はどこにあるか、などと聞いても、bサイゲンのない話になってしまいそうです。

ハムレットの場合はたしかに私たちにとっては遠い存在で、「シェイクスピア作」といってもすぐにはピンとこないかもしれません。しかし、漱石ほどに存在感のある作家の作品であれば、それがいつどのように書かれ、どのような形で読者に提供されたか——それは文学作品の「もとをただし」、「過去とのコミュニケーション」につとめることですが——作者に密着した作品の考察もさほど難儀ではありません。しかもこの考察を深く経れば経るほど、それとは対極にあるといえる、「社会的産物」あるいは「商品」としての文学作品・本文という新たな世界も、いっそう鮮やかに見えてくるものです。作者に密着した深い考察があってはじめて、「誤植の美学」といった新しいcキョウチの探索も可能になります。

その意味で、③文学作品のもとをただし、その在処《ありか》を問い続けることは、将来どのような状況が生じようとも、有効な方法であり続けるでしょう。

そういうわけで漱石について、その＊『三四郎』はどこにあるかと聞かれれば、それは、明治四十一年九月一日から十二月二十九日まで百十七回ほぼ毎日掲載（大阪もほぼ同じ）され、快調なペースで執筆されていたその時点の漱石に、その「頭の中」に、あると答えるのが第一番ではないでしょうか。

「頭の中」などといえば、まさに「無形で抽象的な」ものが存在する典型的な場所ですが、気むずかしい人からは、他人の頭の中などわからない、と一喝《いっかつ》されそうです。しかし別に難しく考える必要もないのです。

【国　語】（五〇分）〈満点：六〇点〉

【注意】 1．字数制限のある設問は、句読点やその他の記号も一字として数えます。
2．解答用紙の一行の枠には、二行以上書いてはいけません。

【問題一】 **次の文章を読んで、後の問いに答えなさい。**

ある日の授業の一こまです。
「みなさん、モナリザはどこにあるか知っていますか」
いっせいに手があがりました。
「はい、ルーブルです」
「ルーブルです」
「ルーブルです」
「そうですね。ではハムレットはいかがでしょうか」
こんどはなかなか手があがりません。しばらくして何人かが顔を見合わせるようにして手をあげました。
「先生、大英博物館ですか」
「本屋ですか」
「ハムレットならうちにもあります」
レオナルド・ダ・ビンチのモナリザはたしかにパリのルーブルにあります。他には、あっても複製です。しかしだいぶ前に日本で公開された時には、モナリザは一時的にせよ日本にありました。ルーブルにはありませんでした。
ではハムレットの方はどうでしょうか。戯曲だ、芝居の台本だ、といった話はさておいて、世界中でたくさんの人たちに読まれ親しまれているシェイクスピアの代表作デンマーク王子ハムレットの悲劇物語とお考えください。案の定いろんな答《こたえ》が出てきました。
大英博物館（正確には大英図書館）には、世界に二部しかないハムレットの初版本が所蔵されています。とすればこの答が正しいのでしょうか。次の「本屋」はどうでしょう。
「ハムレットならうちにもあります」という答はふざけているのでしょうか。
モナリザのような絵は、彫刻などもそうですが、実際に目で見ることも手で触れることもできます。絵とそれを伝える媒体とが同一物であり、そのもの自体が「芸術作品」といえます。作品自体が、画家・作者の手を経て、今日に伝わっています。①その間、最初の姿・形をどれほど変形させ、そこなっているとしても同じ物であることに変わりありません。しかし他方、絵は、火事で燃えたり壊されてしまえばそれまでという面もあります。どれほど精巧な複製をつくっても本物に代わることはできません。モナリザはこの世から永遠になくなってしまいます。
これに対してハムレットの場合、シェイクスピアが書いた自筆の原稿はとっくの昔になくなっています。しかし誰もハムレットがなくなったとは言いません。当時の初版本や有名なファースト・フォーリオ（一六二三年にロンドンで出版されたシェイクスピアの最初の全集で、＊判型が二折判《ふたつおりばん》であるところからこの名前がある）が残っているからでしょうか。それならこれらの初期版本がすべてなくなってしまったらどうでしょう。現代の全集や文庫本は「複製」ということになるのでしょうか。
さらにはこうした全集や文庫本までがなくなってしまったら、どうで

MEMO

大切なことはメモしておこうネ！

2023年度

解　答　と　解　説

《2023年度の配点は解答欄に掲載してあります。》

＜数学解答＞ 《学校からの正答の発表はありません。》

〔問題1〕 (1) $b=3$ 　MK－NL＝$-\frac{1}{4}$ 　(2) NL＝$\frac{1}{8}a$ 　(3) (ウ) 理由 解説参照

〔問題2〕 (1) 2倍 (2) AR＝6cm 　(3) ア 6 　イ 1

〔問題3〕 (1) 160km 　(2) 20km 　(3) ア 午後3時 　イ 25分

〔問題4〕 (1) 解説参照 　(2) $2\sqrt{2}$ cm 　(3) $4\sqrt{2}$ cm^2

〔問題5〕 (1) 解説参照 　(2) 解説参照 　(3) 解説参照

○推定配点○

〔問題1〕 (2)・(3) 理由 各3点×2 　他 各2点×3 　〔問題2〕 (1) 3点 　(2) 5点

(3) 各2点×2 　〔問題3〕 (1) 3点 　(2) 5点 　(3) 各2点×2 　〔問題4〕 各4点×3

〔問題5〕 各4点×3 　計60点

＜数学解説＞

〔問題1〕 (関数・グラフと図形―反比例，yがxの2乗に比例する関数，座標，線分の長さ)

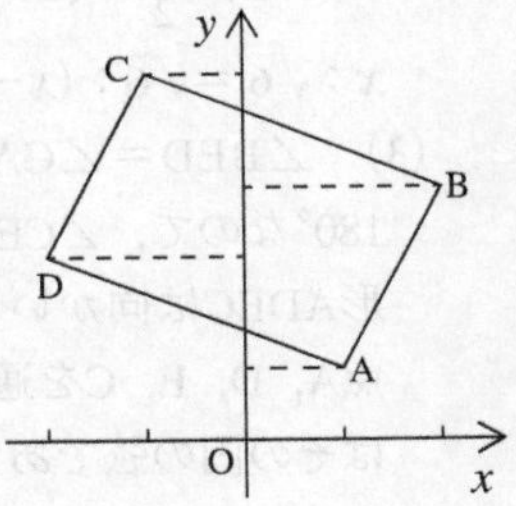

(1) 点A，B，C，Dのy座標はそれぞれ，$\frac{1}{4}a$，a，$-b\div\left(-\frac{1}{2}\right)=2b$，$b$である。四角形ABCDが平行四辺形となるとき，AB//CD，AB＝CDとなり，そのときには，AとBのx座標の差とCとDのx座標の差は等しく，AとBのy座標の差とCとDのy座標の差も等しい。よって，$a-\frac{1}{4}a=2b-b$ 　$b=\frac{3}{4}a$ 　$a=4$のとき，$b=3$ 　$a=4$のとき，A$\left(\frac{1}{2},\ 1\right)$，B$(1,\ 4)$ 　M$\left(\frac{3}{4},\ \frac{5}{2}\right)$，K$\left(\frac{3}{4},\ \frac{9}{4}\right)$ 　よって，MK＝$\frac{5}{2}-\frac{9}{4}=\frac{1}{4}$ 　C$\left(-\frac{1}{2},\ 6\right)$，D$(-1,\ 3)$ 　N$\left(-\frac{3}{4},\ \frac{9}{2}\right)$，L$\left(-\frac{3}{4},\ 4\right)$ 　よって，NL＝$\frac{9}{2}-4=\frac{1}{2}$ 　したがって，MK－NL＝$\frac{1}{4}-\frac{1}{2}=-\frac{1}{4}$

(2) C$\left(-\frac{1}{2},\ 2b\right)$，D$(-1,\ b)$なので，N$\left(-\frac{3}{4},\ \frac{3}{2}b\right)$ 　点Lのy座標は，$\left(-\frac{3}{4},\ \frac{4}{3}b\right)$ 　よって，NL＝$\frac{3}{2}b-\frac{4}{3}b=\frac{1}{6}b$ 　$b=\frac{3}{4}a$なので，NL＝$\frac{1}{8}a$

(3) A$\left(\frac{1}{2},\ \frac{1}{4}a\right)$，B$(1,\ a)$だから，M$\left(\frac{3}{4},\ \frac{5}{8}a\right)$，K$\left(\frac{3}{4},\ \frac{9}{16}a\right)$ 　よって，MK＝$\frac{5}{8}a-\frac{9}{16}a=\frac{1}{16}a$ 　よって，MK－NL＝$\frac{1}{16}a-\frac{1}{8}a=-\frac{1}{16}a$ 　aは正の数なので，aの値にかかわらず$-\frac{1}{16}a$は負の数になる。したがって，MK＜NL 　(ウ)が正しい。

〔問題2〕（平面図形―三角形に内接する円，相似，3辺の長さがわかっている三角形，面積，内接円の半径，2次方程式，同一円周上にある点，辺の比，長さ）

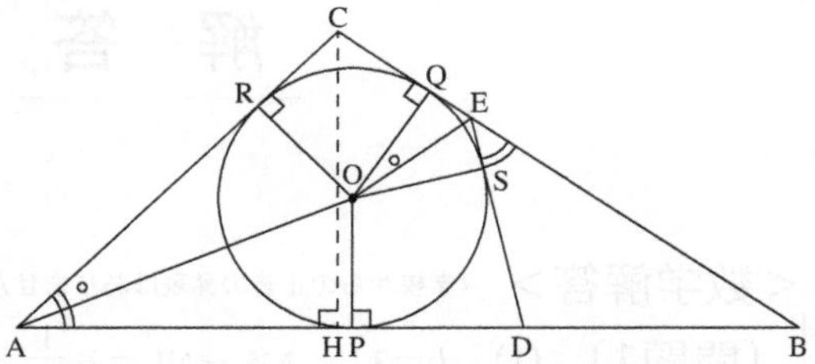

(1)　△BACと△BEDについて，BA：BE＝14：7＝2：1　　BC：BD＝10：5＝2：1
∠ABC＝∠EBD　2組の辺の比が等しく，その間の角が等しいから，△BAC∽△BED
よって，AC：ED＝2：1　　線分ACの長さは線分DEの長さの2倍である。

やや難　(2)　△AORと△OEQについて，△BAC∽△BEDから，∠PAR＝∠BED　　円OとDEの接点をSとすると，∠OQE＋∠OSE＝180°なので，∠QOS＋∠QES＝180°＝∠BED＋∠QES　　よって，∠QOS＝∠BED＝∠RAP　　AO，OEはそれぞれ∠RAP，∠QOSの二等分線だから，∠RAO＝∠QOE　　よって，△ARO∽△OQEなので，AR：OQ＝OR：EQ…①　　AP＝AR＝x，CR＝CQ＝yとすると，EQ＝ES＝3－y，DS＝DP＝9－x　　AC：DE＝2：1だから，$x+y=2\{(3-y)+(9-x)\}$　　$x+y=24-2(x+y)$　　$3(x+y)=24$　　$x+y$＝AC＝8　　よって，EQ＝$3-(8-x)=x-5$…②　　点CからABに垂線CHを引いて，AH＝aとすると，BH＝$14-a$　　$CH^2=8^2-a^2=10^2-(14-a)^2$　　$28a=160$　　$a=\frac{40}{7}$　　$CH^2=8^2-\left(\frac{40}{7}\right)^2=\frac{8^2\times7^2-40^2}{7^2}=\frac{(56+40)(56-40)}{7^2}=\frac{16^2\times6}{7^2}$　　CH＝$\frac{16\sqrt{6}}{7}$　　よって，△ABCの面積は，$\frac{1}{2}\times14\times\frac{16\sqrt{6}}{7}=16\sqrt{6}$　　円Oの半径をrとして△ABCの面積を(△OAB＋△OBC＋△OCA)で求めると，$\frac{1}{2}\times(14+10+8)r=16r$　　$16r=16\sqrt{6}$から，$r=\sqrt{6}$…③　　②，③を①に代入すると，$x:\sqrt{6}=\sqrt{6}:(x-5)$　　$x^2-5x-6=0$　　$(x+1)(x-6)=0$　　x＝AR＝6(cm)

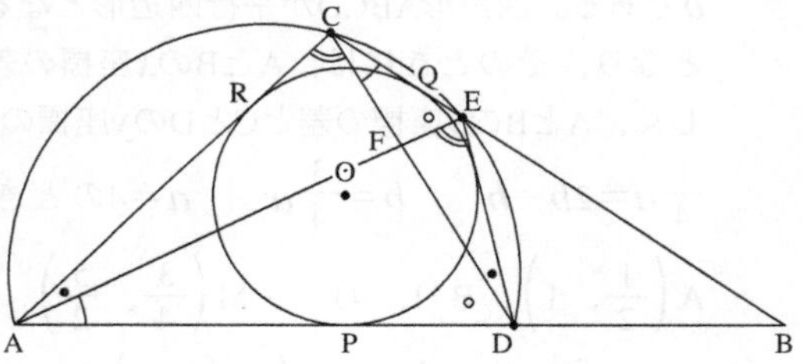

(3)　∠BED＝∠CAD　　∠CED＋∠BED＝180°なので，∠CED＋∠CAD＝180°　　四角形ADECは向かい合う角の和が180°なので4点A，D，E，Cを通る円が存在する。AE，CDはその円の弦であり，同じ弧に対する円周角は等しいから，右図で同じ印をつけた角度は等しい。AF＝m，EF＝nとすると，△AFD∽△CFE　　AF：CF＝AD：CE＝9：3　　CF＝$\frac{1}{3}m$　　また，△ACF∽△DEF　　CF：EF＝AC：DE＝2：1だから，CF＝$2n$　　したがって，$\frac{1}{3}m=2n$　　$m=6n$　　$m:n$＝AF：FE＝6：1

〔問題3〕（方程式の応用―速さ）

重要　(1)　渋滞がない場合の地点Aから停留所Tまで行くのにかかる時間をx時間とすると，停留所Tから地点Bまで行くのにかかる時間は$(x+0.5)$時間である。よって，AからTまでの距離は，$40x$km，TからAまでの距離は$50(x+0.5)$kmと表せる。復路でかかる時間は往路よりも1時間多かったから，$\frac{40x}{30}+\frac{50(x+0.5)}{40}=x+(x+0.5)+1$　　両辺を12倍して整理すると，$16x+15(x+0.5)=24x+18$　　$7x=10.5$　　$x=1.5$　　よって，A，B間の距離は，$40\times1.5+50\times2=160$(km)

やや難　(2)　地点Aから地点Pまでの距離を$y$kmとすると地点Pから地点Tまでの距離は$(60-y)$km　　地点Aから地点Pまで進む速さを時速$a$km，地点Pから地点Tまで進む速さを時速$b$kmとする。点Pで15分の遅れが出たことから，$\frac{y}{a}=\frac{y}{40}+\frac{1}{4}$…①　Tへの到着予定時間にTの手前16kmの地点にいたことから，$\frac{y}{a}+\frac{60-y-16}{b}=\frac{60}{40}$　$\frac{y}{a}=\frac{3}{2}-\frac{44-y}{b}$…②　Tに到着した時間が11時だったことから，$\frac{y}{a}+\frac{60-y}{b}=2$…③　②を③に代入して，$\frac{3}{2}-\frac{44-y}{b}+\frac{60-y}{b}=2$　$\frac{16}{b}=\frac{1}{2}$　$b=32$

①と②から，$\frac{y}{40}+\frac{1}{4}=\frac{3}{2}-\frac{44-y}{b}$　$b=32$を代入して両辺を160倍すると，$4y+40=240-220+5y$　$y=20$　A，P間の距離は20(km)

(3)　(停車していた時間は最後に加えるだけでよいから，走った時間だけで考える)

A⇒Tで0.5時間余計にかかっている。T⇒Bは標準時間なので，B⇒TとT⇒Pで0.5時間短縮すればよい。標準速度で走った場合にB⇒T⇒Pにかかる時間より0.5時間短い時間は，$\frac{100}{40}+\frac{40}{30}-\frac{1}{2}=\frac{15+8-3}{6}=\frac{10}{3}$　BからTまでの速さを時速$c$kmとすると，Tからの速さは時速$\frac{2}{3}c$km　BからPまでにかかる時間は$\frac{100}{c}+40\div\frac{2}{3}c=\frac{160}{c}$　$\frac{160}{c}=\frac{10}{3}$から，$c=48$　よって，往路のTからの時間は停車していた時間も含めて，$\frac{1}{6}+2+\frac{1}{6}+\frac{100}{48}=\frac{53}{12}=4+\frac{5}{12}$　4時間25分であるから，Tに到着した時刻は午後3時25分である。

α〔問題4〕　(空間図形—ひし形六面体，展開図，切断面，三平方の定理，長さ，面積)

(1)　右図で示す4カ所が考えられるので，その1つを書き加える。

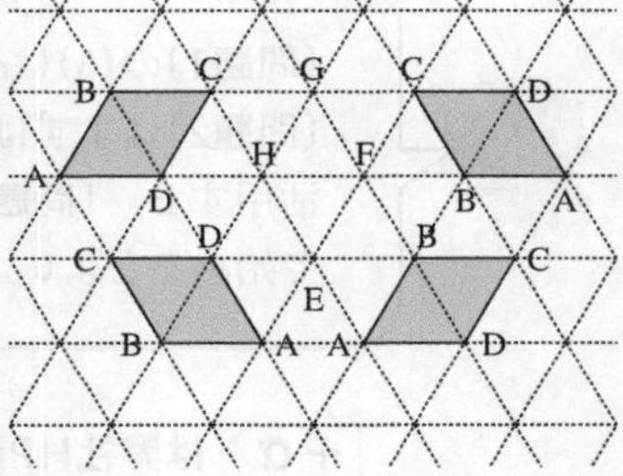

重要　(2)　1つの角が60°のひし形は短い方の対角線によって2つの正三角形に分けられ，長い方の対角線によって頂角が120°の二等辺三角形2つに分けられる。なお，等辺が2である頂角が120°の二等辺三角形では底辺の長さは$2\sqrt{3}$となる。CF，CH，FHを引くと，△CGF，△CGH，△GFH，△FGHは正三角形なので正四面体CGFHができる。点Cから△GFHに垂線CPを引くと，点Pは△GFHの重心であり，ひし形EFGHの対角線はそれぞれの中点で交わるから，点PはGE上にある。

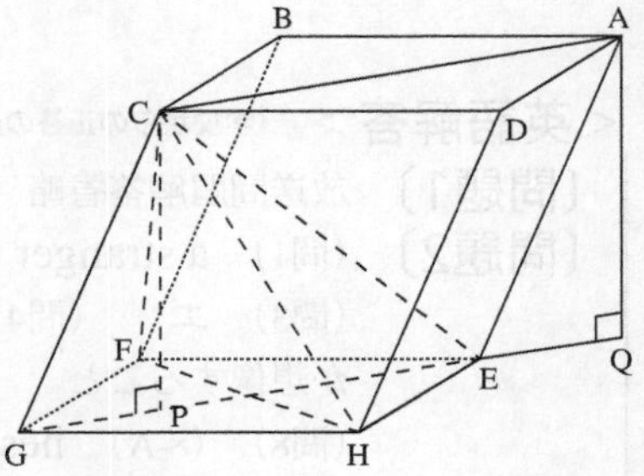

1辺がaの正三角形の高さは$\frac{\sqrt{3}}{2}a$であり，GPはその$\frac{2}{3}$なので，$GP=\frac{\sqrt{3}}{3}a$　$a=2$なので，$GP=\frac{2\sqrt{3}}{3}$　よって，$PE=2\sqrt{3}-\frac{2\sqrt{3}}{3}=\frac{4\sqrt{3}}{3}$　1辺がaの正四面体の高さは$\frac{\sqrt{6}}{3}a$なので，$CP=\frac{2\sqrt{6}}{3}$　△CEPで三平方の定理を用いると，$CE^2=PE^2+CP^2=\left(\frac{4\sqrt{3}}{3}\right)^2+\left(\frac{2\sqrt{6}}{3}\right)^2=\frac{16}{3}+\frac{8}{3}=8$　したがって，$CE=\sqrt{8}=2\sqrt{2}$(cm)

(3)　3点A，B，Hを通る平面はAB//EF//HG，AB＝EF＝HGなので点Gを通る。また，AE//CG，AE＝CGだから，4点A，C，G，Eは平行四辺形ACGEを作る。点Aから直線GEに垂線AQを引くと，△AEQ≡△CGPとなり，$AQ=CP=\frac{2\sqrt{6}}{3}$　$EQ=GP=\frac{2\sqrt{3}}{3}$　$GQ=2\sqrt{3}+\frac{2\sqrt{3}}{3}=\frac{8\sqrt{3}}{3}$　△AGQで三平方の定理を用いると，$AG^2=\left(\frac{2\sqrt{6}}{3}\right)^2+\left(\frac{8\sqrt{3}}{3}\right)^2=\frac{8}{3}+\frac{64}{3}=24$　$AG=2\sqrt{6}$

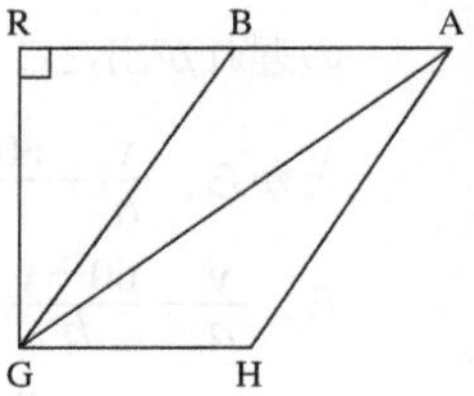

平面ABGFで考える。点Gから直線ABに垂線GRを引き，BR$=x$として△GBR，△GARで三平方の定理を用いると，$GR^2=(2\sqrt{3})^2-x^2=(2\sqrt{6})^2-(2+x)^2$　$12-x^2=24-4-4x-x^2$　$4x=8$　$x=2$　よって，$BR^2=12-4=8$　$BR=2\sqrt{2}$　したがって，3点A，B，Hを通る平面で切った切り口の平行四辺形ABGHの面積は，$2\times2\sqrt{2}=4\sqrt{2}$ (cm²)

＊(2)で求めたCE$=2\sqrt{2}$から，△CGEが直角三角形となることがわかり，平行四辺形ACGEの面積が簡単に求められる。平行四辺形ACGEと平行四辺形ABGHが合同であることから切り口の面積を求めてもよい。(＋αで説明。)本文解説では一般的な方法を用いた。

〔問題5〕（資料の整理―乱数さいの使い方）

(1)　100人の生徒に00から99までの番号を付けて，乱数さいを2回振り，1回目に出た数を十の位，2回目に出た数を一の位として，その数と同じ番号の生徒を選ぶ。この操作を3回繰り返して3人の生徒を標本として取り出す。(同じ2桁の数が繰り返し出たら，それはないものとして振りなおす。)

重要　(2)　母集団全員を調べて母集団の平均を求めれば正確な平均点がわかる。標本の大きさを大きくすればするほど標本平均が母集団の平均に近づくと考えられる。

(3)　全国の中学3年生全員の人数に対して標本数があまりにも小さいからである。

★ワンポイントアドバイス★

〔問題1〕の(3)はaを使った式で比べて大小が決まるかを考える。
〔問題2〕はまずは相似な三角形を探す。(2)，(3)は同一円周上にある4点を見つけて活用する。〔問題3〕は標準速度で走るときのAからTまでにかかった時間をx分として始めるとよい。〔問題4〕はひし形六面体の1つの面の形を頭に置いて進めよう。

＋α は弊社HP商品詳細ページ(トビラのQRコードからアクセス可)参照。

＜英語解答＞《学校からの正答の発表はありません。》

〔問題1〕　放送問題解答省略

〔問題2〕　(問1)　a stranger telling me what to do with my horse　(問2)　ア
(問3)　エ　(問4)　イ　(問5)　顔の特徴を読むことができ，表情で何が起きるか想像すること　(問6)　ウ→エ→イ→ア　(問7)　put on a happy face
(問8)　(8-A)　hesitate　(8-B)　attached　(8-C)　wiped
(8-D)　followed　(問9)　イ，オ

〔問題3〕　(問1)　ア　(問2)　鳥が女王に逃がしてくれと頼み，女王が鳥に鳴きなさいと言うこと　(問3)　Is there anything else I can do to make you happy enough
(問4)　エ　(問5)　(5-A)　looked　(5-B)　ignored
(問6)　freedom　(問7)　イ　(問8)　escape　(問9)　ウ，エ

〔問題4〕　(1)　I want to talk to as many local people as possible.　(2)　I wish we had a bigger and more comfortable one.　(3)　Do you have any medicine that doesn't make me sleepy?　(4)　I want you to help me with the homework (that) Mr. Negishi gave us.

○推定配点○

〔問題1〕　各2点×6　〔問題2〕　(問3)・(問8)　各1点×5　他　各2点×8

〔問題3〕　(問1)・(問5)　各1点×3　他　各2点×8　〔問題4〕　各2点×4　計60点

＜英語解説＞

〔問題1〕　放送問題解説省略

〔問題2〕　(長文読解問題・物語文：語句整序，分詞，不定詞，語句解釈，文補充・選択，指示語，段落・文整序，語形変化，内容一致)

(全訳)「どうどう，いい子ね」とエマは目の前の馬，アスターに向かって言った。「お前はパパが昨日言ったことを聞いたよね。もし私が明日までにこの端綱をお前に取り付けることができなかったら，私たちはお前を保護牧場に送り返さなくてはならないの。私はお前を送り返したくない。お前に私と一緒にいてほしい」

「君の問題が何か，わかったよ」と厩舎のドアから声がした。

エマは振り返って「誰？」と尋ねた。

「僕はベンだ」とその少年は微笑んで言った。「僕たちはこの町に引っ越してきたばかりだ」

「あなたは私も私の馬も知らないわ」とエマが言った。「私の問題が何か，どうしてわかるの？」

「わかるんだよ」とベンが言った。

エマは彼に背を向けて言った。「私に構わないで。私はやらなくちゃいけないことがある」

「わかった。もし君が僕を必要とするなら，僕はそばにいるよ」とベンが言った。彼はエマの背中に手を振って出て行った。

「(1)知らない人に，私の馬をどうしたらいいか言われる必要ないわ」とエマは言った。「私は12年間馬に乗っているの，私の人生ずっとよ」　彼女はカバンからビスケットを取り出し，アスターに差し出した。彼はそのにおいをかいだが，受け取らなかった。エマは彼に自分から近寄ってきてほしいと思い，辛抱強く待った。彼は一歩も前に進まなかった。彼女の腕が震え始めると，彼女はため息をついて「じゃあ明日ね，アスター」と言った。アスターは鼻を鳴らした。

翌朝，エマは楽しそうにアスターに挨拶した。彼は元気に返事した。それで彼女はうれしくなった。「今日がその日よ！」　(2)エマにはそれを感じることができた。彼女は彼に餌をやり，彼が食べている間，彼の厩舎の掃除をした。

1時間後，厩舎はきれいになった。エマはアスターのほうを向き，「食べ終わった？」と言った。彼女は彼に向って手を差し出し，待った。彼は彼女の手に向かって鼻を突きだし，彼女は彼の息の熱が感じられた。彼女はわくわくして，前に一歩出た。突然彼は大きく息を吐き，後ろに下がった。彼女が両手を伸ばして，彼が後ずさりすると，彼女の心は砕けた。「(3)私には助けが必要だわ」と彼女は思った。

エマはベンを建物のずっと奥の区画で見つけた。彼は自分の馬，コルトの世話をしていた。

「こんにちは」とエマは言った。

「やあ」と彼は微笑み，彼女を中に迎え入れた，そして「(4)君の馬とうまくやれている？」と尋ねた。

「あの…」　言葉が喉にひっかかったが，彼女はアスターのかわいい顔を思い出して言った。「私はあなたの助けが必要なの。私の問題って何？」

「君の顔だよ」とベンは言った。

「何ですって？」 エマは本当に腹が立った。

「いや，違う。悪い意味じゃないんだ。君の表情だよ」とベンは言った。エマは顔をしかめた。「うん，それ」とベンは言った。「おそらく君は気づいてもいないよね。君はアスターに近づこうとしている時，顔をしかめている」

「それがどうして問題なの？」

「馬は人間の顔の特徴を読むことができ，君の表情によって何が起きるか想像するんだよ」とベンが説明した。

「(5)そんなのばかげているわ」とエマが言った。「信じられない」

「本当だって僕が見せてあげる」とベンが言った。

エマはしばらく考え，とうとう「わかった」と言った。

ベンは「実験をしよう。2つの大きな写真を使うよ」と言った。彼はコルトが知らない男性の写真を取り出した。それらはベンの顔と同じくらいの大きさだった。そのうちの1つでは，その男性は微笑んでいて，もう1つでは怒った顔をしていた。彼は言った。「さあ，君はコルトの手綱を持ち，ここで待っていてくれ」 彼は厩舎から出て行った。エマは待った。

ベンが入ってきた。彼は自分の顔の前で「幸せな」写真を掲げていた。(6)ウコルトは顔を上げ，耳を前に向けた。エ彼は後ずさりしたり怖がったりしなかった。イそれからベンは後ろを向き，写真を変えた。ア彼が「怒った」顔を持って振り向くと，コルトは突然大きな音で息を吐きだした。頭をよじることでコルトは綱を引っぱり，下がって角に引っ込んでしまった。「どうどう」とエマは言い，彼を落ち着かせようとした。

ベンがその写真を下に落とすと，コルトはすぐに落ち着いた。

「今わかったわ」とエマが言った。「驚いたわ… それなら，馬のそばにいる時は，幸せな顔をするのが一番良いのね」

ベンは言った。「その通り。君はきっとできるよ。君はもうアスターに端綱を付ける準備ができている？」

「これは私の最後のチャンスよ」とエマは思った。彼女は深呼吸をしてベンに頷いた。彼らは黙ってアスターの厩舎に戻った。

「大丈夫よ」とエマはアスターの厩舎に入りながら言った。彼女は手に端綱と手綱を持っていた。彼女はとても緊張していたが，(7)幸せな顔をすることができた。「アスター，私たちはこれをやれるわ」と彼女は優しく言った。彼は耳を彼女の方へ向けた。エマは端綱を彼の顔のほうに持ち上げた。アスターは(8-A)ためらわずにその中に入った。エマがそれを彼の耳の後ろに(8-B)装着する時，目に涙があふれた。

「君はできるって，僕にはわかっていたよ」とベンが外から言った。

エマはアスターに微笑み続け，手で優しく彼の顔に触った。「私たちはやったわよ」と彼女は自分の美しい馬にささやいた。彼女はすばやく目(8-C)をぬぐってベンのほうを向き，「ありがとう」と言った。

「どういたしまして」とベンが言った。「彼を外に連れて行って，どのように走るか見てみよう」

「そうね」とエマが言った。

ベンはドアを開け，アスターはエマ(8-D)の後に従い，外に出た。

やや難 (問1) need の目的語として候補となる語が多いため，難しい。I don't need to do「私はする必要がない」という文が思い浮かぶが，そう並べ替えるとその先がうまく行かない。I don't need a stranger「私は見知らぬ人を必要としない」とし，stranger を後ろから修飾する語句として

telling me what to do with my horse「私に自分の馬をどうすべきか教える」と続ける。直訳は「私は，私に自分の馬をどうすべきか教える見知らぬ人など，必要ではない」となる。

(問2) ア「エマは自分が目標を達成できると感じた」が適切。エマはその日のうちにアスターに端綱を付けなければならなかった。アスターが彼女に機嫌よく返事したため，端綱を取り付けることができるだろう，と自信を持った。

(問3) 全訳下線部参照。下線部(3)の直後に，エマはベンのところに行き，下線部(4)の2つ後の文でI need your help. と言っている。

(問4) How are you doing? は「調子はどう？」という言い方。with ~ が付くと，「~の調子はどう？」となる。エマに自分の馬とうまくいっているかどうか尋ねている。

重要 (問5) 直前の文の内容をまとめる。

重要 (問6) 全訳下線部参照。馬は「幸せな顔」を見ると嫌がらないが，「怒った顔」を見ると嫌がる，という文の流れにする。

重要 (問7) 「幸せな顔」と「怒った顔」の実験より，エマは馬のそばにいる時は幸せな顔をするのが最適と学んだ。空所(6)の6つ後ろの文より put on a happy face を抜き出す。

(問8) (8-A) 〈hesitate ＋ to ＋動詞の原形〉「~するのをためらう」ここでは過去の否定文で「~するのをためらわなかった，ためらわずに~した」となる。(8-B) attach「~を取り付ける」過去形にする。(8-C) wipe「~を拭く，ぬぐう」過去形にする。(8-D) follow「~に従う，付いていく」過去形にする。

(問9) イ「ベンは最初にエマと彼女の馬を見た時，何が良くないのか理解した」(〇) オ「ベンはエマに，馬の行動について実演して見せた」(〇)

〔問題3〕 (長文読解問題・物語文：語句補充・選択，指示語，語句整序，構文，関係代名詞，不定詞，語句解釈，語形変化，文補充・選択，内容一致)

(全訳) ある朝早く，女王が森の中で馬に乗っていた。太陽が昇ると鳥たちの鳴き声が辺りに満ちた。女王は，鳴き声のうちの1つを特にかわいいと思った。彼女は自分が信頼している騎士に向かって「私はあのようなメロディを聞いたことがありません。私はあの鳥を私のものにします」と言った。

女王は，かわいらしい声を持つ鳥が森の中で最も高い木の中にいることに気づいた。彼は濃い青の羽毛をしていて，首は鮮やかな紫色だった。彼女はその騎士にその鳥を捕まえるように言い，彼は成功した。彼らはその鳥を城に持ち帰った。

城では，金の鳥かごが女王の席の横に置かれていた。「私の宝物よ，私はお前に最高の家を与えます」と女王はその鳥に言い，彼の背後のドアを閉めた。

突然自由を失ったので，その青い鳥は震え続け，鳥かごの中で静かになった。女王は彼においしい実をくれた。彼の足はしっかりと止まり木に着いたままだったけれども，このことで彼の気持ちは少し良くなった。

すぐに女王は青い鳥が彼女のために鳴いた時にしかエサをくれなくなった。彼はすぐに協力し，彼女はそれを(1)<u>喜んだ</u>。彼女がこの新しい宝物に抱く喜びは，彼が彼女に話しかけるようになると増した。

しかし，その青い鳥は，彼女に自分を解放するよう頼むためだけに話しかけた。「私は野生です。ペットではありません」

「あら，お前はペットではありません。その代わり，お前は私の最も価値のある宝物のうちの1つです。お前は私の城をかわいらしい声で飾ってくれるわ。さあ，もう1度鳴きなさい」と女王が言った。

(2)これが数週間続いた。女王はその鳥の鳴き声が以前ほどかわいらしくないとわかっていたが，彼女が鳴きなさいと言うと彼は鳴くので，それは彼女にとって大きな問題ではなかった。

ある朝，その青い鳥が目覚めて大声で言った。「不公平です！　不公平！　私が城の中に閉じ込められているのに，どうして人間が飛べるのですか」

「飛ぶ？」と女王が聞いた。「どういう意味ですか？」

「私の夢の中で，あなたは空飛ぶじゅうたんを持っていました。あなたはかつて私がしたように，空を飛んでいました」とその鳥が答えた。

女王は笑って言った。「夢ではしばしば，ありえないものが見えます。鳴きなさい，私の宝物，そして忘れなさい」

しかしその日，その鳥の鳴き声はどこかおかしかった。翌2日間は，あまり鳴かなかった。彼はあまり食べず，やせてしまった。

女王は自分の大切な鳥を心配した。彼女は言った。「私はお前を逃がしません。(3)お前をもう1度歌えるほど幸せにするために，何か他に私ができることはありますか」

しばらくそれについて考えた後，その鳥は答えた。「私は森にいる友人や家族に，メッセージを送りたいです。彼らは私に何が起きたか知りません。おそらく，彼らは私がもう死んでしまっていると思っているでしょう。それか，彼らは私が帰ってくるのを望んでいるかもしれません。少なくとも，私が城に住んでいること，女王によって金の鳥かごに入れられていることを彼らに伝えたい。彼らが真実を知ったら，私は出ていこうと考えるのをやめるかもしれません」

女王はすぐに騎士を呼んで言った。「森に行って(4)あの鳥のメッセージを知らせなさい。そうすれば，私の大切な鳥の友人や家族がそれを聞くでしょう。お前が戻ったら，彼らが彼に知らせがあるかどうか，私たちに教えなさい」

数時間後，騎士は森に到着した。彼は森の中で最も高い木を見つけた。それは鳥たちでいっぱいだった。その中に，女王のものと(5-A)似ている鳥が数羽いた。彼らは枝から枝へとジャンプしていた。彼は「ああ。彼らは女王の青い鳥の家族にちがいない」と言った。

彼は深呼吸をして言った。「聞け。この森を先日出て行った鳥は，今この土地の女王によって飼われている。彼は今，彼女の宝物であり，彼女のために毎日鳴く」　騎士は青い鳥たちから何も聞かなかった。彼は彼らが自分(5-B)を無視したことにイライラした。そして彼は「彼は金の鳥かごから鳴いている！」と付け加えた。

その時，鳥たちのうちの1羽が森の地面に落ちた。彼女は頭と翼を急速に動かした。騎士は怖くなり，後ずさりした。突然，その鳥は動かなくなった。

騎士はひざまずき，両手でその鳥を抱えて言った。「本当にすまない，小さな者よ。私は(6)自由がお前たち空の生き物にとってどれほど大切か，知らなかった。女王の鳥は，自分の状況に既に心を痛めている。ああ，今，私は彼に何を伝えればよいのか」　騎士は非常に気分が悪くなった。彼はその鳥を森の地面に寝かせ，数枚の葉で彼女の体を覆った。

その騎士は気持ちが落ち込み，戻る気になれなかったが，責任感により彼は城へ行った。

「どのような知らせがありますか」と女王が尋ねた。

騎士は首を振った。彼は女王の目も青い鳥の目も見ることができなかった。

「何もない？」と鳥がささやいた。「(7)彼らは私をそんなにすぐに忘れてしまったの？」

「決してそんなことはない！」と騎士は叫んだ。「お前が今，女王のものになっていると私が言った時，鳥たちは関心を向けなかった。しかし私が，お前は鳥かごに閉じ込められていると言うと，1羽の鳥が私の足元に落ちてきた。彼女は頭と翼を素早く動かし，動かなくなって，死んだ。私は彼女を葉で覆ってやることしかできなかった」

「そんな！」と女王の鳥が叫んだ。彼は鳥かごの底に落ち，頭と翼を急速に動かした。そして動かなくなった。

女王と騎士はショックを受けた。女王は鳥かごを開け，その青い鳥を窓へ運んだ。「空気を，彼は新鮮な空気を必要としています！」と騎士が言い，窓を開けた。涼しいそよ風が部屋に入ってきた。

突然，その青い鳥は飛び出し，桜の木の枝の高いところに留まった。「ありがとう，メッセージを伝えてくれた方！」と彼は言った。「あなたのおかげで，私の家族は私に(8)脱出方法を教えることができました」

その後，青と紫の羽毛が舞う中で，女王のかつての宝物は行ってしまった。

(問1)　下線部(1)の直後に Her pleasure「彼女の喜び」とあることから，happy が適切。

重要 (問2)　下線部(2)の前の，鳥が女王に解放してほしいと言い，女王が鳥に鳴きなさいと言うやり取りを指す。

やや難 (問3)　まず Is there anything else「他に何かあるか」とし，その後ろに I can do「私ができる」と続ける。I の前には目的格の関係代名詞が省略されている。to make you happy enough to sing once more「お前をもう1度鳴けるほど幸せにするために」

(問4)　その鳥が伝えたい内容は，下線部(4)の2つ前の文の that I live in a castle and that I am locked in a golden cage by a queen である。

(問5)　(5-A)　look similar to ～「～に似ているように見える」 他の文と時制を合わせ過去形にする。　(5-B)　ignore「～を無視する」 同様に過去形にする。

重要 (問6)　第4段落第1文から freedom「自由」を抜き出す。青い鳥が鳥かごに閉じ込められていると聞いた時，1羽の鳥がショックで地面に落ちてしまった。それほど，鳥にとって閉じ込められて「自由」がない状況は耐え難く，「自由」は鳥たちにとって大切なのだとわかる。

やや難 (問7)　青い鳥は，森の鳥たちが自分のことを忘れてしまったので，何も知らせがないのかと思った。

重要 (問8)　青い鳥は，森で地面に落ちた鳥と同じことをして，鳥かごから出て逃げることができた。よって escape「逃げる」が適切。

重要 (問9)　ウ「青い鳥は悪夢を見た後，以前ほど食べず鳴かなくなった」(○)　エ「青い鳥はメッセージを送ることができれば自分の状況を受け入れられるかもしれないと言った」(○)

やや難 〔問題4〕(和文英訳：不定詞，比較，仮定法，関係代名詞，熟語)

(1)　まず I want to talk to many local people.「私は多くの現地の人たちと話したい」とする。それに「できる限り」 as ～ as possible を加える。

(2)　現在における実現不可能な願望を表す仮定法過去の文にする。〈I wish ＋主語＋過去形～〉「～ならいいのに」の構文で「私たちがもっと大きくてより快適な体育館を持っていたらなあ」と表す。gym「体育館」の繰り返しを避けるために代名詞 one を用いてもよい。

(3)　「眠くならない薬」は関係代名詞を使って「私を眠くしない」と表す。〈make ＋目的語＋形容詞〉「～を…にする」「～がありますか」は「あなたは～を持っていますか」とする。

(4)　〈want ＋人＋ to ＋動詞の原形〉「(人)に～してほしい〉〈help ＋人＋ with ～〉「(人)が～するのを手伝う」「根岸先生から出された」は関係代名詞を使って「根岸先生が私たちに与えた宿題」とする。

★ワンポイントアドバイス★

〔問題3〕の問8は空所に入る最も適切な1語を答える問題。本校では本文から単語を抜き出して答える問題が頻出だが，この問題は抜き出しではないことに注意する。

＜理科解答＞《学校からの正答の発表はありません。》

〔問題1〕 (1) ア，カ　(2) 下図　(3) ① 下図　② a ウ　b イ　c ウ
③ ア （理由） 右端から飛び出した小球は，最高点でも運動エネルギーが0にならず，そのぶん位置エネルギーはA点よりも小さいから。

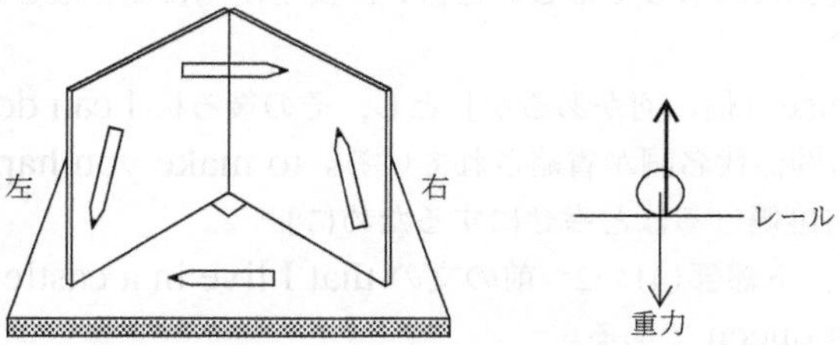

〔問題2〕 (1) A 塩化水素　B 電離　C 電解質　(2) $HCl \rightarrow H^+ + Cl^-$
(3) ① ウ　② カ　③ ケ　(4) 下図　(5) D イ　E 1

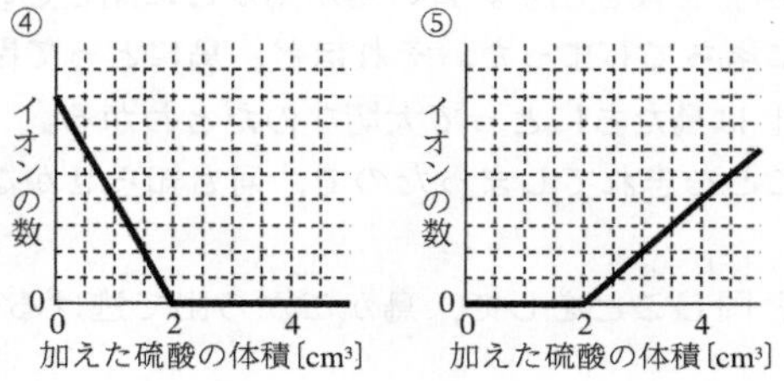

〔問題3〕 (1) イ，エ，カ　(2) ① ア　② ウ　③ 気温　(3) ① 光合成
② 呼吸　(4) ① Bでは，腐葉土の中の生物も呼吸によって二酸化炭素を放出するから。　② （実験） 腐葉土を入れた鉢に植物を入れず黒色の袋でおおい，6時間おいて，前後の二酸化炭素濃度の変化を調べる。　（結果） 二酸化炭素濃度が増加する。　③ Dで腐葉土の中の生物が呼吸によって放出した二酸化炭素が，ほとんど植物の光合成に使われたから。

〔問題4〕 (1) ① C　② A　③ C　(2) 80.6°　(3) 50％　(4) 6515km
(5) ① 90°　② （気温差） 現在よりもずっと大きくなる。　（理由） 太陽の南中高度が，夏至と冬至で90°差になるため，夏の気温は現在よりも高く，冬の気温は現在より低くなるから。

○推定配点○

〔問題1〕 各3点×5((3)②，(3)③各完答)　〔問題2〕 (4)・(5) 各2点×4　他 各1点×7
〔問題3〕 (4) 各3点×3(②完答)　他 各1点×6　〔問題4〕 (1) 各1点×3
他 各2点×6　計60点

＜理科解説＞

〔問題1〕（物理総合－電流回路，光の反射，物体の運動）

(1)　抵抗が並列つなぎになると，全体の抵抗は小さくなる。そのため，回路全体の抵抗は，図1に比べて図2の方が小さい。電源の電圧は同じなので，図2の方が電流が大きい($I_1<I_2$)。また，図1でV_1は電源電圧の半分だが，図2では，並列でない部分よりも並列部分の抵抗が小さいので，V_2は電源電圧の半分より小さい($V_1>V_2$)。

(2)　問題の図3は斜め上から見ているが，考えやすいように真上から見たようすが右図である。鉛筆はまず左右の鏡に映る。さらに，右側の像が左の鏡に，左側の像が右の鏡に映るが，これらは一致する。その結果，3つの像が見られる。これを，斜め上から見た図にすればよい。

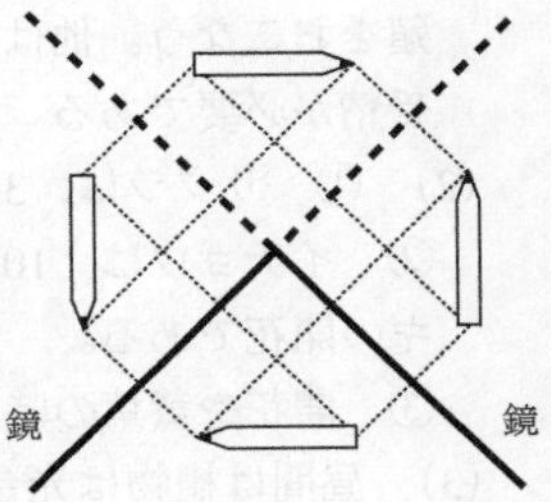

(3)　①　Yを通過中の物体では，上下方向に，下向きにかかる重力と，上向きにレールが小球を押す力(垂直抗力)がつりあっている。左右方向には等速直線運動をしており，力ははたらいていない。

②　XとZは同じ高さにあるので，小球の持つ位置エネルギーは等しい。力学的エネルギーが保存するので，運動エネルギーも等しい。また，XとZではどちらも，小球には重力と，レールが小球を垂直に押す力がはたらいており，その合力は斜面に沿った下向きとなる。Zの方が傾きが大きいため，合力の大きさもZの方が大きい。

重要　③　図4のように小球が右端で静止する場合は，小球は初めと同じ高さまでのぼる。しかし，図5では，小球が右端から飛び出して最高点に達した瞬間でも，右向きに動き続けている。そのときの運動エネルギーは0ではない。よって，最高点での位置エネルギーはA点で持っていたよりも小さく，最高点の高さもA点より低い。

〔問題2〕（中和－2種類ずつの酸とアルカリ）

(1)・(2)　塩酸は気体の塩化水素HClの水溶液である。塩化水素は水溶液中では水素イオンH^+と塩化物イオンCl^-に電離している。このように，水溶液中でイオンに分かれる物質を電解質という。

重要　(3)　水酸化ナトリウムは，水溶液中で$NaOH \rightarrow Na^+ + OH^-$のように電離している。これらは，水溶液中に最初から存在している。塩酸が加わると，OH^-がH^+と結びついて水H_2Oができるため，OH^-の数は減少していきやがて0になる。H^+の数は，OH^-が残っている間は0のままだが，OH^-がなくなると増加を始める(カ)。Na^+とCl^-は，水溶液中では結びつくことなく電離したままなので，Na^+の数はずっと変化せず(ウ)，Cl^-の数は加えたぶんだけ増加していく(ケ)。

やや難　(4)　初めの実験結果を見ると，同じ水酸化ナトリウム水溶液$2cm^3$を中和するのに，塩酸は$2cm^3$，硫酸は$1cm^3$必要であり，塩酸と硫酸の体積比は2：1である。次に，水酸化バリウム水溶液$1cm^3$を中和するのに，塩酸は$2cm^3$必要だから，硫酸ならば$1cm^3$必要である。よって，操作2では，水酸化バリウム水溶液$2cm^3$を中和するので，硫酸は$2cm^3$必要である。

また，塩酸$2cm^3$に含まれるH^+の数と硫酸$1cm^3$に含まれるH^+の数が同じなので，硫酸$2cm^3$に含まれるH^+の数はその2倍である。同様に，水酸化バリウム水溶液$2cm^3$に含まれるOH^-の数は水酸化ナトリウム水溶液$2cm^3$に含まれるOH^-の数の2倍である。このことから，H^+やOH^-の数の変化は(3)のグラフの2倍を考えることになる。

さらに，Ba^{2+}とSO_4^{2-}は，水溶液中で結びついて沈殿するので，SO_4^{2-}の数は中和するまでは0のままで，その後に増え始める。硫酸の電離は，$H_2SO_4 \rightarrow 2H^+ + SO_4^{2-}$なので，$SO_4^{2-}$の数は$H^+$の数の半分である。以上を踏まえてグラフを作成する。

(5)　塩酸$1cm^3$と水酸化ナトリウム水溶液$1cm^3$が中和するので，水酸化ナトリウム水溶液$1cm^3$が余る。また，(4)で考えたように，水酸化バリウム水溶液3cm^3と硫酸は3cm^3が中和するので，硫酸1cm^3が余る。余っているものどうしの組合せでは，水酸化ナトリウム水溶液2cm^3と硫酸が1cm^3が中和するので，加えるべきは水酸化ナトリウム水溶液1cm^3である。

〔問題3〕（生態系ー呼吸と光合成）

(1)　ヒドラは池などにすむ刺胞動物で，親の体から子が芽を出すように生まれる出芽によって殖える。アメーバは1つの個体が2つに分裂する。ベンケイソウは葉から他の個体が出てくる栄養生殖をおこなう。他は有性生殖である。ミミズは雌雄同体だが，単独では生殖できず，他の個体と受精が必要である。

(2)　①　サクラは，3月下旬～4月に，暖かい地方から順に開花する。

②　イチョウは，10月～12月に，寒い地方から順に黄葉する。なお，イはウメの開花，エはススキの開花である。

③　開花や黄葉の時期は，主に気温の上昇や低下に関連している。

(3)　昼間は植物は光合成と呼吸をともに行うが，光合成の方が量が多いため，全体として二酸化炭素を吸収している。夜間は呼吸のみをおこなうので，二酸化炭素を放出する。

重要　(4)　①　AとBのちがいは，Bが鉢の腐葉土まで含んでいることである。腐葉土の中には，小動物や菌類，細菌類などが生息しており，それらの呼吸によって二酸化炭素濃度が上昇する。

②　植物を入れずに，腐葉土を入れた鉢だけで，問題の手順1～4と同じ実験をすればよい。二酸化炭素の濃度が上昇すれば，土の中の生物が呼吸していることが確かめられる。最初の実験のBの値とAの値の差だけ上昇することが予想される。

③　DはBと同様に，鉢の腐葉土の中の生物の呼吸により，二酸化炭素が放出されているが，植物がそのほとんどすべてを光合成のために消費したため，二酸化炭素の濃度は検知できないくらい小さかったと考えられる。

〔問題4〕（地球の自転と公転ー太陽の南中高度と季節）

(1) ①　北半球の冬至では，北に行くほど太陽の南中高度が低い。

②　太陽は東からのぼり西に沈むため，より西にある地点ほど南中時刻が遅い。

重要　③　一年のうちの昼の長さは，赤道はつねに12時間であり，北極は0時間～24時間で変化する。つまり，北に行くほど変化が大きい。最も北にあるC地点は，冬至の昼の長さが最も短く，夏至の昼の長さが最も長い。

(2) 冬至の太陽の南中高度は，春分よりも23.4°低い。また，夏至の太陽の南中高度は，春分よりも23.4°高い。つまり，夏至と冬至では，46.8°の差がある。よって，33.8＋46.8＝80.6°となる。

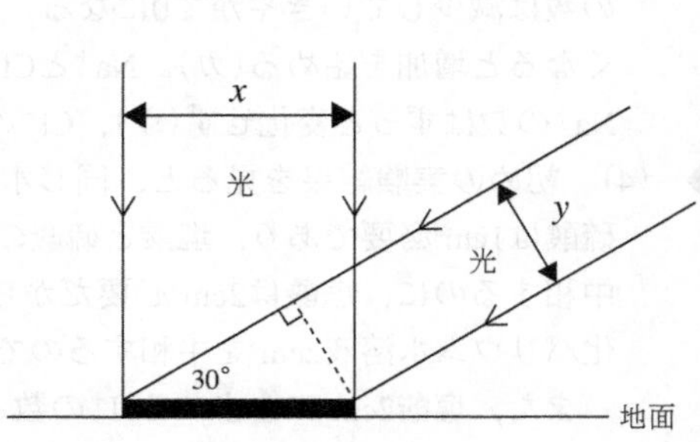

やや難　(3)　水平な地面の一定の面積に当たる光の量を右図のように比べる。南中高度が30°のときの光の量(右図のy)は90°のときの光の量(右図のx)の2分の1である。

(4)　C地点とE地点の太陽の南中時刻が同じなので，両地点はちょうど南北に並んでおり，同じ経線上にある。両地点の太陽の南中高度の差は，31.0－26.9＝4.1°である。これは，両地点の緯度差が4.1°であることを示す。よって，地球の半径をR〔km〕とすると，460：2πR＝4.1：360となり，π＝3.1として解くとR＝6514.5…で，四捨五入して6515kmとなる。

(5)　①　北緯45°のF地点での春分の太陽の南中高度は，90－45＝45°である。地軸の傾きが45°になると，夏至の太陽の南中高度は春分より45°高くなるので，45＋45＝90°となる。

② 北緯45°のF地点での冬至の太陽の南中高度は45－45＝0°となる。つまり，一年のうちで太陽の南中高度が0から90°まで大きく変化する。これは，いわば夏は赤道，冬は北極の環境になることを意味する。現在よりも夏の気温は上昇し，冬の気温は低下するため，一年のうちでの気温差は現在よりもはるかに大きくなり，人類や生命が生きていくことが難しくなる。地球が生命豊かな惑星なのは，地軸の傾きが大き過ぎなかったのも幸運であった。

★ワンポイントアドバイス★

大問ごとに問われる内容が深まり，描図や文記述の設問が増加した。よく考え，よく書く学習を心がけよう。

＜社会解答＞ 《学校からの正答の発表はありません。》

〔問題1〕 問1 (1) イ・ウ (2) ウ 問2 イ 問3 (地図) B
(理由) (例) メルカトル図法を用いて作成される世界地図では，高緯度ほど実際の距離が拡大されて表現されるから。

〔問題2〕 問1 カ 問2 サ 問3 シ 問4 (例) 農家一戸あたりの茶園面積が広く，平坦な茶園が大半を占めるため，機械化が進んでいる。また，一年に茶葉を収穫する回数も多いから。

〔問題3〕 問1 (1) A (例) 本人の能力とは無関係の有力者による推薦制であった
B (例) 試験を課すことにより本人の能力を確認する (2) エ (3) イ・ウ
(4) ア (5) イ 問2 (1) イ・オ (2) ウ

〔問題4〕 問1 イ 問2 ウ 問3 (1) ウ (2) (例) ポーツマス条約に反対する民衆が起こした日比谷焼打事件。 問4 ウ 問5 ウ

〔問題5〕 問1 (1) ア (2) ア (3) エ 問2 (1) 擁護 (2) ウ

〔問題6〕 問1 600(パック) 問2 (1) (経子さん) 54,000(円) (済くん) 20,000(円)
(2) (例) 販売できるたこ焼きのパック数が増えるだけでなく，1パックあたりのレンタル料がそれだけ下がるから。 問3 ア カルテル イ 公正取引(委員会)
問4 ウ

○推定配点○

〔問題1〕 問3 4点(完答) 他 各2点×3(問1(1)完答) 〔問題2〕 問4 4点
他 各2点×3 〔問題3〕 問1(1) 各3点×2 他 各1点×6(問1(3)，問2(1)各完答)
〔問題4〕 問3(2) 3点 他 各1点×5 〔問題5〕 問2(1) 2点 他 各1点×4
〔問題6〕 問2(2) 6点 問3 各2点×2 他 各1点×4 計60点

＜社会解説＞

〔問題1〕 (地理－アフリカ州の地誌，世界の貿易，図法など)

問1 (1) イ アフリカ州には，熱帯，乾燥帯，温帯は存在するが，亜寒帯(冷帯)は存在しない。ウ サハラ砂漠よりも南の国では，フランス語を使用している国が多い。スペイン語を使用している国が多いのは南アメリカ州。(2) Yは，ケニアの首都ナイロビ。標高1600m前後の高原に位置し，月別平均気温は年間を通して20℃前後である。また，ケニアでは高原地域を中心に茶の

栽培が盛んで，2020年現在，中国，インドに次ぐ世界第3位の茶の生産国である。なお，Xはコートジボワールのアビジャンで，C・Eの組合せ，Zは南アフリカ共和国のケープタウンで，B・Dの組合せである。

やや難 問2 2001年では，多くの国において，アメリカ合衆国が最大の輸出相手国であった。一方，2020年では，多くの国において，中国が最大の輸入相手国である。また，ヨーロッパでは，ドイツを最大の輸出相手国，輸入相手国としている国が多い。

重要 問3 メルカトル図法は，オランダ人メルカトルが1569年に考案した図法。経緯線は平行な直線で，互いに直交し，距離・面積は高緯度ほど拡大される。図Vでは，右下に示されている縮尺の200mが，AよりもBが長くなっている。このことから，Aに比べBが高緯度の地域を示していると考えられる。

〔問題2〕（地理―日本の気候，環境問題，農業など）

基本 問1 Zは香川県高松市で，年中温暖で少雨の「瀬戸内の気候」に属する。よって，表Ⅰでは，A～Cで最も気温が高いB，図Ⅱでは，P～Rで最も降水量が少ないRを選択する。なお，Xは富山市で，A・Pの組合せ，Yは長野県飯田市で，C・Qの組み合わせである。

問2 愛知県は自動車工業を中心に工業が盛んで，都道府県別の工業出荷額では全国一である。よって，産業部門の二酸化炭素排出量が多いAである。東京都は人口が約1,400万人と，47都道府県中，突出して人口が多い。よって，家庭部門の排出量が多いBである。残った岐阜県と静岡県では，静岡県の方が人口，工業出荷額がともに多い。よって，Cが静岡県，Dが岐阜県である。

問3 日本は主要国に比べて外国人観光客が少なかったが，政府は2003年からビジット・ジャパン・キャンペーンを開始した。アニメなどを通じた日本への関心の高まりやアジアの人々の所得が増えたこともあって訪日外国人数が急増し，2003年の521万人から2016年には2404万人となり，2019年には過去最多の3188万人となった。しかし，2020年以降，コロナ禍によって日本への入国が制限され，ほとんどの外国人観光客は入国できなくなった。よって，2019年まで急増し，その後激減したDが訪日外国人旅行者数である。一方，コロナ禍によって，外出が自粛されることになり，自宅にいながら買い物ができる通信販売市場の売上高は，2019年以降，増加が加速した。よって，Cである。なお，Aは東京都総人口，Bは出国日本人数である。

重要 問4 表Ⅲから，鹿児島県は，1茶栽培農家あたり茶園面積が静岡県の2.5倍とかなり広いことが読み取れる。表Ⅲの茶園面積と，資料Ⅰの摘採延べ面積から，茶を収穫した回数は，静岡県が2回ほど，鹿児島県が3回ほどであることが読み取れる。また，資料Ⅱから，静岡県の茶園の15％ほどが傾斜度15度以上であるのに対し，鹿児島県の茶園の99.6％が傾斜度5度未満の平坦な茶園であることがわかる。

〔問題3〕（日本と世界の歴史―政治史，社会史，文化史など）

問1 (1) 音羽さんの「まとめ」から，漢，魏，唐の時代の「選挙」は，有力者による推薦によるもので，本人の能力ややる気を考慮したものでなく，一種の縁故採用であったことがわかる。一方，宋の時代の「選挙」は完全な実力主義で，縁故が入り込むことがないような工夫もされていたことがわかる。 (2) 冠位十二階は，聖徳太子が制定した日本で最初の冠位制度。従来の氏姓による政治的地位の世襲を打破するため，個人の能力により位階を授与し，また昇進させて，優秀な人材を登用しようとした。 (3) 隋の成立は581年。イ バビロニアのハンムラビ王がハンムラビ法典を制定したのは紀元前18世紀。 ウ ローマ帝国が，共和政から強力な権力を持った皇帝による政治(帝政)に移ったのは紀元前27年。なお，アは1526年，エは1457年，オは698年である。 (4) 徳川綱吉は江戸幕府5代将軍。治世初期は大老堀田正俊の補佐を受け，朱子学を官学(幕府の学問)とし，湯島に孔子を祀る聖堂を建立するなど文治政治を推進した。 イ 朱子学ではなく，国学。　ウ　田沼意次ではなく，松平定信。　エ　朱子学は，町人などにも浸透した。（5）W　資料から，女性が先生となり，女性を含む生徒に教授していることが読み取れる。　Z　和算は中国伝来の数学から発達した日本独自の数学。吉田光由，関孝和らにより，西欧数学の水準まで高められ，寺子屋などでも教授された。

重要　問2　（1）イ　室町時代になると，禅宗の寺院の様式を武家の住居に取り入れた書院造が発達した。絵画では，宋や元で盛んであった墨一色で自然などを表現する水墨画が，禅宗の僧を中心に描かれ，また龍安寺の石庭(枯山水)のような，石や木をたくみに配置した庭園がつくられた。
オ　織田信長は，1571年，敵対する朝倉義景，浅井長政についた比叡山延暦寺を焼き討ちにし，当時の人々に衝撃を与えた。　ア　一遍ではなく，日蓮。ウ　道元ではなく，親鸞。エ　唐招提寺ではなく，金剛峯寺，東寺。唐招提寺を開いたのは鑑真である。　（2）日記中の妍子は，藤原道長の娘で，三条天皇の皇后。藤原氏は，当時，自分の娘を次々に天皇のきさきとし，次の天皇が幼いときは摂政，成人してからは関白として政治の実権を握った。このような藤原氏の政治を摂関政治という。

〔問題4〕（日本の歴史―明治時代～昭和時代）

やや難　問1　1871年，明治政府は廃藩置県を断行し，全国の知藩事を罷免し，中央から府知事・県令を派遣した。

やや難　問2　四民平等は，明治政府の開明性をアピールするためのスローガン。従来の士農工商の身分差別を廃止し，1870年平民の苗字許可，1871年平民と華族・士族間との通婚を許し，職業や移転の自由を認めるなどした。

問3　（1）①　資料Ⅰ中の『「国家の主権は人民にあり」という危険なる学説』という記述に注目し，「誤」である。　②　資料Ⅱ中の「民衆が政治上において1つの勢力として動くという傾向の流行するに至った」という記述に注目し，「正」である。　（2）1905年9月5日，ポーツマス条約に賠償金に関する条項がないなど屈辱的であるとして，東京の日比谷公園で講和反対国民大会が開かれ，条約破棄を叫んで人々が暴動化し，警察署・内相官邸や政府系の新聞社などを襲った(日比谷焼打事件)。

問4　単独講和は，アメリカ合衆国，ソ連が対立し，妥協できない状況では，一部の国と太平洋戦争終結のための平和条約を締結するのもやむなしとする，政府・保守派の主張。実際，1951年に締結されたサンフランシスコ平和条約は，ソ連や中華人民共和国などを除く連合国48か国との間に結ばれた。

やや難　問5　資料はイギリスの首相サッチャー(在職1979～1990年)の発言。サッチャーの経済政策はサッチャリズムとよばれ，小さな政府を追求し，国有企業の民営化，金融・証券改革など，政府の規制緩和，労働運動の制限などを押し進めた。

〔問題5〕（公民―日本国憲法，日本の政治のしくみなど）

重要　問1　（1）日本国憲法第21条第2項は，通信の秘密を保障しているが，これも絶対無制限のものではなく，公共の福祉の要請に基づく場合には，必要最小限の範囲でその制約が許されると解釈される。組織的な犯罪の捜査に関しては，通信傍受法により，令状に基づいた通信の傍受が認められている。　イ　日本国憲法第21条第2項は，検閲を禁止している。　ウ　不当な差別的言動を規制するため，「ヘイトスピーチ規制法」が制定されている。　エ　公共の福祉に反しないかぎり，国の許可は不要である。　（2）労働時間についての最低基準は，労働基準法，賃金についての最低基準は最低賃金法によって定められている。　イ　社会権ではなく，請求権。　ウ　社会権ではなく，自由権。　エ　社会権ではなく，請求権。　（3）日本国憲法第60条第1項は，「予算は，さきに衆議院に提出しなければならない。」と明記している。　ア・ウ　日本国憲法第60条第2項は，「予算について，参議院で衆議院と異なった議決をした場合に，法律の定めるところにより，両議院の協議会を開いても意見が一致しないとき，又は参議院が，衆議院の可決した予算を受け取った後，国会休会中の期間を除いて30日以内に，議決しないときは，衆議院の議決を国会の議決とする。」と明記している。　イ　公聴会ではなく，両院協議会。

問2　(1)「擁護」は，侵略や危害を受けないように，かばって守ること。日本国憲法第99条は，天皇，摂政，国務大臣，国会議員，裁判官，公務員に対し，憲法擁護義務を定めている。

(2)　機械的に設置場所を決めるのでなく，話し合いによって決めるのが「手続きの公正さ」を最も満たしていると考えられる。

〔問題6〕（公民ー経済のしくみ，寡占など）

問1　3万8千円の利益を出すために売らなければならないたこ焼きのパック数をPとすると，(180×P)－(100×P＋10,000)＝38,000(円)。これを解くと，P＝600。

やや難　問2　(1)　経子さん：(180×800)－(100×800＋10,000)＝54,000(円)。済くん：(200×300)－(100×300＋10,000)＝20,000(円)。　(2)　経子さんがプランAを選択すると，その利益は，(200×500)－(100×500＋10,000)＝40,000円。(1)で確認したように，経子さんがプランBを選択すると，その利益は54,000円。プランBの方が14,000円ほど利益が多くなる。これは，プランBの方が，売れるたこ焼きのパック数が300多いことと，売るほどレンタル代の負担が小さくなるからである。

基本　問3　ア　カルテルは，同一産業の複数の企業が，高い利潤を確保するために価格や生産量・販路などについて協定を結ぶこと。現在の日本では独占禁止法で原則として禁止されている。

イ　公正取引委員会は，独占禁止法の目的を達成するために設置された行政委員会。大企業の合併を審判したり，価格協定の破棄勧告，過大景品の排除命令などを出すことにより独占的企業の行動を規制し，公正取引の確保をはかっている。

問4　寡占市場は，一つの市場で，少数の企業が生産や販売の大部分を占め，市場を支配している場合をいう。そうした企業は，市場で決まる価格に応じて生産量を調整するのではなく，自ら価格や生産量を決定し，その結果，消費者は不当に高い価格で商品を購入せざるを得なくなることがある。

★ワンポイントアドバイス★

グラフや表，史料を多用した深い考察力が必要な問題が多い。しかし，ヒントは必ず示されている。ヒントを見逃さないようにすることが大切である。

＜国語解答＞《学校からの正答の発表はありません。》

〔問題一〕　問一　ウ　　問二　エ　　問三　(1)　(例)　その文学作品がいつどのように書かれ，どのような形で読者に提供されたかを知ること。　(2)　ア

問四　(例)　作家が「頭の中」で考えていたことを推し量り，自分の「頭の中」で再構成しながら読むようなこと。　問五　イ　　問六　a　筋　　b　際限　c　境地　　d　誤記

〔問題二〕　問一　閉ざされた土地　　問二　ウ　　問三　ア　　問四　エ

問五　(例)　農地の所有者でない者が耕作しているところ

問六　(例)　休耕地を耕し野菜を作っている自分を一人前になるよう励ましながら

も，力不足な自分を気づかうものだと思っていることがわかる。
問七　ウ　　問八　a　ウ　　b　イ　　c　エ

○推定配点○
〔問題一〕　問一・問二　各3点×2　　問六　各1点×4　　他　各5点×4
〔問題二〕　問一～問四　各3点×4　　問八　各1点×3　　他　各5点×3　　計60点

＜国語解説＞

〔問題一〕（論説文―大意・要旨，内容吟味，文脈把握，指示語，漢字の読み書き，要約・説明）

問一　傍線部①は，同じ段落の「モナリザのような絵」についていっており，「絵とそれを伝える媒体とが同一物であり，そのもの自体が『芸術作品』といえ」るとも説明している。これに対し，ウの「再建したもの」は「歴史的建造物」と「同一物」ではないので，適切でない。ア・イ・エは傍線部①の「最初の姿・形をどれほど変形させ，そこなっているとしても同じ物」なので，適切である。

問二　傍線部②は，直前の段落の「シェイクスピアが書いた自筆の原稿」だけでなく，「初期版本」や「全集や文庫本」までもがなくなってしまう事態のことを指示している。「自筆の原稿」「初期版本」「全集や文庫本」を「作品の本文を記す媒体」と言い換えているエが最も適切。直前の文に「なくなってしまう」とあるので，アとエにしぼる。筆者は，アの「保存する手立てがなくなる」事態を言っているわけではないので，エを選ぶ。

やや難　問三　(1)　傍線部③の「文学作品のもとをただし」について，直前の段落で「漱石ほどに存在感のある作家の作品であれば，それがいつどのように書かれ，どのような形で読者に提供されたか――それは文学作品の『もとをただし』，『過去とのコミュニケーション』につとめること」と同様の表現を用いて説明している。この部分の一つ目の「それ」を，「文学作品」などの語に置き換えてまとめる。(2)　筆者は，一つ前の段落で文学理論から作者を切り離して考えることに異議を唱え，直前の段落で「作者に密着した作品の考察」の重要性を述べている。傍線部③はこの内容を受けているので，「作品と作者の関係は本来的に密着したもの」と説明しているアが最も適切。イの「作品が世に出たときに見出された価値や存在感」は，作者と作品の関係をふまえていない。ウは「有効な方法」で得られた結果であって，理由ではない。傍線部③の「将来どのような状況が生じようとも」は，エの「将来的に作品の社会的価値を高める」ことではない。

問四　傍線部④「作品を『発見』する」について，直前の段落で「この手紙を読むことと，『無形で抽象的な』文学作品を作者の頭の中から『発見』することとの間に」「本質的な違い」はないと述べているので，一つ前の段落の「手紙」の「発見」について述べている部分に着目する。「その人が『頭の中』で考えていたことを推し量り，『発見』しながら読んでいないでしょうか。『書かれたままの形』には特にこだわらないで，自分の『頭の中』でそっと再構成しながら，読んではいないでしょうか」の部分をもとに，「～ようなこと。」に続く形で説明する。

重要　問五　「この手紙を読むことと」で始まる段落で「この手紙を読むことと，『無形で抽象的な』文学作品を作者の頭の中から『発見』することとの間に」「本質的な違い」はないと述べている。この内容に，「手紙と文学作品」を「対立要素のある例」とするイが，適切でない。「なぜこんなことを」で始まる段落で，筆者の意見とは異なる文学理論を主張する者の存在に言及しているので，アは適切。「では，ハムレットの方はどうでしょうか。」や「次の『本屋』はどうでしょう。」などの表現に，ウも適切。モナリザとハムレット，手紙と文学作品などの具体的な事例を挙げて根拠としているので，エも適切。

問六　a　音読みは「キン」で，「筋骨」「鉄筋」などの熟語がある。　b　限界のこと。「際」の訓読みは「きわ」。　c　ここでは，領域の意味で用いられている。「境」の他の音読みは「ケイ」で，訓読みは「さかい」。　d　書き誤りのこと。

〔問題二〕（小説―情景・心情，内容吟味，文脈把握，語句の意味，要約・説明，書き抜き）

基本　問一　傍線部①の「ふだん人がやって来るところではない。」と，後の「今はここへはだれもやって来ない。」とが重なる。直後の「閉ざされた土地と言ってもいい。」に着目する。

問二　直後の文の「人口の約四割以上が六十五歳以上であり」から，ウの「老人」と出会うことが「めずらしいことではない」とわかる。他の選択肢は，「見知らぬ老人」について述べるものではない。

問三　あとの「ここで，なにしとる？」「だれに断って，鍬入れてんだって聞いてんだ？」「休耕地だったって，ことだべ」「ともかく，まずいんだわ」という老人の言葉に着目する。休耕地を耕されては「まずい」という内容を述べているアが最も適切。文哉は「帽子を脱いで挨拶し直した」ので，イの「失礼なやつだ」は合わない。老人は，ウの「うまくいかないだろう」や，エの「素人っぽい」と言いたいのではない。

問四　前の「けど，ここって，長いあいだ畑として使われてなかったんですよ……木まで何本も生えちゃって草ボーボーだったわけです」という文哉の言葉を聞いて，「老人の声が沈んだ」というのであるから，農業に携わる老人自身も農地が使われず荒れていたことを残念に思っていたことが伺える。この老人の気持ちを理由としているエが最も適切。老人の言動からは，アの「穏やかに説得しよう」とする様子は読み取れない。前の文哉の言葉は，イの「農家として生きていく覚悟がない」ものではない。ウに通じる描写はない。

やや難　問五　後の「農地ってもんはな，農家のもんしか使えんのさ」という老人の言葉の根拠となる部分を，「農地法」の「第一条」から探す。「耕作者自らによる農地の所有が果たしてきている重要な役割」をふまえて，農地を所有している者しか耕作できないという内容を簡潔にまとめる。

やや難　問六　幸吉や和海の言葉は，文哉の作った野菜をほめるものであるが，味見を頼んだのは「できのよかった野菜」であることや「文哉君がつくったなら，喜んで食べますよ」「え，こんなに？いやいや，ありがたくちょうだいするよ」などの言葉から，文哉の野菜はまだ商品となるようなものではないことが読み取れる。幸吉や和海の言葉は，農家に憧れて休耕地を耕し野菜を作ろうとしている文哉を一人前になるよう励ましながらも，力不足な文哉を気づかったものである。この「文哉」を「自分」などの語に置き換え，文哉が思っていることとなるようにまとめる。

重要　問七　傍線部⑧の「ひねくれた思い」は，直前の「――どうせ，おれはよそ者なんだ。」を意味する。老人と出会ったときの「まあ，それにちかいです。人に買ってもらうものは，まだなかなか……」という言葉や「今はまだ幸吉に頼りきりだが，将来は自分でも負けないような作物を手がけたいと思っていた」という描写から，文哉は自分の力不足を自覚しながらも将来に対する希望を抱いていたことがわかる。農業委員の老人によって「喜びを与えてくれた自分の畑が奪われてしまう。いや，自分の畑ですらない。資格すらないと，宣告されてしまった」とあるが，この「資格すらない」が文哉の心を傷つけている。「資格すらない」と言われたことを，「おれはよそ者」だからと「ひねくれ」て思っていると述べているものを選ぶ。「資格すらない」を力不足である自分のふがいなさに，「おれはよそ者」を「疎外感」と言い換えているウが適切。「――どうせ，おれはよそ者なんだ。」から，アの農業委員の老人に対する怒りは読み取れない。文哉は，イの「正当性を上手に説明できなかった」ことを悔しく思っているわけではない。「耕作を止められた」のは「制度上の理由」によるもので，「排他的な地域住民」のせいではないと文哉は察しているので，エも適切ではない。

問八　a 「こいちじかん」と読む。「小」は，数詞に付き，わずかに及ばないがその数字に近いという意味を表す。　b　まったくだめだというわけではない，また，かなりよいという意味がある。　c 「裾」は衣服にとって重要な部分ではないことからできた言葉。

★ワンポイントアドバイス★

記述式の問題には十分な時間が必要となる。指定字数や解答欄の大きさにあうように，過不足なくまとめあげよう。

MEMO

大切なことはメモしておこうネ！

2022年度

★★★★★★★★★★★★★★★★★★★★★★★

入　試　問　題

2022年度

筑波大学附属高等学校入試問題

【数　学】（50分）〈満点：60点〉

【注意】 円周率を必要とする計算では，円周率はπで表しなさい。

〔問題１〕　自然数nについて，n，n^2，n^3，n^4，n^5，…の一の位の数だけを取り出して並べたとき，一の位の数が循環する個数を$\langle n \rangle$で表す。

例えば$n = 2$の場合，

$2^1 = 2$，$2^2 = 4$，$2^3 = 8$，$2^4 = 16$，$2^5 = 32$，…

のように，一の位の数が2，4，8，6，2，…という並びになり，2，4，8，6の4個の数が循環するので，$\langle 2 \rangle = 4$である。

また，$n = 1$の場合，

$1^1 = 1$，$1^2 = 1$，…

となるので，$\langle 1 \rangle = 1$である。

このとき，次の①～④の［　　］にあてはまる数を求めなさい。

（１）$\langle 18 \rangle =$［　①　］である。

（２）$\langle n \rangle = 1$となる自然数nを5つ示すと，

$n =$［　②　］

である。

（３）$\langle n \rangle = \langle n^2 \rangle$を満たす133以下の自然数は，全部で［　③　］個ある。

（４）$n^2 - 10\langle n^2 \rangle n + 24\langle n \rangle = 0$を満たす自然数$n$をすべて求めると，

$n =$［　④　］

である。

〔問題２〕　下の図のように，線分ABを直径とする半円Oの$\overset{\frown}{\mathrm{AB}}$上に，$\overset{\frown}{\mathrm{AC}} = 2\overset{\frown}{\mathrm{BD}}$となるような2点C，Dをとり，直線AB，CDの交点をEとする。

AB＝10 cm，BE＝8 cmであるとき，次の⑤～⑦の［　　］にあてはまる数を求めなさい。

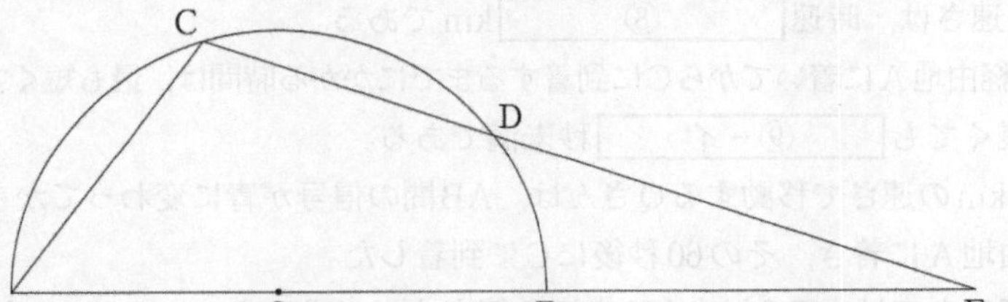

（１）線分BCの長さは，

BC＝［　⑤　］cm

である。

（2） 線分BDの長さは，

BD＝［　⑥　］cm

である。

（3） △OCDの面積は，［　⑦　］cm^2である。

〔問題３〕 下の図のように，AB＝DC＝6 m，AD＝BC＝12 mの横断歩道が設置されている交差点がある。歩行者用信号機は，

（ⅰ）AB間，DC間を渡る歩行者用：青60秒，青の点滅5秒，赤55秒

（ⅱ）AD間，BC間を渡る歩行者用：青25秒，青の点滅10秒，赤85秒

をそれぞれ繰り返す。（ⅰ）（ⅱ）のいずれか一方が青または青の点滅のときは，もう一方は赤であり，（ⅰ）（ⅱ）のいずれもが赤である時間は毎回10秒である。

それぞれ一定の速さで移動するPさん，Qさんは，ある地点XからAを経由し，横断歩道を2回渡ってCに行く。経由地Aにおいて信号待ちとなることもあり得る。A，B，Dの各地点において，信号機が青のときには直ちに横断歩道を渡り始めるが，青の点滅や赤のときには渡り始めないものとする。

このとき，次の⑧～⑩の［　　　］にあてはまる数を求めなさい。

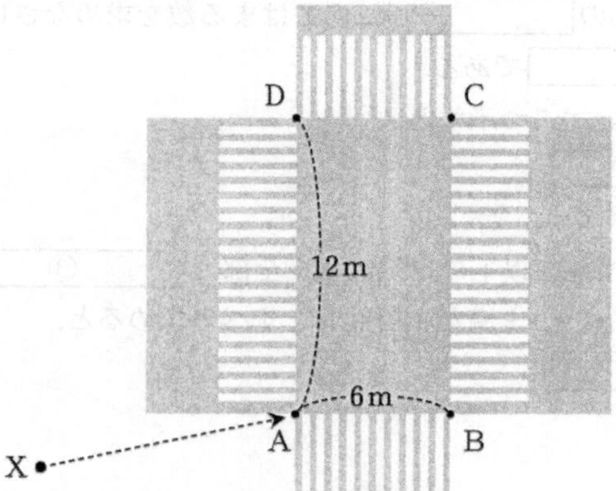

（1） Pさんは，横断歩道を渡り始めると同時に青の点滅が始まった場合，青の点滅が終わると同時にその横断歩道を渡り終えることができる。

Pさんの速さは，時速［　⑧　］kmである。

（2） Pさんが経由地Aに着いてからCに到着するまでにかかる時間は，最も短くて［　⑨－ア　］秒，最も長くても［　⑨－イ　］秒未満である。

（3） 時速7.2 kmの速さで移動するQさんは，AB間の信号が青に変わってから［　⑩　］秒後に経由地Aに着き，その60秒後にCに到着した。

⑩の空欄にあてはまる0以上120未満の値をすべて求めよ。

〔問題４〕　下の図のように，底面の円の半径が3 cmの円柱がある。線分ABは底面に垂直で，AB=4 cmである。

点PはAを出発して，Aを含む円周上を時計回りに一定の速さで動いて1周し，点QはPと同時にBを出発して，Bを含む円周上を反時計回りに一定の速さで動いて1周する。P，Qはいずれも，円周上を1周した時点で停止する。

Pが出発してx秒後（$x>0$），線分PQは底面と垂直になり，垂直になった16秒後にPはAに到着した。さらに，PがAに到着した20秒後に，QはBに到着した。

このとき，次の⑪～⑬の［　　　］にあてはまる数を求めなさい。

（１）　$x=$［　⑪　］である。

（２）　Pが出発して20秒後，△PBQの面積は，［　⑫　］cm^2である。

（３）　Pが出発して15秒後，4点A，B，P，Qを頂点とする四面体の体積は，［　⑬　］cm^3である。

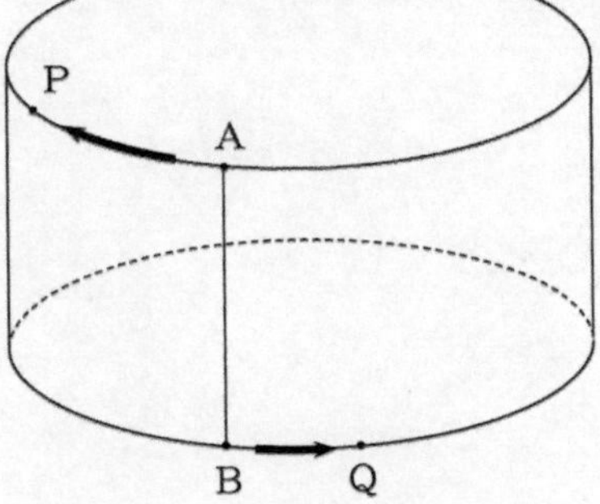

〔問題５〕　正誤問題20問，100点満点のテストを実施した。各問を，正答は5点，正答以外は0点で採点して合計し，その結果を箱ひげ図にまとめたものが下の図である。

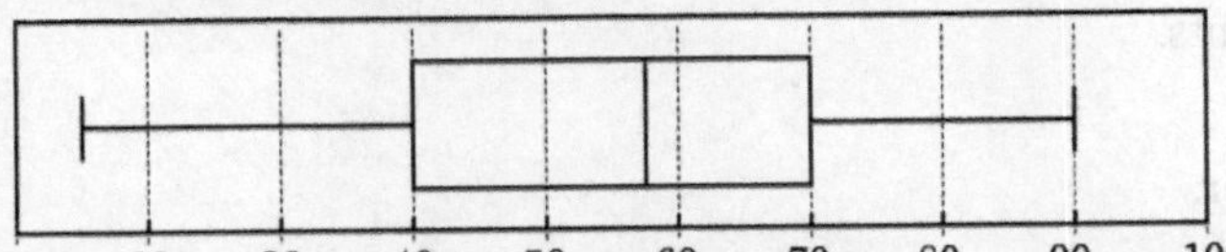

このとき，次の⑭，⑮，⑰の［　　　］にあてはまる数を求め，⑯の解答欄では適する方に○をつけ，その理由を述べなさい。

（１）　このデータの四分位範囲は，［　⑭　］点である。

（２）　データの個数が8のとき，平均値は［　⑮　］点である。

（３）　データの個数が12のとき，平均値が中央値より大きくなることはあり得るか，それともあり得ないか。⑯の解答欄で「あり得る」，「あり得ない」の適する方に○をつけ，その理由を述べなさい。

（４）　データの個数が4の倍数であるとき，データの個数がどれだけ大きくても平均値がa点以上となることはない。

aにあてはまる最小の自然数は，［　⑰　］である。

【英　語】（50分）〈満点：60点〉

〔問題1〕放送の指示にしたがって答えなさい。

例題　ア　A CD.
　　　イ　A pen.
　　　ウ　A cake.
　　　エ　A book.

(1)　ア　To the car.
　　イ　To her room.
　　ウ　To the bathroom.
　　エ　To the kitchen.

(2)　ア　At 8:00.
　　イ　At 8:30.
　　ウ　At 9:00.
　　エ　At 9:30.

(3)　ア　The first floor.
　　イ　The second floor.
　　ウ　The third floor.
　　エ　The fourth floor.

(4)　ア　Two.
　　イ　Three.
　　ウ　Four.
　　エ　Five.

(5)　ア　Mary's sister.
　　イ　Mary's parents.
　　ウ　Bob's uncle.
　　エ　Bob's brother.

(6)　ア　1,020 yen.
　　イ　1,080 yen.
　　ウ　1,140 yen.
　　エ　1,200 yen.

※リスニングテストの放送台本は非公表です。

〔問題2〕次の英文を読んで，（問１）～（問９）に答えなさい。

"Sara, you're after Meg." My homeroom teacher, Ms. Wood, tells me to do my presentation next. Now Meg is standing at the front of the classroom. She looks excited. I know how much Meg likes to talk.

I've been nervous since Ms. Wood said we should share something that nobody else in the sixth grade knew about us. I've never given a presentation in front of a class before. Until this summer, I was homeschooled by my parents.

"You can begin, Meg," Ms. Wood says.

Meg has a big smile on her face. "I have a black cat, Darsha — she never mews! The vet said some cats are that way. And someday, if she wants to mew, she will. Darsha is a small adult cat. She has a white line on her front left paw. Darsha is the best cat."

Meg shows a surprising photo of herself and... Shade, my black cat. 'My cat! Mine! Why is Meg doing a presentation on Shade?' I say to myself.

Meg returns to her seat. I stand up slowly. This is going to be terrible.

I go to the front of the room and hold up my poster of my cat. "I have a pet named Shade. She's a black cat with a white line on her front left paw." My voice becomes weaker. "She's been my cat since I was seven years old. One interesting thing about Shade is... that she never mews."

(1) The whole class is looking at me with surprise. I can't continue. I run back to my seat without looking at my classmates.

"Sara and Meg, see me after class," Ms. Wood says.

Meg and I go to her office. Ms. Wood says, "One of you must give a new presentation on Monday."

In the hallway, Meg says with confidence, "(2) ______________. I am one hundred percent sure."

"I don't know who Darsha is," I say quietly. "But Shade is mine."

She looks angry and says, "Come to my house today after school, and you can see for yourself."

Meg's house is close to mine. Inside, there isn't much furniture, but there are lots of tall bookshelves. The rooms are very quiet. There is something about her house that makes me relaxed.

In her bedroom, a black cat is sleeping on the bed.

"That's Darsha!" Meg shouts. "I told you!"

Darsha is just like Shade. (3) [I / I'm / don't / say / know / surprised / what / so / to / that]. Finally, I just ask, "Why is her name Darsha?"

"Darsha was one of the most famous silent film actresses in India! (4) She said everything through her eyes. It's a good name for a cat that never mews. And, I'm going to be an actress when I grow up," Meg answers.

It is a great name, but I am too shy to tell Meg that. "I really have a cat named Shade," I say.

"Let's go to your house and see her right now," Meg suggests.

"The problem is... that she won't be home. Shade likes to go out in the afternoon," I say.

Meg's face turns red. "Are you (5) ______________ about having a cat?" Meg asks loudly.

I take a deep breath and say, "Come to my house tomorrow morning. Shade will be there."

On Saturday morning, Meg stands at my front door with a funny look on her face. She steps inside and her eyes grow wide as my four younger brothers are laughing and running up and down the stairs. My mom comes to us and says loudly, "Hi, there!"

We are standing by the schoolroom. The room is a mess with books, papers, and art supplies. The little stage in the corner of the schoolroom is also a mess.

Meg jumps on the stage, and says with a cold smile, "Sara and Meg, see me after class."

It is just like Ms. Wood, and I laugh.

"I love this stage!" Meg cries. "Why do you have it?"

"We sometimes use it for homeschooling. Here, my brothers and I practice plays we've written. My parents teach us at home. (6) Well, not me anymore," I answer.

"I didn't know you were homeschooled," Meg says. "That's so cool."

I'm embarrassed. I haven't told anyone at school yet.

Then Shade appears and runs to Meg's legs and then comes to me.

We both laugh. "That's Shade," I say. I've shown Meg that I wasn't lying.

"It's a good name," Meg says. "I have to tell you something. This morning, I followed Darsha when she left my house. She always leaves when the sun rises. I discovered that she went straight into your backyard."

I'm surprised and say, "The cat door is in the back. Shade comes inside in the morning, and disappears again in the afternoon."

We look at the black cat carefully.

"She's been living two lives," Meg says with wonder. "Darsha! How clever you are!"

"What do you mean?" I ask. Shade has another family. It hurts my feelings.

"When she wants to be (7-A)____________, she comes here! There are lots of kids, and so much noise!" Meg says.

"And when she wants a (7-B)__________ time, she goes to your house!" I cry out.

Suddenly, Meg hugs me. I'm surprised, but I hug back. I understand that we are going to share our cat. She is Darsha with Meg, and Shade with me.

"I can do a different (8)____________," Meg says. "The cat was yours first. I was nine years old when she came to my house first."

"No," I say and shake my head strongly, and continue. "I should tell everyone about how I was homeschooled. It's something nobody knows because I've been too embarrassed to tell people."

Meg smiles a big smile and suggests, "Can I help you with the poster?"

"Sure!" I say. "We have lots of school supplies around."

（注）homeschool　子どもを学校ではなく自宅で教育する　mew　ニャーと鳴く
furniture　家具　silent film　無声映画　breath　呼吸　schoolroom　学習室

（問１）　下線部(1)の理由を，句読点を含む20字以内の日本語で答えなさい。

（問２）　下線部(2)の空所に入る最も適切なものを，次のア～エから１つ選び，記号で答えなさい。

ア　You like Darsha　　イ　Darsha is my cat

ウ　Your cat is Darsha　　エ　I hate Darsha

（問３）　下線部(3)の［　　］内の語を，意味が通るように並べかえなさい。

（問４） 下線部(4)が表す意味として最も適切なものを，次のア～エから１つ選び，記号で答えなさい。

ア　次に起きることを予測できた。　イ　遠くのものでも見ることができた。

ウ　見たものを何でも上手に説明した。　エ　言葉がなくても気持ちを伝えられた。

（問５） 下線部(5)の空所に入る最も適切な動詞を次から１つ選び，必要があれば適切な形に変えて答えなさい。

lie　　talk　　think　　worry

（問６） 下線部(6)で省略されている語を補うとき，次の空所に入る最も適切な語を１語ずつ答えなさい。

Well, (　　) (　　) not (　　) me anymore

（問７） 下線部(7-A)，(7-B)の空所に入る語の組み合わせとして最も適切なものを，次のア～エから１つ選び，記号で答えなさい。

ア　(7-A) active　(7-B) quiet　　イ　(7-A) alone　(7-B) peaceful

ウ　(7-A) cheerful　(7-B) busy　　エ　(7-A) relaxed　(7-B) hard

（問８） 下線部(8)の空所に入る最も適切な１語を，本文中から抜き出して答えなさい。

（問９） 本文の内容に合うものを，次のア～キから２つ選び，記号で答えなさい。

ア　Sara is too nervous to talk about her pet in front of the class.

イ　The cat cannot mew because she is sick.

ウ　When Meg was seven years old, the cat started to stay with her.

エ　Sara has a stage at home because she wants to become an actress.

オ　Meg is the first person who finds that the cat has two different families.

カ　The cat usually spends the mornings at Meg's house.

キ　On Monday, Sara will tell her classmates about how she was taught at home.

〔問題３〕 次の英文を読んで，（問１）～（問10）に答えなさい。

Once upon a time, a young king named Filip lived in a land in the north. During the dark time of one winter, the king felt that the whole world was frozen. He thought that everyone stayed indoors.

On a stormy, cold day, King Filip was walking through room after room of his castle. He was looking for something interesting. He walked into the kitchen. The cooks were cutting vegetables. He looked into the pots and sighed, "Vegetable soup again." The king walked to the castle library. There, he sat on a chair. He pulled a huge book off the nearest shelf and opened it.

It was an atlas. The paper was old, but the maps were in beautiful colors. Mountains were in blue. Deserts were in sand gold. Each page has several names such as Kuantan, Manzola, and Babonski. The king found a map of Norland, his own kingdom. Even the images on the page looked cold to him. (1) ＿＿＿＿＿＿＿＿＿＿＿＿＿＿＿＿＿＿＿. Roads like silver ribbons went through fields, villages lay on green hills, and lakes shone beautifully. He was attracted by the maps.

Deep in the castle, the dinner bell rang. "Vegetable soup again," King Filip said. He put the book back on the shelf.

The next morning, when he pulled the atlas off the shelf, he found a small box deep in the shelf. Inside the box was a tiny telescope which was as small as a pen. The king looked around the library through the telescope, but he couldn't see anything clearly. Then he opened the atlas and looked through the telescope. He pointed it toward a country named Babonski. He saw small, white houses with red roofs on the slopes. Brick (2-A)____________ ran between the houses. Gardens were filled with (2-B)____________ of yellow, purple, and pink. The telescope gave life to the map.

The king was surprised. Tiny people moved around the page! Children were holding hands and dancing in a ring. An old man was smiling on a chair. Farmers in large hats were picking purple fruits. The telescope was a very small window into those worlds far away from his kingdom. When he placed the telescope back in its box at the end of the day, the king thought, 'It's like (3)____________ this frozen land of mine!'

The king spent his days on the atlas. Each land was filled with many interesting features, but the map he often returned to was Babonski. There he saw the same people: men talking in groups, children playing together, and the old man smiling on his chair. Although he could not hear them, the king felt he (4)____________ them.

One morning as he watched, a group of about one hundred men in blue jackets rode out of Babonski on black horses. They moved up a mountain to the north of Babonski. Then, from the other side of the mountain, an army of men in red coats appeared. A fight between the two armies began. "Stop it!" the king shouted at them, but his words did not reach them through the paper. There was nothing he could do. (5)<u>He shut the book.</u>

'And my own kingdom? Perhaps I know nothing about it, either. Is it in danger, too?' the king thought. He opened the atlas to the map of Norland and put the telescope to his eye.

It was evening in Norland. Villagers were skating on the lake. Near the woods, many people around a bonfire were roasting apples. 'People are out in the winter, and I didn't know anything about it,' the king thought.

Then, near a forest, he saw a small house. Outside the door, a boy sat on the snow. His head was on his knees and his shoulders were (6-A)____________.

'The child is crying,' the king thought, and he ran out of the library.

He told his coachman to take him there on his sleigh. When they reached the house, the boy was still sitting outside. As the king got off the sleigh, the boy (6-B)____________ his face. It was wet with tears and red with cold.

"Child, why are you crying?" King Filip asked.

"My mother and father and baby sister are sick. I'm the only one who can care for them," the boy said.

"But why are you outside?" the king asked.

"(7)<u>[that / I / I'm / them / don't / want / to / scared / see]</u>," the boy answered.

"Come," the king said and took the boy's hand. "Let's go inside."

Near a fire, a man, a woman, and a baby were in bed. They looked very sick. "I only have water to give them," the boy said.

The king was surprised at (8)<u>his story</u>. He told the coachman to go back to the castle for the doctor, blankets, and pots of (9)____________. After the doctor's treatment, the king sat for a long time until the parents were well enough to smile.

For weeks the atlas sat on the library shelf while the king rode through his kingdom. He filled his sleigh with potatoes to roast in the bonfires, carried his skates with him to join the people on the frozen ponds, and brought pots of (9)____________ for the boy and his family. But one day, after dancing with a group of children, King Filip remembered the people of Babonski.

He sat once again on the chair in his library and looked at the map of Babonski. The old man was still smiling on a chair, the children were playing, and men in blue jackets were walking through the streets. 'What happened?' he wanted to ask them.

He shut the book and walked to his desk. With colorful ink, King Filip wrote a letter. As soon as the spring came, the king sent his letter to the people of Babonski.

(注) atlas 地図帳　bonfire 焚《た》き火　roast ～を焼く　coachman (そりの)運転手

(問１) 下線部(1)の空所に入る最も適切なものを，次のア～エから１つ選び，記号で答えなさい。

ア He closed his eyes and fell asleep　イ He went outside of the castle

ウ He threw the book away　エ He moved on to other pages

(問２) 下線部(2-A)，(2-B)の空所に入る語の組み合わせとして最も適切なものを，次のア～エから１つ選び，記号で答えなさい。

ア (2-A) dogs　(2-B) birds　イ (2-A) streets　(2-B) flowers

ウ (2-A) walls　(2-B) people　エ (2-A) children　(2-B) fruits

(問３) 下線部(3)の空所に入る最も適切なものを，次のア～エから１つ選び，記号で答えなさい。

ア traveling from　イ looking into　ウ walking through　エ flying above

(問４) 下線部(4)の空所に入る最も適切なものを，次のア～エから１つ選び，記号で答えなさい。

ア found　イ knew　ウ saw　エ surprised

(問５) 下線部(5)の理由として最も適切なものを，次のア～エから１つ選び，記号で答えなさい。

ア 争いが収まって安心したから　イ 争いが決着せずに飽きたから

ウ 争いを止められないことに落胆したから　エ 争いに自分の国も参加すると決めたから

(問６) 下線部(6-A)，(6-B)のそれぞれの空所に入る最も適切な動詞を次から選び，必要があれば適切な形に変えて答えなさい。

lift　rise　roll　see　shake

(問７) 下線部(7)の[　　　]内の語を，意味が通るように並べかえなさい。

(問８) 下線部(8)の内容を，句読点を含む40字以内の日本語で答えなさい。

(問９) 下線部(9)の空所に共通して入る最も適切な連続する２語を，本文中から抜き出して答えなさい。

(問10) King Filipは後の世の王に向けて，この地図帳に以下のような注意書きをつけた。空所に共通して入る最も適切な１語を，本文中から抜き出して答えなさい。

This atlas is special. You can enjoy this as a book of maps of many different places. But with the special telescope inside the little box, you can see the real (　　　) of the people living all around the world. Some are working hard, some are playing together, and some are suffering. They are all different and special. It's very interesting and meaningful to see how (　　　) is lived in many other countries, but you must know your country most. With this book, have a wider view.

〔問題4〕 次の(1)～(4)の対話を読んで，それぞれの空所に，［　］内に示した日本語の意味を表す英語を書きなさい。

(1) A：Where's Yoko?
B：She's in the library. ______________________
［君が先週勧めた本を読んでいるよ。］

(2) A：Is Hiroshi in his room?
B：Yes. ______________________
［朝から飲まず食わずで勉強しているのよ。］

(3) A：How many days a week do you practice tennis at school?
B：Only two days. That's our school rule, and we can't change it.
____
［もっと練習時間があればうまくなれるんだけど。］

(4) A：You look very busy with your studies this week.
B：Yes, but ______________________
［先週ほど宿題は多くないよ。］

【理　科】（50分）〈満点：60点〉

【注意】 コンパスと定規は使用してもかまいません。

〔問題１〕 机の上に置かれた質量300 gのおもりＰと，質量200 gのおもりＱを結んだ糸を通した滑車を，糸Ａを使って手で上に引いて，図の状態で静止させた。

質量100 gの物体にはたらく重力の大きさを１Ｎとして，あとの(1)～(3)の問いに答えよ。ただし，滑車と糸の質量は無視できる。

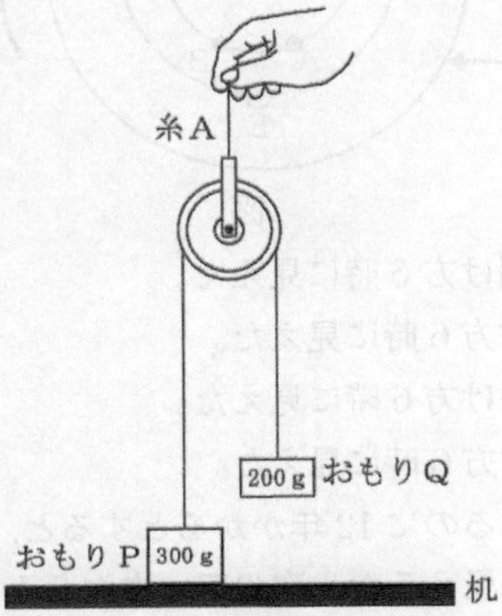

図

(1)　机がおもりＰを押す力の大きさは何Ｎか。

(2)　手が糸Ａを引く力の大きさは何Ｎか。

(3)　このあと，糸Ａを持った手をゆっくりと上に５cm動かすと，おもりＰとＱはそれぞれ何cm動くか。動かないときは０cmと答えよ。

ただし，糸は十分に長く，おもりが滑車に触れることはない。

〔問題２〕 木星と金星について，あとの(1)～(3)の問いに答えよ。

2022年２月12日夕方６時，西の空の地平線近くに木星を観察することができた。また，同じ日，東の空に金星を観察することができた。

(1)　金星について正しく述べたものを，次のア～カからすべて選び，記号で答えよ。

ア　直径は地球よりやや大きい。

イ　望遠鏡で観察すると衛星の位置が日々変化している。

ウ　主に二酸化炭素からなる厚い大気におおわれている。

エ　真夜中に南中することがある。

オ　地表面は400℃を超え，液体の水は存在しない。

カ　地表面はクレーターにおおわれている。

⑵　下の図は，太陽を中心に金星・地球・木星の軌道を示している。この日（２月12日）地球がEの位置にあり，木星はＪの位置にあった。同じ日の金星の位置と観察できる時刻について，最も適切なものをあとの**ア**～**エ**から１つ選び，記号で答えよ。

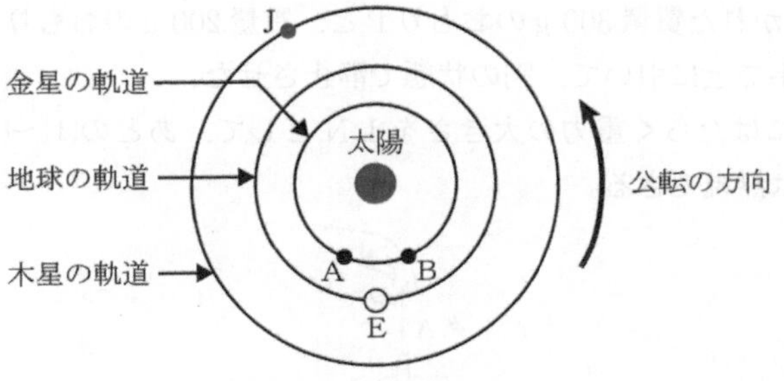

図

ア　金星はAの位置にあり，明け方６時に見えた。
イ　金星はAの位置にあり，夕方６時に見えた。
ウ　金星はBの位置にあり，明け方６時に見えた。
エ　金星はBの位置にあり，夕方６時に見えた。

⑶　木星が太陽のまわりを一周するのに12年かかるとすると，１年後の同じ時刻，2023年２月12日夕方６時に木星はどのように見えるか。次の**ア**～**キ**から１つ選び，記号で答えよ。

ア　西の空に，今年より高い位置に見える。
イ　西の空に，今年より低い位置に見える。
ウ　北の空に，今年より高い位置に見える。
エ　北の空に，今年より低い位置に見える。
オ　東の空に，今年より高い位置に見える。
カ　東の空に，今年より低い位置に見える。
キ　太陽と同じ方向にあり，観察できない。

〔問題３〕　あとの⑴～⑶の問いに答えよ。

氷点下20℃の冷凍室の中で，細かく砕いた氷を三角フラスコに入れて，ゴム栓をした。この三角フラスコを15℃の室内に取り出し，机の上に置いた。この時の状態が図**ア**である。そのまま置いておくと，しだいに氷が融けていった。

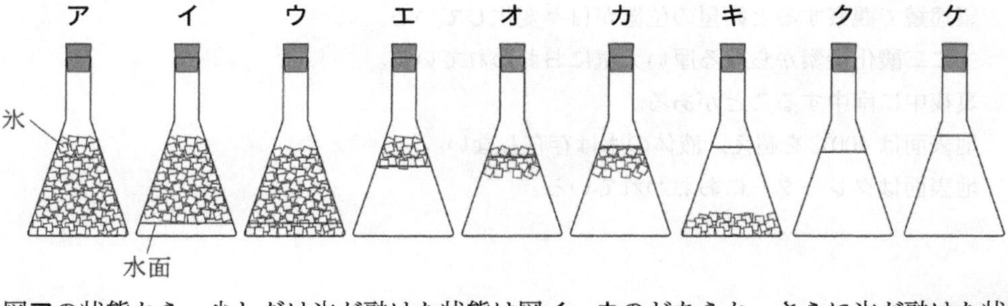

⑴　図**ア**の状態から，少しだけ氷が融けた状態は図**イ**・**ウ**のどちらか。さらに氷が融けた状態は図**エ**～**キ**のどれか。すべての氷が融けた状態は図**ク**・**ケ**のどちらか。それぞれ正しいものを選び，記号で答えよ。

(2)　15℃の室内で三角フラスコに水を入れ，三角フラスコを冷凍庫に置いて水を凍らせようとしたところ，三角フラスコが割れた。その理由を簡潔に説明せよ。

15℃の室内でメタノールとエタノールとを混合すると，混合後の質量は混合前の質量の和（ ① ）。また，混合後の体積は混合前の体積の和（ ② ）。

15℃の室内で測った銅と亜鉛とを，高温に加熱してから混合して合金を作り，室温になるまで冷ました。混合後の質量は，混合前の質量の和（　③　）。また，混合後の体積は混合前の体積の和（　④　）。

(3)　上の文章中の（　①　）～（　④　）に当てはまる最も適切な句を，次の**ア**～**カ**から１つずつ選び，記号で答えよ。ただし，同じ記号を選んでもよい。

ア　より必ず小さくなる
イ　より必ず大きくなる
ウ　より小さくなることも大きくなることもある
エ　と必ず同じになる
オ　と同じになることも小さくなることもある
カ　と同じになることも大きくなることもある

〔問題４〕　光の進み方について，次の(1)～(3)の問いに答えよ。

(1)　右の写真のような半円形ガラス（半円形レンズ）を，図１のように平らな側面ＡＢＣＤが手前になるように机の上に置いた。次に，この面の中央に，一辺がＡＢの長さと等しい正方形の黒い紙を貼り，図２のように向きを変え，貼った紙と垂直な方向にガラスの中を見ると，正方形の紙は，横に伸びた長方形に見えた。

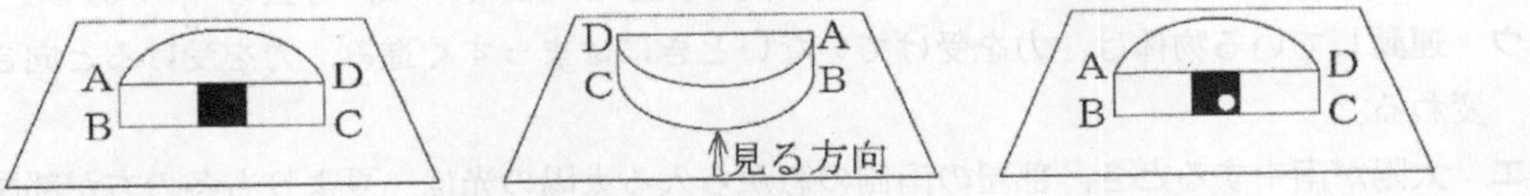

図１　　図２　　図３

①　図３のように，正方形の黒い紙の右下に円形のあなをあけてから，図２のように観察すると，紙はどのように見えるか。最も適切な図を，次の**ア**～**エ**から１つ選び，記号で答えよ。

ア　　**イ**　　**ウ**　　**エ**

② 次の図４は，図２のように置いた半円形ガラスを真上から見た図で，破線はＢＣの垂直二等分線である。①で用いた黒い紙をはがしてから，図４の矢印のように光を入射させると，ガラスの中を進んだ光は，平らな側面ＡＢＣＤを通ってガラスの外に出る。ガラスの中と外での，この光のおよその道筋を，解答欄の図に描き加えよ。ただし，側面で反射する光の道筋は描かなくてよい。

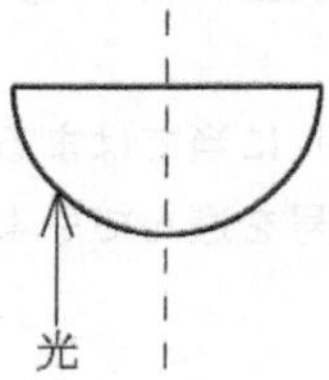

図４

(2) 椀《わん》に入れた水の中に，箸《はし》を斜めに入れたときの見え方を，模式的に示した図として正しいものを，次の**A**～**C**から１つ選べ。また，この現象と最も関係の深い文を，あとの**ア**～**エ**から１つ選び，記号で答えよ。

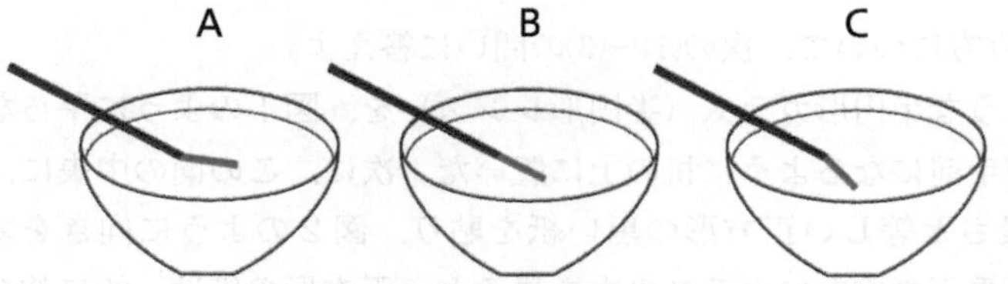

ア 虫眼鏡を使うと，ものを大きく見ることができる。

イ 鏡に自分の全身をうつすとき，必要な鏡の大きさ（高さ）は，身長の$\frac{1}{2}$である。

ウ 運動している物体は，力を受けていないときにはまっすぐ進み，力を受けると向きや速さが変わる。

エ 太陽が南中するとき，部屋の南側の窓から入る太陽の光は，夏よりも冬の方が部屋の奥まで届く。

(3) 図５のように，水を入れた水槽に，透明な円筒容器を置いた。円筒容器の中は空気で満たされている。円筒容器の底に硬貨をおき，図のように，水面ＸＹを通して硬貨を見ようとしたところ，目の位置をどのように変えても，水面ＸＹを通して硬貨を見ることができなかった。その理由を，「水面ＸＹで」を含む短文で説明せよ。

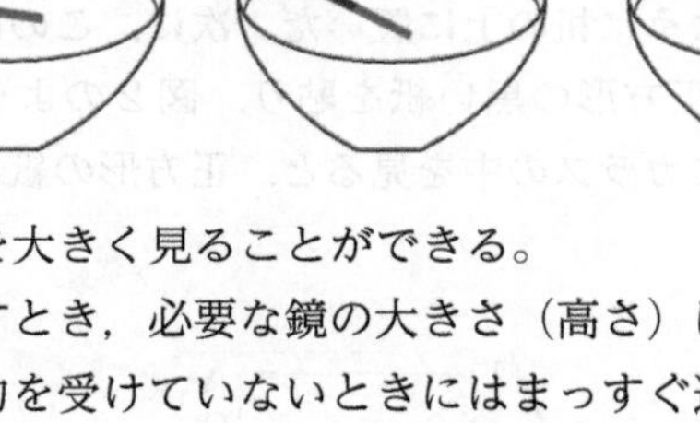

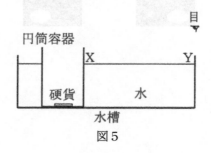

図５

〔問題５〕 植物の花と果実や種子について，次の(1)～(4)の問いに答えよ。

(1) 次の図１は，カキとエンドウとピーマンの果実の断面図を模式的に示したものである。花弁がついていた部分はどこか。図中の**ア**～**エ**，**オ**～**ク**，**ケ**～**シ**からそれぞれ１つずつ選び，記号で答えよ。

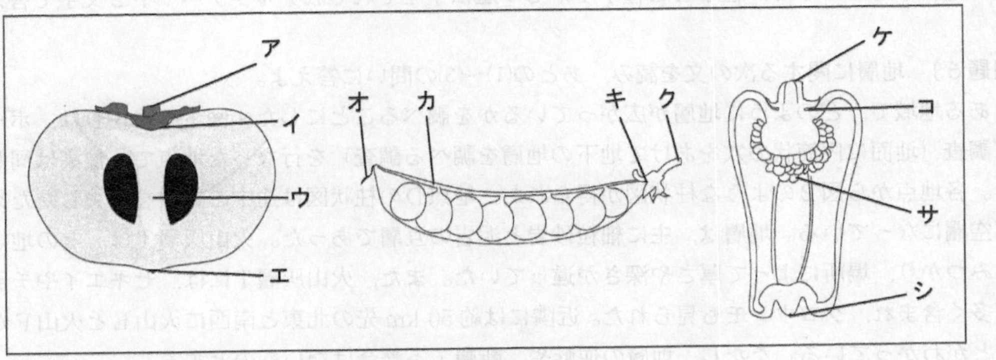

図１

(2) トウモロコシはイネ科の一年草で，日当たりのよい畑で栽培される。雄《お》花は，茎の先端にススキの穂のような状態でつき，雌《め》花は，雄花より下の茎の中ほどにつき，葉が変形したもので全体が包まれている。端からはひげのようなものが束になって外に伸び，果実ができるための大事な役割をはたしている。

① 下線部「ひげのようなもの」は，花の構造では，どの部分のことか。次の**ア**～**エ**から１つ選び，記号で答えよ。

ア がく　　**イ** 花びら　　**ウ** おしべ　　**エ** めしべ

② トウモロコシの果実は一斉に大きくなるのではなく，順番に受粉して大きくなっていく。どの部分の果実が最後のほうで受粉したものか。図２の**Ａ**～**Ｃ**から１つ選び，記号で答えよ。

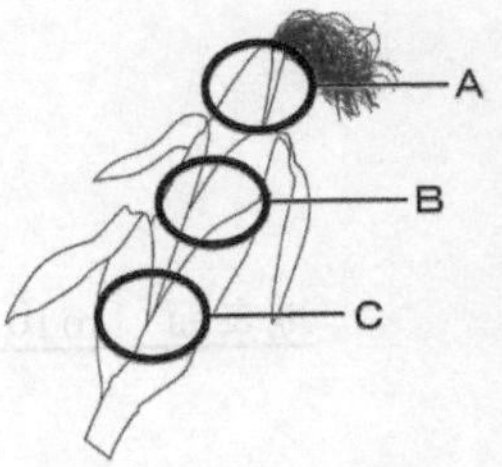

図２

(3) メンデルの実験について，次の文章の（ ① ）～（ ③ ）にあてはまるものを，あとの**ア**～**ク**からそれぞれ１つずつ選び，記号で答えよ。

メンデルは，しわ形の種子をつくる純系のエンドウの花粉を使って，丸形の種子をつくる純系のエンドウの花を受粉させた。こうしてできた種子は，（ ① ）になった。さらにこの種子を育てて自家受粉させてできた種子は，（ ② ）になり，しわ形の種子が1850個，丸形の種子が（ ③ ）であった。これらの結果から，丸形が顕性形質で，しわ形が潜性形質であることがわかった。

ア 丸形：しわ形がおよそ３：１　　**イ** 丸形：しわ形がおよそ１：３
ウ 丸形：しわ形がおよそ１：１　　**エ** すべて丸形
オ すべてしわ形　　**カ** 608個
キ 1828個　　**ク** 5474個

(4)　エンドウの種子Xをまいて育てると，その花の自家受粉によりできた種子はすべて同じ形質であった。また，エンドウの種子Yをまいて育てると，その花の自家受粉によりできた種子には，丸形としわ形の両方の形質が現れた。種子Xと種子Yをそれぞれまいて育て，２つをかけ合わせると，丸形の種子としわ形の種子の数は，ほぼ同じであった。顕性形質の遺伝子をA，潜性形質の遺伝子をaとして，種子Xと種子Yがもつ遺伝子をそれぞれアルファベット２文字で答えよ。

〔問題６〕　地層に関する次の文を読み，あとの(1)～(3)の問いに答えよ。

ある地域で，どのように地層が広がっているかを調べることにした。図１のA～Dは，ボーリング調査（地面に円筒状の穴をあけて地下の地層を調べる調査）を行なった地点で，標高は同じである。各地点から図２のような柱状図が得られた。地点Dの柱状図は途中の試料を紛失したため，一部空欄になっている。地層は，主に細粒砂岩と泥岩の互層であった。火山灰層Tは，どの地点からもみつかり，場所によって厚さや深さが違っていた。また，火山灰層Tには，セキエイやチョウ石が多く含まれ，クロウンモも見られた。近隣には約50 km先の北東と南西に火山Eと火山Fがあることがわかっている。ただし，地層の逆転や，断層・不整合はないものとする。

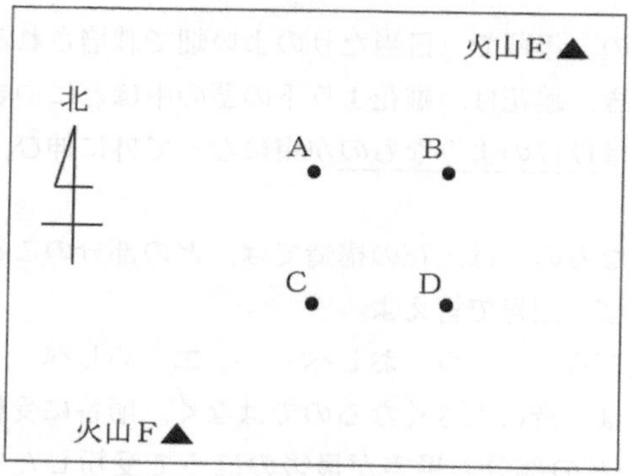

図１

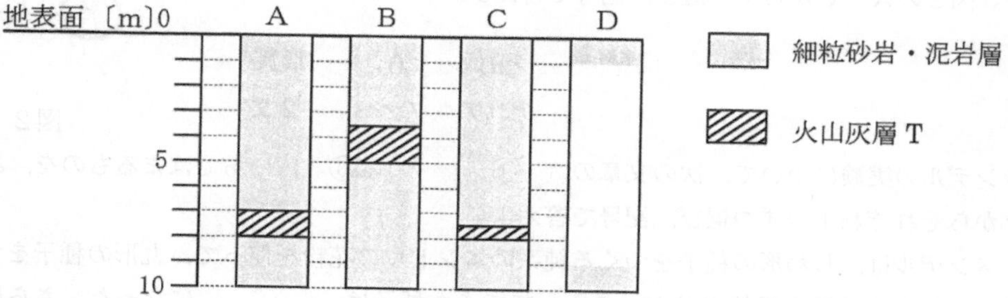

図２

(1)　地点Aの細粒砂岩・泥岩層からビカリアの化石がみつかった。この場所はどの時代のどのような環境だったと考えられるか。最も適切なものを次のア～カから１つ選び，記号で答えよ。

ア　古生代の河口付近の海底　　**イ**　古生代の外洋の海底
ウ　中生代の河口付近の海底　　**エ**　中生代の外洋の海底
オ　新生代の河口付近の海底　　**カ**　新生代の外洋の海底

(2) 各地点の火山灰層Tから考え，この火山灰を噴出した火山はE，Fのどちらで，どのような性質のマグマだったと推定できるか。最も適切なものを次のア～エから１つ選び，記号で答えよ。

ア 火山E，玄武岩質マグマ　　イ 火山E，流紋岩質マグマ

ウ 火山F，玄武岩質マグマ　　エ 火山F，流紋岩質マグマ

(3) 調査から，この地域の地層は真西に向かって傾いていると推定することができた。図２の地点Dの柱状図について火山灰層Tを推定せよ。解答欄の柱状図の空欄に火山灰層の枠を描き，斜線を入れよ。

〔問題７〕 次の文を読み，あとの(1)～(3)の問いに答えよ。

発泡性の入浴剤の成分のうち，炭酸水素ナトリウムとクエン酸は発泡の要因である。これらの量を調節して，発生する気体の体積を調べるため，次の<実験>を行った。

<実験> 炭酸水素ナトリウムとクエン酸の合計の質量が1.00 gになるように混ぜ合わせた混合物を，図の三角フラスコの中に入れた。これに水を加えたところ，気体Aが発生した。発生した気体Aを水上置換法でメスシリンダーに捕集した。

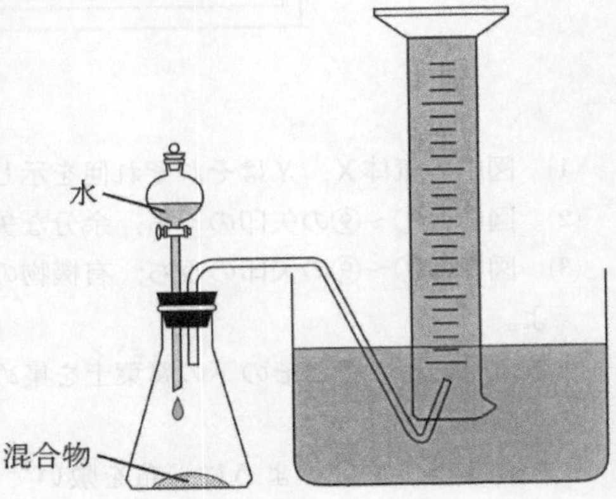

図

<結果> 混合物中の炭酸水素ナトリウムの質量と捕集した気体の体積との関係は，次の表のようになった。

表

炭酸水素ナトリウムの質量〔g〕	0.20	0.40	0.60	0.80
捕集した気体の体積〔mL〕	57	114	150	75

(1) 気体Aは何か。次のア～オから１つ選び，記号で答えよ。

ア 水素　　イ 酸素　　ウ 窒素　　エ 二酸化炭素　　オ 塩素

(2) メスシリンダーに捕集した気体には，何種類かの気体が含まれていた。このうち，気体A以外のものを(1)の選択肢の中からすべて選び，記号で答えよ。

(3) 捕集される気体の量が最も多くなるときの炭酸水素ナトリウムの質量〔g〕を，小数第３位を四捨五入し，小数第２位まで求めよ。

さらに，このときに発生する気体Aの体積〔mL〕を，小数点以下を四捨五入し，整数で答えよ。

〔問題８〕　自然界における生物どうしのつながりについて，あとの(1)～(4)の問いに答えよ。

図１は，大気中に存在する気体ＸとＹをもとにした，物質の流れを示したものである。ただし，図の矢印①～⑨には余分なものが含まれている。

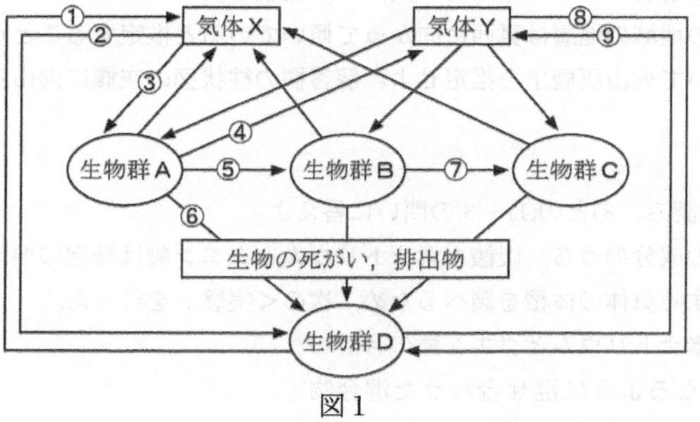

図１

(1)　図中の気体Ｘ，Ｙはそれぞれ何を示しているか。物質名を答えよ。

(2)　図中の①～⑨の矢印のうち，余分な矢印はどれか。すべて選び，番号で答えよ。

(3)　図中の①～⑨の矢印のうち，有機物の流れを示しているのはどれか。すべて選び，番号で答えよ。

雑木林の落ち葉とその下の腐葉土《ふようど》を集め，この中に含まれる生物のはたらきを調べるために，次の実験操作を行った。

＜操作１＞　図２のように，布を敷いて水を入れた大型のビーカーに落ち葉と腐葉土を入れ，ガラス棒でよくかき混ぜたのち布をしぼってこしとり，こした液をビーカーａに $100\ cm^3$ 取った。

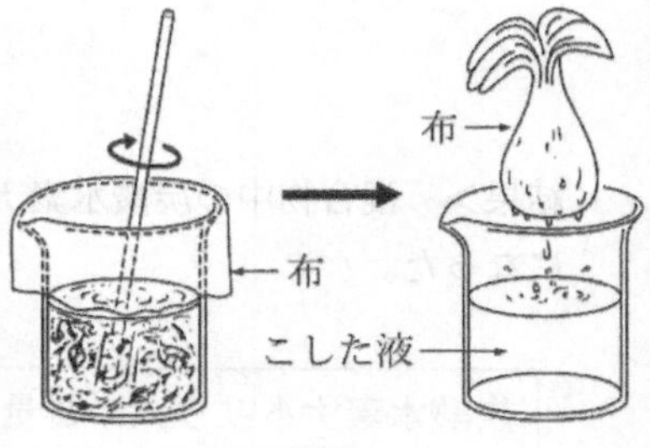

図２

＜操作２＞　＜操作１＞で得られた液のうち，ビーカーａに取った残りの液を加熱し沸騰《ふっとう》させて，液の量が半分になるまで水を蒸発させた後，室温まで冷ました。この冷ました液をビーカーｂに $100\ cm^3$ 取った。

＜操作３＞ビーカーｃに，蒸留水を $100\ cm^3$ 取った。

＜操作４＞　ビーカーａ～ｃに，うすめたデンプン水溶液をそれぞれ $100\ cm^3$ ずつ加えたのち，軽く食品包装用ラップフィルムをかけてから，20℃に保った暗所で２～３日間放置した。

＜操作５＞　ビーカーａ～ｃの液にヨウ素液を加えて，色の変化をみた。

(4)　＜操作４＞で，ヨウ素液の色が濃い青紫色に変化するのは，ａ～ｃのどのビーカーの液か。すべて選び，記号で答えよ。

また，ビーカーによってヨウ素液の色の変化のようすが異なるのは，図１のＡ～Ｄのうちのどの生物群のはたらきによるものか。最も影響があると思われる生物群をＡ～Ｄから１つ選び，記号で答えよ。

【社　会】（50 分）〈満点：60 点〉

［問題１］

〔問１〕図ＩのＡ～Ｄは，1997 年と 2017 年における日本，アメリカ合衆国，中華人民共和国，ドイツにおける発電割合をそれぞれ示したものである。日本とドイツの正しい組合せを，下のア～シの中から１つ選び，記号で答えなさい。

図Ｉ

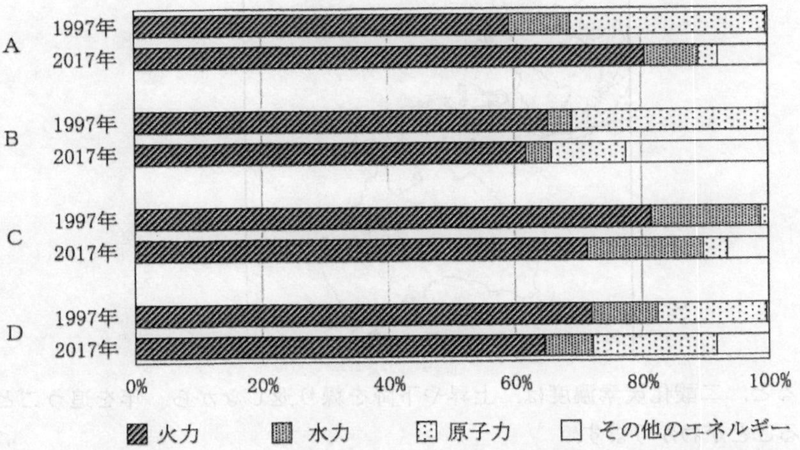

（Energy Statistics Yearbook により作成）

	ア	イ	ウ	エ	オ	カ	キ	ク	ケ	コ	サ	シ
日本 ドイツ	A B	A C	A D	B A	B C	B D	C A	C B	C D	D A	D B	D C

〔問２〕地球温暖化のおもな要因として，大気中の二酸化炭素濃度の上昇があげられる。図Ⅱ，図Ⅲと次ページの先生と生徒の会話を読み，［ A ］にあてはまる語と，［ B ］にあてはまる記号をそれぞれ答えなさい。

図Ⅱ　地点Ｘにおける月別の二酸化炭素濃度の推移（2013 年１月～ 2020 年 12 月）

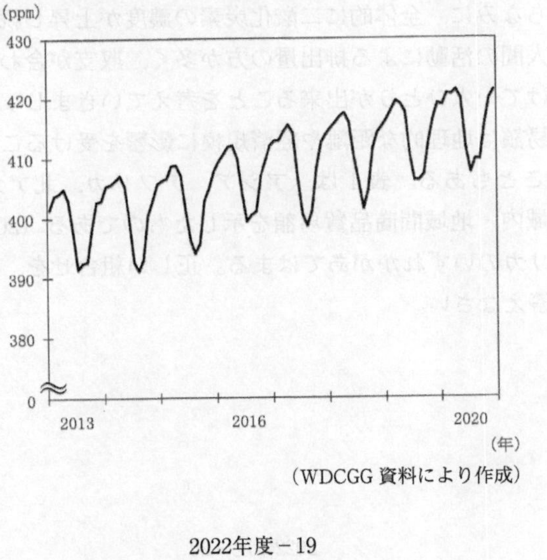

（WDCGG 資料により作成）

図Ⅲ

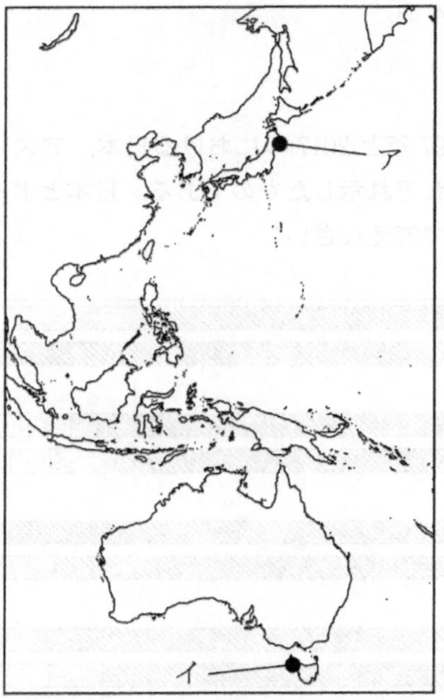

生　徒：図Ⅱをみると，二酸化炭素濃度は，上昇や下降を繰り返しながら，年を追うごとに高くなっていることがわかります。

先　生：そうですね。濃度の高い時期と低い時期はそれぞれいつころでしょうか。

生　徒：毎年，高いのは２～３，月ころで，低いのは８～９，月ころでしょうか。なぜこのような周期があるのでしょうか。

先　生：良いところに気が付きましたね。この周期には，実は植物が二酸化炭素を吸収する働きが大きく関係しているのですよ。

生　徒：その働きとは，［ A ］のことでしょうか。

先　生：その通りです。では，図Ⅱが観測された地点Xは，図Ⅲのア，イのどちらと考えられるでしょうか。

生　徒：二酸化炭素濃度の上昇と下降の時期から考えると，［ B ］でしょうか。

先　生：正解です。ちなみに，全体的に二酸化炭素の濃度が上昇し続けているのは，植物が吸収する量よりも人間の活動による排出量の方が多く，収支が合わないためなのです。地球温暖化防止に向けて一人ひとりが出来ることを考えていきましょう。

〔問３〕一般的に，貿易額は地理的な距離や経済規模に影響を受けることが多いが，歴史的な要因により影響を受けることもある。表Ⅰは，アジア，アフリカ，北アメリカ，中南アメリカ，ヨーロッパにおける地域内・地域間商品貿易額を示したものである（2014年）。A～Cにはアジア，アフリカ，北アメリカのいずれかがあてはまる。正しい組合せを，次のページのア～カの中から１つ選び，記号で答えなさい。

表Ⅰ

単位：10億ドル

輸出元＼輸出先	A	B	C	中南アメリカ	ヨーロッパ
A	3,093	207	1,065	185	900
B	152	98	39	29	201
C	504	43	1,251	214	379
中南アメリカ	170	18	173	179	114
ヨーロッパ	738	221	540	119	4,665

（『経済は統計から学べ！』により作成）

	ア	イ	ウ	エ	オ	カ
アジア	A	A	B	B	C	C
アフリカ	B	C	A	C	A	B
北アメリカ	C	B	C	A	B	A

〔問４〕図Ⅳのマンガは，登場人物である地球環境調査隊の子どもたちと博士が，地球上の水について会話をしている様子を描いたものである。下のセリフは，空白となっている３コマ目での地球環境調査隊の発言である。［ C ］，［ D ］にあてはまる語句を答えなさい。

図Ⅳ

（「世界の水問題」により作成）

セリフ

> 海外で肉や作物を生産するために，［　C　］。つまり，食べものを大量に輸入するということは，［　D　］ということになるわけだね。

［問題２］

〔問１〕図ⅠのA～Cは，2015年における日本の３つの自治体の人口ピラミッドである。次ページのX～ZはA～Cのいずれかの自治体の特徴を簡潔に説明したものである。A～Cの正しい組合せを，次ページのア～カの中から１つ選び，記号で答えなさい。

図Ⅰ

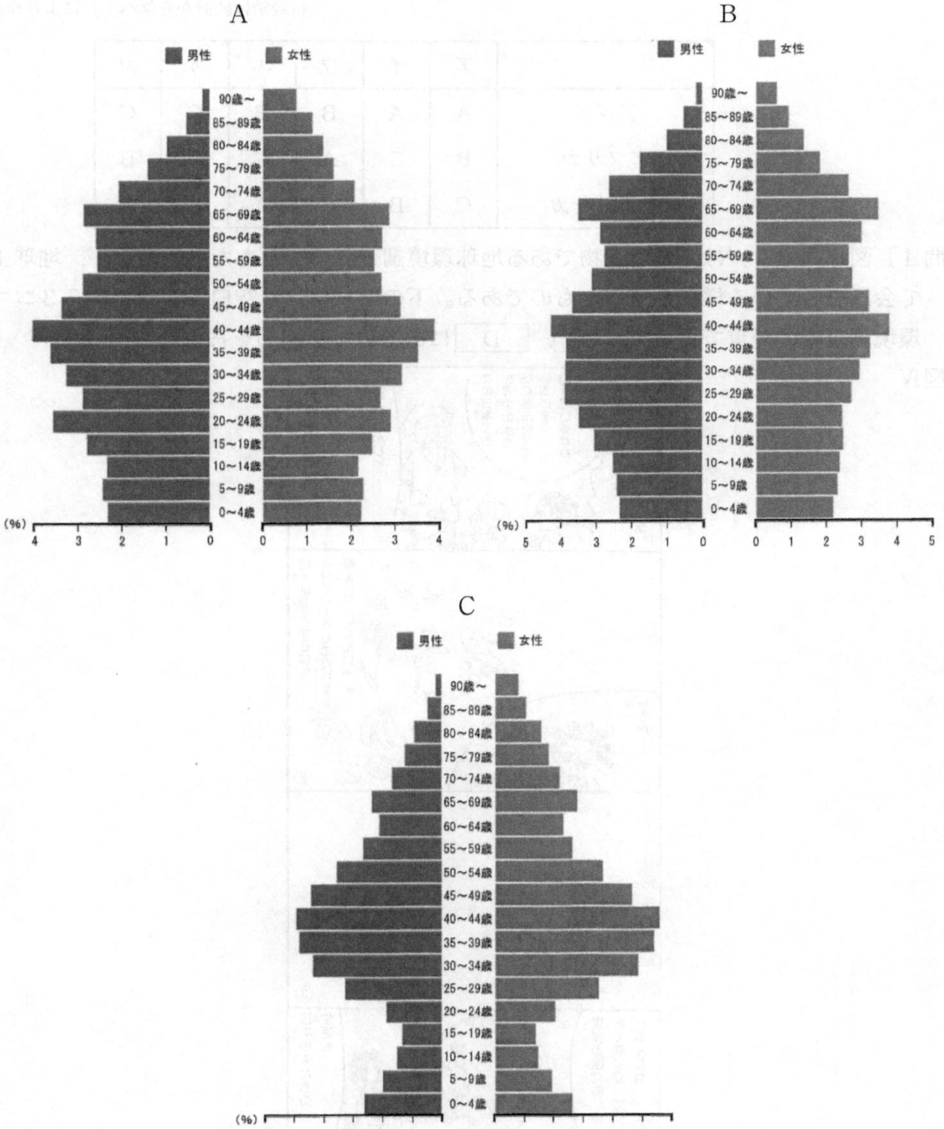

（国勢調査により作成）

X．再開発によるタワーマンションの建設ラッシュがある，大都市中心部の都市。
Y．機械工業の工場が多数立地する，企業城下町の都市。
Z．複数の大学や研究機関などが立地する，研究学園都市。

	ア	イ	ウ	エ	オ	カ
A	X	X	Y	Y	Z	Z
B	Y	Z	X	Z	X	Y
C	Z	Y	Z	X	Y	X

〔問２〕図Ⅱは，３都県の産業別の売上高（2016年）の割合を，四角形の面積の大きさで示したもの*で，A～Cは，愛知県，沖縄県，東京都のいずれかである。A～Cの正しい組合せを，次のア～カの中から１つ選び，記号で答えなさい。

	ア	イ	ウ	エ	オ	カ
愛知県	A	A	B	B	C	C
沖縄県	B	C	A	C	A	B
東京都	C	B	C	A	B	A

図Ⅱ

A

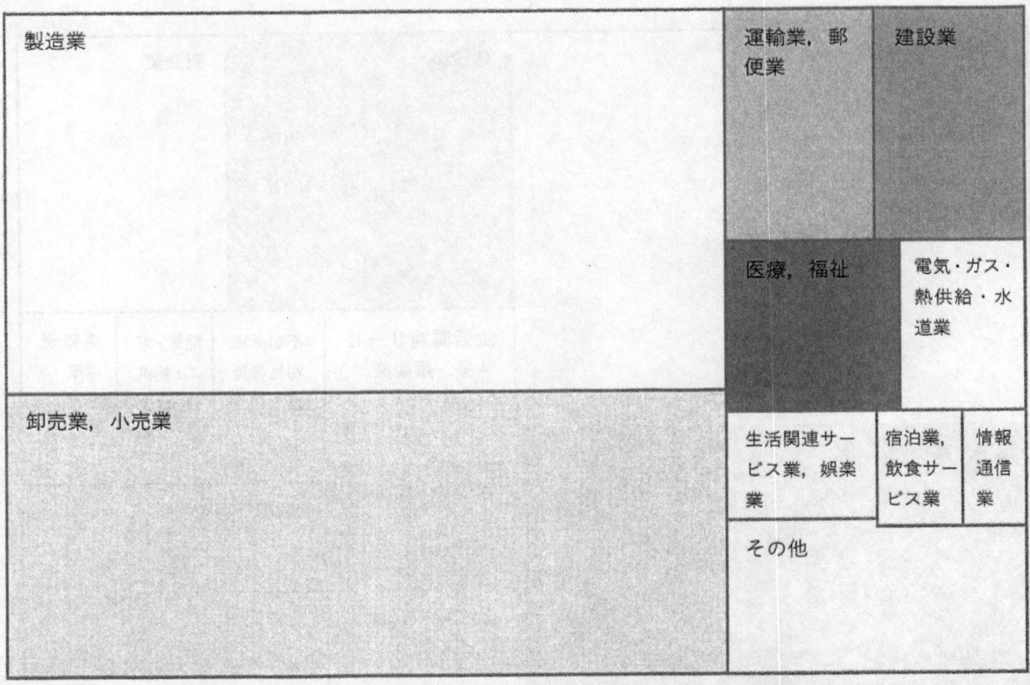

*読み取りやすくするために，Aの上位５つの産業と，B，Cのこれらと同じ産業は同じ濃さで着色した。

B

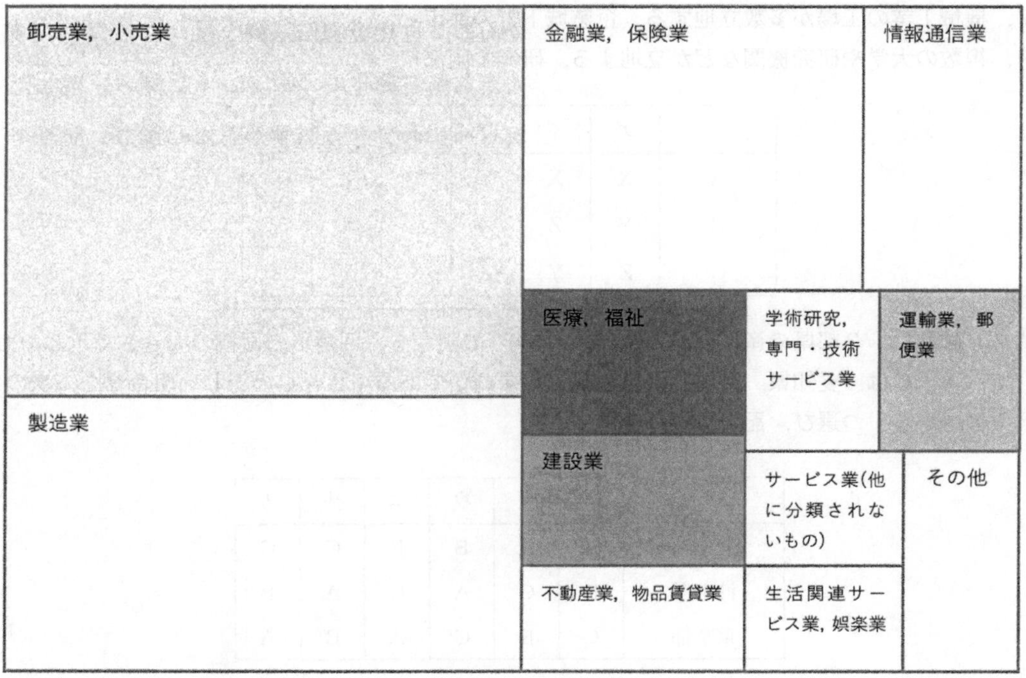
卸売業，小売業
金融業，保険業
情報通信業
医療，福祉
学術研究，専門・技術サービス業
運輸業，郵便業
製造業
建設業
サービス業(他に分類されないもの)
その他
不動産業，物品賃貸業
生活関連サービス業，娯楽業

C

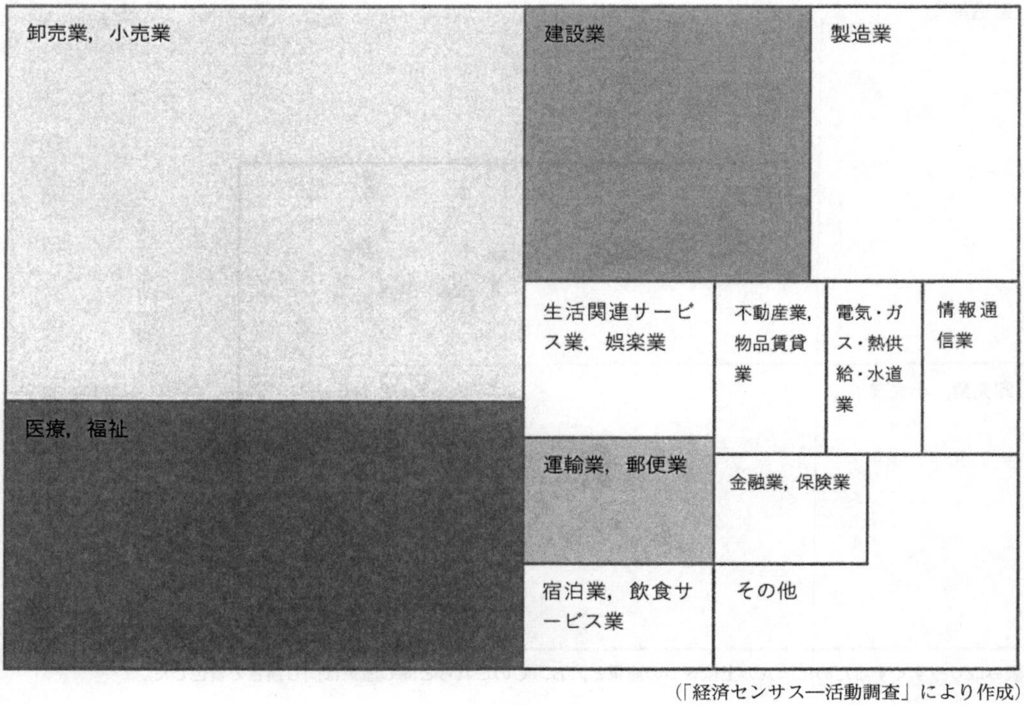
卸売業，小売業
建設業
製造業
生活関連サービス業，娯楽業
不動産業，物品賃貸業
電気・ガス・熱供給・水道業
情報通信業
医療，福祉
運輸業，郵便業
金融業，保険業
宿泊業，飲食サービス業
その他

（「経済センサス―活動調査」により作成）

〔問３〕図ⅣのＡ～Ｃは，図Ⅲ中の範囲Ｘにおける，洪水，高潮，津波のいずれかの自然災害伝承碑の位置とその分布を示したものである。自然災害伝承碑とは，自然災害の被害を受けた際に，被害の様子や教訓を先人たちが石碑やモニュメントに刻み，残したものをいう。Ａ～Ｃの正しい組合せを，次ページのア～カの中から１つ選び，記号で答えなさい。

図Ⅲ

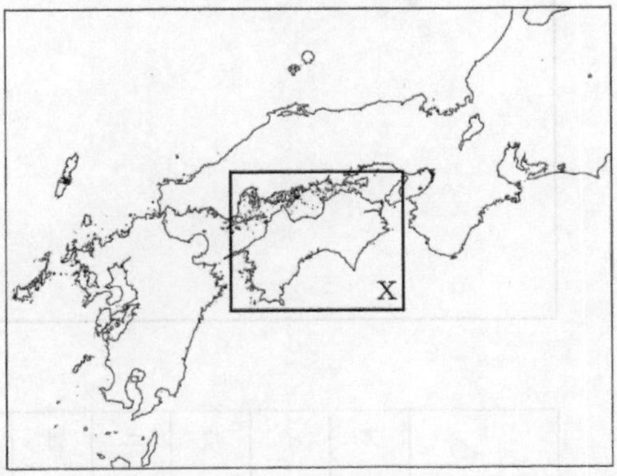

図Ⅳ

A

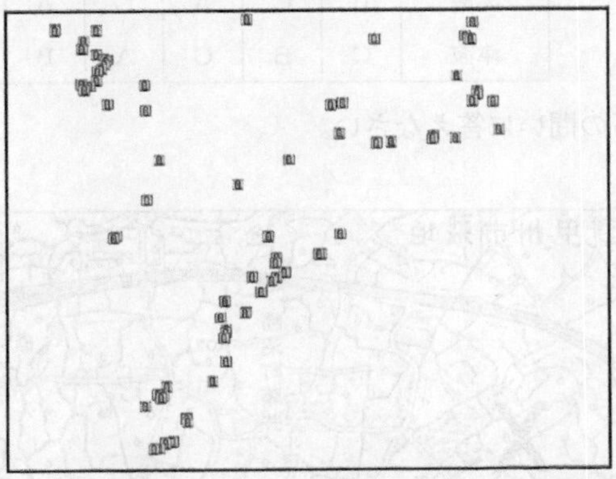

凡例（Ａ～Ｃ共通）
■ 自然災害伝承碑

B

C

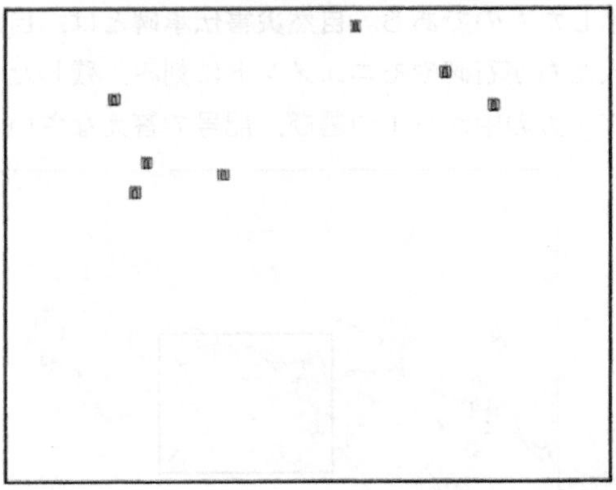

（地理院地図により作成）

	ア	イ	ウ	エ	オ	カ
洪水	A	A	B	B	C	C
高潮	B	C	A	C	A	B
津波	C	B	C	A	B	A

〔問４〕図Ⅴをみて，以下の問いに答えなさい。

図Ⅴ

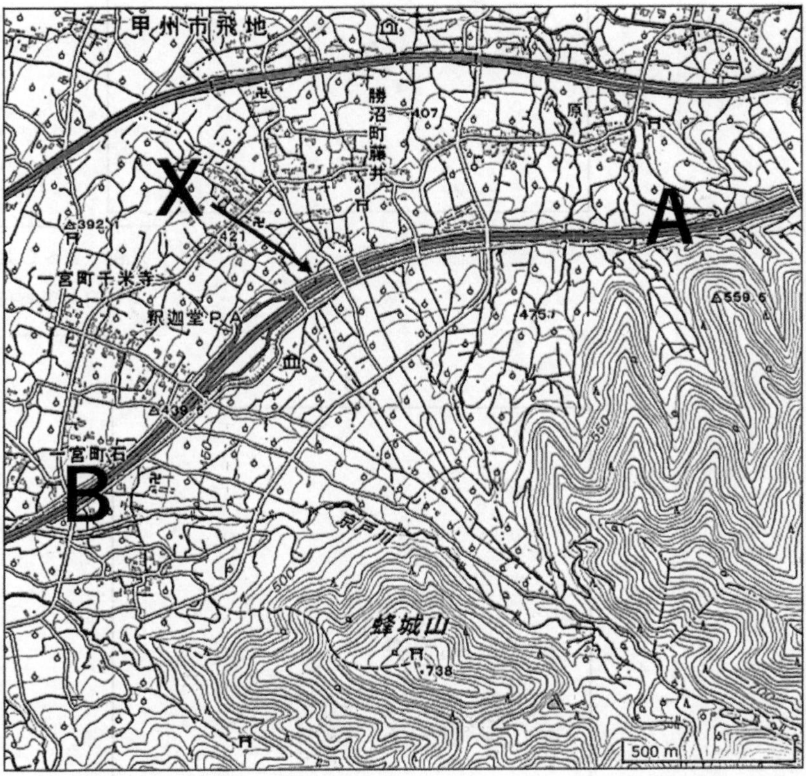

（地理院地図により作成）

（1） 図Ⅴの範囲内の土地利用としてみられる果樹園（地図記号：○）で，おもに栽培されている果物は何か。1つ答えなさい。

（2） 図Ⅴを横断する道路×は，高速道路である。なぜ，A・B両地点間で道路をまっすぐ通すことなく，このような形に湾曲させて敷設されたのか。その理由を説明しなさい。

［問題3］

〔問1〕次の文を読み，問いに答えなさい。

1976年に，朝鮮半島南部の道徳島沖から沈没船が発見された。その後9年間の調査により，船体や多くの積み荷，荷札などが発見され，東アジアの歴史を解明する大きな手掛かりとして注目された。

この沈没船は，「東福寺」という京都の寺院の名が記された荷札や①積み荷などから1323年に中国の寧波を出港し，博多へ向かう途中に東シナ海で遭難したものと推定されている。

遺物の中には積み荷の他，将棋の駒や日本産の火鉢，和式の鏡の，中華鍋や朝鮮のさじなど船員たちの日用品と思われる品々も見つかっている。

13～14世紀の日本と中国の間では②一時的に緊張や対立が生じることはあったものの，このような船が日本と中国の間を多く行き来していたものと思われ，東アジア海域における人びとや文物の交流は盛んにおこなわれていたことがうかがえる。

また，当時の中国王朝は広大な領域を支配し，③ヨーロッパ世界ともかかわりを持った。

（1） 下線部①について，この船が中国から日本に向かったことを裏付ける積み荷の例として適切なものを，次のア～エの中から2つ選び，記号で答えなさい。

ア.

イ.

ウ.

エ.

（2） 下線部②の例について，具体的な出来事を1つ答えなさい。

（3） 下線部③に関連して，このころの東西の世界のかかわりを示す次の資料から分かることと，その時期のキリスト教会の動きにもっとも近い出来事の組合せとして適切なものを，次のア～エの中から1つ選び，記号で答えなさい。

資料

> もし自身の言葉が遂げられるのであれば，尊大な教皇たるお前がフランク国王たち全てと共に自ら朕*のもとへ来い。朕は今あるあらゆる決まりの命令をその時に聞かせよう。また，お前たちは言った，私を洗礼者にすることはよいことである，と。身の程を知れ。…今，お前たちは，正直な心で「我らは服従者となります。移住します」と言うがよい。…お前たちの服従をその時に認めよう。もしも神の命令を受け取らず，朕の命令に背くならば，お前たちを朕は敵とみなそう。
>
> *朕：わたしの意で，当時の中国皇帝を指す。
>
> （ヴァチカン枢機文書館の資料より）

a．キリスト教会は中国に布教をしようとしていたことがわかる。
b．フランク国王に対し，中国皇帝が服従の姿勢を見せていることがわかる。
c．ビザンツ帝国と結びついたギリシャ正教会が誕生した。
d．エルサレムをイスラム勢力から奪還するためたびたび十字軍が派遣された。

ア．a・c　　イ．a・d　　ウ．b・c　　エ．b・d

〔問２〕次の新聞記事を読んで，下の問いに答えなさい。

> 国連教育科学文化機関（ユネスコ）の世界遺産委員会は27日，①縄文時代を幅広く知る上で貴重な「北海道・北東北の縄文遺跡群」の世界文化遺産への登録を決めた。日本の文化遺産としては20件目で，自然遺産も合わせた世界遺産数は25件となった。
>
> 登録が決まったのは②北海道，青森，岩手，秋田の４道県に点在する17遺跡。いずれも1万年以上に及んだ農耕を伴わない狩猟・採集による縄文人の定住生活の変遷を切れ目なく示しており，ユネスコの諮問機関は５月，「先史時代の農耕を伴わない定住社会と複雑な精神文化，定住社会の発展段階や環境変化への適応を示している」と報告した。
>
> （『日本経済新聞』2021年７月28日付より）

（１）　下線部①に関連して，縄文時代やその遺跡の特徴について述べた文として正しいものを，次のア～オの中からすべて選び，記号で答えなさい。

ア．人物や器材などの形をした埴輪と呼ばれる焼き物が作られた。
イ．現在の長野県で産出した黒曜石が東北地方まで分布し，交易の痕跡が確認できる。
ウ．食べ物の残りかすや道具などが捨てられた貝塚から生活の様子を知ることが出来る。
エ．遺跡から周囲に溝をめぐらした大規模な集落の形成や，銅剣の使用が確認できる。
オ．政治的なまとまりが広がり，権力者の名前が記された武具が作られるなどした。

（２）　下線部②について，北海道・東北地方に関連する次のア～エの出来事を，古いものから順に並べなさい。

ア．平泉を拠点として繁栄した奥州藤原氏によって，中尊寺や毛越寺が建立された。
イ．高句麗のあった地域におこった渤海の使者が日本海沿岸に度々来着した。
ウ．安藤氏が津軽半島の十三湊を拠点にアイヌの人びととの交易で勢力を伸ばした。
エ．間宮林蔵らによる蝦夷地や樺太の探検が行われた。

〔問３〕授業で「時代を大観する」課題に取り組んだ音羽さんは，江戸時代に関する興味深い資料を発見し，気づいたことをまとめた。次の資料に基づく下の問いに答えなさい。

資料Ⅰ

藩	藩内の村に存在が確認された [A] の数
仙台藩	3,984
松本藩	1,040
紀州藩	8,013

（塚本学『生類をめぐる政治』より作成）

資料Ⅱ

作物を育てても，鹿・兎・きじ・鳩などの鳥が食べてしまうため，[A] がなければ暮らしてはいけない。

今までの調査で [A] などが没収されようとしたこともあったが，上のような事情を説明したところ「御用捨て」となり，そのまま [A] は百姓に預けられた。

（群馬県立文書館収蔵「飯塚家文書」より，現代語訳の上一部改め）

音羽さんの説明

わたしが疑問を持ったのは，教科書で江戸時代が始まる前に [B] による [C] が行われたことを学んだからであり，そもそも江戸時代の村々に [A] が存在したことに驚いたからです。その数は各藩の城に備えておくべき数より多かったとも聞きました。

しかし，さらに資料を集めて調べていくにあたって，[A] の使途がそれまでの時代と江戸時代では違うのではないかと推測しました。つまり，[A] という同じ道具がもつ役割が変化したということです。この変化は，[D] という特徴をもった中世から [E] という特徴をもった近世へという時代の転換を象徴しているのではないでしょうか。

（１）[A] ～ [C] にあてはまる語を答えなさい。[B] には人名があてはまる。

（２）それぞれの時代の特徴について，[D]，[E] にあてはまる語句を答えなさい。

［問題４］資料と年表に関する問題に答えなさい。

資料

30日に施行された [A] 国家安全維持法により，国家の安全や体制にかかわることは，中国政府の監督・指導のもとで裁かれる仕組みとなった。中国政府の出先機関が新たに [A] につくられ，反体制的な言動が「重大」と判断されれば無期懲役とも明記された。言論や集会の自由にも影響を及ぼしそうだ。

これまで [A] では，中国政府を「一党独裁」と批判しても，天安門事件の歴史再評価を求めても，中国当局の手は及ばなかった。しかし [A] 国家安全維持法は [A] の法律よりも優先されると明記され，「一国二制度」のもとで保障された言論や集会の自由，高度な自治が形骸化するのは避けられない状況だ。

[A]国家安全維持法は，[A]独立，国家政権転覆，テロ行為，外国勢力との結託を処罰の対象にした。中国政府は「違法となるのは極端な例だけ。自由は保障される」と主張する。しかし，中国では政府を批判することが政府転覆に問われ，昨年の[A]での暴力を伴うデモはテロと非難。米国に民主化や人権問題で支援を求めただけで「外国勢力との結託」とみなされる恐れがある。中国政府の胸三寸でいかようにも処分できる余地がある。

（『朝日新聞』2020年7月1日付より，一部改め）

年表

1842	①アヘン戦争後の南京条約で[A]が[B]領になる
1941	②日本が[A]を占領する
1945	[A]が[B]領に復帰する
1997	[A]が[B]から中国に返還され，一国二制度が始まる
2014	③政府に民主化を求める大規模なデモ（雨傘運動）が起こる
2020	[A]国家安全維持法が施行される

〔問1〕次の地図のア～オの中から，[A]の位置を選び，記号で答えなさい。

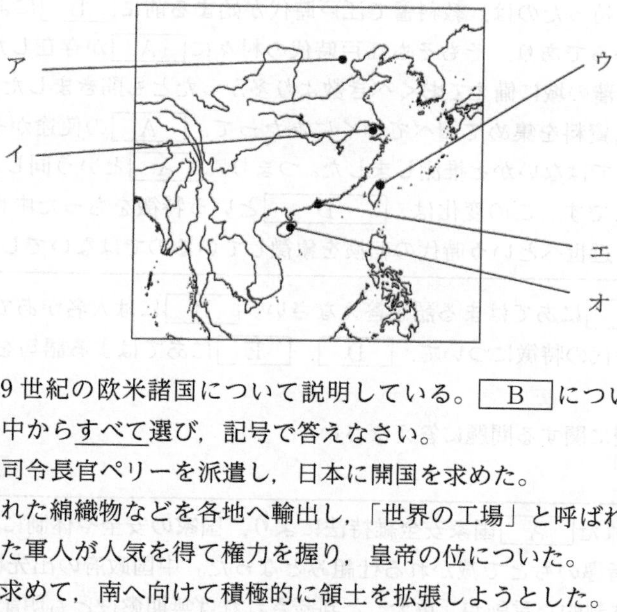

〔問2〕次の各文は19世紀の欧米諸国について説明している。[B]について説明しているものを，次のア～クの中からすべて選び，記号で答えなさい。

ア．東インド艦隊司令長官ペリーを派遣し，日本に開国を求めた。

イ．機械で生産された綿織物などを各地へ輸出し，「世界の工場」と呼ばれた。

ウ．戦争で活躍した軍人が人気を得て権力を握り，皇帝の位についた。

エ．不凍港などを求めて，南へ向けて積極的に領土を拡張しようとした。

オ．首相がいくつもの条約や同盟を成立させ，ヨーロッパの外交を主導した。

カ．オーストリアとの戦争を通して，統一と独立を達成した。

キ．他の二国とともに，日本が獲得した遼東半島を返還するよう勧告した。

ク．前年の生麦事件の報復として，海軍を派遣して薩摩を攻撃した。

〔問3〕年表中の下線部①について，この戦争の背景には貿易の構造があった。それを示した次の図に関する問題に答えなさい。

(1) 図のCにあてはまる語を答えなさい。

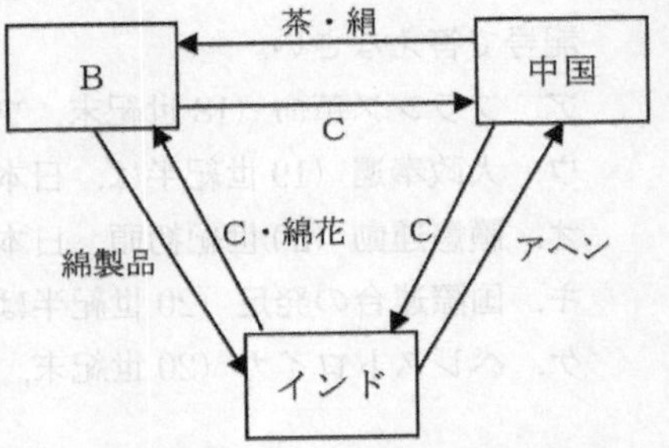

(2) 下線部①のころにCをもっとも多く産出していた地域を，次のア～オの中から1つ選び，記号で答えなさい。

ア．アジア　　イ．アフリカ　　ウ．オセアニア　　エ．南北アメリカ　　オ．ヨーロッパ

〔問4〕次の4つの資料は日本の政治的な動きを報じた新聞記事である。年表中の下線部②と時期がもっとも近いものを，次のア～エの中から1つ選び，記号で答えなさい。

ア．

日獨伊三國同盟成立
大詔を渙發あらせる
昨日、ベルリンで條約調印

イ．

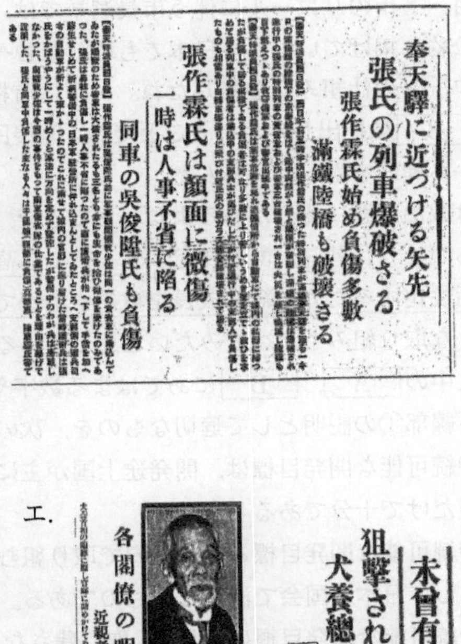
奉天驛に近づける矢先
張氏の列車爆破さる
張作霖氏始め負傷多數
滿鐵陸橋も破壞さる
張作霖氏は顔面に微傷
一時は人事不省に陥る
同車の呉俊陞氏も負傷

ウ．

昨早曉一部青年將校等
各所に重臣を襲撃
内府、首相、教育總監は即死
藏相と侍從長は重傷

エ．

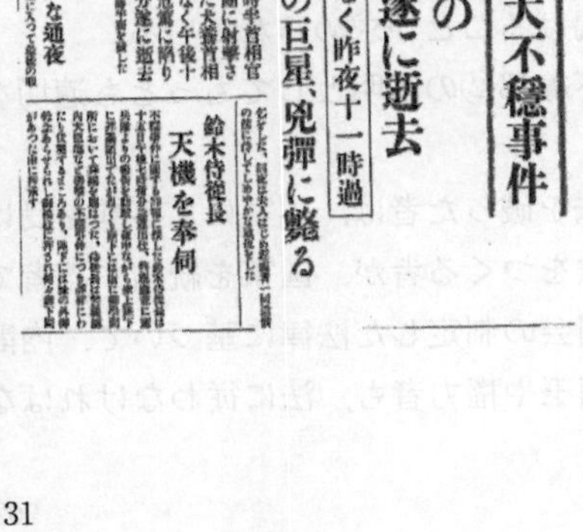
未曾有の帝都大不穩事件
狙撃されて重傷の
犬養總理大臣遂に逝去
輸血も效なく昨夜十一時過
政界の巨星、兇彈に斃る
各閣僚の暇乞ひ
近親者一同の濕やかな通夜
鈴木侍從長
天機を奉伺

〔問５〕年表中の下線部③に関連して，民主化を求める動きはこれまでも世界各地でおこってきた。政府に対し民主化を求めた人びとの動きとして適切な出来事を，次のア〜コの中から３つ選び，記号で答えなさい。

ア．フランス革命（18 世紀末，フランス）　　イ．奴隷解放宣言（19 世紀半ば，アメリカ）
ウ．大政奉還（19 世紀半ば，日本）　　エ．義和団事件（19 世紀末，中国）
オ．護憲運動（20 世紀初頭，日本）　　カ．ニューディール政策（20 世紀前半，アメリカ）
キ．国際連合の発足（20 世紀半ば）　　ク．日本国憲法の発布（20 世紀半ば，日本）
ケ．ペレストロイカ（20 世紀末，ソ連）　　コ．アラブの春（21 世紀初頭，チュニジアなど）

［問題５］ 次の生徒Ｍ・生徒Ｎ・生徒Ｏの会話文を読み，下の問いに答えなさい。

Ｍ：社会科の課題「① SDGs（持続可能な開発目標）に基づいて社会のあり方を考える」をどうするか決めた？

Ｎ：目標 16「平和と公正をすべての人に」に興味をもっているんだ。特に②法の支配と平和や公正の実現について考えてみたいと思っている。

Ｏ：先月，Ｘ市のリコールに伴う市長選挙では，３人の候補者全員が SDGs に基づいたまちづくりを公約に掲げていたね。日本でも取り組むべき課題だということだよね。

Ｎ：リコールの仕組みは勉強したね。Ｘ市は有権者数 36 万人だから［ Ａ ］万人以上の人が署名して［ Ｂ ］に提出したということだね。直接民主制的な制度についても SDGs の中に出てきているから興味をもっているんだ。

Ｏ：Ｎは政治問題に関心があるよね。ところで，Ｍはどうするの？

Ｍ：まちづくりに興味があるんだ。③Ｘ市でも高齢化が進んでいるから福祉を重点的にするか，町を活性化するために経済成長を重視するかで，意見が分かれているよね。他の地方自治体での色々な取り組みも調べてみたいと思っているんだ。

〔問１〕文中の［ Ａ ］，［ Ｂ ］にあてはまる数字や語句を答えなさい。

〔問２〕下線部①の説明として適切なものを，次のア〜エの中から１つ選び，記号で答えなさい。

ア．持続可能な開発目標は，開発途上国が主に取り組む問題が掲げられているので，日本はその支援だけで十分である。

イ．持続可能な開発目標とは，国内で取り組むべき課題であるとともに，開発途上国への支援項目として日本の国会で決定したものである。

ウ．持続可能な開発目標は「誰一人取り残さない」ことを理念としており，国だけではなく NGO や企業などの取り組みも重要である。

エ．持続可能な開発目標は「かけがえのない地球」を理念としており，各国は具体的な数値目標を掲げることが求められている。

〔問３〕下線部②の説明としてもっとも適切なものを，次のア〜オの中から１つ選び，記号で答えなさい。

ア．法を破った者は，国家による罰を受けなければならないということである。

イ．法をつくる者が，国家を統治する者であるということである。

ウ．国会の制定した法律に基づいて，内閣は行政をすすめなければならないということである。

エ．国王や権力者も，法に従わなければならないということである。

オ．たとえ悪法であっても，法は守られるべきであるということである。

〔問４〕次のメモは，生徒Ｍが社会科の課題の発表のためにまとめたものである。

メモ

> 町の80％を山林が占めているＹ町は，昔から林業が盛んです。ただ，1970年には約２万人いた人口が，今では6,000人に減少して，過疎化が進んでいます。社会的な施設や設備の維持が困難になることが予想される中で，林業を守りつつも，永く住み続けられるまちづくりを目指して，住民や移住者がそれぞれに可能な形で，林業に接点をもち地域経済の活性化に多様な方法で貢献するという取り組みが行われています。林業で働く人たちと町役場が議論しながらＹ町が掲げた目標は，災害があっても壊れないような持続可能な森林経営です。林業で働く人たちも山に対する人の責任や，生態系の保持，災害に強い山林の育成を考えるようになったそうです。
>
> これからもＹ町の取り組みに注目していきたいと思います。

生徒Ｍが発表の準備をしている時に，生徒ＯからＹ町の取り組みはSDGsの目標にもあてはまるのではないかと指摘された。SDGsの目標のうち，Ｙ町の取り組みに関係が深いものはどれか。次ページのア～カのアイコンの中から２つ選び，記号で答えなさい。

ア．

イ．

ウ．

エ．

オ．

カ．

〔問５〕下線部③について，高齢化が急速に進んでいるＸ市では，福祉の充実，観光，工場誘致をそれぞれ公約として掲げる立候補者による市長選挙が行われ，福祉の充実を公約とする候補者が当選した。同じ頃，全有権者を対象に行ったアンケートで，福祉の充実，観光，工場誘致のどの政策を重点的に行えばよいか優先順位をつけてもらったところ，結果は表の通りであった。生徒Ｎがアンケートの結果をみて作成した下のレポート［ Ｐ ］～［ Ｓ ］に入る数字や語句を答えなさい。なお，数字が入る場合，小数点以下は切り捨てること。

表

１位	福祉	福祉	観光	工場誘致	工場誘致	観光
２位	観光	工場誘致	工場誘致	観光	福祉	福祉
３位	工場誘致	観光	福祉	福祉	観光	工場誘致
合　計	７万人	６万人	11万人	９万人	２万人	１万人

レポート

アンケートでもっとも多くの有権者が1位としたのは［P］でした。しかし，有権者36万人のうち約［Q］%の［R］万人が，［P］を3位にしています。このような現象が起きたのは，X市の経済成長を重視する市民の中で［S］からではないでしょうか。そのため［P］を公約とした候補者が市長選挙では当選したと考えられます。

［問題6］

ある商品が売買される市場を考える。

I　その商品には，①新品（30万円の値打ちがある），②優良な中古品（20万円の値打ちがある），③劣悪な中古品（10万円の値打ちがある）の3タイプがある。その商品を売る側は，売ろうとする商品が①～③のいずれかにあたるかを，もちろん知っている。ところが，買い手は，外見だけでは，その商品が①～③のいずれなのかが分からない。この場合にどういうことが起こるか，経子さんは，自分の考えをまとめながら，下のように文章にしてみた。

買い手は，普通は，①なら30万円，②なら20万円，③なら10万円で買うだろう。 正直な売り手は，自分の商品が①なら30万円で，②なら20万円で，③なら10万円で売ろうとする。けれど，世の中には不正直な人もいるから，②を30万円で売ろうとしたり，③を20万円や30万円で売ろうとする売り手もいるだろう。 買い手は，目の前の商品が①～③のどれか分からないのだから，下手をすると②や③を商品の値打ちより高く買わされてしまう心配がある。 そう考えると，買い手が自分に損にならないように商品につける買値は，どの商品についても［A］万円となる。そして，買い手がどの商品も［A］万円でしか買おうとしないのであれば，売り手は［B］を売ろうとはしないだろう。

〔問1〕［A］にあてはまる数字を答えなさい。

〔問2〕［B］にあてはまるものは何か，次のア～カの中から適切なものを1つ選び，記号で答えなさい。

ア．①　　イ．②　　ウ．③　　エ．①や②　　オ．①や③　　カ．②や③

〔問3〕上のように，買い手と売り手で知っていることにズレがあることを，経済学では，「［C］の非対称性」と表現する。［C］にあてはまると考えられる語は何か，次のア～オの中からもっとも適切なものを1つ選び，記号で答えなさい。

ア．運命　　イ．価格　　ウ．情報　　エ．正義　　オ．能力

〔問4〕上の市場では，商品の値打ちが3種類あると仮定している。もし，その商品に，値打ちの違いが無数にあり，それらの区別が買い手にはつかない場合，市場は最後にはどうなると考えられるか，簡潔に答えなさい。

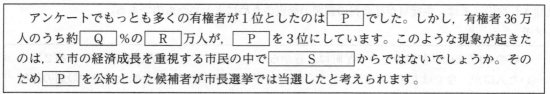

Ⅱ　Ⅰのような事態を避ける方法を，済くんは，自分の考えをまとめながら，下のように文章にしてみた。

> ひとつは，一度行った売買を買い手の希望によって取り消せるようにする方法がある。消費者問題の授業でやった[D]制度はこれなのだろう。
>
> また，値打ちの低い商品を高く売った人を，犯罪として罰すればいいかもしれない。
>
> 欠陥商品の問題も同じような問題だ。そうすると，この問題には[E]も関係がありそうだ。
>
> そのほかはどうだろう。要するに，不正直な売り手を市場から[F]すればいいのだから，例えば，役所や警察で[G]を得た人だけが，市場で物を売れるようにすればいい。古本屋さんを開業するには[G]が必要だと聞いたことがある。
>
> あるいは，ある売り手について，正直か不正直かなどの[H]を買い手に見えるようにしたらどうだろうか。インターネット・オークションでは，取引の終わったあとに，売り手は買い手を，買い手は売り手を[H]できるようになっていて，その積み重ねが☆の数などで示されているから，不正直な売り手は，やがて市場から[F]されるだろう。

〔問５〕[D]にあてはまる語を答えなさい。

〔問６〕[E]には，欠陥商品により消費者が被害を受けた場合，会社の過失を証明できなくても損害を賠償させることができるようにする法律が入る。その法律名を漢字６字で答えなさい。

〔問７〕[F]，[G]，[H]にあてはまる語を，次のア～カの中からそれぞれ１つ選び，記号で答えなさい。

ア．許可　　イ．禁止　　ウ．導入　　エ．人気　　オ．排除　　カ．評価力がないことを残念に思う気持ち。

ウ　政彦の言葉には賛成できないが、それを政彦に言っても分かってもらえないだろうと思う気持ち。

エ　政彦の言葉の裏に隠された真意が読み取れず、夫は何を考えているのだろうと思う気持ち。

問六　傍線部⑥「そこが親としてもどかしいところでもあり、救いでもある」とあるが、どういうことか。その説明として最も適切なものを次の中から一つ選び、記号で答えなさい。

ア　ここぞという時の一発勝負に弱いところは情けないが、将来を長い目で見ているようなので安心する。

イ　模試では合格確実だった滑り止めにも落ちたので将来が不安だが、人生を悲観していないことに助けられる。

ウ　「一浪なんて『ひとなみ』」とのんびり構えていることにいら立ちを覚えるが、前向きな姿勢には慰められる。

エ　浪人が決まったにもかかわらず、気にするそぶりがないのはじれったいが、落ち込んだ様子がないのはありがたい。

問七　傍線部⑦「ミントティーを旨いと思ったことなど、一度もない」というところから、政彦はどのような人物だと考えられるか。その説明として最も適切なものを次の中から一つ選び、記号で答えなさい。

ア　無理に体裁を取り繕おうとする人物

イ　我慢強く向上心を持ち続ける人物

ウ　感性より理性を重視する人物

エ　心身の健康に気を遣う人物

問八　二重傍線部a「節」、b「まんざらでもなく」の本文中での意味として最も適切なものを、それぞれ後の中から一つずつ選び、記号で答えなさい。

a　「節」

ア　区切りとなる時

イ　気にかかる部分

ウ　心の小さな変化

エ　特徴的な話し方

b　「まんざらでもなく」

ア　うぬぼれないようにして

イ　当然という気持ちで

ウ　聞き飽きた感じで

エ　悪くない気分で

くないんだ」

「そうね……」

あいまいな綾子のうなずき方に、「優香によけいなこと訊《き》いたりするなよ」と念を押したが、今度もはっきりとした反応は返ってこなかった。

「心配性だなあ」と政彦は笑って、お茶を啜《すす》った。俺の考え、間違ってないと思うんだけどな――つぶやきを飲みくだすと、ミントの青くささが鼻に抜けた。

酸っぱいような、苦いような、えぐみがあるような、ないような……⑦ミントティーを旨《うま》いと思ったことなど、一度もない。

（重松清《しげまつきよし》「かさぶたまぶた」による）

[注]

＊笛吹きケトル……湯が沸騰すると笛が鳴る仕組みになっているやかん。

＊ミント……独特の香りを持つ植物の一種。ハッカ。

＊マリッジ・ブルー……結婚する前に憂鬱な気持ちになること。

＊聾学校……耳の不自由な児童・生徒のための学校。

問一 傍線部①「腕組みをして、テーブルの上のティーバッグの箱をじっと見つめ、少し重い口調をつくる」とあるが、このような政彦の行動を、比喩を用いて簡潔に言い表した部分を、本文中から**一〇字以内**で抜き出しなさい。

問二 傍線部②「綾子は一瞬だけほっとした表情になり」とあるが、なぜほっとした表情になったのか。理由を説明しなさい。

問三 傍線部③「俺はすぐわかったぞ」とあるが、この政彦の言葉の説明として最も適切なものを次の中から一つ選び、記号で答えなさい。

ア 普段は子どもの様子を見ていないのに、親としていつも細かく見ているかのように嘘の説明をした言葉。

イ 妻からの相談をやっかいなことだと感じていたが、頼もしい相談相手に見えるように取り繕った言葉。

ウ 最近子どもの様子が変だとは気づいていなかったが、以前から気づいていたようなふりをした言葉。

エ 突然子どものことについて相談されて動揺したが、それを悟られないように平然と振る舞った言葉。

問四 傍線部④「やっぱり、それ、おまえの考えすぎなのかもしれないぞ」とあるが、政彦は優香の状況をどう捉えているか。それを説明した次の文の空欄［A］、［B］に当てはまる表現を、それぞれ本文中から**二〇字以内で抜き出し、はじめとおわりの五字ずつ**を答えなさい。

今の優香には［A］であり、何かあったとしても［B］と捉えている。

問五 傍線部⑤「綾子は困ったように笑うだけで、なにも答えなかった」とあるが、この時の綾子の気持ちの説明として最も適切なものを次の中から一つ選び、記号で答えなさい。

ア 政彦の言葉は気休めにしかならないが、自分にはこの問題を解決できないので夫に頼るしかないのだと思う気持ち。

イ 政彦の言葉に感心し、自分に夫ほど子どもたちの心を理解する優香は私立中学に合格したばかりだった。「御三家」と呼ばれる名門の女子校に受かった。四年生の夏からがんばってきた受験勉強も終わって、あとは卒業、それから入学を待つだけの、いまはいちばんのんびりした時期だ。ふさぎ込む理由など、どこにもないはずだ。

　ティーバッグの中の*ミントの葉が、ポットのお湯に蒸らされて広がり、すうっとする香りが湯気とともにたちのぼる。ミントティーをリクエストしたのは政彦だった。綾子から「ねえ、ちょっといい？」と相談事を持ちかけられたときは、たいがいそうする。ミントのリラックス作用に実際どれくらいの効果があるかは知らないが、冷静でいるに越したことはない。

　なにごとも感情的になるのは嫌いだ。子供のことを話すときは、なおさら。あわてふためいて、ただ自分が早く安心したいために多感な時期の子供を問い詰めていく、そんな愚かな父親にはなりたくない。

「受験が終わって気が抜けたのかもしれないし、憧れてた学校に入ることが決まって、*マリッジ・ブルーみたいになってるのかもしれないな。卒業したら友だちとも離ればなれになっちゃうから、それが寂しいのかもしれないし、あと……」

　思いつく理由をいくつか挙げてみたが、綾子はもっと具体的なことを考えていた。

「友だちと、なにかあったのかしらね」

「そんなことないだろ、この前だってみんなといっしょに『風の子学園』に行ってるんだから」

「そうよねえ……」

『風の子学園』というのは、バスで二十分ほどの距離にある*聾《ろう》学校だ。将来は福祉の仕事をやりたいという優香は、中学受験が終わると、仲良しの友だちを誘って『風の子学園』に出かけた。

　政彦には、受験のことよりもむしろそっちのほうが嬉しかった。クラス担任の岡本《おかもと》先生も感心して、「『風の子学園』との交流をこどもたちのほうから提案してきたのは初めてなんですよ」とわざわざ家に電話をかけてきた。思いやりのある優しい子になってほしいという親の願いを、優香はちゃんと叶《かな》えてくれている。

　児童会長に、ボランティア委員会の委員長、子供会の班長もつとめ、来月の卒業式では総代で答辞を読むことにもなっている。優香はそういう女の子で、だから、学校でなにかあって落ち込んでいるとは、政彦にはどうしても思えない。

「秀明が落ち込むんだったら、まだわかるけどね」

　綾子はポットを覗《のぞ》き込んでお茶の色を確かめながら言った。

「あいつはそこまで繊細じゃないよ」と政彦は苦笑する。

　つい最近まで、我が家には受験生が二人いた。大学受験に挑んだ秀明は、四月からも受験生のままだ。狙っていた大学はもとより、模試では合格確実だった滑り止めまで、すべて落ちてしまった。一発勝負に弱く、中学や高校も第一志望の学校ではなかった。もっとも、本人は「一浪なんて『ひとなみ』だから」としょげた様子はない。のんびり屋の楽天家で、⑥そこが親としてもどかしいところでもあり、救いでもある。

　政彦はゆっくりとミントの香りを嗅《か》いで、「心配しないでいいよ」と言った。「万が一、学校で困ったことがあったとしても、優香なら自分ですぐに解決できるんだから、へたに俺たちが騒ぐとかえってよ

「それはそうだけど……」

「③俺はすぐわかったぞ」

ミステリードラマの名刑事が謎解きを披露《ひろう》するように、政彦は言った。

「テレビを観てるときに笑うだろ、それがちょっと不自然だったんだよな。声がいつもより細いし、甲高《かんだか》いし、ああ無理して笑ってるんだな、って」

　綾子は、そうだったっけ？　というふうに小首をかしげる。

　キッチンから＊笛吹きケトルの音が聞こえて、話は途切れた。スリッパをぱたぱた鳴らして綾子がキッチンに入ると、リビングに一人残った政彦は腕組みを解いて、ため息をついた。

　肩から力を抜く。ソファーの背に体を預け、足を床にだらんと投げだす。頭の奥なのか胸の奥なのかはわからない、とにかくどこかで表情や口調を内側から支えていたつっかい棒を、そっとはずした。

　リビングの真上は子供たちの部屋だ。兄の秀明《ひであき》も妹の優香《ゆうか》も自分の部屋にいるはずだが、三年前に建てたコンクリート建築の我が家は壁も床も厚すぎて、二階の気配はほとんど伝わってこない。

　政彦は顎《あご》を上げて、天井をぼんやりと見つめる。

嘘《うそ》をついていた。つまらない見栄《みえ》を張った。笑い声の話は、いま、とっさに考えたものだ。

　優香が最近どうも元気がないようだというのも、綾子の「なんとなく」よりももっと淡く、ぼんやりとしていて、綾子の話を聞いて初めて「そういえば」と思い当たったような気がするし、ほんとうは思い当たるa節さえないのを無理に話を合わせただけなのかもしれない、とも思う。

　最近――四十代半ばにさしかかってから、こんなことが増えた。

　調子が悪い。

　もともと、子供たちのちょっとした変化を見抜くことには自信があった。平日は残業つづきで、秀明や優香と顔を合わせないことも多いが、だからこそ、子供たちの発するサインはどんなささいなものでも見逃すまいと心がけていた。

　中学時代の秀明が野球部のレギュラーからはずされたときも、小学校に入ったばかりの優香が通学路の途中にある家の飼い犬に吠《ほ》えたてられたせいで、一人だけ遠回りして登校していたときも、綾子が「最近あの子ちょっと変じゃない？」と言いだすのを待ちかねるようにして、「俺もそう思ってたんだ」とうなずくことができた。

　綾子はそのたびに「よく見てるわねえ」と感心するが、それくらい親なのだから当然だと思っていた。「お父さんにはなんでも見抜かれてるんだからね」と綾子が子供たちに言うのを、少し照れながら、bまんざらでもなく聞く――ほんの二、三年前までは、それがあたりまえだったのだ。

　綾子のスリッパの音が近づいてくる。政彦はソファーに座り直した。足を引き、腕組みをして背筋を伸ばし、肩を張って、表情と口調のつっかい棒を立てる。

　ティーポットとカップを載せたお盆を持って戻ってきた綾子に、「いま思ったんだけど」と声をかけた。「④やっぱり、それ、おまえの考えすぎなのかもしれないぞ」

⑤綾子は困ったように笑うだけで、なにも答えなかった。

ア 友人に何かプレゼントするときに、事前に相手の好みや趣味を調べておくと、何をあげたらよいか決めやすくなる。

イ 一度大きな災害があった地域では、人々がそのときの経験を活かして、災害への備えを充実させることができる。

ウ 食用のキノコと毒キノコとの違いを専門的に学んでおくことで、キノコ狩りをするときに安全に見分けられる。

エ 旅行先の歴史や伝統文化について知っていると、その土地ならではのものを見聞きして味わうことができる。

問四 傍線部③「実用性が或る業績の倫理的価値を決定するようなことは決してない」とあるが、マゼランの航海がどのようなものだったということか。**七〇字以上八〇字以内**で説明しなさい。

問五 傍線部④「そのような世界」とあるが、それはどのような世界を指すか。**二〇字以上二五字以内**で答えなさい。

問六 本文の主旨として最も適切なものを次の中から一つ選び、記号で答えなさい。

ア 未知なるものを解き明かして新しい知識を得たいという思いは、人類が持つ普遍の真理であり、決して現代特有のものではない。

イ 科学研究の世界では、獲得された知識の応用によって新たな技術が進歩し、その結果として絶えず経済的な利益が生み出されている。

ウ スポーツをすること自体を楽しむためにスポーツをするのと同じように、人類は役立つ知識を獲得すること自体に意義を見出してきた。

エ 人工知能の発達によって、知識を獲得することの意味が問い直され、人間生活が人工知能との共存という視点で捉えられるようになった。

問七 二重傍線部a～dのカタカナを適切な漢字に改めなさい。

〔問題二〕次の文章を読んで、後の問いに答えなさい。

思い過ごしかもしれないけど、なんとなくだけど、本人に確かめたわけじゃないんだけど、と前置きが長かったわりには、いざ話しだした綾子《あやこ》の口調にはそれほど迷いはなかった。

政彦《まさひこ》は妻の話に小刻みに相槌《あいづち》を打ち、一段落つくのを待って、「俺もそう思ってたよ」と言った。①腕組みをして、テーブルの上のティーバッグの箱をじっと見つめ、少し重い口調をつくる。「この二、三日、様子が変だったからな。なに落ち込んでるんだろうと思ってたんだ」

「あなたも？」

「それくらいわかるさ」笑った。「親なんだから」

「じゃあ……やっぱりそうなんだ」

②綾子は一瞬だけほっとした表情になり、しかしすぐに、「勘違いだったらよかったんだけど」と、話を切りだす前の沈んだ顔に戻った。

「勘違いなんかじゃないよ。だって、サインが出てただろう？　俺だって感じたぐらいなんだから、おまえはもっとわかってただろ」

「そうでもないんだけど、ほんとうに、なんとなく、だったのよね」

「頼りないこと言うなよ」

ニュートンの研究動機は、「自分の密《ひそ》かな抑えがたい欲求を満足させること」でした。つまり、知識の獲得それ自体が目的化していたことになります。ここでは、知識は最も価値が高い消費財になっています。自らの研究成果を発表しなかった科学者たちは、皆、同じような考えを持っていたのではないでしょうか？

消費財としての知識の価値は、人工知能がいかに発達したところで、少しも減るわけではありません。ですから、人工知能がいかに進歩しても、「人間が知的活動のすべてを人工知能に任せ、自らはハンモックに揺られて一日を寝て過ごす」という世界にはならないと思います。

研究室では、研究者が寝食を忘れて実験に挑んでいるでしょう。歴史学者は古文書を紐解《ひもと》いて、新しい事実を発見することに無限の喜びを感じているはずです。そして、親しい人々が集まって、絵画や音楽についてどれだけ深い知識を持っているかを披露《ひろう》し、競い合っているはずです。あるいは、誰の意見が正しいかについて、dコウカク泡を飛ばして議論しているでしょう。

人類にとってのユートピアとは、④そのような世界だと思います。そうした世界が、人工知能の助けを借りて実現できる。その可能性が、地平線上に見えてきたような気がします。

（野口悠紀雄《のぐちゆきお》『知の進化論』による。一部改）

[注]
＊「炎のランナー」……一九八一年にイギリスで公開された映画の題名。
＊獅子文六……日本の作家（一八九三〜一九六九）。本名岩田豊雄。著書に『海軍』。
＊棒倒し競技……運動会などで行われる競技の名称。
＊ウフィツィ美術館……イタリアのフィレンツェにある、ルネサンス絵画で有名な美術館。
＊マゼラン海峡……南米大陸南端に近い海峡の名称。
＊シュテファン・ツヴァイク……オーストリアの作家（一八八一〜一九四二）。著書に『マゼラン』。

問一 空欄 A 、 B に当てはまる最も適切な語は何か。それぞれ本文中から抜き出して答えなさい。

問二 傍線部①「そのときの私の生活は、真に貧しいものであった」とあるが、どのようなことをいっているのか。その説明として最も適切なものを次の中から一つ選び、記号で答えなさい。

ア　レオナルド・ダ・ヴィンチの名画に関心を寄せられないほど、絵画に対する理解に乏しかったということ。
イ　レオナルド・ダ・ヴィンチの名画に注意を向けられないくらい、気持ちに余裕を持てなかったということ。
ウ　レオナルド・ダ・ヴィンチの名画の価値に気づけないくらい、若い上に人生経験に乏しかったということ。
エ　レオナルド・ダ・ヴィンチの名画の前を素通りしてしまうほど、哲学や宗教に関心がなかったということ。

問三 傍線部②「知識が増えれば増えるほど、体験の意味と価値は増します」とあるが、具体例としてどのようなことが挙げられるか。その説明として最も適切なものを次の中から一つ選び、記号で答えなさい。

あったと言わざるをえません。いまウフィッツィ美術館を訪れることができれば、その価値は、かつてに比べて比較にならぬほど高いものになるでしょう。②知識が増えれば増えるほど、体験の意味と価値は増します。それによって、生活は豊かなものになるのです。

科学の場合には、知識が資本財なのか消費財なのか、aハンゼンとしないこともあります。発見された新しい知識によって経済的な利益が得られる場合もあるでしょうが、多くの場合、その関連は間接的です。

例えば、火星に生命の痕跡を見つけるために探査機を送るのは、どんな利益を期待してなのでしょうか？　生命のメカニズムが解き明かされて、生命科学が飛躍的に進歩するかもしれません。しかし、新しいbチケンは得られないかもしれません。では、この目的のために開発されたロボット技術を、原発事故に対処するためのロボットに応用できるという利益はどうでしょうか？しかし、ロボット開発が目的なら、探査機を火星まで送る必要はないでしょう。

火星生命の探索が行なわれるのは、純粋な知的好奇心による面が大きいと思います。もちろん、現在の地球には、発展途上国の貧困や難民など、もっと緊急度の高い問題があります。したがって、十分な資源を火星探索に充《あ》てることはできません。そうであっても、「貧困の問題があるから、火星探索はできない」ということにはならないのです。

「知識を得ることそれ自体に意味がある」とは、現代世界で初めて認識されたことではありません。ある意味では、人類の歴史の最初からそうだったのです。

マゼランによる*マゼラン海峡の発見を思い出してください。彼が未知の海峡を発見する航海に出た目的は、西回りでインドに達する航路の発見という実利的、経済的なものでした。そして、彼は見事にその目的を果たしたのです。しかし、彼が見出した航路は、インドへの航路として実際に使われることはありませんでした。あまりに遠回りで、危険なルートだったからです。

では、彼の発見は無意味だったのでしょうか？　そんなことはありません。

なぜなら、彼が行なった世界周航によって、人類は、自分たちが住んでいる世界の真の姿（地球が周航可能であること）を把握できたからです。

*シュテファン・ツヴァイクは、『マゼラン』の中で、次のように言っています。

「歴史上、③実用性が或《あ》る業績の倫理的価値を決定するようなことは決してない。人類の自分自身に関する知識をふやし、その創造的意識をcコウヨウする者のみが、人類を永続的に富ませる」

そして、「ちっぽけな、弱々しい孤独な五隻の船のすばらしい冒険は、いつまでも忘れられずに残るであろう」としています。

個々の研究者の立場で考えても、以上と同じことが言えます。研究活動に、資本財的な側面、つまり、「新しい発見をして地位を獲得するために、研究をする」という面は、もちろんあります。しかし、多くの科学者は、こうした目的だけのために研究をしているわけではありません。「研究すること自体が楽しいから、研究している」という人が多いのです。

【国語】（五〇分）〈満点：六〇点〉

【注意】 1. 字数制限のある設問は、句読点やその他の記号も一字として数えます。

2. 解答用紙の一行の枠には、二行以上書いてはいけません。

【問題一】 次の文章を読んで、後の問いに答えなさい。

私たちはこれまで、知識は「何かを実現するために必要な手段」であると考えてきました。本書でも、多くの場合において、知識の役割をそのようなものとして捉えてきました。経済学の言葉を使えば、「知識は資本財（または、生産財）の一つである」と考えてきたのです。

しかし、知識の役割はそれだけではありません。「知識を持つことそれ自体に意味がある」ということもあるのです。これを、「消費財としての知識」と呼ぶことができるでしょう。

資本財と消費財の違いを、スポーツを例にとって説明しましょう。

われわれは、なぜスポーツをするのでしょうか？　第一の理由は、健康な身体を維持するためには、運動が必要だからです。さらに進んで、軍隊などの組織では、将兵にスポーツを勧め、これによって強い軍隊を作るという目的があるでしょう。肉体的な強さだけではありません。ヨーロッパでは、スポーツはエリートの精神鍛錬《たんれん》の道具と考えられてきました。映画「*炎のランナー」の中で、「英国人の教育に陸上競技は不可欠。競技は人格を形成し、勇気と誠実さと指導力を培《つちか》う」とケンブリッジ大学の教授が言う場面があります。*獅子文六《ししぶんろく》（岩《いわ》田豊雄《たとよお》）が『海軍』で紹介している旧海軍兵学校の*棒倒し競技も、同じような目的のためのものなのでしょう。また、プロのスポーツ選手の場合には、試合で勝つことが所得を得る手段になります。これらの例において、スポーツは［A］財として考えられ、あるいは使われています。

しかし、多くの人は、このような目的がなくとも、スポーツそれ自体が楽しいために、スポーツを行なっています。これは［B］財としてのスポーツです。

豊かになるにつれて、「それまでは［A］財であったものが、［B］財になる」ということがしばしば起こります。何かのための手段ではなく、それ自体が目的になることが多くなるのです。

同じことが、知識についても言えます。というより、知識は、最も価値が高い消費財になりうると思います。

例えば、友達との会話の際に、沢山の知識を持っていれば、賞賛を得られるでしょう。知識を持っているからなんらかの経済的な利益が実現できるというわけではなく、知識を持っていることそれ自体が賞賛されるのです。

人間は、子供のときから謎解きに挑みます。答えを得たところで何の役にも立たないと知っていても、謎解きの過程そのものが楽しいから、それに挑戦するのです。

また、沢山の知識を持つことは、人生を豊かにします。第1章で宗教画について述べたことを思い出してください。私は、ルネサンス絵画についての十分な知識を持っていなかったため、*ウフィツィ美術館を訪れたにもかかわらず、レオナルド・ダ・ヴィンチの名作の前を通り過ぎてしまいました。①そのときの私の生活は、真に貧しいもので

MEMO

大切なことはメモしておこうネ！

2022年度

解　答　と　解　説

《2022年度の配点は解答欄に掲載してあります。》

＜数学解答＞《学校からの正答の発表はありません。》

〔問題1〕 (1)　$\langle 18\rangle=4$

(2)　$n=$(例)1，5，6，10，11(一の位の数が1，5，6，0の数を5つ書けばよい。)

(3)　53個　　(4)　$n=6,\ 8,\ 12$

〔問題2〕 (1)　8cm　　(2)　$\sqrt{10}$cm　　(3)　$\dfrac{117}{10}$cm^2

〔問題3〕 (1)　時速4.32km　　(2)　ア　25秒　　イ　105秒未満　　(3)　21，63秒後

〔問題4〕 (1)　$x=24$　　(2)　$\dfrac{15\sqrt{3}}{2}$cm^2　　(3)　$6+6\sqrt{2}$ (cm^3)

〔問題5〕 (1)　30点　　(2)　55点　　(3)　あり得る　　(理由)　解説参照　　(4)　58

○推定配点○

〔問題1〕 (1)　2点　　(2)　2点　　(3)　4点　　(4)　4点　　〔問題2〕 (1)　3点　　(2)　3点　(3)　6点　　〔問題3〕 (1)　3点　　(2)　各2点×2　　(3)　5点　　〔問題4〕 (1)　3点　(2)　4点　　(3)　5点　　〔問題5〕 (1)　2点　　(2)　2点　　(3)　4点　　(4)　4点

計60点

＜数学解説＞

〔問題1〕 (規則性―自然数，位の数の表し方，方程式)

基本 (1)　$(10a+b)^2=100a^2+20ab+b^2$というように，2桁以上の自然数の累乗では，一の位の数は元の数の一の位の積の一の位の数を考えていけばよい。$\langle 18\rangle$は，8，4，2，6，8，…となるので，$\langle 18\rangle=4$

(2)　$\langle n\rangle=1$となる一桁のnは，$\langle 1\rangle$，$\langle 5\rangle$，$\langle 6\rangle$　　一の位の数が1，5，6である自然数は$\langle n\rangle=1$となる。また，$\langle 10\rangle=1$だから，一の位の数が0である自然数も$\langle n\rangle=1$となる。nとして，1，5，6，10，11，15，16，20などの数を5つ書けばよい。

(3)　$\langle n\rangle=\langle n^2\rangle$となるのは一の位の数が0，1，5，6の自然数である。133以下の自然数の中には，「10，20，30，…，130」が13個　　「1，11，21，…131」が14個　　「5，15，25，…，125」と「6，16，26，36，…，126」がそれぞれ13個　　よって，$13\times3+14=53$(個)ある。

(4)　$\langle 2\rangle=4$，$\langle 2^2\rangle=\langle 4\rangle=2$　　$\langle 3\rangle=4$，$\langle 3^2\rangle=\langle 9\rangle=2$　　$\langle 4\rangle=2$，$\langle 4^2\rangle=\langle 16\rangle=1$　　$\langle 7\rangle=4$，$\langle 7^2\rangle=\langle 49\rangle=2$　　$\langle 8\rangle=4$，$\langle 8^2\rangle=\langle 64\rangle=2$　　$\langle 9\rangle=2$，$\langle 9^2\rangle=\langle 81\rangle=1$である。よって，$(\langle n\rangle,\ \langle n^2\rangle)=(1,\ 1)$，$(2,\ 1)$，$(4,\ 2)$のいずれかである。$(1,\ 1)$のとき，つまり$n=1,\ 5,\ 6,\ 10$のとき，$n^2-10\langle n^2\rangle n\langle n^2\rangle+24\langle n\rangle=0$は，$n^2-10n+24=0$　　$(n-4)(n-6)=0$　　$n=4,\ 6$　　該当するnは6…①　　$(2,\ 1)$のとき，つまり$n=4,\ 9$，$n^2-10n+48=0$のときは，この方程式には解がない。$(4,\ 2)$のとき，つまり$n=2,\ 3,\ 7,\ 8$のとき，$n^2-20n+96=0$　　$(n-8)(n-12)=0$　$n=8$，$n=12$　　該当するnは8と12…②　　よって，①，②より$n=6,\ 8,\ 12$

＋α　**〔問題2〕**（平面図形—円の性質，二等辺三角形，三平方の定理，平行線と線分の比，相似、長さ，面積）

（1）$\overset{\frown}{AC}=2\overset{\frown}{BD}$なので，$\angle BCD=a$とすると，$\angle ABC=2a$　$\angle ABC$は$\triangle CBE$の外角なので，$\angle BED=\angle ABC-\angle BCD=a$　よって，$\triangle ABE$は2角が等しく，二等辺三角形である。よって，BC＝BE＝8（cm）

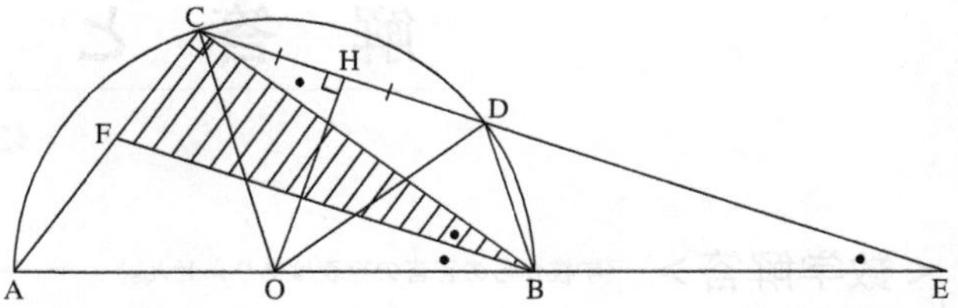

重要　（2）$\triangle ABC$で三平方の定理を用いると，$AC=\sqrt{AB^2-BC^2}=6$　$\angle ABC$の二等分線を引き，ACとの交点をFとすると，$\angle ABF=\angle AEC$なので$FB /\!/ CE$　$AF:AC=BF:EC=AB:AE=5:9$　$AF:FC=5:4$だから，$FC=6\times\frac{4}{9}=\frac{8}{3}$　$\triangle FCB$で三平方の定理を用いると，$BF=\sqrt{FC^2+BC^2}=\sqrt{\left(\frac{8}{3}\right)^2+8^2}=\sqrt{\frac{8^2}{3^2}+8^2}=\sqrt{\frac{8^2+3^2\times8^2}{3^2}}=\sqrt{\frac{10\times8^2}{3^2}}=\frac{8\sqrt{10}}{3}$　$BF:EC=5:9$から，$\frac{8\sqrt{10}}{3}:EC=5:9$　$EC=\frac{24\sqrt{10}}{5}$　四角形ABDCは円Oに内接しているので，$\angle ACD=\angle DBE=180^\circ-\angle ABD$　$\angle E$は共通だから，$\triangle ACE\backsim\triangle DBE$　$CA:BD=CE:BE$　$6:BD=\frac{24\sqrt{10}}{5}:8$　$BD=48\div\frac{24\sqrt{10}}{5}=\frac{10}{\sqrt{10}}=\sqrt{10}$（cm）

重要　（3）$\triangle ACE\backsim\triangle DBE$　$CA:BD=AE:DE$　$6:\sqrt{10}=18:DE$　$DE=3\sqrt{10}$　よって，$CD=CE-DE=\frac{24\sqrt{10}}{5}-3\sqrt{10}=\frac{9\sqrt{10}}{5}$　OからCDに垂線OHを引くと，$\triangle OCD$は二等辺三角形なので$OH\perp CD$，$CH=DH$　$CH=\frac{9\sqrt{10}}{10}$　$\triangle OHC$で三平方の定理を用いると，$OH=\sqrt{5^2-\left(\frac{9\sqrt{10}}{10}\right)^2}=\sqrt{5^2-\frac{9^2\times10}{10^2}}=\sqrt{\frac{5^2\times10^2-9^2\times10}{10^2}}=\sqrt{\frac{1690}{10^2}}=\sqrt{\frac{13^2\times10}{10^2}}=\frac{13\sqrt{10}}{10}$　よって，$\triangle OCD$の面積は，$\frac{1}{2}\times CD\times OH=\frac{1}{2}\times\frac{9\sqrt{10}}{5}\times\frac{13\sqrt{10}}{10}=\frac{117}{10}$（$cm^2$）

〔問題3〕（その他の問題—状況把握，速さ）

基本　（1）AB間，DC間とAD間，BC間の信号の様子を表にすると下の図のようになる。なお，信号が青の場合を○，青点滅の場合を△，赤の場合を×で表してある。

				0			30			60				90			120		
AB・DC間	…	×	×	○	○	○	○	○	○	△	×	×	×	×	×	×	○	○	…
AD・BC間	…	△	×	×	×	×	×	×	×	×	×	○	○	○	△	×	×	×	…

Pさんは AB間の6mを渡るのに5秒，AD間の12mを渡るのに10秒かかるから，Pさんの速さは秒速1.2mである。1時間は3600秒なので，時速に直すと，1.2m×3600＝4320m＝4.32km　よって，時速4.32kmである。

（2）PさんがAからCまで最も短い時間で進む場合は，Aから渡り始めると同時に青の点滅が始まるときである。A→B→Cと進む場合，A→Bに5秒かかり，それからいずれもが赤の10秒を待って，B→Cを10秒かかってCに到着する。表のアからイまでの25秒である。A→D→Cと進む場合，A→Dに10秒かかり，それからいずれもが赤の10秒を待って，D→Cを5秒かかってCに到着する。表のウからエまでの25秒である。いずれの場合も25秒で行ける。最も長くかかる場合は，Aに着いたときに青の点滅が始まっている場合で，そのときには他の方向が赤だから待たなければならない。

その時間が10秒未満である。さらにいずれもが赤の時間の10秒を待って渡る。A→Bを5秒で渡ったときはその後でB→Cが青になるまでの70秒を待って10秒かけて渡ってCに到着する。よって，$10+10+5+70+10=105$（秒未満）かかる。なお，A→D→Cと進む場合は，長くても65秒未満である。

(3)　時速7.2kmの速さは，$7200\div3600=2$(m)だから秒速2mである。よって，QさんはA→Bに3秒かかり，A→Dに6秒かかる。AB間の信号が青に変わってからx秒後を$\langle x\rangle$と表すと，A→B→Cの場合，BC間の信号が青に変わってから6秒後の$\langle x\rangle=81$のときにCに到着するので，$\langle x\rangle=21$のときにAに着けばよい。A→D→Cの場合，AB間の信号が青に変わってから3秒後の$\langle x\rangle=123$のときにCに到着するので，$\langle x\rangle=63$のときにAに着けばよい。よって，21秒後と63秒後である。

〔問題4〕（空間図形―点の移動，速さ，切断面の面積，四角錐の体積，三平方の定理）

(1)　点Pと点Qの速さをそれぞれ毎秒$a$cm，$b$cmとする。点PがA→C，C→Aと進んだ道のりはそれぞれax，$16a$であり，点QがB→D，D→Bと進んだ道のりはそれぞれbx，$(16+20)b$である。よって，$ax=36b$，$x=\dfrac{36b}{a}$　$bx=16a$　$x=\dfrac{16a}{b}$　よって，$\dfrac{36b}{a}=\dfrac{16a}{b}$　$16a^2=36b^2$　$4a^2-9b^2=0$　$(2a+3b)(2a-3b)=0$　$2a+3b$は0ではないので，$2a-3b=0$　$a=\dfrac{3b}{2}$　$x=\dfrac{36b}{a}=36b\div\dfrac{3b}{2}=24$

重要 (2)　$x=24$，$ax+16a=6\pi$から，$40a=6\pi$　$a=\dfrac{3\pi}{20}$　$bx+36b=6\pi$から，$b=\dfrac{\pi}{10}$　$x=20$のとき，A→Cは$\dfrac{3\pi}{20}\times20=3\pi$，B→Qは$\dfrac{\pi}{10}\times20=2\pi$　底面の円周は6πなので，A→Cは円周の$\dfrac{1}{2}$，B→Qは円周の$\dfrac{1}{3}$　よって，下底面の円の中心をO，直径をBRとすると，BR＝6　△ORQは正三角形となるのでRQ＝3　△OBQは頂角が120°の二等辺三角形で等辺が3だから，$BQ=3\sqrt{3}$　△PBQ，△PRQで三平方の定理を用いると，$PB=\sqrt{PR^2+BR^2}=2\sqrt{13}$，$PQ=\sqrt{PR^2+RQ^2}=5$　△PBQは，$PB^2=52$，$BQ^2+PQ^2=52$なので，∠BQP＝90°の直角三角形となる。よって，その面積は，$\dfrac{1}{2}\times3\sqrt{3}\times5=\dfrac{15\sqrt{3}}{2}$ (cm^2)

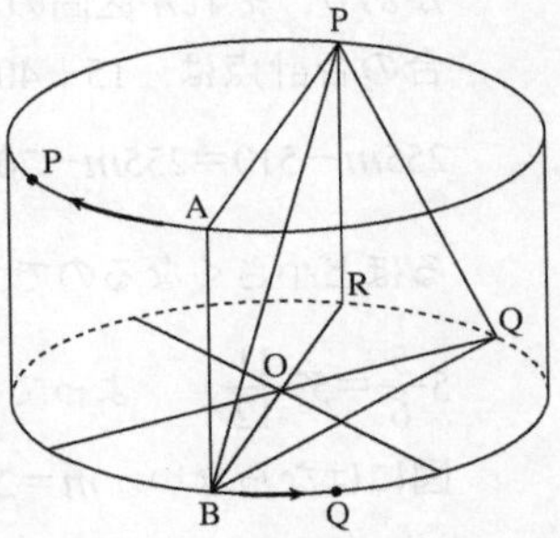

やや難 (3)　$x=15$のとき，A→Pは$\dfrac{3\pi}{20}\times15=\dfrac{9\pi}{4}$，B→Qは$\dfrac{\pi}{10}\times15=\dfrac{3\pi}{2}$

底面の円周は6πなので，A→Pは円周の$\dfrac{3}{8}$，B→Qは円周の$\dfrac{1}{4}$

よって，点P，点Qから向かいあう底面に引いた垂線をそれぞれPT，QUとすると，△PAU，△TBQは二等辺三角形となる。底辺$AU=BQ=3\sqrt{2}$，それぞれの三角形の高さは$3+\dfrac{3\sqrt{2}}{2}$　四面体ABPQは三角柱PAU－TBQから三角すいP－TBQ，Q－PAUを除いたものであり，底面と高さが等しい三角すいと三角柱の体積の比が1：3であることから，四面体ABPQの体積は三角柱PAU－TBQの体積の$\dfrac{1}{3}$である。よって，$\dfrac{1}{3}\times\left\{\dfrac{1}{2}\times3\sqrt{2}\times\left(3+\dfrac{3\sqrt{2}}{2}\right)\right\}\times4=6+6\sqrt{2}$ (cm^3)

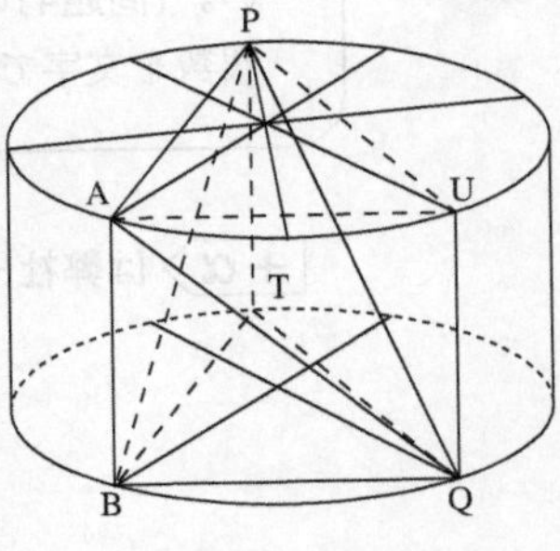

〔問題5〕（資料の整理－箱ひげ図）

基本 (1)　第一四分位数は40点，第三四分位数は70点だから，四分位範囲は70－40＝30（点）

重要 (2)　点数の低い方からa，b，c，d，e，f，g，hとすると，第二四分位数が57.5であることから，$d+e=115$　第一四分位数が40であることから，$b+c=80$　第三四分位数が70であることから，$f+g=140$　範囲が15～90なので，$a=15$，$h=90$　よって，8人の合計は440点なので，平均点は55点

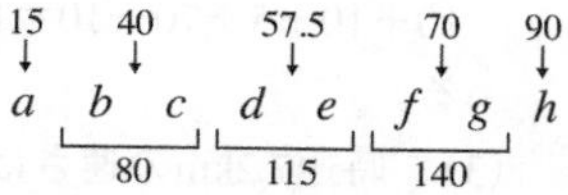

(3)　点数の低い方から①，②，③，④，⑤，⑥，⑦，⑧，⑨，⑩，⑪，⑫とすると，①が15点，③と④の合計が80点，⑥と⑦の合計が115点，⑨と⑩の合計が140点，⑫が90点で，それらの合計点が440点　合計点が最も大きくなるのは，②が40点，⑤が55点，⑧が70点，⑪が90点のときであり，その合計点が255点なので，12人の合計点は695点となり，平均値は$\frac{695}{12}=57.9\cdots$（点）よって，平均値が中央値57.5点より大きくなることがあり得る。

やや難 (4)　データの個数を$4m(m\geqq 3)$個として，点数の低い方からm個ずつ区切っていくと，それぞれの区間の両端の数は最小値，第一四分位数，第二四分位数，第三四分位数，最大値として使われる。それらの間には$(m-2)$個ずつの数があり，それが区間の右端の最も大きい数と等しくなるときに平均値が最も大きくなる。その場合の合計点は，$15+40(m-2)+80+55(m-2)+115+70(m-2)+140+90(m-2)+90=440+255m-510=255m-70$　よって，平均値は$\frac{255m-70}{4m}=\frac{255}{4}-\frac{35}{2m}$＝この値は$m$の値が大きくなるほど小さくなるので，$m=3$のときが最大である。$m=3$のとき，$\frac{255}{4}-\frac{35}{2m}=\frac{255}{4}-\frac{35}{6}=63\frac{3}{4}-5\frac{5}{6}=57\frac{11}{12}$　よって，平均値が58点以上となることはない。なお，$m=1$のときはこの箱ひげ図にはならない。$m=2$のときは(2)で確かめたように平均値は58点未満である。

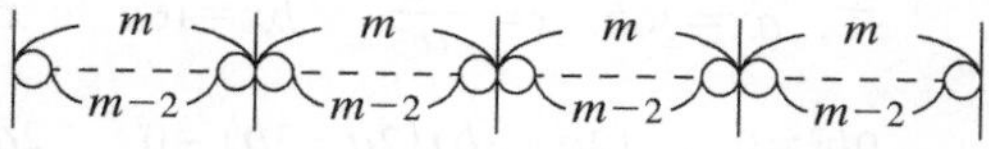

★ワンポイントアドバイス★

〔問題1〕は一の位の数に注目して計算してみる。〔問題2〕は辺の長さを次々に求める。∠ABCの二等分線が役立つ。〔問題3〕は信号の変わり方を表にして考えるとよい。〔問題4〕の(2)，(3)は比較的簡単に求められる方法を探そう。〔問題5〕の(4)は個数を文字で表して平均値を表してみよう。

＋α は弊社HP商品詳細ページ（トビラのQRコードからアクセス可）参照。

＜英語解答＞ 《学校からの正答の発表はありません。》

〔問題1〕 放送問題解答省略

〔問題2〕 (問1) メグとサラが同じ内容の発表をしたから。 (問2) イ (問3) I'm so surprised that I don't know what to say. (問4) エ (問5) lying
(問6) they do, teach (問7) ア (問8) presentation (問9) オ，キ

〔問題3〕 (問1) エ (問2) イ (問3) ア (問4) イ (問5) ウ
(問6) (6-A) shaking (6-B) lifted (問7) I don't want them to see that I'm scared. (問8) 少年の家族が皆病気で，少年が彼らの世話をしているが，家には水しかないこと。 (問9) vegetable soup (問10) life

〔問題4〕 (1) She is reading the book you recommended (her) last week.
(2) He has been studying since this morning without eating or drinking.
(3) We can play (tennis) better if we have more time to practice.
(4) I don't have so much homework as last week.

○推定配点○
〔問題1〕 各2点×6 〔問題2〕 各2点×10(問6は完答) 〔問題3〕 (問6) 各1点×2 他 各2点×9 〔問題4〕 各2点×4 計60点

＜英語解説＞

〔問題1〕 放送問題解説省略

〔問題2〕 (長文読解問題・物語文：内容吟味，文補充・選択，語句整序，接続詞，不定詞，語句解釈，語句補充，語形変化，進行形，内容一致)

(全訳) 「サラ，あなたはメグの後よ」 担任のウッド先生が私に次に発表するよう言う。今メグがクラス前方に立っている。彼女はわくわくしているようだ。メグがどれほど話好きか，私は知っている。

ウッド先生が，他の6年生の生徒たちに知られていない自分に関することをみんなに話しましょうと言って以来，私はずっと不安だった。私は今までにクラスの前で発表をしたことがない。この夏まで，私は両親によって自宅で教育を受けていた。

「始めていいわよ，メグ」とウッド先生が言う。

彼女は大きな微笑みを浮かべていた。「私は黒い猫を飼っています。ダーシャといいます。彼女は決してニャーと鳴きません！ 獣医さんによるとそういう猫もいるそうです。そしていつか自分で鳴きたくなったら，鳴くでしょう。ダーシャは小さな大人の猫です。彼女は左前足に白い線があります。ダーシャは最高の猫です」

メグは素晴らしい写真を見せる。彼女自身と…私の黒猫のシェードの写真を。「私の猫！ 私の！どうしてメグはシェードについての発表をしているの？」と私は心の中で言う。

メグは自分の席に戻る。私はゆっくりと立ち上がる。これはひどいことになるだろう。

私は教室の前方へ行き，私の猫のポスターを掲げる。「私はシェードという名のペットを飼っています。彼女は左前足に白い線がある黒猫です」 私の声は弱くなっていく。「彼女は私が7歳の時から私に飼われています。シェードについて1つ興味深いことは…決してニャーと鳴かないことです」

(1)クラス全体が驚いて私を見ている。私は続けられない。私はクラスメートを見ずに自分の席に走って戻る。

「サラとメグ，授業の後で私のところに来なさい」とウッド先生が言う。

メグと私は先生の部屋に行く。ウッズ先生は「あなたのうちの1人は月曜日に新しい発表をしなさい」と言う。

廊下でメグは自信をたっぷりに「(2)ダーシャは私の猫よ。100%そうよ」と言う。

「ダーシャって誰だか知らないけれど」と私は静かに言う。「でもシェードは私の猫よ」

彼女は怒った様子で言う。「今日の放課後，私の家に来て。そうすれば自分でわかるわ」

メグの家は私の家に近い。中にはあまり家具がないが，たくさんの背の高い本棚がある。部屋はとても静かだった。彼女の家には何か私をリラックスさせるものがある。

彼女の寝室で，黒い猫がベッドの上で寝ていた。

「あれがダーシャよ！」とメグが叫ぶ。「言ったでしょ！」

ダーシャはシェードそっくりだった。(3)私はとても驚いて何と言ったらよいかわからない。ようやく，私は「どうして彼女の名前はダーシャなの？」とだけ尋ねる。

「ダーシャはインドで最も有名な無声映画女優の1人だったの！(4)彼女は目ですべてを語った。それは決して鳴かない猫にはぴったりな名前よ。それに私は大きくなったら女優になるの」とメグは答える。

それは素晴らしい名前だが，私は内気すぎてメグにそう伝えることができない。「私は本当にシェードという名前の猫を飼っているの」と私は言う。

「今すぐあなたの家に行って彼女に会いましょう」とメグが提案する。

「問題は…彼女が家にいないことよ。彼女は午後に外出するのが好きなの」と私が言う。

メグの顔が赤くなる。「あなたは猫を飼っていることについて(5)嘘をついているの？」とメグは大きな声で尋ねる。

私は深呼吸して言う。「明日の朝，うちに来て。シェードがいるわ」

土曜日の朝，メグはおかしな顔つきをして私の家の玄関に立っている。彼女は中に入り，彼女の目は大きく見開かれる，というのも私の4人の弟たちが笑って階段を駆け上ったり下りたりしているからだ。ママが私たちのところにきて，大きな声で言う。「こんにちは！」

私たちは学習室の横に立っている。その部屋は本，紙類，美術用品でぐちゃぐちゃだ。学習室の角にある小さなステージもまたぐちゃぐちゃだ。

メグはステージに飛び乗り，冷たい微笑みを浮かべて「サラとメグ，授業の後で私のところに来なさい」と言う。

それはウッド先生にそっくりで，私は笑う。

「私はこのステージが大好き！」とメグが大きな声で言う。「どうしてこれがあるの？」

「私たちは時々それを自宅教育で使うの。ここで弟たちと私は，自分たちが書いた劇の練習をするのよ。両親が私たちを自宅で教えている。(6)まあ，もう私のことは教えないけど」と私は答える。

「あなたが自宅教育を受けていたって知らなかった」とメグが言う。「すごくかっこいいね」

私は当惑する。私はまだ学校で誰にも言っていない。

その時シェードが現れ，メグの足元へ走っていき，その後私のところに来る。

私たちは2人とも笑う。「あれがシェードよ」私はメグに嘘をついていなかったことを示せた。

「いい名前ね」とメグが言う。「私はあなたに言わなきゃいけないことがある。今朝，ダーシャが私の家を出る時に，私は彼女の後を追ったの。彼女は太陽が昇る頃にいつも出ていく。私は彼女があなたの裏庭にまっすぐ入っていったのを見たわ」

私は驚いて言う。「猫用のドアは裏にあるの。彼女は朝に入ってきて，午後またいなくなる」

私たちはその黒猫をじっと見る。

「彼女は2つの暮らしをしているのね」とメグが感嘆して言う。「ダーシャ！　あなたはなんて賢いの！」

「どういう意味？」と私は尋ねる。シェードにはもう1つの家族がある。それは私の気持ちを傷つける。

「彼女は(7-A)活動的になりたい時にここに来るの！　子供がたくさんいて，すごくうるさいでしょ！」とメグが言う。

「そして(7-B)静かな時間がほしい時は，彼女はあなたの家に行くのね！」と私が叫ぶ。

突然，メグが私を抱きしめる。私は驚くが，抱き返す。私たちは猫を共有していくのだ，と私は理解する。彼女はメグと一緒にいる時はダーシャで，私と一緒にいる時はシェードなのだ。

「私が違う(8)発表をしてもいいよ」とメグが言う。「あの猫は最初あなたのものだった。彼女が初めて私の家に来た時，私は9歳だったから」

「いいえ」と私は言って強く頭を振り，続ける。「私がみんなに自分がどうやって自宅教育を受けてきたかを話すべきよ。それは誰も知らないことなの，だって私はずっと恥ずかしくて人に言えなかったから」

メグは大きく微笑んで「私があなたのポスターのお手伝いをしてもいい？」と提案する。

「もちろん！」と私は言う。「うちには学校の備品がたくさんあるのよ」

(問1)　メグとサラは飼っている猫についての発表をした。その内容が全く同じだったため，皆が驚いた。

(問2)　下線部(2)のメグの言葉を受けて，サラが Shade is mine. と言い返していることから，メグが Darsha is my cat. と言ったと推測できる。2人とも「あの猫は私の猫よ」と主張している。

(問3)　so … that ～「とても…なので～」〈what to ＋動詞の原形〉「何を～するべきか」

(問4)　silent movie actress「無声映画の女優」なので，エが適切。

やや難　(問5)　メグがサラの猫を見るために今すぐサラの家に行こう，と言ったところ，サラが猫は今は家にいないだろう，と言ったため，メグはサラが猫を飼っていることに関して嘘をついている(本当は猫を飼っていない)と思った。lie「嘘をつく」の -ing形は lying。

やや難　(問6)　前文の My parents teach us at home.「私の両親は私たちを家で教える」を受け，They (＝ My parents) do not teach me anymore.「彼らはもう私を教えない」となる。

(問7)　(7-A)　サラの家は子供が多く騒がしいため active「活動的な」が適切。(7-B)　メグの家は本が多く落ち着いた雰囲気のため quiet「静かな」が適切。

重要　(問8)　メグとサラが同じ内容の発表をした後，ウッド先生が One of you must give a new presentation on Monday.「あなたたちのうちの1人が月曜日に新しい発表をしなくてはならない」と言った。それを受け，メグが I can do a different presentation.「私が違う発表をしてもいい」と言っている。

(問9)　オ「メグはその猫が2つの家族を持っていることに最初に気づく人物だ」(○)　キ「月曜日にサラはクラスメートに自分が家でどのように学んだかを話すだろう」(○)

〔問題3〕　(長文読解問題・物語文：文補充・選択，語句補充・選択，語形変化，進行形，単語，語句整序，不定詞，接続詞，語句解釈，要旨把握)

(全訳)　昔々，フィリップという名の若い王が北の国に住んでいた。ある冬の暗い時期，その王は世界全体が凍っているように感じた。彼は誰もが室内にとどまっているのだと思った。

ある嵐の寒い日，フィリップ王は城内の部屋から部屋へと歩いて行った。彼は何か面白いものを探していた。彼は厨房へ入った。料理人たちが野菜を切っていた。彼は鍋をのぞき込んで「また野菜スープか」とため息をついた。王は城の図書室へ入っていった。そこで彼はいすに座った。彼は一番近くにある棚から巨大な本を引き出し，開いた。

それは地図帳だった。紙は古かったが，地図は美しい色で書かれていた。山々は青色だった。砂漠は黄色味を帯びた砂の色だった。それぞれのページにはクアンタン，モンザーラ，バボンスキのような名前がある。王は自分の王国，ノーランドの地図を見つけた。ページ上の絵でさえも彼には冷たく見えた。(1)彼は別のページに移った。銀色のリボンのような道が畑を通り，村々が丘の上にあり，湖が美しく輝いていた。彼はその地図に引き付けられた。

城の奥で，夕食を知らせるベルが鳴った。「また野菜スープか」とフィリップ王が言った。彼はその本を棚に戻した。

翌朝，彼が棚からその地図帳を引き出す時，棚の奥に小さな箱を見つけた。その箱の中にはペンほどの大きさの小さな望遠鏡が入っていた。王は望遠鏡を通して図書室を見回したが，何もはっきりとは見えなかった。それから彼は地図帳を開き，望遠鏡を通して見た。彼はそれをバボンスキという名の国に向けた。彼には丘の上に赤い屋根の小さな白い家々が見えた。レンガの(2-A)道が家々の間を走っていた。庭は黄色，紫色，ピンク色の(2-B)花々でいっぱいだった。その望遠鏡が地図に命を与えたのだ。

その王は驚いた。小さな人々がページを動き回っていた！　子供たちが手をつないで輪になって踊っていた。高齢の男性がいすに座って微笑んでいた。大きな帽子をかぶった農民たちが紫色の果物を摘み取っていた。その望遠鏡は彼の王国から遠く離れた世界をのぞく，とても小さな窓だった。その日の終わりに望遠鏡を箱に戻す時，王は「この私の凍った国(3)から旅行に出かけるみたいだ！」と思った。

彼は日々，その地図帳に時間を費やした。それぞれの国は多くの興味深い特徴でいっぱいだったが，彼がよく見返す地図はバボンスキだった。そこで彼は同じ人々を見た。集団で話し合っている男性たち，一緒に遊んでいる子供たち，いすに座って微笑んでいる高齢男性。彼らの話は聞こえなかったが，王は彼ら(4)を知っているような気がした。

ある朝彼が眺めていると，青い上着を着た100名ほどの男性の一団が黒い馬に乗ってバボンスキから出て行った。彼らは山を登りバボンスキの北部へ行った。するとその山の反対側から赤いコートを着た男性たちの軍隊が現れた。その2つの軍隊の間で戦闘が始まった。「やめろ！」と王は彼らに向かって叫んだが，彼の言葉は紙を通して彼らには届かなかった。彼ができることは何もなかった。(5)彼はその本を閉じた。「私の王国は？　私は自分の国について何も知らないかもしれない。ここも危険なのだろうか？」と王は思った。彼は地図帳を開いてノーランドの地図を見て，目に望遠鏡を当てた。

ノーランドの夕方だった。村人たちが湖でスケートをしていた。森の近くで，焚き火の周りの大勢の人がリンゴを焼いていた。「人々は冬に外に出るんだな，私はそれについて何も知らなかった」と王は思った。

そしてある森の近くに小さな家が見えた。ドアの外で，少年が雪の上に座っていた。彼は頭を膝に乗せ，彼の肩は(6-A)震えていた。

「その子供は泣いている」と王は思い，図書室から駆け出した。

彼は運転手に自分をそりでそこへ連れて行くように言った。彼らがその家に着くと，その少年はまだ外に座っていた。王がそりから降りると，その少年は顔(6-B)をあげた。それは涙で濡れ，寒さで赤くなっていた。

「子供よ，なぜ泣いている？」とフィリップ王が尋ねた。

「僕の母と父と赤ちゃんの妹が病気です。彼らの世話ができるのは僕だけなのです」とその少年が言った。

「でもなぜおまえは外にいる？」と王が尋ねた。

「(7)僕が怖がっていることを彼らに見てほしくない」と少年が答えた。

「来なさい」と王が言い，少年の手を取った。「中に入ろう」

暖炉の近くに，男性と女性と赤ちゃんが寝ていた。彼らはとても具合が悪そうだった。「彼らにあげられるのは水だけです」と少年が言った。

王は(8)彼の話に驚いた。彼は運転手に城に戻って医者，毛布，(9)野菜スープの鍋をとってくるよう言った。医者の治療の後，王はその両親が微笑むことができるほど元気になるまで長い間座っていた。

王が自分の王国内を駆け回っている間，何週間もその地図帳は図書室の棚に置かれたままだった。彼は自分のそりに焚き火で焼くためのじゃがいもをたくさん載せ，スケートを持参して凍った湖で人々と一緒にやり，あの少年と家族のために(9)野菜スープの鍋を運んだ。しかしある日，子供たちの一団と踊った後，フィリップ王はバボンスキの人々のことを思い出した。

彼は図書室で再びいすに座り，バボンスキの地図を見た。あの高齢男性は今でもいすに座って微笑んでおり，子供たちは遊んでいて，青い上着を着た男性たちは通りを歩いていた。「何が起きたのか」と彼は彼らに尋ねたかった。

彼はその本を閉じ，机に向かった。色とりどりのインクでフィリップ王は手紙を書いた。春が来るとすぐに，王は手紙をバボンスキの人々へ送った。

(問1)　move on to ～「～へ移動する」

(問2)　全訳下線部参照。(2-A)の前の brick は「レンガ」という意味。

(問3)　地図上の人々が動いて見えるので，その土地を旅行している気分になると推測できる。

(問4)　空所(4)の前文に he saw the same people「彼は同じ人々を見た」とあるのに着目する。バボンスキのページを開くと同じ人々が見えるので，彼らを直接知っているように感じられた。

(問5)　直前の文に There was nothing he could do.「彼ができることは何もなかった」とある。争いをやめさせたいが自分ではどうすることもできないので，本を閉じた。

重要　(問6)　(6-A)　shake「震える」　前に were があることから過去進行形にする。　(6-B)　lift「～を持ち上げる」　他の文と時制を合わせ過去形にする。

やや難　(問7)　少年は自分以外の家族が病気になり，悲しく恐ろしく感じていたが，その姿を家族に見せたくなかったため，外で泣いていた。〈want ＋人＋ to ＋動詞の原形〉「(人)に～してほしい」ここでは否定文なので「彼らに～ということを見てほしくない」となる。

重要　(問8)　少年がフィリップ王に話した内容をまとめる。

重要　(問9)　第2段落第5文に He looked into the pots and sighed, "Vegetable soup again." とあるのに着目し，pots of vegetable soup とする。少年の家には食べ物がなく，また野菜スープは病人に良いことなどから考える。

やや難　(問10)「この地図帳は特別だ。いろいろな場所の地図の本として楽しむことができる。しかしその小箱に入っている特別な望遠鏡を使うと，世界中に住んでいる人々の実際の生活を見ることができる。一生懸命に働いている人々，一緒に遊んでいる人々，苦しんでいる人々がいる。彼らは皆，違っていて，特別だ。多くの他の国でどのように生活が営まれているかを見るのは，とてもおもしろく意義深いが，自分の国をよく知らねばならない。この本で広い視野を持ちなさい」空所(2-B)の次の文から life を抜き出す。本文では「命，生命」の意味で用いられているが，ここでは「生活，暮らし」の意味である。

〔問題4〕　(和文英訳：進行形，関係代名詞，現在完了，前置詞，動名詞，接続詞，比較，不定詞)

(1)「今～している」は現在進行形で表す。the book の後ろに目的格の関係代名詞を使い，

(which [that]) you recommended (her) last week「君が(彼女に)先週勧めた」と続ける。「彼女に」は日本語では書かれていないが，補って英訳してもよい。

(2)　現在まで継続している動作は現在完了進行形で表す。「朝から」は「今朝以来」と考え since this morning とし,「飲まず食わずで」は without eating or drinking とする。without A or B「AもBもなしで」

(3)「私たちはより上手に(テニスが)できる，もし練習するための時間がもっと多ければ」と訳す。主節でも if節でも比較級を使うことがポイント。

(4)　英文では I を主語にして「私は先週ほど多くの宿題を持っていない」と表すのが自然だが，The homework is not so much as last week. と直訳しても誤りではない。not so … as ～「～ほど…でない」

★ワンポイントアドバイス★

〔問題2〕の長文読解問題では homeschooling「自宅教育」についての描写がある。コロナ禍でオンライン授業が一般化しつつある現在，様々な教育方法について知識を持っておくとよい。

＜理科解答＞ 《学校からの正答の発表はありません。》

〔問題1〕 (1)　1N　(2)　4N　(3)　P　0cm　Q　10cm

〔問題2〕 (1)　ウ，オ　(2)　ウ　(3)　ア

〔問題3〕 (1)　ウ，オ，ク

(2)　水が氷になるときに体積が大きくなるから。

(3)　①　エ　②　ア　③　エ　④　イ

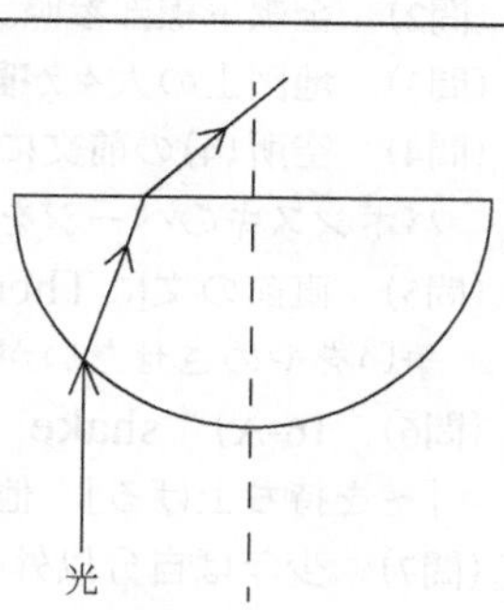

〔問題4〕 (1)　①　イ　②　右図　(2)　A，ア

(3)　硬貨から出た光は，水面XYで全反射するから。

〔問題5〕 (1)　イ，キ，コ　(2)　①　エ　②　A

(3)　①　エ　②　ア　③　ク

(4)　X　aa　Y　Aa

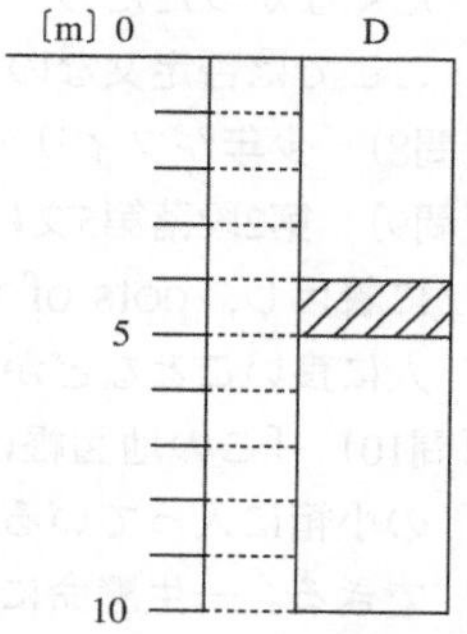

〔問題6〕 (1)　オ　(2)　イ　(3)　右図

〔問題7〕 (1)　エ　(2)　イ，ウ　(3)　0.57g，162mL

〔問題8〕 (1)　X　二酸化炭素　Y　酸素

(2)　②，⑨　(3)　⑤，⑥，⑦

(4)　ビーカー　b，c　生物群　D

○推定配点○

〔問題1〕　各2点×3((3)完答)　〔問題2〕　各2点×3

〔問題3〕　(1)・(2)　各2点×2((1)完答)　(3)　各1点×4　〔問題4〕　各2点×4((2)完答)

〔問題5〕　各1点×8((1)完答)　〔問題6〕　各2点×3　〔問題7〕　各2点×4

〔問題8〕　各2点×5((1)～(3)各完答)　計60点

＜理科解説＞

〔問題1〕（力のはたらき―滑車のつりあい）

(1) おもりPとおもりQをつなぐ糸の張力は2Nである。おもりPについての力のつり合いを考えると，下向きに重力が3N，上向きに糸の張力が2Nはたらくので，机がおもりPを上向きに押す力は，$3-2=1$(N)である。

(2) 滑車についての力のつり合いを考えると，下向きに糸の張力が2Nの2本分で4Nである。よって，糸Aを上向きに引く力も4Nである。

(3) 糸Aを上に5cm引き上げると，滑車の高さが5cm上がる。力はつりあったままなので，おもりPは動かず，おもりQが$5\times2=10$(cm)上がる。

〔問題2〕（太陽系―木星と金星の見え方）

(1) ア：誤り。金星と地球は，直径や質量は近いものの，金星がやや小さい。

イ：誤り。金星は水星とともに，衛星を持たない惑星である。

ウ：正しい。金星の大気圧は約90気圧もあり，その90％以上が二酸化炭素である。

エ：誤り。金星は地球軌道よりも内側を公転する内惑星であり，真夜中には見えない。

オ：正しい。金星大気の猛烈な温室効果により，金星表面の温度は約460℃である。

カ：誤り。金星にもクレーターは存在するが，過去のクレーターは火山活動などにより消滅するため，クレーターの数はさほど多くなく，おおわれているというのは適切ではない。

重要 (2) 図でJに位置する木星が，夕方西の空に見えたことから，図が北極の真上から描かれたものであり，図の左側が夕方の空，右側が朝方の空だと確認できる。金星は内惑星なので，太陽からは大きく離れない位置に見える。東の空に金星が見えたことから，そのときの太陽も東の地平線のすぐ下にあると分かり，朝方のことだと決定できる。

やや難 (3) 木星は約12年で太陽の周りを公転するので，1年で約30°公転する。図でJの位置にある木星は，反時計回りに約30°動いた位置に移動する。地球から見ると，太陽の向きと木星の向きの間の角が広がるので，夕方の日没後に西の空に見える木星の高さは，1年後の方がやや高くなる。

〔問題3〕（状態変化―物質の体積の変化）

(1) 氷が少し融けて水となったとき，イでは氷が水面下にないため，浮力がはたらかず水面上だけに氷が乗るのはおかしい。ウのように水面下にも氷があると浮力がはたらくが，それ以上に氷が多いために，下の氷が直接に上の氷を支えている。氷がさらに融けると，水の量が増えるために，残った氷は浮力だけで支えられる。このとき，氷の体積の約9割が水面下(オ)にある。全て融けると，体積は減少する(ク)。

(2) 液体が凝固して固体になるとき，多くの物質では体積が減少する。しかし，水は例外であり，水が氷になるときには体積が増加する。そのため，氷の密度は水の密度より小さい。

(3) 物質どうしを混合して体積の増減があったとしても，質量は不変である。メタノールとエタノールを混合すると，それぞれの分子の隙間にもう一方の分子が入り込むため，体積は減少する。銅と亜鉛の合金の場合は，大きさの違う原子を混合する。一方の金属の結晶の配列を変えないようにしながら，一部の原子が置き代わるため，隙間が増えて体積が大きくなる。ちなみに，銅と亜鉛の合金の代表例が黄銅(真鍮)であり，五円硬貨や金管楽器，精密機械など，身の回りに多く使われている。

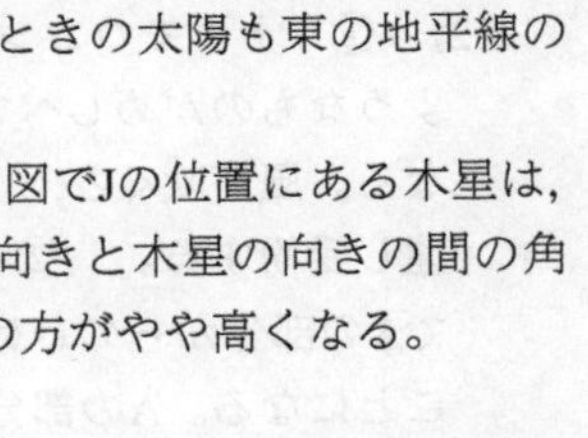

〔問題4〕（光―光の屈折）

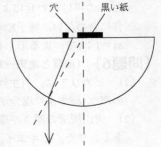

(1) ① 黒い紙に空いた穴は，BCの中点よりもややC側にある。その穴から出た光は，右図のように屈折するので，本来の位置よ

りも左側に見える。上下は変わらない。

重要 ② 空気からガラスに入射するとき，入射角よりも屈折角の方が小さいので，光は直進するよりも円の中心にやや近づくように屈折する。次に，ガラスから空気に入射するとき，入射角よりも屈折角の方が大きいので，光は直進するよりも面ABCDにやや近づくように屈折する。

(2) 箸の先端から出た光が，水から空気に入射するとき，入射角よりも屈折角の方が大きいので，光は水面に近づくように屈折する。そのため，水中にある箸の先端は，本来の位置よりもやや水面に近い浅い位置に見える。ア～エのうち，光の屈折による現象はアだけである。イは光の反射，ウは運動の法則，エは太陽の南中高度の違いである。

(3) 光が，水面XYから空気に入射するとき，入射角よりも屈折角の方が大きい。入射角が大きくなると屈折角も大きくなるが，屈折角が90°になると，光は屈折できなくなり，すべて反射する。これが全反射である。

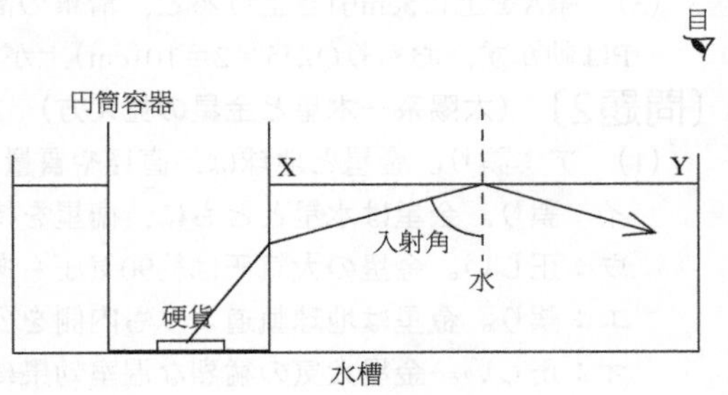

〔問題5〕 (生殖・遺伝―花のつくりと遺伝)

(1) カキノキや雌花に果実ができてもがく(がく片)が「へた」として残っていることが多く，花弁の位置がイと分かる。同様に考えて，エンドウはキ，ピーマンはコの位置に花弁がついていた。ア，ク，ケが枝につながっており，エ，オ，シは柱頭の跡である。

(2) ① トウモロコシは，1つの株の先端に雄花，中ほどに雌花が付いている。雌花にあるひげのようなものがめしべであり，表面はべとべとしている。ひげの一本一本が，種子の一つ一つになる。風が吹くと，上にある雄花から花粉が落ちてきたり飛んできたりして，雌花のめしべに到達し受粉する。 ② ひげのようなめしべは，雌花の根元に当たるCの部分から出始め，2～4日でAの部分からのひげが出そろう。その間に花粉がばらまかれると，Cの部分から早く受粉することになる。Aの部分からめしべが出たころに花粉がなくなっていると，収穫したときに先端部分だけ果実や種子ができていない状態になる。

(3) ① 種子の形について，顕性形質である丸形の遺伝子をA，潜性形質であるしわ形の遺伝子をaとする。しわ形の純系aaの花粉aと，丸形の純系AAの胚珠Aを掛け合わせてできる子の持つ遺伝子はすべてAaとなるので，すべて丸形である。 ② 子Aaの自家受粉によってできた孫の持つ遺伝子は，AA：Aa：aa＝1：2：1となり，丸形：しわ形＝3：1の個数比となる。 ③ 孫の個数比は，丸形：しわ形＝3：1だから，しわ形が1850個であれば，丸形の個数は1850×3＝5550個になる。これは理論値なので，実際はその前後の近い値となる。

重要 (4) 種子Yをまいて育て，自家受粉でできた子に，丸形としわ形の両方が現れたことから，種子Yの持つ遺伝子はAaである。種子Xの持つ遺伝子はAAかaaである。種子XがもしAAとすると，AAとAaの掛け合わせによってできる子の遺伝子は，AA：Aa＝1：1で，すべて丸形になるので，条件に合わない。種子Xがもしaaとすると，aaとAaの掛け合わせによってできる子の遺伝子は，Aa：aa＝1：1で，まる形：しわ形＝1：1になるので，条件に合う。

〔問題6〕 (地層と地史―地質柱状図)

(1) ビカリアは，新生代新第三紀の示準化石であり，表面の突起が特徴的な巻貝である。亜熱帯の汽水(海水より塩分がうすい水)の浅い水底に生息していたので，示相化石でもある。

(2) 火山灰層の厚さが厚い順にB＞A＞Cなので，この火山灰層を噴出した火山はBに近い火山Eである。また，セキエイ，チョウ石，クロウンモを含むことから，流紋岩質マグマと推定される。

重要 (3)　A～Dの標高は等しい。AとCでは火山灰層の下面の深さが8mで等しいので，この地域の地層は南北方向には傾いていない。よって，BとDでも火山灰層の下面の深さが5mで等しい。また，火山灰を噴出した火山Eからの距離を考えると，AとDで距離が同じなので，火山灰層の厚さも同じ1mと考えられる。以上から図を作成する。

〔問題7〕（気体—気体の発生量）

(1)　炭酸水素ナトリウム$NaHCO_3$に，クエン酸などの酸を加えると，二酸化炭素が発生する。

(2)　もともと三角フラスコの中にあった空気も，メスシリンダーに捕集される。通常，空気中に含まれる気体は，選択肢の内では窒素と酸素である。なお，純粋な気体Aを集めたいのであれば，最初に出てくる気体は捕集せずに捨てるべきだが，本問の実験は量を測定するので，最初から集めなければならない。発生した気体Aが三角フラスコを満たし，それと同体積の空気がメスシリンダーに集まるので，発生した気体Aの体積を正しく測定できる。

やや難 (3)　表を見ると，炭酸水素ナトリウムが少ないうちは，気体の体積は炭酸水素ナトリウムの量に比例して増加している。しかし，炭酸水素ナトリウムを増やすとクエン酸が減るので，やがて気体の体積も減少する。表をグラフにすると右図のようになる。

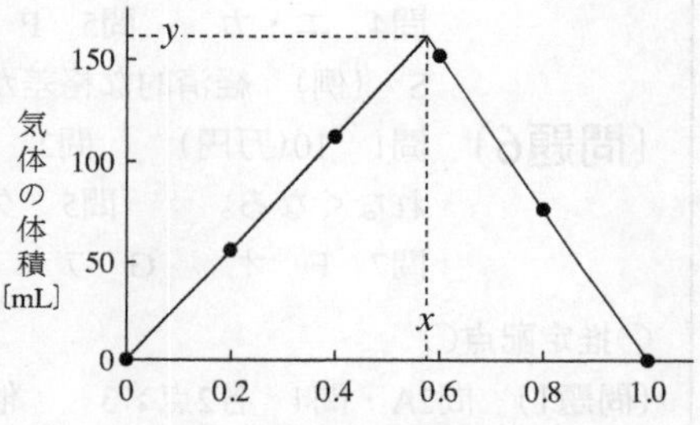

炭酸水素ナトリウムの質量をx[g]，気体の体積をy[mL]とすると，炭酸水素ナトリウムが少ないうちは，$y=\frac{57}{0.2}x$に沿って気体が増加し，炭酸水素ナトリウムが多くなると$y=-\frac{75}{0.2}x+375$に沿って気体が減少する。これらの2つの式を連立方程式とみて解くと，$x=\frac{25}{44}=0.568\cdots$，$y=\frac{7125}{44}=161.9\cdots$　となる。よって，炭酸水素ナトリウムが0.57g 0.57gのとき，気体の量は最大の162mLとなる。

〔問題8〕（生態系—物質の循環）

(1)　気体Xは，生物群A～Dのすべてが放出しているので二酸化炭素である。気体Yは，生物群A～Dのすべてが吸収しているので酸素である。

(2)　生物Dは，光合成を行わないので，気体Xを吸収せず(②)，気体Yを放出しない(⑨)。

(3)　有機物は，炭水化物やたんぱく質などを指し，食物連鎖である⑤と⑦，死がいや排出物である⑥が該当する。酸素は有機物ではなく，二酸化炭素も炭素は含んでいるが有機物には含めない。

(4)　aでは，土の中に生息している菌類や細菌類が，有機物であるデンプンを分解したため，ヨウ素液を加えても色の変化はない。bでは菌類や細菌類は加熱により死滅しており，cでは何も変化が起こっていない。そのため，デンプンが残存しており，ヨウ素液を加えると青紫色に変化する。

★ワンポイントアドバイス★

設問で問われている基礎事項が何かを見抜き，図式化，数量化してていねいに解き進めよう。

＜社会解答＞ 《学校からの正答の発表はありません。》

〔問題1〕 問1 ア　問2 A 光合成　B ア　問3 ア
問4 C （例） 水が大量に必要です　D （例） 水を大量に輸入している

〔問題2〕 問1 カ　問2 イ　問3 イ　問4 (1) ぶどう[もも]
(2) （例） 等高線に沿うように道路を敷設することで，勾配を小さくするため。

〔問題3〕 問1 (1) ア・エ　(2) 元軍の襲来[元寇]　(3) イ　問2 (1) イ・ウ
(2) イ(→)ア(→)ウ(→)エ　問3 (1) A 鉄砲　B 豊臣秀吉　C 刀狩
(2) D （例） 下剋上　E （例） 秩序を重視する

〔問題4〕 問1 エ　問2 イ・ク　問3 (1) 銀　(2) エ　問4 ア
問5 ア・オ・コ

〔問題5〕 問1 A 12(万人)　B 選挙管理委員会　問2 ウ　問3 エ
問4 エ・カ　問5 P 福祉　Q 55(%)　R 20(万人)
S （例） 経済的な格差が拡大した

〔問題6〕 問1 10(万円)　問2 エ　問3 ウ　問4 （例） 劣悪な商品しか取り引きされなくなる。　問5 クーリングオフ　問6 製造物責任法
問7 F オ　G ア　H カ

○推定配点○
〔問題1〕 問2A・問4 各2点×3　他 各1点×3　〔問題2〕 問4 各2点×2
他 各1点×3　〔問題3〕 問1(2)・問3 各2点×6　他 各1点×4(問1(1)・問2(1)各完答)
〔問題4〕 各1点×6(問2・問5各完答)　〔問題5〕 問5S 2点　他 各1点×8(問4完答)
〔問題6〕 問4～問6 各2点×3　他 各1点×6　計60点

＜社会解説＞

〔問題1〕 （地理―発電割合，環境問題，貿易など）

重要 問1 日本は，2011年3月11日，東北地方太平洋沖地震とこれに伴う津波により，福島第一原子力発電所が重大事故を起こし，国内のすべての原子力発電所が稼働を停止した。現在も稼働している原子力発電所はわずかである。よって，1997年に比べ，原子力の割合が極端に低下し，これを火力によって補ったAと判定できる。ドイツは，福島第一原子力発電所の重大事故に際し，原子力発電の依存度を下げ，将来的には全廃することを決定した。そして，減少分を再生可能エネルギーで補うことにした。よって，1997年に比べ，「その他のエネルギー」の割合が上昇しているBと判定できる。なお，Cは中国，Dはアメリカ合衆国である。

やや難 問2 A 光合成は，植物が太陽の光を利用して，二酸化炭素と水から炭水化物を合成する過程のこと。このときに酸素を放出する。　B 夏と冬を比べると，太陽の光の強い夏が光合成が盛んである。つまり，夏の方が二酸化炭素の吸収量が多く，それだけ大気中の二酸化炭素濃度が低くなる。地点Xは，8～9月に二酸化炭素濃度が低いのだから，地点Xは8～9月が夏にあたる北半球のアと判定できる。

問3 人口が多く，経済活動も活発なアジアが地域内の貿易額が最も多い。よって，アジアはA。これに世界最大の経済大国であるアメリカ合衆国を含む北アメリカが次いでいる。よって，北アメリカはC。経済的な発展が遅れているアフリカは，地域内の貿易額は，この2つの地域に比べてかなり少ない。よって，アフリカはB。なお，アフリカの多くの国はヨーロッパ諸国による植民地支配を受けたため，現在も経済的な関係が深く，アフリカとヨーロッパの貿易はやや多めになっ

ている。

問4　日本は，肉類や穀物を大量に輸入している。家畜の飼育や穀物の栽培には大量の水が必要なため，日本は海外から大量の水を輸入していることになる。このような考え方を「仮想水」という。

〔問題2〕（地理―人口ピラミッド，産業，自然災害など）

やや難　問1　Xは，「再開発によりタワーマンションの建設ラッシュ」から，若い夫婦とその子ども世代が突出して多いC。Zは，「複数の大学」から，20歳前後の世代が前後の世代に比べて多いA。残ったBがYで，「機械工業の工場が多数立地」するため，工場で働く男性労働者が多く，女性に比べて男性がやや多くなっている。

基本　問2　愛知県は，豊田市を中心に自動車工業が高度に発達している。このため，製造品出荷額は日本一である。よって，製造業の割合の高いAと判定できる。東京都は日本で最も人口が多く，卸売業・小売業が盛んである。また，日本の政治・経済の中心で，金融・保険業，情報通信業なども盛んである。よって，これらの産業が盛んなBと判定できる。残ったCが沖縄県で，製造業がそれほど盛んでないことが特色となっている。

問3　Aは太田川，吉野川などの流域に多く示されていることから洪水と判定できる。Bは高知県の太平洋沿岸に多く示されていることから津波と判定できる。残ったCが高潮で，湾や入江の奥で比較的多く発生している。

問4　(1)「甲州市」，「勝沼町」などの表記から，図Ⅴは山梨県。山梨県は，ぶどう，ももの生産量は，いずれも日本一。特に，図Ⅴの地域は，ぶどう，ももの産地として著名である。　(2)　A・B両地点間で道路をまっすぐに敷設すると，A地点・B地点の中間付近の標高が高くなってしまう。等高線に沿うように道路を敷設すると，このような標高差を小さくすることができる。

〔問題3〕（日本と世界の歴史―13～14世紀ごろの歴史）

問1　(1)　1323年は，中国では元の時代。この時代，中国から日本に向かった船の主な積み荷は，中国製の陶磁器，銅銭，書籍，香料などであった。なお，イは江戸時代の浮世絵(葛飾北斎の富嶽三十六景のうち「凱風快晴(赤富士)」)，ウは弥生時代の銅鐸である。　(2)　13世紀の前半，元軍が2度にわたり日本に襲来(元寇)。1度目は1274年で文永の役，2度目は1281年で弘安の役とよばれる。元軍は九州北部を攻略しようとしたが，季節風と日本側の激しい応戦によって敗退し，目的を果たすことはできなかった。

やや難　(3)　モンゴル帝国の成立により，東西の交通路が整備されたため，東西文化の交流がさかんになった。当時，十字軍をおこしていた西ヨーロッパは，イスラム地域を征服したモンゴル帝国に関心をもち，ローマ教皇はプラノ＝カルピニ，フランス王ルイ9世はルブルックを使節としてモンゴル高原に送った。なお，ギリシャ正教会が誕生したのは11世紀である。

問2　(1)　イ：黒曜石は，黒色でガラス質の火成岩。日本では，大分県姫島，島根県隠岐諸島，長野県和田峠，静岡県天城山，北海道白滝・十勝岳などに限定して産出する。産地が限定され，また産地によって岩質に違いがあるので，その分布状況から当時の交易や交通の事情を知ることができる。ウ：貝塚は，人間が食した貝の殻が堆積した遺跡。世界中に分布するが，日本の縄文時代のものが数も多く，内容も豊かである。土器・石器とともに埋葬人骨や各種の自然遺物が出土し，生活や環境復元資料として重要である。ア・オ―古墳時代，エ―弥生時代。　(2)　イ(奈良時代～平安時代前期)→ア(平安時代後期)→ウ(鎌倉時代)→エ(江戸時代)。

問3　(1)　刀狩は，1588年，豊臣秀吉が諸国の農民から，京都の方広寺の大仏造立を口実に，刀，槍，鉄砲などの武器を没収した政策。土一揆を未然に防止し，兵農分離，身分の固定を図った。(2)　下剋上は，身分の下の者が，身分の上の者を倒して成り上がっていく風潮。南北朝時代からの下層階級台頭によって顕著になり，室町時代中期から戦国時代にかけて特に激しくなった。しかし，江戸時代になると，身分秩序を重視する政策が採用され，下剋上を否定する教えである儒教，特に朱子学が重用されるようになった。

〔問題4〕（日本と世界の歴史ーホンコンを題材にした歴史）

基本 問1　ホンコン(香港)は，中国南東部，チュー川(珠江)河口にある旧イギリス直轄植民地。アは北京(ペキン)，イはシャンハイ(上海)，ウはタイペイ(台北)，オはハイナン(海南)島。

やや難 問2　イ：イギリスは，産業革命の結果，良質で安価な綿織物などの工業製品を大量にヨーロッパ内外の市場で売りさばき，「世界の工場」の地位を獲得した。ク：1863年，イギリスは前年の生麦事件の報復として，海軍を鹿児島湾に派遣して，薩摩藩と交戦した。アはアメリカ合衆国，ウはフランス(軍人はナポレオン)，エ・キはロシア，オはオーストリア(首相はメッテルニヒ)。なお，19世紀，イギリスは「光栄ある孤立」をモットーとし，他国と積極的に同盟を結ぶことはなかった。

問3　(1)　イギリスでは，茶の需要にともなって中国茶の輸入が急速に増加した。しかし，産業革命で生産を伸ばしていた綿製品は中国ではなかなか売れず，輸入超過の結果，大量の銀が中国に流入していた。これを打開するために，19世紀初めから，中国の茶をイギリスに，イギリスの綿製品をインドに，インド産のアヘンを中国に運ぶ三角貿易をはじめた。　(2)　19世紀，世界で最も多く銀を産出していたのは南北アメリカで，特にメキシコは銀の産出が多く，この銀で鋳造された銀貨(メキシコ・ドル)は貿易用通貨として世界的に流通した。

問4　アの日独伊三国同盟の締結は1940年。なお，イ(張作霖爆殺事件)は1928年，ウ(二・二六事件)は1936年，エ(五・一五事件)は1932年。

問5　ア：フランス革命は，1789年に勃発した市民革命。絶対王政を打倒し，共和制を樹立。人権宣言を採択し，自由・平等・博愛をスローガンとした。オ：護憲運動は，大正時代，特権的な官僚政治に対し，立憲的な政党政治を実現しようとした国民的な政治運動。第一次護憲運動では，「門閥打破・憲政擁護」をスローガンに，群衆の議会包囲まで発展し，桂内閣は53日で総辞職した。コ：アラブの春は，2010年末のチュニジアで勃発した体制権力への異議申し立て運動(いわゆるジャスミン革命)に端を発し，広くアラブ世界に伝播。各地で大規模な大衆抗議運動となった。

〔問題5〕（公民ーリコール，持続可能な開発目標など）

基本 問1　リコールは，地方公共団体の主要公務員が不適当な場合，解職を請求すること。請求には，当該地方公共団体の有権者の3分の1以上の署名が必要で，署名は選挙管理委員会に提出することになっている。

問2　SDGs(持続可能な開発目標)は，世界が2016年から2030年までに達成すべき17の環境や開発に関する国際目標。発効は2016年1月。「誰ひとり取り残さない」をスローガンに，「貧困や飢餓の根絶」，「質の高い教育の実現」，「女性の社会進出の促進」など17の目標と，各目標を実現するための169のターゲットからなる。

問3　「法の支配」は，法が権力行使の方向と限界を示し，すべての国家活動が憲法と法律を基準に営まれるという原則のこと。権力者の恣意による支配(人の支配)を否定し，治める者も治められる者と同等に法によって拘束されるべきであるとする。

問4　メモ中の「永く住み続けられるまちづくりを目指して」に注目して，11の「住み続けられるまちづくりを」，「山に対する人の責任や，生態系の保持，災害に強い山林の育成」に注目して，15の「陸の豊かさも守ろう」を選択する。

問5　P：アンケートで福祉を1位にしたのは13万人，観光を1位にしたのは12万人，工場誘致を1位にしたのは11万人。よって，福祉を1位にした有権者が最も多い。Q・R：福祉を3位にしたのは20万人。20万人が，有権者36万人に占める割合は，20(万人)÷36(万人)×100＝55.5…(％)。問題文に「小数点以下は切り捨てること」とあるので，55(％)。S　経済的に恵まれている人は福祉をそれほど重視しないが，経済的に恵まれていない人は福祉を重視すると考えられる。

〔問題6〕　(公民―市場と商品の売買)

問1　「買い手は，…，下手をすると②(20万円)や③(10万円)を商品の値打ちより高く買わされてしまう心配がある。」という記述に注目して考える。

問2　「買い手がどの商品も10万円でしか買おうとしない」なら，売り手は10万円以上の価値のあるもの(①や②)は売ると損をするので，売ろうとはしない。

問3　「情報の非対称性」は，取引される財，サービスの性質に関する情報量が，経済主体の間で偏っていること。例えば，労働市場で，労働者の能力は労働者自身にはよく分かるが，雇用者の側には分からないなど。

やや難　問4　商品の値打ちの違いが無数にあり，それらの区別が買い手につかない場合，売り手は値打ちの最も小さいものを売ろうとする。この結果，市場には，価値の最も小さなものだけが流通するようになってしまう。

重要　問5　クーリングオフは，消費者が購入申し込みをして代金を支払ったあとでも，一定期間以内なら無条件で契約を解除できる制度。訪問販売，電話勧誘販売，割賦販売では8日以内に，書面で契約解除の意思を伝えることが必要とされる。

問6　製造物責任法(PL法)は，製造物の欠陥により，人の命，身体または財産に被害が生じた場合，製品の欠陥を証明することにより，その製品の製造者に対して損害賠償責任を負わせることを定めた法律。1994年に制定され，1995年から施行された。対象となるのは，農水産物などを除く加工された製品。

問7　F：「排除」は，そこにあってはならないものとして，取りのけたり，追いやったりすること。本問では，市場から追放することをいう。G：古本などの「古物」を売買するためには，都道府県公安委員会の許可が必要で，許可を受けると「古物商許可証」が交付される。H：インターネット・オークションのほか，ホテルの予約サイトでも評価が一般的に行われている。

―★ワンポイントアドバイス★―

深い思考力を問う問題が多く，50分の試験時間でも余裕はほとんどないだろう。
要領よく最後まで解ききることが何よりも大切である。

＜国語解答＞《学校からの正答の発表はありません。》

〔問題一〕 問一　A　資本　B　消費　問二　ア　問三　エ　問四　(例)　マゼランの航海はあまりに遠回りで危険なため実用性はなかったが，人類が自分の住んでいる世界の真の姿を把握できたという点において意味があるものであったということ。　問五　(例)　消費財としての知識の獲得を目的とするような世界
問六　ア　問七　a　判然　b　知見　c　高揚　d　口角

〔問題二〕 問一　つっかい棒を立てる　問二　(例)　優香に何かあったのではないかという不安に対して，政彦が笑いながら同意してくれたから。　問三　ウ
問四　A　ふさぎ込む～もないはず　B　優香なら自～解決できる
問五　ウ　問六　エ　問七　ア　問八　a　イ　b　エ

○推定配点○
〔問題一〕　問一　各1点×2　問四　8点　問五　5点　問七　各2点×4　他　各3点×3
〔問題二〕　問二　5点　問四・問八　各2点×4　他　各3点×5　計60点

＜国語解説＞

〔問題一〕（論説文一大意・要旨，内容吟味，文脈把握，指示語，脱文・脱語補充，漢字の読み書き）

問一　A　一つ前の段落にあるように「資本財と消費財の違いを，スポーツを例にとって説明」している部分である。一つ目の A の前に「これらの例において」とあるので，同じ段落の「健康な身体を維持するために」「強い軍隊を作るという目的」「所得を得る手段」に着目する。冒頭の段落で「何かを実現するために必要な手段」を「資本財」としているので， A に当てはまる語は「資本」。　B　一つ目の B の前の「目的がなくとも……それ自体が楽しいために，スポーツを行っています」に着目する。「しかし，知識の」で始まる段落で「持つことそれ自体に意味がある」ものを「消費財」と呼んでいるので， B に当てはまる語は「消費」。二つ目の A ， B と同じ段落の「何かのための手段ではなく，それ自体が目的になることが多くなる」という文脈に合うことも確認する。

問二　どのような点において，筆者の生活が「真に貧しいものであった」としているのかを読み取る。同じ段落の冒頭「沢山の知識を持つことは，人生を豊かにします」や，同じ段落の「ルネサンス絵画についての十分な知識を持っていなかったため」から，筆者は十分な知識を持っていなかったので，レオナルド・ダ・ヴィンチの名作の前を通り過ぎたことがわかる。この「知識」を「絵画に対する理解」と言い換えているアが適切。イの「気持ち」，ウの「人生経験」，エの「哲学や宗教」に対する関心の「貧しさ」をいっているわけではない。

問三　「旅行先の歴史や伝統文化」という「知識」が増えれば増えるほど，旅行先で「その土地ならではのものを見聞きして味わう」という「体験」の意味と価値が増すので，エの具体例が適切。アの「相手の好みや趣味」は「知識」には含まれず，「何をあげたらよいか決めやすくなる」も「体験」にはそぐわない。イは「体験」によって「知識」を得られる例，ウは「知識」によって危険を避けられる例なので，適切ではない。

問四　傍線部③「実用性が或る業績の倫理的価値を決定するようなことは決してない」は，「実用性」は問われないという意味だと想定して，「マゼランの航海」について述べている部分に着目する。「マゼランによるマゼラン海峡の発見」で始まる段落に「彼が……航海に出た目的は，西回りでインドに達する航路の発見という実利的，経済的なもの」「しかし……実際に使われるこ

とはありませんでした。あまりに遠回りで危険なルートだったからです」とある。ここから，マゼランの航海は，あまりに遠回りで危険なため実用的なものではなかったとわかる。その後に「彼の発見は無意味だったのでしょうか？そんなことはありません」とあり，続く「なぜなら」で始まる段落で「人類は，自分たちが住んでいる世界の真の姿……を把握できた」とマゼランの航海の意義を述べている。この内容を加えてまとめる。

重要 問五　直前の「ユートピア」は理想郷という意味であることから，筆者が人類にとって理想的とする社会とはどのようなものかを読み取る。直前の段落で挙げられている「研究者」や「歴史学者」の様子は「研究していること自体が楽しいから，研究している」というもので，「知識の獲得それ自体が目的化」していることが伺える。直前の段落にあるように，ここでは「消費財としての知識」について述べているので，「消費財としての知識」の獲得を目的とするような世界などとまとめる。

問六　「人間は，子供の」で始まる段落の「人間は，子供のときから謎解きに挑みます……謎解きの過程そのものが楽しいから，それに挑戦する」や，本文で挙げられている「火星生命の探査」，「マゼランによるマゼラン海峡の発見」「ニュートンの研究動機」という内容に，「新しい知識を得たいという思い，人類が持つ普遍の真理」とあるアが最も適切。マゼランによるインド航路が実際に使われなかったことや，「実用性が或る業績の倫理的価値を決定するようなことは決してない」という内容に，イの「絶えず経済的な利益が生み出されている」やウの「役立つ知識を獲得すること自体に意義を見出してきた」は，適当ではない。最終段落に人類の理想が「人工知能の助けを借りて実現できる」とあるが，エの「人工知能の発達によって，知識を獲得することの意味が問い直され」るわけではない。

問七　a　はっきりとわかること。「判」の他の音読みは「バン(パン)」で，「裁判」「談判」などの熟語がある。　b　実際に見て得られる知識。　c　気分や精神，意識を高めること。「揚」の訓読みは「あ(がる)」　d　口の端。「コウカク泡を飛ばす」は，激しく議論する様子を表す。

〔問題二〕（小説一主題・表題，情景・心情，内容吟味，文脈把握，語句の意味，表現技法）

基本 問一　傍線部①は，政彦の深刻な表情と口調を描写している。「肩から力を抜く」で始まる段落に「表情や口調を内側から支えていたつっかい棒を，そっとはずした」とあり，さらに「綾子のスリッパの音」で始まる段落に「背筋を伸ばし，肩を張って，表情と口調のつっかい棒を立てる」という比喩表現がある。深刻な態度に変える政彦の行動にふさわしい比喩を抜き出す。

問二　前の二人の会話や様子に注目する。優香の様子が変で何かあったのではと心配する綾子に対して，政彦は「俺もそう思ってたよ」「それくらいわかるさ」「親なんだから」と笑いながら同意している。綾子が「一瞬だけほっとした表情にな」ったのは，優香に何かあったのではという不安に，政彦が笑いながら同意したからだとわかる。

問三　直後の「ミステリードラマの名刑事が謎解きを披露するように」からは，政彦の得意気な様子がうかがえる。政彦の心情を述べている部分を探すと，「嘘をついていた」で始まる段落に「つまらない見栄を張った。笑い声の話は，いま，とっさに考えたものだ……ほんとうは思い当たる節さえないのを無理に話を合わせただけかもしれない」とあり，ここから政彦は本当は優香の変調に気づいていなかったことが読み取れる。この内容にふさわしいのはウ。「もともと，子どもたちのちょっとした変化を見抜くことには自信があった」で始まる段落の内容に，「普段は子どもの様子を見ていない」とあるアはそぐわない。「政彦は妻の話に」で始まる段落の「小刻みに相槌を打ち，一段落つくのを待って，『俺もそう思ってたよ』と言った」に，イの「やっかいなことだと感じていた」様子は見られない。「中学時代の秀明が」で始まる段落では，綾子が政彦によく相談していた様子が読み取れるので，「突然子どものことについて相談されて動揺した」

とあるエも適切ではない。

問四　「優香の状況」について，「優香は私立中学に」で始まる段落に「あとは卒業，それから入学を待つだけの，いまはいちばんのんびりした時期だ。ふさぎ込む理由など，どこにもないはずだ」とあり，この部分で政彦が捉えている優香の状況が A に当てはまる。 B の前に「何かあったとしても」とあることから，何かあったときに優香ならどうするかを述べている部分を探す。「政彦はゆっくりと」で始まる段落の「万が一，学校で困ったことがあったとしても，優香なら自分ですぐに解決できるんだから」という政彦の言葉から，適当な表現を抜き出す。

問五　傍線部⑤は，前の「やっぱり，それ，おまえの考えすぎなのかもしれないぞ」という政彦の言葉を聞いた綾子の反応である。「困ったように笑う」からは，綾子が政彦の言葉に賛成できないでいる様子が読み取れ，「なにも答えなかった」からは，政彦に言ってもわかってもらえないだろうというあきらめの気持ちが読み取れる。この綾子の様子と気持ちに適切なものはウ。綾子は「なにも答えなかった」とあるので，アの「夫に頼るしかないのだと思う気持ち」は合わない。「困ったように」に，イの「感心」は合わない。「なにも答えなかった」からは綾子の意志が感じられるので，エの「何を考えているのだろう」という困惑は読み取れない。

問六　傍線部⑥は，浪人が決まっても「しょげた様子はない」秀明に対する心情を述べている。同じ文の「のんびり屋の楽天家」という表現からは，思うようにならずじれったいという意味の「もどかしい」気持ちが読み取れる。また，浪人が決まっても落ち込んでいないところが親としては有り難いとしているエが最も適切。アの「将来を長い目で見ている」ことを「救い」と言っているわけではない。イの「将来が不安」とまでは言っていない。「のんびり屋の楽天家」という表現に，ウの「いら立ち」はそぐわない。

重要　問七　「ミントティー」について，「ミントティーを」で始まる段落に「ミントティーをリクエストしたのは政彦だった……相談事を持ちかけられたときは，たいがいそうする……冷静でいるに越したことはない」とあり，続く段落で「なにごとも感情的になるのは嫌いだ……そんな愚かな父親にはなりたくない」という政彦の考えが述べられている。政彦にとって，ミントティーは自分を賢い父親として見せるために必要なものだとわかる。この内容を「体裁を取り繕おうとする」と言い換えているアを選ぶ。傍線部⑦の「旨いと思ったことなど，一度もない」という描写からは，政彦が無理をしていることも読み取れる。イの「向上心を持ち続ける」は，本文からは読み取れない。「なにごとも感情的になるのは嫌いだ」とはあるが，「ミントティーを旨いと思ったことは，一度もない」という描写にウの「感性より理性を重視する」はつながらない。冷静でいるためにミントティーを飲んでいるので，エの「健康に気を遣う」ためではない。

問八　a 「ふし」と読む。「思い当たる節」で，気にかかる部分という意味になる。　b 必ずしも悪くないという意味。意味が判別しにくい場合は，「お父さんにはなんでも見抜かれてるんだからね」と言われたときの政彦の心情を想像する。直前の「少し照れながら」という様子もヒントになる。

★ワンポイントアドバイス★

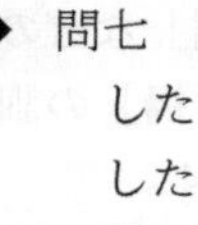

小説の読解問題では，登場人物の会話や，様子を表す描写を見落とさないことがポイントだ。情景を思い浮かべながら読み進めることで，心情を的確にとらえよう。

2021年度

入　試　問　題

2021年度

2021年度

筑波大学附属高等学校入試問題

【数　学】（50分）〈満点：60点〉

【注意】 円周率を必要とする計算では，円周率はπで表しなさい。

〔問題1〕 下の図のような10行10列の表のすべてのマス（全部で100マス）に，次のような手順にしたがって1つずつ自然数を入れる。

・ 1行1列のマスにa，1行2列のマスにb，2行1列のマスにc，2行2列のマスにdを入れる。

・ どの行についても，m列のマスの数と（$m+1$）列のマスの数の和が，（$m+2$）列のマスの数と等しくなるようにする。（ただし，mは8以下の自然数）

・ どの列についても，n行のマスの数と（$n+1$）行のマスの数の和が，（$n+2$）行のマスの数と等しくなるようにする。（ただし，nは8以下の自然数）

	1列	2列	3列	4列	5列	6列	7列	8列	9列	10列
1行	a	b	$a+b$							
2行	c	d								
3行	$a+c$									
4行										
5行										
6行										
7行										
8行										
9行										
10行										

このとき，次の①，②の［　　　］にあてはまる数または式を求めなさい。

（1） 1行10列のマスの数はa，bを用いて［　①　］と表される。

（2） 1行5列のマスの数が29，5行2列のマスの数が16であるとき，

$a=$［　②-ア　］であり，さらに，10行10列のマスの数が11111であるとき，

$c=$［　②-イ　］である。

〔問題2〕 先生と3人の生徒が，方程式に関する以下のような会話をしている。次の③～⑧の［　　　］にあてはまる数，式，または語句を求めなさい。

T先生「方程式　$x^2=3$ を解いてみましょう。」

Aさん「T先生，簡単です。$x=\sqrt{3}$ ですよね。」

T先生「なるほど。ところで，$\sqrt{3}$ という数はどのような数を表しましたか？」

Aさん「はい。$\sqrt{3}$ は『［　③-ア　］すると3となる［　③-イ　］の数』と教科書に書いてあったので，$x^2=3$ を満たすと思います。」

Bさん「私もそう思います。しかし先生，$x=$［　④　］もこの方程式を満たすと思います。」

T先生「なるほど。そうすると，方程式 $x^2=3$ の解は，$x=\sqrt{3}$，［④］ということでよろしいですか？これで方程式を解くことができたといってもよいのでしょうか？」

Aさん「よいと思います。$\sqrt{3}$ も［④］も等式 $x^2=3$ を満たしますよね。」

T先生「……，確かにそうですが，……。『方程式を解く』ということは，どのようなことだったのでしょうか？」

Bさん「あっ，そうか！『方程式を解く』ということは，その等式を満たす数を［　⑤　］見つけるということだから，

『$\sqrt{3}$，［④］以外の数では，等式 $x^2=3$ は［　⑥　］』… ★

ということを示さなければ，方程式が解けたとはいえないのですね。」

T先生「その通り。では，どのようにすれば ★ を示すことができますか？」

Cさん「方程式を

(［　⑦-ア　］)×(［　⑦-イ　］)$=0$ … ☆

という式に変形する方法はどうでしょうか？」

Bさん「なるほど！そうすれば，$\sqrt{3}$，［④］以外の数を代入すると，☆ の左辺の値は明らかに［　⑧　］ことがわかるので，★ を示せますよね。」

T先生「素晴らしいです。みんなで力を合わせると，方程式を解くことの意味がはっきりとわかってきましたね。」

〔問題3〕 下の図のように，円周上に $2n$ 個の点を等間隔に並べ，その中の2点A，Bを円の直径の両端となるようにとる。ただし，n は2以上の自然数とする。

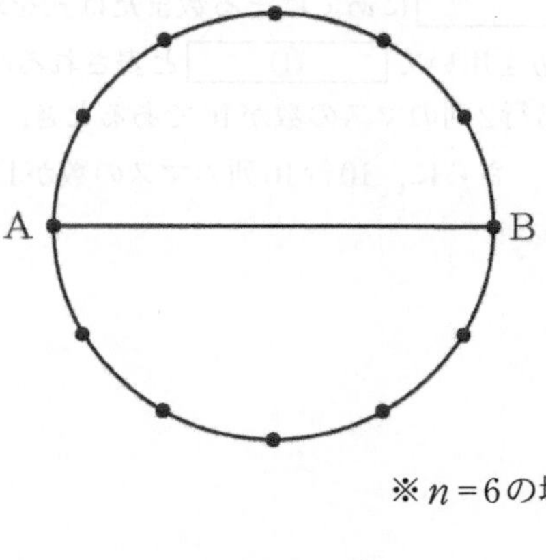

※$n=6$ の場合

A，B以外の異なる2点を選んで結んだ線分をLとし，Lと線分ABが交わる場合は，その交点をPとする。

このとき，次の⑨，⑩の［　　］にあてはまる数を求めなさい。

（1） $n=6$のとき，交点Pができる確率は［　⑨　］である。

（2） $n=$［　⑩-ア　］のとき，交点Pができる確率は$\dfrac{25}{49}$であり，線分APの長さがこの円の半径よりも短くなるようなLは全部で［　⑩-イ　］本ある。

〔問題4〕 下の図は，4つの正六角形と4つの正三角形でつくられる立体の展開図である。この展開図を組み立てたときにできる立体について，次の⑪～⑭の［　　］にあてはまる数または記号を求めなさい。

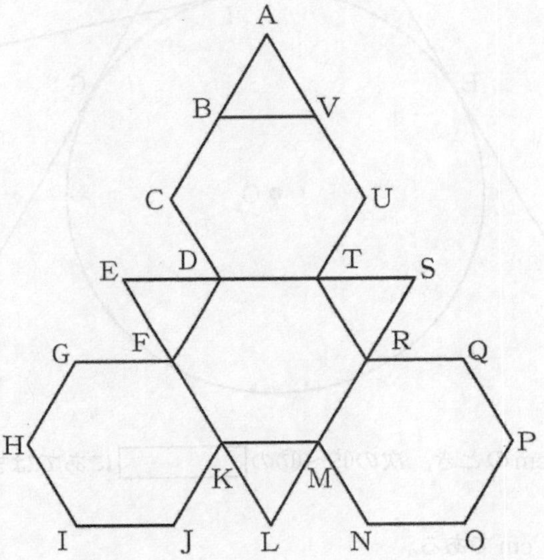

（1） 立体の辺の数は［　⑪　］本である。

（2） 立体を組み立てるとき，辺UVと重なる辺を，展開図における線分で求めると，線分［　⑫　］である。

（3） 立体を組み立てるとき，点Aと重なる点を，展開図においてすべて求めると，点［　⑬　］である。

（4） 立体を組み立てるとき，辺ABと重なる辺および平行となる辺を，展開図における線分ですべて求めると，線分［　⑭　］である。

〔問題5〕 下の図のように，面積比が1：9である2つの円O_1，O_2があり，3直線AB，AC，BCはいずれも2円O_1，O_2の両方に接している。

また，D，E，F，G，H，Iはいずれも円と直線の接点である。

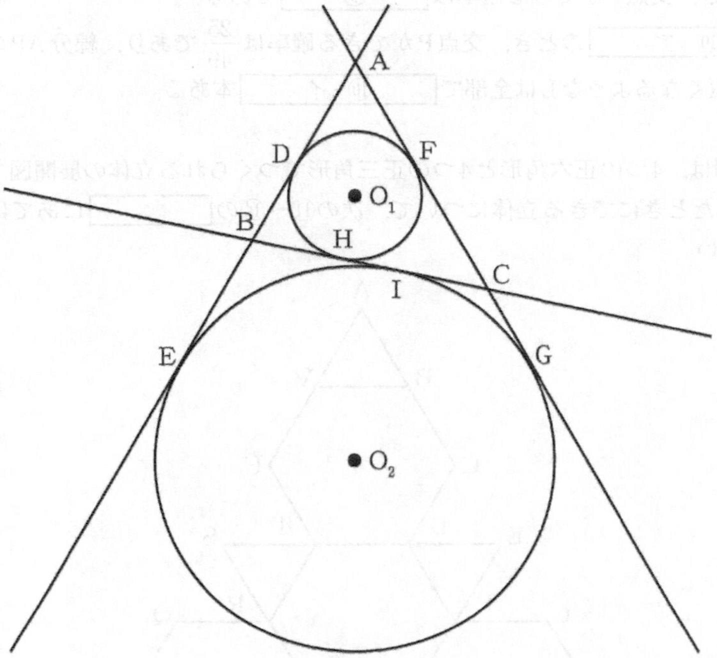

BD＝3 cm，HI＝2 cmのとき，次の⑮～⑰の［　　］にあてはまる数または説明を記入しなさい。

（1） CF＝［　⑮　］cmである。

（2） AB＝［　⑯　］cmである。

（3） △ABCの面積をS_1，△O_2BCの面積をS_2とするとき，S_1とS_2はどちらが大きいか，または等しいか。解答欄⑰に，理由も含めて説明を記入しなさい。

【英　語】（50分）〈満点：60点〉

〔問題1〕放送の指示にしたがって答えなさい。

例題　ア　A CD.
　　　イ　A pen.
　　　ウ　A cake.
　　　エ　A book.

(1) ア　Take the bus.
　イ　Walk to the museum.
　ウ　Wait for another bus.
　エ　Get a guidebook.

(2) ア　Ask Bob about the homework.
　イ　Leave a message.
　ウ　Call Bob back.
　エ　Wait for Bob's call.

(3) ア　At 10:00.
　イ　At 10:02.
　ウ　At 10:08.
　エ　At 10:10.

(4) ア　100 yen.
　イ　130 yen.
　ウ　160 yen.
　エ　200 yen.

(5) ア　On Monday.
　イ　On Tuesday.
　ウ　On Wednesday.
　エ　On Friday.

(6) ア　She lost her camera.
　イ　She bought a camera.
　ウ　She found her watch.
　エ　She went on a trip.

※リスニングテストの放送台本は非公表です。

〔問題2〕次の英文を読んで，(問1)～(問10)に答えなさい。

Once upon a time, a wise old man lived on a mountain. He spent his time quietly while he was looking after his garden.

A young man, Allen, lived at the foot of the mountain. He sometimes saw travelers. They usually left for the old man's house with worried faces. However, they always looked happy when they came back. 'What happened on that mountain?' he thought.

So one morning Allen decided to go to see the wise old man.

"Welcome, young man," the old man said. "Why did you come to my old house?"

"I would like to learn how you help the visitors who want your advice," Allen said.

The old man said, "If you watch well, you will understand."

So Allen watched. Soon a farmer appeared.

The farmer said, "Well, I have a question about my farm. I have the chance to buy a field from a neighbor, but it will take everything I have. If my other vegetables don't grow well this season, I may lose not only the new field, but my whole farm as well. What should I do?"

"Mmmm. You may have a good chance there," said the old man.

"Yes. Maybe. I mean — my family wants the land. They think it's my great chance. Actually, I don't want any more land. It's too (1)＿＿＿＿＿. I can't take care of it," the farmer said.

"Ah. I understand," the wise man said in a peaceful voice. He listened while the farmer shared his problem. Then the old man asked Allen to get a melon from the garden. As the three ate the fruit, the farmer kept talking. He spoke of his little trees with shining leaves.

"I like taking care of them," the farmer said with a smile.

Allen kept wondering when the old man would give the farmer the answer to his problem, but the old man only said, "Perhaps you have a great treasure in your little trees. Your family doesn't understand (2)it."

The man turned red in the face and said, "I am very happy while I am looking at the shining leaves." He sighed. "Why should I want more land that may take the trees away from me?" While the farmer spoke, the old man said nothing. He just continued to look over the mountain and eat the sweet fruit.

When the farmer finished his melon, he stood up to go. "I think you are right," he said. "I do not need the field and it will be better for me to take care of my little trees. Thank you very much." The farmer left the old man's house.

Several months passed, but Allen didn't discover the old man's (3)＿＿＿＿＿. Each person's visit was almost the same.

Then one morning the old man became ill and had to stay in bed. As Allen brought him soup, a knock came on the door.

"(4)Oh no!" cried Allen. "Someone is here to see you. Shall I tell the person to come back another day?"

The old man smiled and said, "(5)＿＿＿＿＿＿＿＿"

Allen was nervous but greeted the visitor, "Hello, ma'am."

"Good morning, young man. I am here to see the wise man," she said as she gave him some fresh bread.

Allen took the gift and said, "I am truly sorry, but he is sick today. Is there anything I can do to help?"

The woman sat on a chair and said, "What answer can you give me? You are so young. You don't know how (6)[to / to / a son / go / have / is / wants / who / it] to the town and leave the farm he was going to receive."

"That must be difficult for you," said Allen as he gave her a cup of tea. He was sorry that he had no answers for the lady.

"Yes, it's difficult. I don't know why, but my son has never loved the land. He wants to be a merchant and make money," the woman said.

"Mmmm," said Allen as he cut some slices of the bread and served them. "It's hard to know what to do, isn't it?"

Together they had tea, ate the bread, and talked of the latest news in the village.

Finally the woman said, "Yes, I think my son will be very happy to be a merchant. I really want him to be happy."

"Perhaps if he becomes a merchant, we can (7-A) ________ the farm, and I can go and live with him in the town...," she (7-B) ________ in a weak voice.

Allen said nothing.

The lady stood up and said to him, "Young man, thank you very much. You are a great assistant."

She said goodbye and started to go down the mountain.

With another cup of tea and a slice of bread, Allen went to the old man's room. "Would you like some food, sir?" he asked.

"Thank you, Allen," the old man said. "(8) ________________? Did you know the answers?"

"No. I knew no answers. I just (9) ________," said Allen. "I gave her no wise words. No great advice." He thought of the woman's last words, then said to the old man, "But listening is sometimes the best answer of all, isn't it?"

As people continued to go up the mountain, word spread all over the village. People said that the young man was as wise as the old man.

(注) wise 賢い　traveler 旅人　merchant 商人　a slice of 一切れの

(問1) 下線部(1)の空所に入る最も適切なものを，次のア～エから1つ選び，記号で答えなさい。

ア easy　イ clean　ウ late　エ much

(問2) 下線部(2)が指す内容として最も適切なものを，次のア～エから1つ選び，記号で答えなさい。

ア The farmer has a lot of money in the trees.

イ The farmer likes looking after his little trees.

ウ The farmer doesn't talk about his trees with anyone.

エ The farmer doesn't want to listen to his family's advice.

(問3) 下線部(3)の空所に入る最も適切なものを，次のア～エから1つ選び，記号で答えなさい。

ア character　イ garden　ウ secret　エ treasure

(問4) 下線部(4)と言った理由として最も適切なものを，次のア～エから1つ選び，記号で答えなさい。

ア 老賢者が体調を崩して寝込んでいるところに，誰かが訪ねてきたから。

イ 老賢者が朝食を食べても，体調が回復する様子ではなかったから。

ウ Allenが悩みの解決方法を考えている時に，誰かが訪ねてきたから。

エ Allenが自分の悩みを未だ解決できず，落ち込んでいるから。

（問５） 下線部(5)の空所に入る最も適切なものを，次のア～エから1つ選び，記号で答えなさい。

ア Yes. You go. イ Yes. I'll go. ウ No. You go. エ No. I'll go.

（問６） 下線部(6)の［　　　］内の語句を，意味が通るように並べかえなさい。

（問７） 下線部(7-A)，(7-B)のそれぞれの空所に入る最も適切な動詞を，次から1つずつ選び，必要があれば適切な形に変えて答えなさい。

add　buy　disagree　sell　take

（問８） 下線部(8)の空所に入る最も適切なものを，次のア～エから1つ選び，記号で答えなさい。

ア How much did you receive

イ How did the visit go

ウ What advice did you get

エ What can I do for her

（問９） 下線部(9)の空所に入る最も適切な1語を，本文中から抜き出して答えなさい。

（問10） 本文の内容に合うものを，次のア～エから1つ選び，記号で答えなさい。

ア Allen visited the old man because he was interested in what the old man did.

イ The farmer wanted to sell his land to his neighbor, but his family didn't want to.

ウ The woman wanted Allen to listen to her story, so she came to the house.

エ Allen learned how to serve food to visitors from the old man's lesson.

〔問題３〕次の英文を読んで，(問１)～(問10)に答えなさい。

Mary lived in a small village. At the age of ten, her parents were lost at sea, and she was sent to live with her grandfather.

Every evening, her grandfather showed Mary his amazing tricks that he used to perform around the world. He could turn into an animal.

"Please do the mouse again," Mary often asked. Her grandfather smiled and held his nose. And he became a small mouse. Only his blue eyes showed who the mouse was. Then he ran around her feet, and she was surprised and covered her eyes. When she opened them again, her grandfather was standing with a smile.

Mary liked listening to the story of her parents. She asked her grandfather, "(1)__________?"

"Your mother loved to dance," he answered. "When I performed, she came with me and danced. She attracted everyone's attention."

"Then she met my father," Mary said.

Mary's grandfather said, "Yes. Your father was a young artist. He made a statue of your mother as a wedding present, and he showed it at the wedding party. It looked just like your mother. People said it was the most beautiful statue in the world."

He continued, "Then, (2)［ who / the statue / lived / a king / sell / your parents / to / far away / asked ］, and finally they agreed. They traveled to the kingdom with the statue. Sadly, they had terrible weather on their way home, and they never returned."

Mary and her grandfather sat quietly for a moment until he asked, "(3)__________ a rabbit?" He held his nose and turned into a small rabbit, and her sad feelings melted away.

Mary grew into a beautiful young woman. One day, she was alone in the house. A man visited her. He was not a man from the village. Mary was afraid because she saw something she didn't trust in his eyes.

"Excuse me," the man said, "my ship was caught in a heavy rain. We would like to know where we are now." She told him the name of the nearest town, and he was happy with her answer. "Thank you. Let me give you a gold plate as a present," he said. "It's on my ship, right over there. Please come with me."

Mary felt it was (4)________, but then she thought of selling the plate and earning money for her grandfather. So she agreed to go to the ship. As soon as she got on the ship, it started to move.

Mary cried, "I want to go back!"

"Listen!" the man shouted. "My name is Bruno. I am the second son of a king, and so the kingdom won't be mine. But my older brother, Adamo, refuses to marry, and my father has promised that he will give one third of the kingdom to anyone who can find a woman to marry Adamo."

"Marry him?" Mary asked.

"Adamo is in love with a statue he found in the palace," Bruno explained. "He will not marry until he finds a woman who is as beautiful as the statue."

Soon, Mary remembered the story of her parents and their statue. "Does the statue look like me?" she asked.

"It does," Bruno said. "I know the story of the statue. I have searched for the (5)________ of the artist. I hoped that she would look like her mother, and you do. You will make my brother happy, and that will make me rich."

Mary cried, and her tears fell into the water below.

Suddenly, a fish with blue eyes jumped from the water.

"Grandfather!" she shouted, and when it jumped again, she caught it in her apron and whispered her situation before dropping it back into the water. The fish followed the ship. She felt (6-A)________ because she knew her grandfather was there.

That night, Bruno took Mary to his table and told her to have dinner with him. Just then, a black bird flew through the open window and landed on the table.

"Get out!" Bruno shouted.

Mary recognized the bird's (7)____________, and held it in her arms. Then it spoke in a scary voice, "You are wrong. You treated her in an unfair way. You won't get the prize. If you say that you have brought her to your brother, your body will turn into stone."

Bruno was (6-B)________ and ran away from the room. Mary gently touched the bird's head. Then, it flew out the window.

When the ship arrived at the kingdom, Bruno brought Mary to a room in the castle. One small mouse followed them from the coast.

"You are going to meet Adamo tomorrow," Bruno said. "You have to say that I have sent you to him. (8)____________, so I don't have to worry about the bird's words. Do as I say, or something bad will happen to you."

The next day, Mary was taken to Adamo. When he saw her across the room, he stood up and ran to her. He held her hand.

"My lady!" Adamo said. "There is no beauty like yours! You are here, and now I know happiness. Who brought you to me?"

Mary was surprised because Adamo was very gentle and different from his terrible brother. She looked around and saw Bruno at the door. He was waiting for his prize. But there, at his feet, was a little mouse with blue eyes, and Mary knew what to do.

"My grandfather came with me," Mary said.

"No!" Bruno shouted. He ran into the room. "That's not true! She has no (9)________ here. I have brought her!"

Soon after Bruno spoke the words, his feet turned into gray stone. Through his legs, chest and arms, and head, the color spread.

The little mouse looked up at Mary. And then, it turned into her grandfather.

Later, Adamo and Mary married. Her grandfather received (10)________________. Then he built a house and lived there. He was happy to know that his granddaughter had a peaceful life.

（注） wedding　結婚式

（問１） 下線部(1)の空所に入る最も適切なものを，次のア～エから１つ選び，記号で答えなさい。

ア　What animal did they like

イ　Where did they get married

ウ　When did they dance together

エ　How did they meet

（問２） 下線部(2)の[　　　　]内の語句を，意味が通るように並べかえなさい。

（問３） 下線部(3)の空所に入る最も適切なものを，次のア～エから１つ選び，記号で答えなさい。

ア　Would you like

イ　Where did you see

ウ　Will you change into

エ　Why do you need

（問４） 下線部(4)の空所に入る最も適切なものを，次のア～エから１つ選び，記号で答えなさい。

ア　enough　　イ　dangerous　　ウ　important　　エ　exciting

（問５） 下線部(5)の空所に入る最も適切なものを，次のア～エから１つ選び，記号で答えなさい。

ア　daughter　　イ　wife　　ウ　brother　　エ　mother

（問６） 下線部(6-A)，(6-B)の空所に入る語の組み合わせとして最も適切なものを，次のア～エから１つ選び，記号で答えなさい。

ア　(6-A) angry　(6-B) surprised　　イ　(6-A) embarrassed　(6-B) excited

ウ　(6-A) safe　(6-B) afraid　　エ　(6-A) happy　(6-B) bored

（問７） 下線部(7)の空所に入る最も適切な連続する２語を，本文中から抜き出して答えなさい。

（問８） 下線部(8)の空所に入る最も適切なものを，次のア～エから１つ選び，記号で答えなさい。

ア He needs to see you

イ I won't tell him

ウ You must tell me

エ We cannot see him

（問９） 下線部(9)の空所に入る最も適切なものを，次のア～エから１つ選び，記号で答えなさい。

ア friends イ parents ウ family エ statue

（問10） 下線部(10)の空所に入る最も適切な連続する５語を，本文中から抜き出して答えなさい。

〔問題４〕次の(1)～(4)の対話を読んで，それぞれの空所に，［　　　　］内に示した日本語の意味を表す英語を書きなさい。

(1) A：There are many Japanese restaurants around the world.

____

［なぜ日本食がそんなに人気が出たか知っているかい。］

B：I'm not sure, but maybe because it is healthy.

A：Yes, I think that's one reason.

(2) A：I like your pen.

B：You do? ________________________

［このペンは使い始めて３年なんだ。］

(3) A：How was the movie yesterday?

B：Great. ____________________

［今までで一番良い映画だよ。］

(4) A：Many people are using smartphones while they are walking.

B：Right. ____________________________________

［周りを見ないと誰かをケガさせるかもしれないね。］

【理　科】(50分)〈満点：60点〉
【注意】コンパスと定規を使用してはいけません。

〔問題１〕　次の文を読み，あとの(1)～(4)の問いに答えよ。

筑波さんは休校時，台所で洗い物をしている最中に，ガラス製のコップや木製のまな板などについている水滴の形が一様でないことに気がついた。さらに観察し続けたところ，物体の濡れやすさによって，水滴の形がかわることに気がついた。水滴の形状が違うことを不思議に思った筑波さんは，観察結果を先生に報告し，質問した。先生からはヒントとして以下の２つのことを言われた。

①　液体を構成している分子どうしが集まった方が分子にとって「居心地」の良い場合，水滴は球体のような形状になる。このような水滴のときは物体が濡れにくい（水滴が物体に染み込みにくい)。

②　液体を構成している分子が接している物体とくっついている方が「居心地」の良い場合，水滴は液体と物体ができるだけ密着するような形状になる。このような水滴のときは物体が濡れやすい（水滴が物体に染み込みやすい)。

(1)　物体が下の図よりも水に濡れやすい場合と濡れにくい場合の水滴の形状を，それぞれ描け。

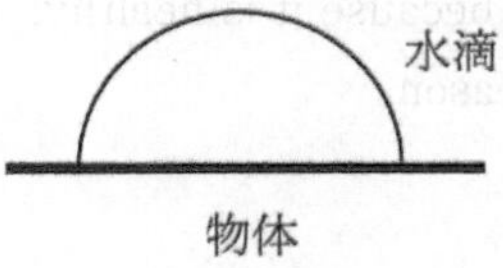

図

(2)　フッ素樹脂加工したフライパンと木製のまな板，ガラス製のコップそれぞれに水を一滴たらした。これらを水に濡れやすいものから順になるように並べた。最も適切なものを次のア～カから１つ選び，記号で答えよ。

濡れやすい ←――→ 濡れにくい

ア　フライパン　＞　まな板　＞　コップ
イ　フライパン　＞　コップ　＞　まな板
ウ　まな板　＞　フライパン　＞　コップ
エ　まな板　＞　コップ　＞　フライパン
オ　コップ　＞　フライパン　＞　まな板
カ　コップ　＞　まな板　＞　フライパン

筑波さんは，先生からさらなる探究を勧められたので，水の「居心地」を考慮しながら＜実験１＞と＜実験２＞をすることにした。

＜実験１＞　水と油は混ざらないので，お互いに「居心地」が悪いと考えることができる。一方，食器用洗剤を水や油に入れたところ，食器用洗剤は水にも油にも溶けたので，洗剤を構成している分子は水や油に対して「居心地」の良い関係であると言える。このことを利用して，油よごれのついた食器に洗剤を溶かした水溶液を１滴たらし，水滴の形状を観察した。比較のために，洗剤を溶かしていない水を１滴，油よごれのついた食器にたらし，水滴の形状を観察した。

＜実験２＞　水にガラス製のコップを浸け，一晩放置したあと，水気をタオルで拭き取った。このコップに水を１滴たらし，水滴の形状を観察した。比較のために，同一のガラス製のコップを水に浸けずに乾いた状態で水を１滴たらし，水滴の形状を観察した。

(3) <実験１>の結果について最も適切なものを次のア～エから１つ選び，記号で答えよ。

ア　水滴は洗剤を含まない水の方が濡れやすい形状であった。

イ　水滴は洗剤を溶かした水溶液の方が濡れやすい形状であった。

ウ　水滴をたらした瞬間はどちらも同様の形状であったが，その後，洗剤を溶かした水溶液の方は濡れやすい水滴の形状に変化した。

エ　水滴をたらした瞬間はどちらも同様の形状であったが，その後，洗剤を溶かした水溶液の方は濡れにくい水滴の形状に変化した。

(4) <実験２>の結果について最も適切なものを次のア～ウから１つ選び，記号で答えよ。

ア　水滴は水に浸けていないガラス製のコップの方が濡れやすい形状であった。

イ　水滴は水に一晩浸けておいたガラス製のコップの方が濡れやすい形状であった。

ウ　水滴はどちらも同様の形状であった。

〔問題２〕　動物の生殖と成長について述べた次の文を読み，あとの(1)～(3)の問いに答えよ。

受精卵は生殖細胞が受精してできたものである。生殖細胞は，（　ア　）という特別な細胞分裂によってつくられるため，生殖細胞に含まれる染色体の数は，もとの細胞の（　イ　）となる。受精卵は，体細胞分裂を繰り返して細胞の数が増える。

(1) 文中の（　ア　），（　イ　）にあてはまる最も適切な用語や言葉を答えよ。

(2) 図Ａ～Ｆは，カエルの受精卵が細胞分裂を繰り返し，オタマジャクシになるまでの過程のいくつかの段階を表している。

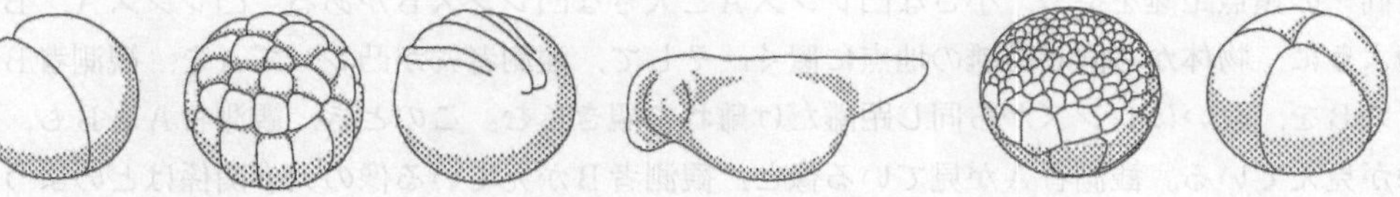

Ａ　　　Ｂ　　　Ｃ　　　Ｄ　　　Ｅ　　　Ｆ

①　Ａ～Ｆを細胞分裂が進む順に，Ａから並べかえよ。

②　受精卵が細胞分裂を始めてから，自分で食物をとることのできる個体となる前までを何というか。漢字１字で答えよ。

(3) (2)の図Ａ～Ｆの細胞や生殖について，正しく述べている文を次のア～キからすべて選び，記号で答えよ。

ア　Ａの細胞１個の染色体数は，受精卵の染色体数の半分になっている。

イ　Ａの細胞１個の染色体数は，Ｄの尾の細胞１個の染色体数と同じ本数である。

ウ　Ｃは体の形が作られ始めているため，１個１個の細胞の遺伝子が異なる。

エ　Ｃの細胞１個とＦの細胞１個をくらべると，Ｃの細胞１個のほうが大きい。

オ　Ｄは体の形がオタマジャクシに近づいているので，１個１個の細胞の染色体数が異なる。

カ　Ｅの細胞１個の大きさは，Ｅがさらに細胞分裂してできる細胞１個より大きい。

キ　オタマジャクシがカエルになり，やがてそのカエルが卵を産んだ。その受精卵は，親ガエルと同じような形のカエルに成長したので，その親ガエルと子ガエルはクローンである。

〔問題３〕 次の(1)〜(4)の問いに答えよ。

(1) 2015 年に運行が開始された，北陸新幹線「かがやき」号の最高速度は，時速 260 km である。この速度は，秒速何 m か。小数点以下を四捨五入し，整数で答えよ。

(2) ドーナツ型の同一の磁石を３つ用意し，机の上で図１のように棒を穴に通すと，磁石どうしは互いに離れて浮かんだ。図１中の，磁石どうしの間隔 A と B の関係はどのようになるか。次のア〜エから，最も適切なものを１つ選び，記号で答えよ。

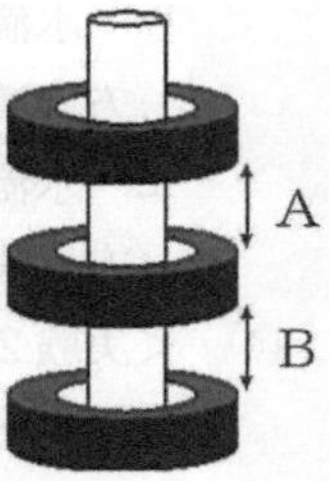

図１

ア Aの方がBよりも大きい。

イ AとBは等しい。

ウ Bの方がAよりも大きい。

エ 磁石の重さや種類によるので，一概には言えない。

(3) 紙パックに入った牛乳を，一晩冷蔵庫の中で冷やした。翌朝，紙パック自体の温度と，紙パックの中の牛乳の温度の関係はどのようになるか。次のア〜オから，最も適切なものを１つ選び，記号で答えよ。なお，この冷蔵庫の中に，温度の偏りはないものとする。

ア 紙パックの方が牛乳よりも温度が高い。

イ 紙パックと牛乳は温度が等しい。

ウ 牛乳の方が紙パックよりも温度が高い。

エ 紙パックの中の牛乳は，上部と下部で温度が異なるので，答えられない。

オ 紙パックの材質によるので，一概には言えない。

(4) 同一の焦点距離を持つ，小さな凸レンズAと大きな凸レンズBがある。凸レンズA，Bを図２のように，物体から同じ距離の地点に置く。そして，観測者Aが凸レンズAを，観測者Bが凸レンズBを，互いにレンズから同じ距離だけ離れて覗き込む。このとき，観測者AもBも，物体の像が見えている。観測者Aが見ている像と，観測者Bが見ている像の大小関係はどのようになるか。次のア〜エから，最も適切なものを１つ選び，記号で答えよ。

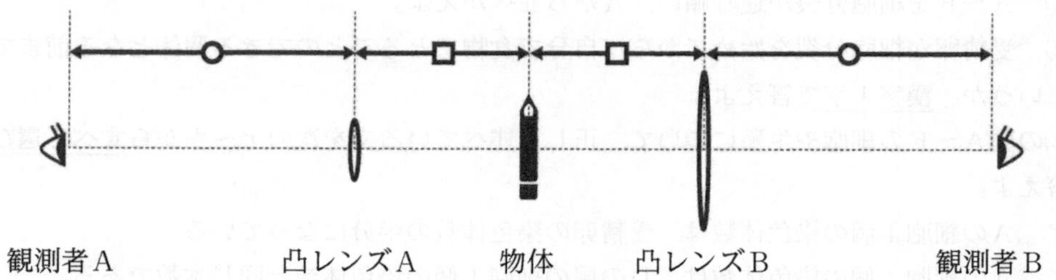

図２

ア 観測者Aの見ている像の方が，観測者Bの見ている像よりも大きい。

イ 観測者A，Bの見ている像の大きさは等しい。

ウ 観測者Bの見ている像の方が，観測者Aの見ている像よりも大きい。

エ レンズと物体の大きさによるので，一概には言えない。

〔**問題４**〕 地球の表面をおおうプレートについて述べた次の文を読み，あとの(1)~(3)の問いに答えよ。

地球の表面は，プレートと呼ばれる岩盤でおおわれており，その厚さは厚いところで（　ａ　），うすいところで（　ｂ　）くらいである。プレートには大陸プレートと海洋プレートがあり，$_{c}$<u>海洋プレートは海嶺《かいれい》で生成され，海溝で沈み込むと考えられている</u>。日本列島付近には，大陸プレートが２つ，海洋プレートが２つあって，下図Ａ～Ｄのように接している。それぞれのプレートの境界ではさまざまな現象が起きている。

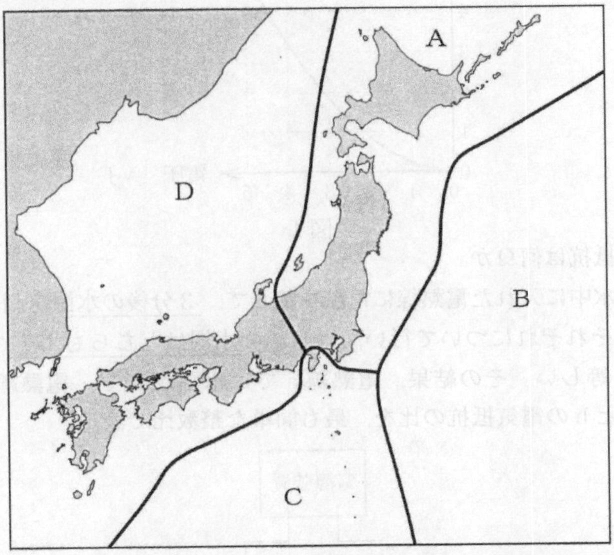

(1) 文中の空欄（　ａ　）と（　ｂ　）にあてはまる最も適切なものを，次のア～オからそれぞれ１つずつ選び，記号で答えよ。

ア　100 m　　イ　1 km　　ウ　10 km　　エ　100 km　　オ　1000 km

(2) 図のＡ～Ｄのプレートについて正しく述べている文を次のア～カから<u>すべて選び</u>，記号で答えよ。

ア　東北地方太平洋沖地震（2011年３月11日）は，ＡとＢの境界で発生した逆断層型の地震である。

イ　ＢがＡに沈み込むことにともない発生する地震の震源の深さは，ＡとＢの境界から西にいくにつれ次第に深くなっている。

ウ　ＣとＤのプレートは次第に離れていくために，断層が生じやすい。

エ　ＡとＤの境界では沈み込みがないので地震は発生しない。

オ　日本列島で発生する地震は全てプレートどうしの衝突による巨大地震である。

カ　現在想定されている東海・東南海・南海地震は，ＣがＤに沈み込むことによるひずみが原因となり発生する。

(3) 下線ｃについて，太平洋上の海嶺で生成された海洋プレートが，約２万 km 離れた日本付近の海溝（ＡとＢの境界）で沈み込むまで，どのくらいの年月がかかるか。最も適切なものを次のア～オから１つ選び，記号で答えよ。

ア　２万年　　イ　20万年　　ウ　200万年　　エ　2000万年　　オ　２億年

〔**問題5**〕 電圧を加えたときの消費電力が図1のような関係にある電熱線aと，別の電熱線bを用いて実験を行った。電熱線から発生した熱は，すべて水の温度を上げるためだけに使われ，水中では場所による温度の違いが無いものとして，あとの(1)〜(4)の問いに答えよ。

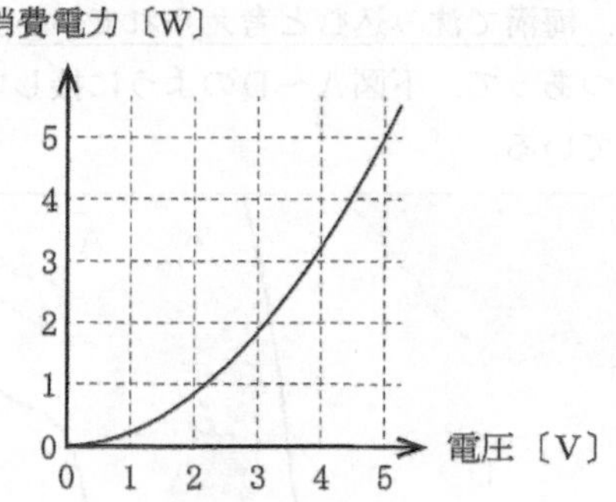

図1

(1) 電熱線aの電気抵抗は何Ωか。

(2) 図2の装置で，水中に入れた電熱線に電流を流して，3分後の水温を測る実験を行った。実験は電熱線a，bのそれぞれについて行い，はじめの水温はどちらも17℃で，水の量は等しい。電源装置の電圧も等しい。その結果，電熱線aでは水温が21℃，電熱線bでは水温が23℃になった。電熱線aとbの電気抵抗の比を，最も簡単な整数比で表せ。

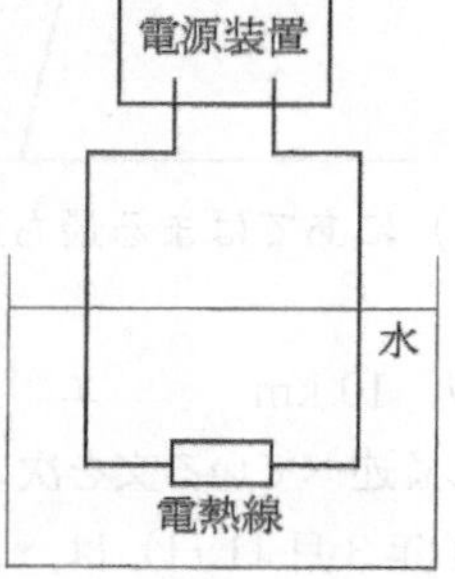

図2

(3) 図3の装置で，電熱線aとbを直列につなぎ，それぞれの電熱線で容器AとBの水を温める実験をした。それぞれの水の量は，(2)の水の量と等しく，電源装置の電圧も(2)と等しい。はじめの水温が17℃のとき，Aの水温が21℃になるのは何秒後か。

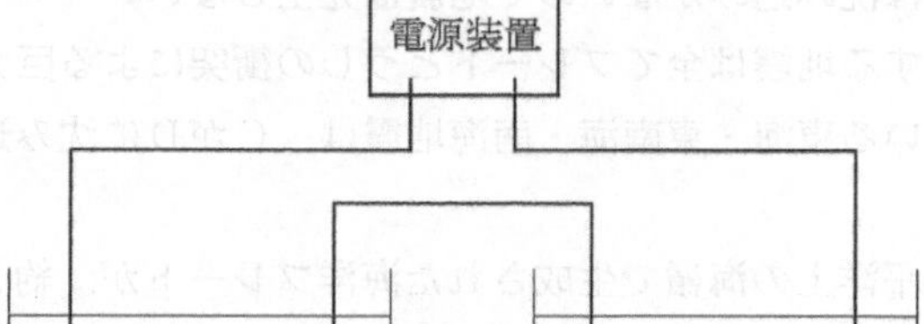

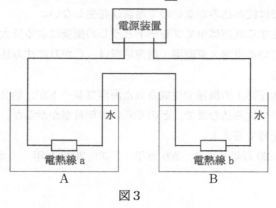

図3

(4)　(3)で水を温めているときの説明として，正しいものを次のア～カから１つ選び記号で答えよ。
ただし，電熱線ａ，ｂを流れる電流をそれぞれI_a，I_b，電熱線ａ，ｂに加わる電圧をそれぞれV_a，V_bとする。

ア　$I_a > I_b$で，Ａの水温はＢの水温より高い。
イ　$I_a < I_b$で，Ａの水温はＢの水温より低い。
ウ　$I_a = I_b$で，Ａの水温はＢの水温と等しい。
エ　$V_a > V_b$で，Ａの水温はＢの水温より高い。
オ　$V_a < V_b$で，Ａの水温はＢの水温より低い。
カ　$V_a = V_b$で，Ａの水温はＢの水温と等しい。

〔問題６〕　地表の空気のかたまりについて，あとの(1)～(4)の問いに答えよ。
ただし，気温と，空気１m^3あたりの飽和水蒸気量との関係は下のグラフのとおりである。

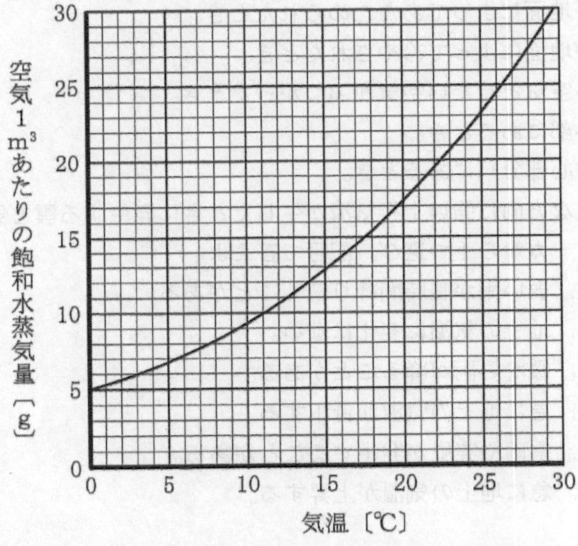

下の図は，山のふもとにあった空気のかたまりが山の斜面にそって上昇し，やがて雲ができ始めるようすを模式的に表したものである。上昇する空気のかたまりの温度は，水蒸気が飽和していないときには100 m上昇することに１℃ずつ下がる。
また，雲は，空気のかたまりの中の水蒸気が飽和したときに発生するものとする。

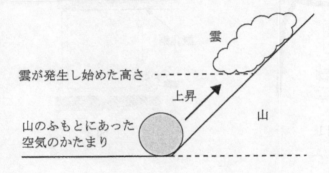

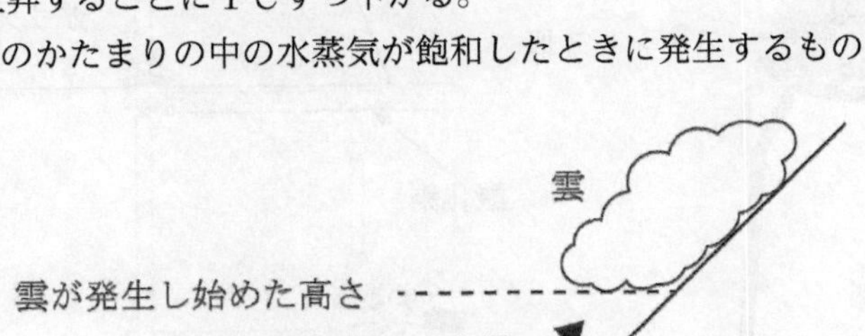

(1)　空気のかたまりが山のふもと（高さ０m）にあったとき，25℃だった。雲が発生し始めた高さが1400 mだとすると，空気のかたまりが山のふもとにあったときの湿度は何％だったか。小数点以下を四捨五入して整数で答えよ。

(2)　空気のかたまりが上昇するときに温度が下がるのはなぜか。理由として最も適切なものを次のア～オから１つ選び，記号で答えよ。

ア　地面が太陽の光であたためられるから。
イ　上空でまわりの気圧が下がり空気のかたまりが膨張《ぼうちょう》するから。
ウ　上空で水滴が気化するときに熱が放出されるから。
エ　上空で水蒸気が凝結するときに熱が吸収されるから。
オ　空気のかたまりが移動するためにエネルギーが使われるから。

(3)　空気のかたまりが山の斜面にぶつかって上昇する以外に，上昇気流が生じるのはどのような場合か。次のア～オから，正しいものをすべて選び，記号で答えよ。

ア　地上の空気が地面によってあたためられたとき。
イ　地上の空気が地面によって冷やされたとき。
ウ　地表で暖かい空気と冷たい空気がぶつかったとき。
エ　高気圧の中心部にあるとき。
オ　台風の目（中心部分）にあるとき。

(4)　地面に対して垂直な方向に強い上昇気流が生じたときに発生する雲と気象現象について，最も適切なものを次のア～カから１つ選び，記号で答えよ。

ア　高層雲ができ，弱い雨が長時間降り続くことがある。
イ　高層雲ができ，地上の気温に変化はない。
ウ　乱層雲ができ，暖かい雨が降ることがある。
エ　乱層雲ができ，急に地上の気温が低下する。
オ　積乱雲ができ，雷雨や突風が発生することがある。
カ　積乱雲ができ，急に地上の気温が上昇する。

〔問題７〕　図１および図２の装置を用いて，実験を行った。あとの(1)～(4)の問いに答えよ。

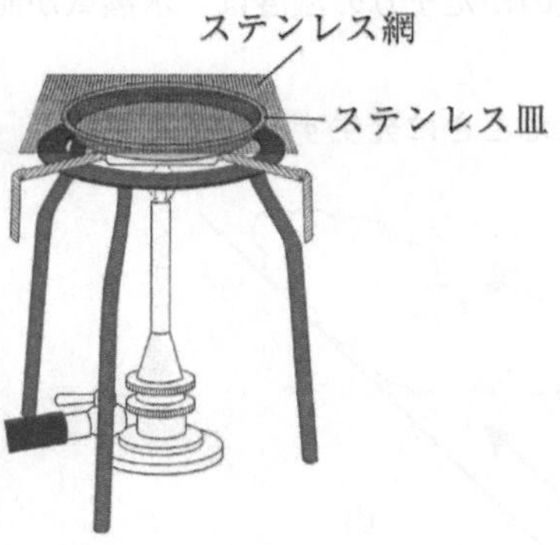

図１

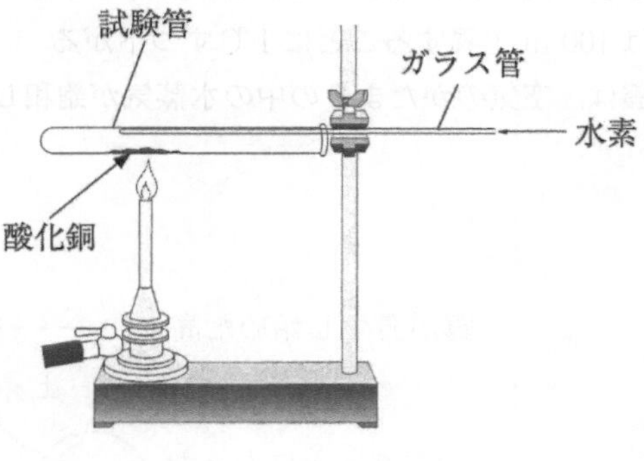

図２

＜実験１＞　図１のステンレス皿に銅粉 1.00 g を薄く広げて入れ，ガスバーナーで十分に加熱した。その後，ガスバーナーの火を消して放置し，常温に戻してから粉末の質量をはかった。

＜実験２＞　図１のステンレス皿にマグネシウム粉末 1.00 g を薄く広げて入れ，ガスバーナーで十分に加熱した。その後，ガスバーナーの火を消して放置し，常温に戻してから粉末の質量をはかった。

＜実験３＞　図２の試験管中の左側に酸化銅粉末 1.00 g を薄く広げて入れた。試験管を支えているガラス管からゆっくり水素を流し込みながら，ガスバーナーで十分に加熱した。その後，ガスバーナーの火を消して，ゆっくり水素を流し続けながら放置し，常温に戻してから粉末の質量をはかった。

＜結果＞

	１回目	２回目	３回目
実験１	1.25 g	1.24 g	1.25 g
実験２	1.67 g	1.66 g	1.58 g
実験３	0.80 g	0.81 g	（　C　）g

(1)　次の文の（　A　）・（　B　）にあてはまる最も適切な語を漢字で記せ。

＜実験１＞では金属原子が（　A　）され，＜実験２＞では金属原子が（　B　）された。

(2)　＜実験３＞での化学変化を化学反応式で表せ。

(3)　＜実験２＞の３回目では，ステンレス網を載せ忘れた。結果の値が１回目や２回目に比べて小さくなったのはなぜか。理由を 20 字以内で説明せよ。

(4)　＜実験３＞の３回目では，ガスバーナーの火を消した直後に試験管をガラス管から外し，耐熱板の上で放置した。結果の値は次のア～ウのいずれになったか。記号を１つ選んで記し，さらに理由を 20 字以内で説明せよ。

ア　（　C　）の値は１回目や２回目とほぼ同じ値になった。

イ　（　C　）の値は１回目や２回目に比べて小さくなった。

ウ　（　C　）の値は１回目や２回目に比べて大きくなった。

〔問題８〕　光合成を調べる実験について，あとの(1)～(4)の問いに答えよ。

アサガオのふ入りの葉（一部が白い葉）を，図１のようにアルミニウムはくでおおい，一昼夜暗室に置いたのち，数時間日光を当ててつみ取った。これをエタノールの中であたため，水洗いしてからヨウ素液をかけた。その結果，Bの部分だけがヨウ素液に反応して青紫色になった。

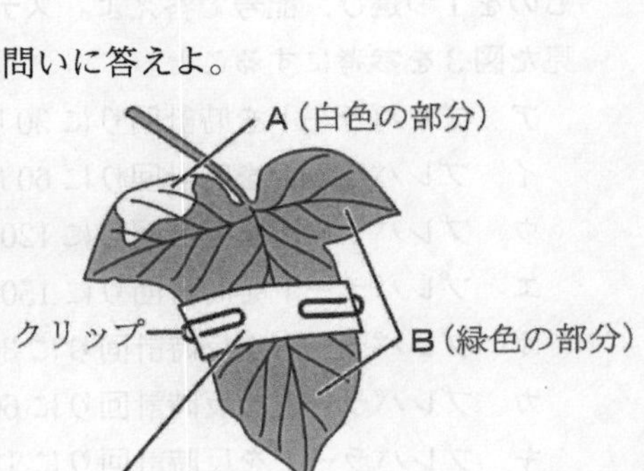

図１

(1)　下線部のように，アサガオを暗室に置くのはなぜか。理由を説明せよ。

(2)　この実験から光合成についてわかることは何か。次のア～キからすべて選び，記号で答えよ。

　ア　光合成には光が必要である。
　イ　光合成には酸素が必要である。
　ウ　光合成には二酸化炭素が必要である。
　エ　光合成には葉緑体が必要である。
　オ　光合成には水が必要である。
　カ　光合成によって酸素が発生する。
　キ　光合成によって糖が合成される。

図２は，顕微鏡で観察したアサガオの葉の断面を示したものである。ただし，示しているのは葉の断面全体ではなく，維管束の周辺だけである。

(3)　図２の①～④のうち，光合成に必要な水を運んでいる部分はどこか。番号で答えよ。さらに，その部分の名称を漢字２字で答えよ。

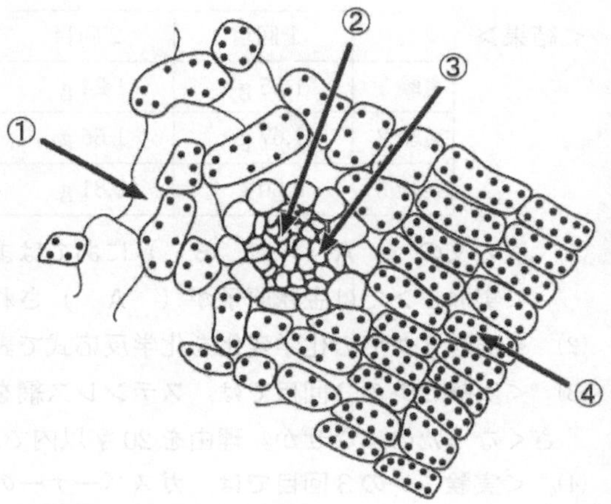

図２

(4)　図２の葉の断面を，葉の表面が視野の上部になるように回転させたい。顕微鏡のステージ上でプレパラートを回転させることができるとすると，どのように回転させればよいか。次のア～クから最も適切なものを１つ選び，記号で答えよ。ステージ上のプレパラートを上から見た図３を参考にすること。

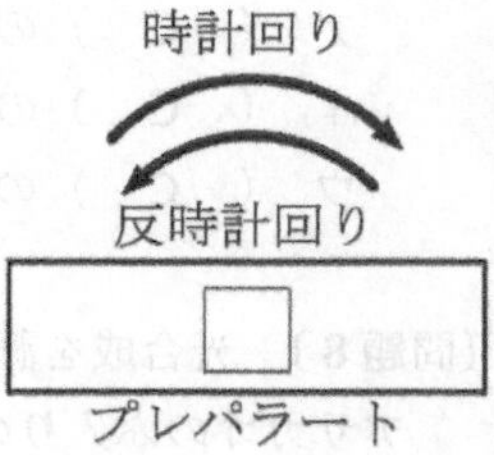

図３

　ア　プレパラートを時計回りに 30 度回転させる。
　イ　プレパラートを時計回りに 60 度回転させる。
　ウ　プレパラートを時計回りに 120 度回転させる。
　エ　プレパラートを時計回りに 150 度回転させる。
　オ　プレパラートを反時計回りに 30 度回転させる。
　カ　プレパラートを反時計回りに 60 度回転させる。
　キ　プレパラートを反時計回りに 120 度回転させる。
　ク　プレパラートを反時計回りに 150 度回転させる。

【社　会】（50分）〈満点：60点〉

［問題１］

〔問１〕図Ⅰはメルカトル図法で描かれた世界地図である。下の各問いに答えなさい。

図Ⅰ

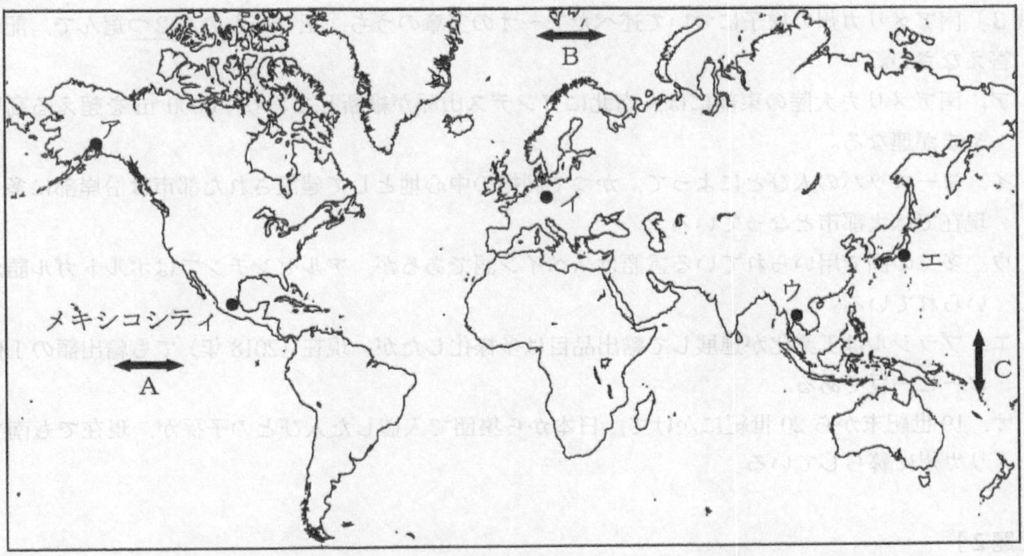

（1）　図Ⅰ中の矢印Ａ～Ｃは，図内ではすべて同じ長さで描かれている。実際の距離が長いものから短いものへ順に並べなさい。

（2）　メキシコシティを８月13日午前１時に飛び立った飛行機が，目的地Ｘへ同年８月14日午前６時30分に到着した。飛行時間は14時間30分であった。この目的地Ｘは図Ⅰ中のどの都市か。ア～エの中から１つ選び，記号で答えなさい。なお，メキシコシティの時刻は，世界標準時と６時間の時差がある。また，サマータイム（デイライト・セービング・タイム）は考慮しなくてよい。

〔問２〕図Ⅱは，日本，イギリス，オーストラリア，ブラジルにおける，輸出額に占める対アメリカ合衆国，対中華人民共和国，対EUの割合（2018年）を示したものである。Ａ～Ｃにはアメリカ合衆国，中華人民共和国，EUのいずれかがあてはまる。正しい組合せを，下のア～カの中から１つ選び，記号で答えなさい。

図Ⅱ

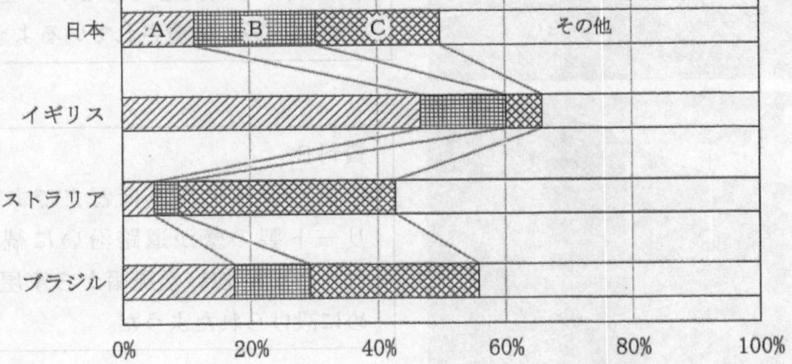

（『日本国勢図会』により作成）

	ア	イ	ウ	エ	オ	カ
アメリカ合衆国	A	A	B	B	C	C
中華人民共和国	B	C	A	C	A	B
EU	C	B	C	A	B	A

〔問3〕南アメリカ州の様子について述べたア～オの文章のうち，正しいものを2つ選んで，記号で答えなさい。

ア．南アメリカ大陸の東部には，南北にアンデス山脈が縦断しており，6000 m を超える高い山やまが連なる。

イ．ヨーロッパの人びとによって，かつて開拓の中心地として建設された都市は沿岸部に多く，現在では大都市となっている。

ウ．多くの国で用いられている言語はスペイン語であるが，アルゼンチンではポルトガル語が用いられている。

エ．ブラジルは工業化が進展して輸出品目は多様化したが，現在（2018 年）でも輸出額の1位はコーヒー豆である。

オ．19 世紀末から 20 世紀にかけて，日本から集団で入植した人びとの子孫が，現在でも南アメリカ州に暮らしている。

［問題2］

〔問1〕夏休みに旅行に行くことが出来なかったフウタさんは，Google マップのストリートビュー*を用いてインターネット上で国内旅行をした。資料A～Dは，ストリートビューで見た場所の写真と，その場所の特徴的な景観について調べて分かったことを記したものである。図Ⅰの①～④は，資料A～Dのストリートビューの写真が撮影された，いずれかの位置を示したものである。AとCの位置の正しい組合せを，次ページのア～シの中から1つ選び，記号で答えなさい。

*道路沿いの様子をパノラマ写真で提供する Google 社が行っているインターネットサービスのこと。

資料A

防雪柵《さく》である。暴風雪からドライバーの視界を守り，道路への積雪を軽減するために設けられたものらしい。主要な道路の西側のみに設置されているようだ。

資料B

家屋の屋根の高さほどまであるコンクリート製の壁が道路沿いに続く。これは，台風や強い暴風雨から家屋を守るために設けられたようだ。

資料C
夏と冬の強い季節風から家屋を守るための屋敷林で，地元ではカイニョと呼ばれる。カイニョは，家屋の東側以外に設けられていることが多いみたいだ。

資料D
乾燥した強い季節風から家屋を守るための屋敷林で，樫《かし》ぐねと呼ぶらしい。樫ぐねは，家屋の北側や西側に設けられていることがわかった。

図Ｉ

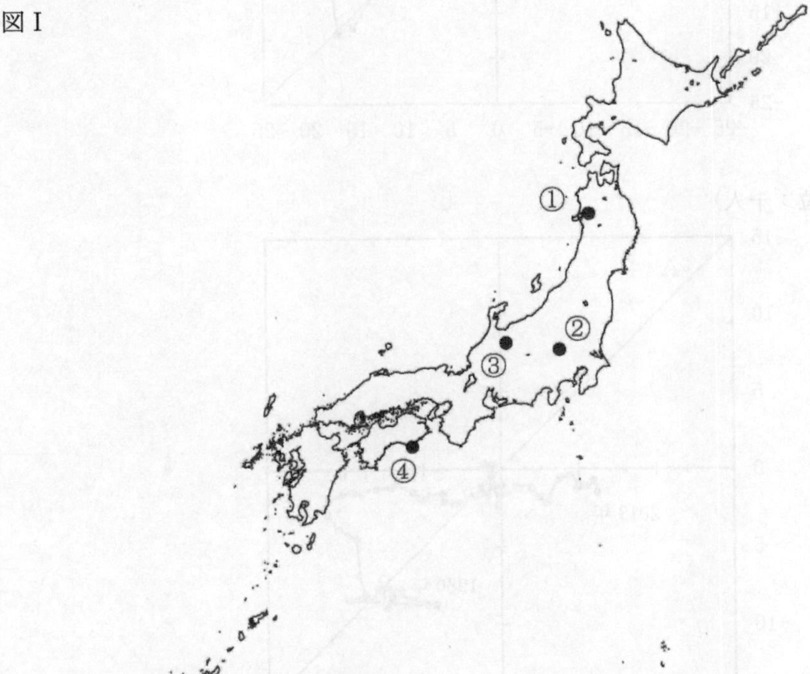

	ア	イ	ウ	エ	オ	カ	キ	ク	ケ	コ	サ	シ
A	①	①	①	②	②	②	③	③	③	④	④	④
C	②	③	④	①	③	④	①	②	④	①	②	③

〔問２〕図Ⅱと図Ⅲは，東京都と富山県の1960年から2018年までの，一年ごとの人口の社会増減数*と自然増減数**をグラフで示したものである。

*他地域からの転入，あるいは他地域への転出によって生じる増減のこと。

**出生と死亡による人口の増減のこと。

図Ⅱ　東京都（単位：万人）

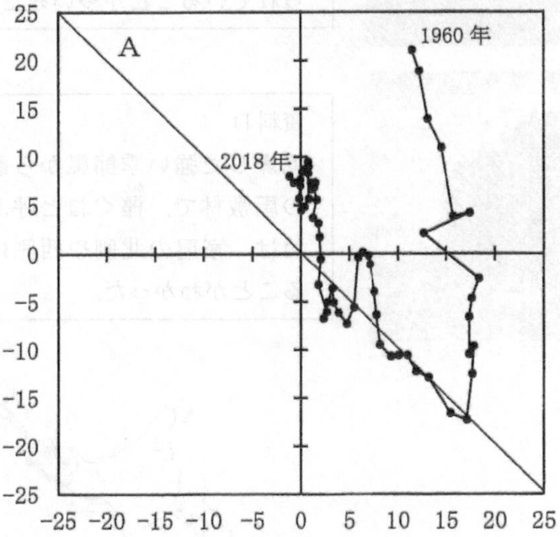

図Ⅲ　富山県（単位：千人）

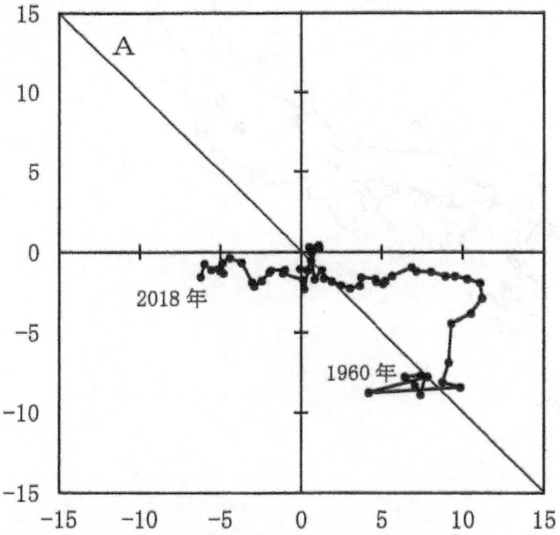

（いずれも『人口動態調査』『住民基本台帳人口移動報告年報』により作成）

（１）　図Ⅱ，Ⅲ中の縦軸と横軸は，社会増減数と自然増減数のいずれかを示している。社会増減数を示しているのは何軸か答えなさい。

（２）　図Ⅱ，Ⅲ中の斜線Ａ上の人口は，どのような状態であるか，説明しなさい。

〔問３〕近年，写真Ⅰのような「貨客混載」の路線バスが，過疎地域を中心に増えてきている。「貨客混載」とは，宅配業者などが輸送する荷物を，旅客用の公共交通機関で輸送することをいう。「貨客混載」の路線バスに関連して説明した下のア～エの中から，下線部が適切でないものを１つ選び，記号で答えなさい。なお，下線部以外の内容はすべて正しい。

写真Ⅰ

(『Traffi-Cation 第47号』より)

ア．乗客数が限られ，公共交通機関の維持が難しい過疎地域では，路線バスに荷物が積載されることによって，バス路線の維持につながる。

イ．トラックで荷物を輸送していた区間の一部を，路線バスに切り換えることによって，二酸化炭素の排出量が削減される。

ウ．近年のネットショッピングの発達などによる，荷物の増加に対応するための手段の一つと考えられる。

エ．このような取り組みが全国に広がることによって，ドーナツ化現象がさらに進むと考えられる。

〔問４〕図Ⅳは，チェーン展開するドラッグストア２社（Ａ社，Ｂ社）の2019年11月～2020年８月の前年同月比売上高を示したものである。表Ⅰは，２社が販売する商品の商品構成割合を示したものである。Ａ社とＢ社は，店舗立地が，都市型（駅前型）が主力のチェーン店と，郊外型（住宅地隣接型）が主力のチェーン店のいずれかである。

図Ⅳ

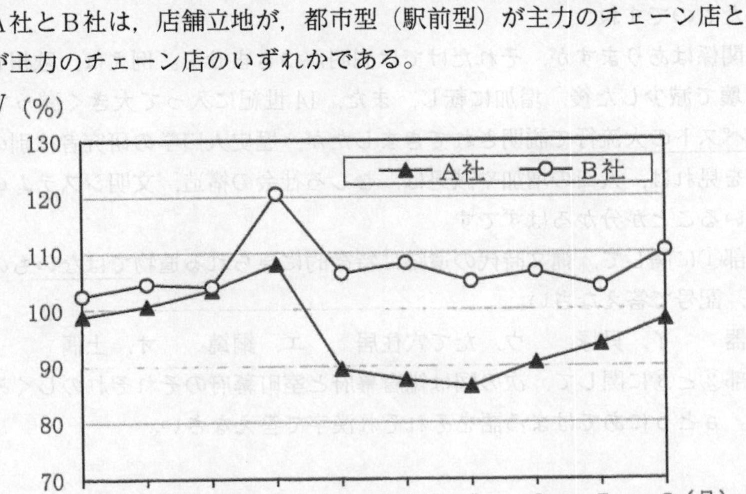

（Ａ社，Ｂ社資料により作成）

表Ⅰ　　(%)

A社*	医薬品	化粧品	雑貨	食品	その他
	30.7	38.6	18.3	9.1	3.3
B社*	医薬品など**	化粧品	家庭用雑貨	食品	その他
	38.4	17.3	14.7	22.1	7.6

*A社は2020年3月期決算，B社は2020年2月期決算から割合を算出した。商品構成割合は，各社の資料による名称に従った。

**医薬品のほかに衛生介護品，ベビー用品，健康食品，調剤が含まれる。

(A社，B社資料により作成)

(1)　A社は，都市型，郊外型のどちらであるか，答えなさい。

(2)　図Ⅳを参照すると，前年同月比売上高は，B社は100%を超えているが，A社は100%を切る月が多い。その理由を，A社の来店客として想定される代表的な2つの客層（客の種類）をあげて説明しなさい。

［問題3］

次の対談は，東京新聞電子版に掲載されたもので，Aは記者，Bは人口学の専門家である（2017年3月25日付，一部改)。

A　最近だけでなく，これまでも日本の人口は減った時期があったのですね。

B　今のような勢いで減るわけではありませんが，日本も人口減退の時代を経験しています。日本列島の人口は，①縄文時代前半に増え，後半は減った。次は弥生時代から奈良・平安時代まで増えるのですが，700万人ぐらいをピークとして②鎌倉時代にかけて減っていきました。三度目の波は③室町時代に始まり，④江戸時代の中期，3000万人ほどで頭打ちになります。ところが，幕末からまた人口増加が始まり，1億2000万人を超えるまでになったのです。日本の人口は2008年をピークに減少に転じましたが，今回は，つまり，四回目の人口減退期ということになります。

A　過去の人口減少は，例えば寒冷化などの気候変動，あるいは感染症の流行といった環境の変化がもたらしたものですね。

B　もちろん関係はありますが，それだけでは説明がつきません。例えば，欧州の人口は，⑤ローマ帝国の崩壊で減少した後，増加に転じ，また，14世紀に入って大きく減っています。その人口減少は⑥ペストの大流行で説明されてきましたが，歴史人口学の研究者は別の見方をします。大きな流れを見れば，人口の増加や減退は，むしろ社会の構造，文明システムの転換や成熟に深く関係していることが分かるはずです。

〔問1〕下線部①に関して，縄文時代の遺跡に特徴的に見られる遺物ではないものをア～オの中から2つ選び，記号で答えなさい。

ア．須恵器　　イ．貝塚　　ウ．たて穴住居　　エ．銅鏡　　オ．土偶

〔問2〕下線部②と③に関して，次の図は鎌倉幕府と室町幕府のそれぞれのしくみの概要を示したものである。aとbにあてはまる語をそれぞれ漢字で答えなさい。

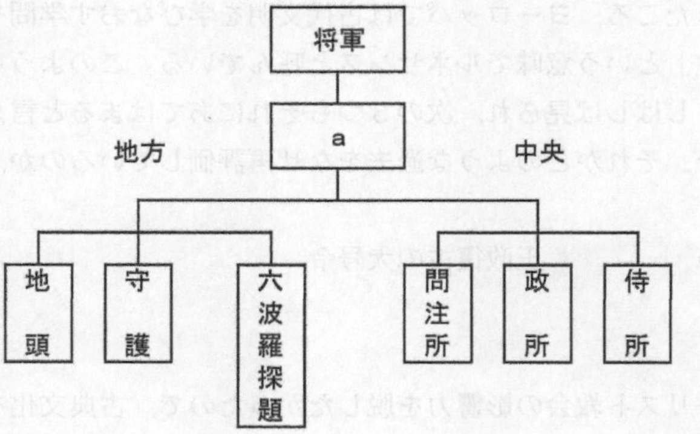

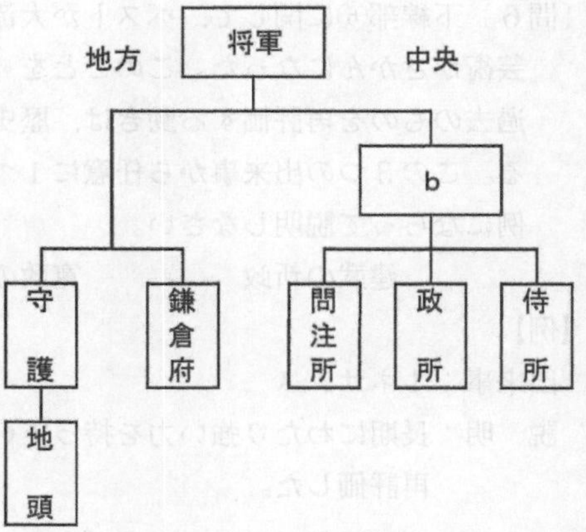

〔問３〕下線部②と③に関して，鎌倉時代と室町時代に共通しているものをア～オの中から１つ選び，記号で答えなさい。

ア．寺院の部屋の様式を住居に取り入れた書院造が流行した。

イ．中国からもたらされた禅宗が幕府の保護のもとで広まった。

ウ．幕府は中国の王朝と朝貢形式にのっとった貿易を行った。

エ．戸籍を整備し全国の土地と人々を幕府が直接的に統治した。

オ．朝廷が鋳造した銅銭が庶民の間にも広く普及した。

〔問４〕下線部④に関して，次のア～エは江戸幕府が出した貿易や交易に関する命令である（一部を抜粋し，口語訳してある）。出された時期が古いものから順に並べなさい。

ア．雑穀，水油，ロウ，呉服，糸，以上の品物に限って，貿易の荷物の分は，すべて江戸から廻送するはずであるから，生産地の村々からは決して直接神奈川へつみだしてはならない。

イ．外国へ日本の船を派遣することを，堅く禁止する。日本人を外国へ派遣してはならない。もしこっそり隠れて渡航する者があった場合は，その者は死罪とし，その船，船主はともに留めて置いて，長崎奉行から幕府に申し上げること。

ウ．今後はどこの海辺の村においても，外国船が乗り寄せてきたのを見て取ったならば，その村のあるだけの人夫でもって，ためらうことなく，ひたすらに撃退し，逃げ去ったならば，追跡船などを出す必要はなく，そのままにしておくが，もし強引に上陸したならば，つかまえてしばり，または戦って打ち殺してもさしつかえない。

エ．外国船を見受けたならば，よくよくようすを取り調べて，食料・薪水などが不足し，帰国が困難な事情であるならば，希望の品を適切に与えて，帰国すべき趣旨を言って納得させ，上陸はさせてはならない。

〔問５〕下線部⑤に関して，ローマ帝国は西暦 395 年に東西に分裂した。これと時期的にもっとも近いものをア～オの中から１つ選び，記号で答えなさい。

ア．東アジアで鉄製農具が使われはじめた。

イ．日本で武士団が形成されはじめた。

ウ．百済・高句麗・新羅が朝鮮半島で勢力を争った。

エ．日本各地に国分寺と国分尼寺が建てられた。

オ．中国を統一した秦が万里の長城を築いた。

〔問６〕下線部⑥に関して，ペストが大流行したころ，ヨーロッパでは古代文明を学びなおす学問や芸術がさかんになった。このことを「再生」という意味でルネサンスと呼んでいる。このような過去のものを再評価する動きは，歴史上，しばしば見られ，次の３つもそれにあてはまると言える。この３つの出来事から任意に１つ選び，それがどのような過去をなぜ再評価しているのか，例にならって説明しなさい。

建武の新政　　　　寛政の改革　　　　王政復古の大号令

【例】

出来事：ルネサンス

説　明：長期にわたり強い力を持っていたキリスト教会の影響力を脱したかったので，古典文化を再評価した。

［問題４］

〔問１〕次のグラフは，日本（明治期）の貿易品目の割合の変化を表している。

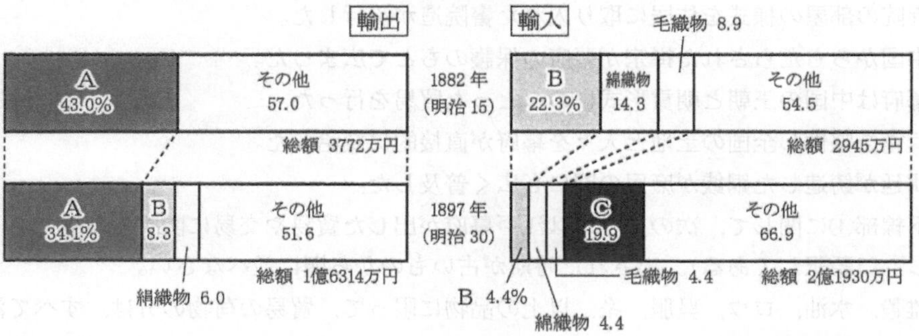

（『日本貿易精覧』より）

（１）　A・B・Cには，それぞれ綿糸，生糸，綿花が当てはまる。正しい組合せになっているものを次のア～カの中から１つ選び，記号で答えなさい。

	ア	イ	ウ	エ	オ	カ
A	綿糸	綿糸	生糸	生糸	綿花	綿花
B	生糸	綿花	綿糸	綿花	綿糸	生糸
C	綿花	生糸	綿花	綿糸	生糸	綿糸

（２）　1882年と1897年の間に起こった出来事として適切でないものを，次のア～エの中から１つ選び，記号で答えなさい。

ア．日清戦争勃発

イ．大阪紡績会社開業

ウ．大日本帝国憲法発布

エ．八幡製鉄所開業

〔問２〕第一次世界大戦中にロシア革命が勃発し，各国がシベリア出兵を行ったが，次の表は，その際の各国の出兵人数を表しており，ａ・ｂは日本とアメリカのいずれかである。また，下のｃ・ｄは，第一次世界大戦の影響による日本とアメリカの景気の様子を説明している。日本に当てはまるものの組合せとして適切なものを，下のア～エの中から１つ選び，記号で答えなさい。

a	73,000 人
b	9,000 人
イギリス	5,800 人
フランス	1,200 人

（『シベリア出兵』より）

c．第一次世界大戦によって好景気となり，雑誌，ラジオ，映画，自動車が大量に製作・生産された。

d．第一次世界大戦によって好景気となり，海運業・造船業が大きく成長し，にわか富豪が生まれた。

ア．a・c　　イ．a・d　　ウ．b・c　　エ．b・d

〔問３〕次の資料は，雑誌『歴史寫眞』（1942 年３月号）に掲載されたものである。

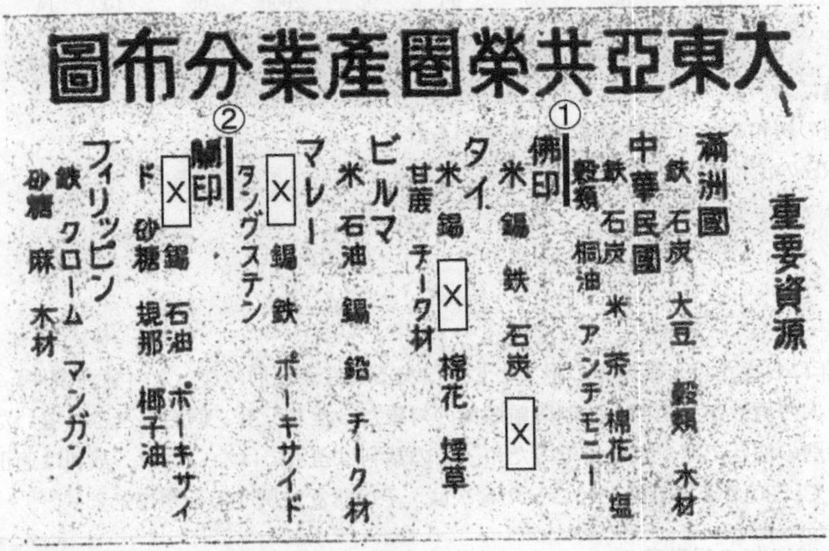

（1）　X に当てはまるものを答えなさい。

（2）　傍線部①②について，佛はフランス，蘭はオランダを表しているが，第二次世界大戦後に，佛印，蘭印の地域に成立した国家の組合せとして適切なものを，次のア～カの中から１つ選び，記号で答えなさい。

	佛印	蘭印
ア	インド	インドネシア
イ	インド	ベトナム
ウ	インドネシア	インド
エ	インドネシア	ベトナム
オ	ベトナム	インド
カ	ベトナム	インドネシア

〔問４〕日本の経済成長率の推移を表した次のグラフについて，Ａの状況における政策や社会の動向を説明したａ・ｂと，B に当てはまる出来事を示したｃ・ｄの組合せとして適切なものを，次のア～エの中から１つ選び，記号で答えなさい。

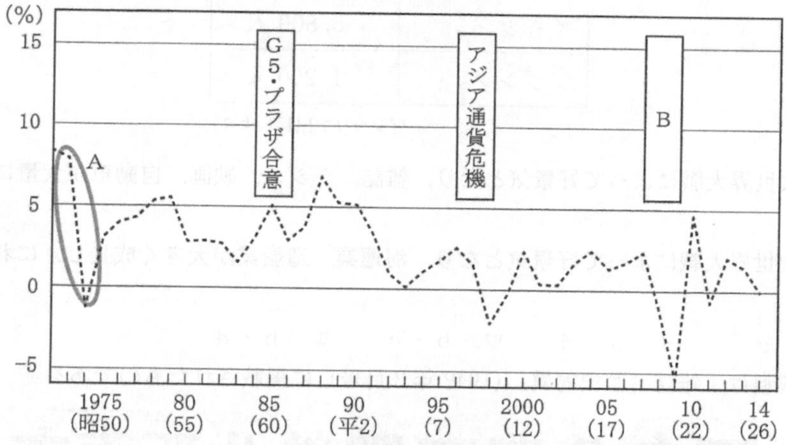

(『国民所得統計年報』『国民経済計算年報』より)

ａ．産業において「重厚長大」から「軽薄短小」への転換が進められた。

ｂ．規制の緩和や国営事業の民営化が進められた。

ｃ．SARSの流行

ｄ．リーマン＝ショック

ア．ａ・ｃ　　イ．ａ・ｄ　　ウ．ｂ・ｃ　　エ．ｂ・ｄ

［問題５］

1951～52年におきた殺人事件等の犯人として，ある男性が死刑になった（菊池事件）。この事件の裁判は，被告人の男性が，当時，強制隔離政策の対象だったハンセン病患者とされていたことから，裁判所外の特別の法廷で開かれた。そのため，この裁判は差別ではないのか，裁判は適正に行われたのかをめぐって，2017年に訴訟が起こった。次は，その訴訟に関する記事である。

最高裁は2016年の報告書で，ハンセン病を理由にした特別法廷について遅くとも1960年以降は裁判所法に反していたと認め謝罪した。一方で違憲性については認めていなかった。

菊池事件を裁いた50年代の特別法廷について，熊本地裁判決は「当時の科学的知見に照らし合理性がない」とし，最高裁報告書よりも時期をさかのぼって違法と判断。「裁判官と検察官が証拠物を扱う際にゴム手袋をはめ，箸を使った。被告がハンセン病であることを理由として行われた合理性を欠く差別」と断じ，①憲法14条違反とした。人格権侵害による②13条違反も認めた。

特別法廷はハンセン病療養所の菊池恵楓園（熊本県合志市）で開かれた。判決は強制隔離政策が進められた状況から「一般国民が訪問することが事実上不可能」として，憲法が定める裁判の公開原則にも違反する疑いを指摘。ただ違憲の法廷で裁かれたことが「直ちに③刑事裁判の事実認定に影響を及ぼすとは言えない」として，原告がめざす再審の理由とは認めなかった。

（2020年２月27日『朝日新聞』より　一部改）

〔問１〕下線部①に関連して，次の日本国憲法第 14 条の［ A ］，［ B ］に当てはまる語句を答えなさい。なお，条文は現代仮名づかいに改めてある。

> すべて国民は，［ A ］に平等であって，人種，信条，性別，社会的身分又は門地により，政治的，経済的又は［ B ］的関係において，差別されない。

〔問２〕下線部②に関連して，憲法第 13 条は，自己決定権の法的根拠とされている。医療上の自己決定権のひとつとして「インフォームド・コンセント」があるが，インフォームド・コンセントとはどのようなことか，説明しなさい。

〔問３〕下線部③に関連して，刑事裁判をめぐる日本の制度や措置について述べたＡ～Ｃのうち正しいものはどれか。下のア～キの中から適切なものを１つ選び，記号で答えなさい。

Ａ　すべての刑事裁判において被害者や遺族，その代理人が法廷に入り，被告人に直接質問したり，求刑で意見を述べたりすることができる。

Ｂ　有罪判決が確定した後でも不服な場合は，検察審査会に訴えることができる。

Ｃ　死刑や無期懲役に相当する重大な犯罪の第一審では，裁判官だけでなく，国民から選ばれた裁判員も参加して裁判が行われる。

ア．Ａ　　イ．Ｂ　　ウ．Ｃ　　エ．ＡとＢ
オ．ＡとＣ　　カ．ＢとＣ　　キ．ＡとＢとＣ

〔問４〕ハンセン病やその他の人権をめぐる問題について述べた文として適切なものを，次のア～エの中から１つ選び，記号で答えなさい。

ア．ハンセン病回復者が訴えた裁判では，国の隔離政策の違法性を認める判決が下されて，国もその責任を認めた。

イ．アイヌの人々の文化の振興と伝統を普及することを目的にしたアイヌ文化振興法で，アイヌ民族は先住民と規定された。

ウ．部落差別の問題を解決するために，同和対策審議会の答申が出されたが，差別を解消するための法律は制定されていない。

エ．障害者に対する差別を禁止することは法律に定められているが，障害者が社会生活を送りやすくなるような配慮を求める法律はない。

〔問５〕日本国憲法で保障されている基本的人権についての説明であるア～オについて，正しければ○を，誤っている場合は×を解答欄にそれぞれ書きなさい。

ア．現行犯であっても，令状がなければ逮捕されることはない。

イ．拷問及び残虐な刑罰は禁止されている。

ウ．自己に不利益な供述を強要されない。

エ．法律の定めがなくても，重大な犯罪であれば刑罰を科されることがある。

オ．無罪の判決を受けた人は，国に対して補償を請求することができる。

〔問題６〕

私たちは，日々，何を買うか，休日に何をするかなど，様々なことを選択しながら生きている。そしてそれは，お金や時間が限られているためである。つまり，お小遣いが限られているから，ある物を買えば他は買えなくなる。少ない休日に勉強すれば，友だちと遊ぶことはできない。そして，このような選択にあたって，多くの場合，人は自分の満足度が高まるように選択を行う。

〔問１〕「お金や時間が限られている」ことを何と呼ぶか，漢字３字で答えなさい。

いま，上の「自分の満足度を高める選択」ということを前提にした次のようなゲームを行うとする。

【ゲームの設定】

1　教室で，ＡさんとＢさんが，先生から受け取ったキャンディを分配する。

2　このゲームでは

①　ＡさんもＢさんも，選択肢が複数ある場合，ゲームが終わった時点で自分の手元にあるキャンディが最も多くなるように選択肢を選ぶ（相手のキャンディの数には関心がない）。

②　相手も①のように考えることをお互いに知っている。

【ゲーム１（例題）】

1　先生がＡさんにキャンディを10個渡す（Ｂさんはそれを見ている）。

2　ＡさんはＢさんに対して，「あなたにキャンディを●個あげます」と，あげる個数を提案する（ただし，１個以上９個以下の奇数個）。

3　ＢさんはＡさんの提案を受け入れてもいいし，拒否してもいい。

Ｂさんが提案を受け入れた場合，Ａさんの提案通りにキャンディがＢさんに渡される。

Ｂさんが提案を拒否した場合，キャンディはすべて先生に没収される。

いずれにせよ，この時点でゲームは終了する。

この，【ゲーム１（例題）】はどのような結果を生むか，ＡさんとＢさんがゲーム終了後に持っている個数はそれぞれいくつになるか考えた。

【ゲーム１（例題）の考え方と正解】

まずＢさんの立場で考える。Ａさんがいくつのキャンディをくれると提案するかに関わらず，Ｂさんは提案を受け入れた方がいい。なぜなら拒否すれば自分のキャンディは０個だが，受け入れれば少なくとも１個は確保できるからである。

Ａさんは，Ｂさんが上のように考えることを予測できるから，自分の手元に残すキャンディを最も多くするには「１個あげます」と提案するのがよい。

以上から「Ａさん９個，Ｂさん１個」が正解となる。

【ゲーム２】

【ゲームの設定】は変えず，ゲームの手順を次のように変更する。

1　先生がＡさんにキャンディを10個渡す（Ｂさんはそれを見ている）。

2　ＡさんはＢさんに対して，「あなたにキャンディを▼個あげます」と，あげる個数を提案する（ただし，１個以上９個以下の奇数個）。

3　ＢさんはＡさんの提案を受け入れてもいいし，拒否してもいい。

Ｂさんが提案を受け入れた場合，Ａさんの提案通りにキャンディがＢさんに渡され，この時点でゲームが終了する。

Ｂさんが提案を拒否した場合，キャンディはいったんすべて没収されたうえで，先生はＢさんに改めて３個のキャンディを渡し（Aさんはそれを見ている），ゲームが続けられる。

4　BさんはAさんに対して，「あなたにキャンディを■個あげます」と，あげる個数を提案する（ただし，１個以上３個以下）。

5　AさんはBさんの提案を受け入れてもいいし，拒否してもいい。
Aさんが提案を受け入れた場合，Bさんの提案通りにキャンディがAさんに渡される。
Aさんが提案を拒否した場合，キャンディはすべて先生に没収される。
いずれにせよ，この時点でゲームは終了する。

〔問２〕【ゲーム２】はどのような結果を生むか，AさんとBさんがゲーム終了後に持っている個数をそれぞれ答えなさい。

〔問３〕【ゲームの設定】の２の②がなかったとする。つまり，AさんはBさんがどう選択するかを知らないとする。この場合，【ゲーム１（例題）】では，Aさんはどういう提案をしそうか，理由を含めて簡単に説明しなさい。ただし，あげる個数を具体的に示す必要はない。

〔問４〕このようなゲームは，市場においてごく少数の企業に生産が集中する状態を分析するときの助けになる。この状態を何と呼ぶか，漢字で答えなさい。

〔問５〕このようなゲームは，労働者と使用者（会社）との間で労働条件がどう決まるかを分析するときの助けにもなる。だが，日本では労働条件については法律によって定められていることも多く，ゲームのようには必ずしもならない。下は，労働条件について定めた法律のうちの代表的なものの第１条である。この法律は何か答えなさい。

第１条　労働条件は，労働者が人たるに値する生活を営むための必要を充たすべきものでなければならない。

問六　傍線部⑥「自己表現方法」とあるが、お客さんに似顔絵を描いてあげることが「自己表現方法」であるとはどういうことか。その説明として最も適切なものを次の中から一つ選び、記号で答えなさい。

ア　似顔絵を描くという自分の特技を生かすことが、他の人とコミュニケーションをとりながら良好な関係を築く手立てとなっているということ。

イ　似顔絵を描くという特技によって人の役に立てると、マンガ家になれなかった挫折感を封印《ふういん》して、自分に自信を持てるようになるということ。

ウ　似顔絵を描く作業をすることでその相手とじっくり話す機会が増え、他の人の人生や内面にも触れながら、よき相談相手になれるということ。

エ　似顔絵を描いてほしいという依頼を受けることで、自分を必要としてくれる人がいるのだと実感でき、いつも明るくふるまえるということ。

問七　傍線部⑦「魔法が使える」とはどういうことか。三〇字以内で説明しなさい。

問八　この小説の特徴《とくちょう》の説明として適切でないものを次の中から一つ選び、記号で答えなさい。

ア　改行を多く用いながら喫茶店での二人の行動や結衣の心情が細やかに描写《びょうしゃ》され、二人の様子をありありと感じ取れる。

イ　結衣が心の中で考えていることをそのまま文章化したような叙《じょ》述《じゅつ》により、結衣の気持ちに寄りそって読み進められる。

ウ　喫茶店での二人の会話の様子が丁寧に描《えが》かれ、その会話文から坂口の置かれた状況を詳《くわ》しく読み取ることができる。

エ　結衣が過去の出来事を回想する場面が繰《く》り返され、結衣を取り巻く人間関係を段階的に捉《とら》えていくことができる。

問九　二重傍線部ａ「閑散とした」、ｂ「垣間見る」の本文中の意味として最も適切なものを、それぞれ後の中から一つずつ選び、記号で答えなさい。

ａ「閑散とした」

ア　のどかで落ちついた
イ　人気《ひとけ》がなく静かな
ウ　人家《じんか》がまばらな
エ　古びて廃《すた》れた

ｂ「垣間見る」

ア　少しだけ見る
イ　じっと見る
ウ　横目に見る
エ　時々見る

問一　傍線部《ぼうせんぶ》①「ほっとした表情でうなずいた」とあるが、このときの男性の心情の説明として最も適切なものを次の中から一つ選び、記号で答えなさい。

ア　店主が似顔絵を描いてくれると聞いていたが、その話をいつ切り出せばよいか迷いつつ思い切って尋ねたら、すぐに引き受けてくれたのでうれしかった。

イ　初めて訪《おとず》れた喫茶店なので、似顔絵を描いてほしいと頼むのをためらったが、共通の知り合いが話題に出たことで親しみを感じ頼みやすくなった。

ウ　喫茶店で似顔絵を描いてもらうということは、無理を承知での依頼《いらい》だったが、意外にも簡単に承諾《しょうだく》してもらえたので、その幸運に感謝した。

エ　似顔絵を描いてもらえるという情報が本当かどうか不安だったが、快諾《かいだく》してもらえたので、念願のかなう見込《みこ》みが立って安心した。

問二　傍線部②「あ、いえ」とあるが、この後男性はどのようなことを言いたかったのか。その内容がわかるように、「あ、いえ」の後に続く三〇字以内の適切な言葉を自分で考えて答えなさい。

問三　傍線部③「ただのお節介サービス」とあるが、結衣はどのような意味で言っているか。その説明として最も適切なものを次の中から一つ選び、記号で答えなさい。

ア　自分の特技を生かせるよい機会であるということ。

イ　宣伝にもなって店の側にも利益があるということ。

ウ　自分がしてあげたくてしているものということ。

エ　大した労力も必要なく無料でよいということ。

問四　傍線部④「男性は丁寧に頭を下げた」とあるが、このときの「男性」の心情の説明として最も適切なものを次の中から一つ選び、記号で答えなさい。

ア　自分が打ち明けた内容を、結衣に「いいお話」とほめてもらったことで、照れ臭くなっている。

イ　結衣の説明に納得《なっとく》するとともに、無料で似顔絵を描かせる運びになったことに恐縮している。

ウ　似顔絵の料金について結衣に気を遣わせてしまったことに気づいて、申し訳なく思っている。

エ　無料で似顔絵を提供するという結衣の提案に反論してしまったことを後悔《こうかい》し、反省している。

問五　傍線部⑤「土俵にさえ上げてもらえない」とあるが、ここではどのような意味で使われているか。その説明として最も適切なものを次の中から一つ選び、記号で答えなさい。

ア　裏通りの判りづらい所に店を構えるさか寿司は、他の寿司店の影響《えいきょう》を受ける立地ではないということ。

イ　さか寿司には鮮魚もなくメニューも少ないので、寿司店のひとつとして認めてもらえないということ。

ウ　売り上げを気にせず商売をしているさか寿司は、他の寿司店から敬遠されているということ。

エ　さか寿司の経営は細々としているので、他の寿司店に相手にされることなどないということ。

ごし方としては悪くないのかもしれません」坂口さんはそう言ってコーヒーを口に含《ふく》んでから「まあ、身体《からだ》を壊《こわ》さないでいてくれたらの話ですね」とつけ加えた。

結衣は、自分には似顔絵という⑥自己表現方法があったのだとしみじみ思った。

マンガ家を目指したけれど、結局は挫折《ざせつ》した。マンガは絵が上手《うま》いだけでは駄目《だめ》で、ストーリーを作れないと成立しない。だからストーリー作りができなかった自分はマンガ家にはなれないと悟《さと》って随分《ずいぶん》落ち込《こ》んだ。

でも全否定することなんてなかったのだ。ストーリーが作れなくても、似顔絵なら描ける。描いて欲《ほ》しいという人たちがいて、仕上がりを見て喜んでくれるのなら、やる意味はある。

誰《だれ》かのお役に立てること以上に幸せを感じることなんてないもの。

ひかりさんからもらった言葉。確かにそうだ。似顔絵を描けるという、ちょっとした特技によって、誰かが喜んでくれる。自分がやってきたことは決して無駄《むだ》ではない。それどころか幸せを生み出すツールを持っているのだから、誇《ほこ》っていいのではないか。

似顔絵を描くときは、お客さんとの会話がよりいっそう弾《はず》む。描いてもらう側は自然と、自身の内面も見せようという気持ちになるからだろうか。その内面部分が、似顔絵のどこかに表れる。だから似顔絵は、さまざまな人生ドラマをb垣間見《かいまみ》る楽しみも与《あた》えてくれる。今回はさか寿司を営む老夫婦《ろうふうふ》の物語に触《ふ》れることができた。

一時はやめようと決めた絵を描くという作業は、こんなに素敵《すてき》なことだったのだ。

似顔絵も、きっかけはひかりさんだった。彼女《かのじょ》に頼まれて困惑《こんわく》しながら描いたら、おおげさに喜んでくれただけでなく、お弟子《でし》さんや知り合いに広めてくれて、喫茶店経営の仕事がより充実《じゅうじつ》したものになりつつある。お客さんたちと、親戚《しんせき》や友人のような関係が作れるようになってきた。

今は確信している。ひかりさんは本当は自分の似顔絵なんて欲しいと思ってなかったのだ。知り合いが孫に似顔絵を描いてもらって自慢《じまん》していたとかいう、あのエピソードはきっと作り話。陰気臭《いんきくさ》かった女性店主に、似顔絵というツールがあるじゃないのと気づかせるための、優《やさ》しいうそ。

そう、ひかりさんはうそを操《あやつ》る魔法使《まほうつか》いなのだ。

似顔絵が仕上がった。

「こんな感じですが」

結衣はそう言ってまず、色紙の裏面を向けて掲《かか》げた。

くるりと回転させる。

それを見る人の表情が一瞬《いっしゅん》だけ止まる。目を見開いて、口が開く。

そして顔が緩《ゆる》み、目が細くなる。

結衣は、自分もちょっとだけ⑦魔法が使えるようになってきたかもと心の中で、うふふと笑った。

（山本甲士《やまもとこうし》『ひかりの魔女《まじょ》にゅうめんの巻《まき》』による）

[注]

＊長屋……複数の住まいが壁《かべ》を共有して横に連なっている形態の集合住宅。

いかなという考えでやってます。お客さんにちょっとした手品を見せたり、占《うらな》いをしてあげたり、小咄《こばなし》を披露《ひろう》したりっていうお店、たまにあるじゃないですか。それと同じ類いの、③ただのお節介《せっかい》サービスですから」

「はあ……」

「それにさきほど、お客さんにはちょっといいお話を聞かせてもらえましたので」

「そうですか……じゃあ、申し訳ありませんがお願いします」

④男性は丁寧《ていねい》に頭を下げた。

「ご両親はバストアップでいいですか。全身を描くこともできますけど、そうなるとお顔が小さくなってしまいますし」

「ええ、バストアップでお願いします。店の入れ方なんかはお任せします」男性はそう言ってから「あー、よかった。金婚式《きんこんしき》なんかやらないって言ってるんですが、身内でパーティーみたいなことならってことになってるんですよ。頑固者《がんこもの》の父親も、孫たちが祝ってくれるのなら断らないんで」

「そのときにサプライズでお渡《わた》しするわけですか」

「ええ。温泉旅行券を贈《おく》ることにしてるんですけど、そのときに一緒《いっしょ》に。あ、もしかしてプレッシャーかけてしまってますか」

「そうですね、ちょっとだけ」結衣はくすっと笑った。

男性にコーヒーを出してから、カウンター裏の調理台の上に色紙を置いて描き始めた。

「あ、そうそう、申し遅《おく》れました。私、百貨店の三根屋《みねや》で地下売り場を担当しております、坂口《さかぐち》と申します」と彼《かれ》は自己紹介《しょうかい》した。

〈中略〉

「ご両親のお店はどの辺にあるんですか」

「市立体育館や公民館、警察署なんかが集まってる辺りですが、店自体は裏通りにあるのでちょっと判りづらいかもしれません。以前は町工場や*長屋《ながや》のような建物が多かった場所ですが、今ではａ閑散《かんさん》とした通りになってしまって」

「ここの商店街と同じですね」

「いやいや、さか寿司の立地は、もっと寂《さび》しい通りですよ。あ、すみません。この言い方だと、ここの商店街も寂しい通りだって認めてる感じになっちゃいますね」

「気にしないでください。ここもがらんとしてることは確かですから」

「あ、それと気を遣《つか》ってさか寿司に食べに行こうなんて考える必要ありませんよ。もう何年も前から鮮魚《せんぎょ》を扱《あつか》わなくなってしまって、握《にぎ》りはシメサバ、穴子、湯通ししたタコや玉子ぐらいしかなくて、あとは稲荷《いなり》に巻き寿司ですから。常連客も高齢化しちゃって、最近は飲食代を払ってもらうよりも香典《こうでん》を包む方が増えたって父親が嘆《なげ》いてました」

「厳しい世界ですよね、お寿司屋さんも」

「ちゃんとした寿司屋ですら、回転寿司の進出によって次々と潰《つぶ》れてますからね。しかもその回転寿司店も、ライバル店との競争で次々と潰れてる。さか寿司はそういう⑤土俵にさえ上げてもらえないわけですが、ある意味、年金もらいながら売り上げなんか気にせずご近所さんたちと世間話をしながらのんびりやってるっていうのは、老後の過コーヒーを淹《い》れる作業中にその男性が小声で「あの、こちらでは似顔絵をお願いできると聞いたんですが」と尋《たず》ねてきた。店内にそういう表示はしていないので、人づてに聞きはしたが、本当かどうか確信が持てないようだった。

「ええ、できますよ。今は忙《いそが》しくないので大丈夫《だいじょうぶ》です。真崎ひかりさんのお知り合いですか？」

　結衣も小声で返した。

「はい、真崎ひかりさんにはいろいろとお世話になっている者です」

男性は、①ほっとした表情でうなずいた。「筆ペンを使われるとか」

「はい。でも、ご用意いただければ、水彩《すいさい》絵の具やペンでも構いませんよ」

「いえ、筆ペンでお願いします。ただ、ポストカードではなくて、これにお願いできるとありがたいのですが」

　男性はブリーフケースの中から色紙を出した。ポストカードよりも時間がかかるが、ひかりさんの知り合いの頼《たの》みとあらば喜んでやらせてもらおう。

「はい、判《わか》りました」結衣は色紙を受け取った。「では、コーヒーをお出ししたら、さっそく描《か》かせていただきますね」

「②あ、いえ」男性はあわててブリーフケースからさらに写真を三枚出してカウンターに置いた。「厚かましいお願いで大変恐縮《きょうしゅく》なのですが、これを組み合わせて一枚の似顔絵を仕上げていただけないでしょうか」

　一枚は、和食用の調理服を着た小柄《こがら》な年配男性の上半身が映っていた。厨房《ちゅうぼう》らしき場所で座《すわ》っているところらしい。目を細くして笑っている。

　もう一枚は、同様の調理服を着た年配女性が笑いながら撮影者《さつえいしゃ》を叩《たた》くような仕草をしている姿が映っていた。急にカメラを向けられて、やめてよと言っている感じだった。

　最後の一枚はこぢんまりした飲食店の外観だった。看板には「さか寿司《ずし》」とある。

「市内で両親が細々とやってる寿司屋なんですがね、二人とも高齢《こうれい》なもんで、いつまで続けられるかっていう状況《じょうきょう》なんですよ。特に母親の方は体調が悪くて」と男性は説明した。「それで先日、店の前で二人並んでる写真を撮《と》ろうって提案したんですけど、二人とも照れ屋なところがあって、そんなもん撮らなくていいって応じてくれないんです。父親なんか最後はしつこいぞって怒《おこ》り出す始末で」

「なるほど。それで代わりにお店をバックにしたご両親の似顔絵をと」

「そういうことです。もちろんお礼はさせていただきますので」

「いえ、絵でおカネはいただかないことにしてますので、お気になさらず」

「それはいけません」男性は少し険しい表情になった。「結構な手間のかかる頼み事をしておりますので。それに、特別な仕事ができるスキルをお持ちの方には、それにふさわしい対価が支払《しはら》われて当然だと思います」

「いいえ」結衣は笑って頭を横に振《ふ》った。「そういうお考えもごもっともだと思いますが、私はプロの絵描きになるほどの覚悟《かくご》はないんです。その代わり、お客さんに喜んでいただけるサービスとしてならい

問一 傍線部《ぼうせんぶ》①「真面目に仕事に取り組む」とあるが、具体的にはどのような姿勢のことか。それについて述べている部分を本文中から**四〇字以内で抜**《ぬ》**き出し、はじめとおわりの五字**を答えなさい。

問二 傍線部②「ヤイノヤイノ」とはどのような様子を表す語か。その説明として最も適切なものを次の中から一つ選び、記号で答えなさい。

ア みんなに言いふらす様子

イ しつこく要求する様子

ウ 集まって非難する様子

エ 大声で言い騒《さわ》ぐ様子

問三 傍線部③「いい塩梅だった注意力のバランスが崩れることになるのです」とあるが、具体的にはどのような状態になるのか。わかりやすく説明しなさい。

問四 傍線部④「それは正論ではあるけれど、私から見ると『正しいものの見方』ではありません」とはどういうことか。その説明として最も適切なものを次の中から一つ選び、記号で答えなさい。

ア 理論上は解決に向かうための核心《かくしん》を突《つ》いた考え方だが、具体性に欠けるために現実的でなく、机上《きじょう》の空論ともいえる考え方である。

イ 一見すると誰もが正しさに納得《なっとく》するであろう考え方だが、丁寧《ていねい》に言葉の意味を捉《とら》え直すと、実は論理的矛盾《むじゅん》をはらむ考え方である。

ウ 基本的にどのような場面にも当てはまる常識的な考え方だが、実際にはミスをした人を責め立てるのに使うべき考え方ではない。

エ 表面的には理屈《りくつ》の通った一般《いっぱん》に受け入れられやすい考え方だが、問題の本質を捉えておらず、適切な対応を導く考え方ではない。

問五 傍線部⑤「そうした人間の特性」とはどのような特性か。本文中の語句を用いて簡潔に答えなさい。

問六 傍線部⑥「いい加減にやる」とはどういうことか。**四〇字以内**で説明しなさい。

問七 本文の論じ方について述べた次の各文のうち、**適切でない**ものを一つ選び、記号で答えなさい。

ア 現場に起こりがちな状況や、採用すべきではない方法を丁寧に説明していくことで、解決策に説得力を持たせている。

イ 組織の在り方と個人の在り方とを切り離《はな》して分析《ぶんせき》することで、それぞれ異なる発想に基《もと》づく対処方法を提案している。

ウ 事故回避《かいひ》のために払うべき注意の種類と人間の心理的特徴《とくちょう》との関係を、構造的に示しながら解決策を導き出している。

エ 重大なトラブルを防ぐ方法として一見非常識な考え方を提示した上で論を進めることで、読む者の注意を引いている。

問八 二重傍線部a～dのカタカナを適切な漢字に改めなさい。

〔問題二〕 次の文章を読んで、後の問いに答えなさい。

結衣（鳥海《とりうみ》結衣《ゆい》）は、やや寂《さび》れた商店街で、二年前に亡《な》くなった祖父の喫茶店《きっさてん》を引き継《つ》いで営んでいる。一月ほど前、祖父の幼なじみの真崎《まざき》ひかりと知り合ってから、不思議と人とのつながりが広がり始めている。

そして、こういう些細《ささい》なミスを起こしたことに対して、周りは「おまえがたるんでいるからミスするんだ」「いい加減にやっているからだ」といった精神論による指摘《してき》を行いがちです。そうした細かい指摘をされ続けると当人は「ヤイノヤイノ」とうるさく言われるのがだんだん嫌《いや》になってきて、これを避《さ》けるために目先のことを考えて行動するようになります。その結果、一番大切な部分に注意がいかなくなり、結果として重大なトラブルを引き起こすことになります。

こうしたことは、とくに大きなトラブルを経験していないか、経験していてもだいぶ昔のことですでに忘れ去られている会社でよく見られる傾向《けいこう》です。

なぜこのようなことが起こるかというと、人間の注意力や集中力には限界があるからです。ですから一番大切なことから細かいところまですべてに同じような注意力と集中力を注ぐのは、現実にはほぼ不可能なことなのです。

もちろん些細なミスを減らすために、最も大切なことが軽く扱《あつか》われるのはbホンマツ転倒《てんとう》だし、「細かいところを注意するからといって、大きなミスを起こすなんてケシカラン」というのは正論です。しかし、④それは正論ではあるけれど、私から見ると「正しいものの見方」ではありません。このようなミスは本来、「たるんでいる」「緊張《きんちょう》感《かん》がない」などといった精神論による指摘で解決できる問題ではないからです。この発想を変えないことには、より大きな問題を引き起こす原因になるだけです。

ですから組織運営に際しては、まず⑤そうした人間の特性をcゼンテイに考えるべきなのです。そのうえで、人間の持っている「使命感」や「恐《おそ》れ」などの感情をうまく利用しなくてはいけません。「守らなかったら何が起こるか」「守らないことがどんなに恐ろしいことか」を当人に理解させることで、常に真剣《しんけん》さを持続させるのです。

もちろんこうした「運営方法を変える」という対策は、dコゴトを実際に言われている立場にある人たちにはあまり役立ちません。そうした人たちにまず必要なのは、「いまどうするか」ということでしょう。

ではそうした人にとっての現実的な解決策は何か。それは「⑥いい加減にやる」ということです。不真面目に思われるかもしれませんが、大きなトラブルを避けるには「いい加減にやる」のが一番なのです。もちろんこれは「不真面目にやれ」ということではありません。人間の注意力や集中力に限界があるならば、その中で本当に優先すべき事柄《ことがら》を取捨選択《せんたく》し、状況《じょうきょう》に応じて力の配分を変えていかないことにはうまくいきません。まず注意力や集中力には限界があることを自覚し、それを見越《みこ》して自分で対策を立てることなのです。周りから細かいことで「ヤイノヤイノ」と言われたら、まずは「わかりました」と返事だけはきちんとしながらも、注意されたことに全力で取り組まず、本当に大事なことをおろそかにしないように気をつけながら「要求されたことに適度に対応する」のが正しい対処の方法なのです。

（畑村洋太郎《はたむらようたろう》『失敗学実践《じっせん》講義』による。一部改）

[注]

＊アドバイザリーグループ……ここでは、事故を起こした航空会社の安全対策を指導・補助する専門家集団のこと。

【国　語】（五〇分）〈満点：六〇点〉

【注意】1．字数制限のある設問は、句読点やその他の記号も一字として数えます。
2．解答用紙の一行の枠には、二行以上書いてはいけません。

〔問題一〕次の文章を読んで、後の問いに答えなさい。

私は*アドバイザリーグループの調査を通じて、事故を起こした航空会社の多くの社員と接しましたが、社員の誰《だれ》もが非常に真面目に仕事に取り組んでいるということを感じました。

常識的に考えると、これは「たいへん良いこと」です。しかし、その一方で、危《あや》うさのようなものを感じました。じつは、①真面目に仕事に取り組むという「たいへん良いこと」であるはずの姿勢が、大きなトラブルの誘因《ゆういん》になることもあるからです。私が危うさを感じたのは、彼《かれ》らが「真面目だからこそ事故が起こる」という現実があることを理解していないように見えたからです。

私が多くの失敗、事故を見聞してわかったのは、人が注意しなければいけないことには階層性があるということです。階層の一番上にくるのは、何を置いても注意しなければいけない「絶対に必要なこと」です。そして次は、そこまで重要ではないものの、「普通《ふつう》に必要なこと」がきます。さらに一番下には、必要ではあるものの「できればあるほうがいい」という程度のことがきます。

これを航空会社に当てはめて考えると、一番上にくるのはもちろん「安全性」でしょう。人命に関わる問題はすべての輸送機関に求められている、最も優先されるべきことです。次に大切なのは「定時性」です。スケジュールどおりに飛行機が飛ばないのは約束違反《いはん》で、とくに理由がないのに出発時間や目的地への到着《とうちゃく》時間が遅《おく》れると利用者からの信頼《しんらい》が失われます。そして、一番下には、「快適性」や「経済性」がきます。もちろん階層が下とはいっても、これらは会社のaギョウセキを左右するものなので、決して軽視してよい問題ではありません。あくまでも、「安全性や定時性に比べて重要度が低い」という程度に考えてください。

何もない状態では、人間の意識は階層の中でも上位のものに向かっています。「絶対に必要なこと」「普通に必要なこと」に、ほどほどに注意を払《はら》っている状態です。ところが、何か小さなトラブルが起こると、とかく周囲の人間（ここで言う周囲の人間とは直属の上司だったり、乗客だったりします）はそのことについて「②ヤイノヤイノ」とうるさく言うようになります。この声に対して真面目な人ほど冷静でいられなくなり、③いい塩梅《あんばい》だった注意力のバランスが崩《くず》れることになるのです。

もちろん、周りがうるさく言うことが、注意すべき階層の上位に位置するものに関することだったらそれほど問題がありません。しかし小さなトラブルというのは、えてして注意力の階層が下のものであることが多いのです。もともと階層の下位のほうにあるのは、同じことを繰《く》り返し毎回、確実にやることが求められていることばかりです。ところが、人間は同じことを繰り返して行うとき、新しいことを行うときのようなフレッシュな気持ちをいつも持ちながら同じ注意力で行うことなどできないので、ときどきおろそかになってミスが起こるのです。

MEMO

大切なことはメモしておこうネ！

2021年度

解　答　と　解　説

《2021年度の配点は解答欄に掲載してあります。》

＜数学解答＞《学校からの正答の発表はありません。》

〔問題1〕 (1) ① $21a+34b$ (2) ②－ア $a=7$ ②－イ $c=3$

〔問題2〕 ③－ア 2乗［平方］ ③－イ 正 ④ $-\sqrt{3}$ ⑤ すべて
⑥ 成り立たない ⑦－ア $x-\sqrt{3}$ ［$x+\sqrt{3}$］ ⑦－イ $x+\sqrt{3}$ ［$x-\sqrt{3}$］
⑧ 0ではない

〔問題3〕 (1) ⑨ $\frac{5}{9}$ (2) ⑩－ア $n=26$ ⑩－イ 300本

〔問題4〕 (1) ⑪ 18本 (2) ⑫ 線分QP (3) ⑬ 点I，O
(4) ⑭ 線分IH，KF，RT

〔問題5〕 (1) ⑮ CF＝5cm (2) ⑯ AB＝7cm (3) ⑰ 解説参照

○推定配点○

〔問題1〕 (1) 各4点×3 〔問題2〕 ③・⑦ 各1点×4 他 各2点×4
〔問題3〕 (1)⑨ 4点 他 各4点×2 〔問題4〕 各3点×4(⑬・⑭各完答)
〔問題5〕 (3)⑰ 6点 他 各3点×2 計60点

＜数学解説＞

+α 〔問題1〕 (規則性－数の並び，自然数，方程式)

(1) 1行目に並ぶ数を1列目から順に書き出すと，a，b，$a+b$，$a+2b$，$2a+3b$，$3a+5b$，$5a+8b$，$8a+13b$，$13a+21b$，$21a+34b$　よって，1行10列のマスの数は$21a+34b$

や難 (2) 1行5列のマスの数が29であることから，$2a+3b=29$…ア　2列目の数は1行目から順にb，d，$b+d$，$b+2d$，$2b+3d$　よって，5行2列目の数が16であることから，$2b+3d=16$…イ

アから，$2a=29-3b$，$a=\frac{29-3b}{2}$　a，bは自然数なので，$(a,\ b)=(13,\ 1)$，$(10,\ 3)$，$(7,\ 5)$，$(4,\ 7)$，$(1,\ 9)$

イから，$2b=16-3d$　$b=\frac{16-3d}{2}$　b，dは自然数なので，$(b,\ d)=(5,\ 2)$，$(2,\ 4)$　$b=5$が共通なので，$(a,\ b)=(7,\ 5)$，$(b,\ d)=(5,\ 2)$である。したがって，$a=7$

2行目に並ぶ数は，1行目のaがcに，bがdになったものだから，2行10列は$21c+34d$と表される。10列目の数は1行目から10行目まで順に右の表のようになる。$441a+714b+714c+1156d=11111$に，$(a,\ b,\ d)=(7,\ 5,\ 2)$を代入すると，$441\times7+714\times5+714c+1156\times2=11111$

$714c=11111-3087-3570-2312=2142$　$c=3$

$21a+34b$
$21c+34d$
$21a+34b+21c+34d$
$21a+34b+42c+68d$
$42a+68b+63c+102d$
$63a+102b+105c+170d$
$105a+170b+168c+272d$
$168a+272b+273c+442d$
$273a+442b+441c+714d$
$441a+714b+714c+1156d$

重要 〔問題2〕 (2次方程式の意味，平方根，因数分解)

方程式$x^2=3$について，$x=\sqrt{3}$ は＜③－ア：2乗(平方)＞すると3となる＜③－イ：正の数＞なの

で，$x^2=3$を満たすことには違いない。しかし，$x=$＜④：$-\sqrt{3}$＞も2乗(平方)すると3になるので，この方程式を満たす。そこで，方程式$x^2=3$の解は，$x=\sqrt{3}$，$-\sqrt{3}$ということになるが，『方程式を解く』ということは，その等式を満たす数を＜⑤：すべて＞見つけるということだから，『$\sqrt{3}$，$-\sqrt{3}$ 以外の数では，等式$x^2=3$は＜⑥：成り立たない＞』ということを示さなければ，方程式が解けたとはいえない。そこで，$x^2=3$を$x^2-3=0$，$x^2-(\sqrt{3})^2=0$と変形して左辺を因数分解すると，(⑦－ア：$x-\sqrt{3}$)×(⑦－イ：$x+\sqrt{3}$)＝0　こうすると，$\sqrt{3}$，$-\sqrt{3}$ 以外の数を代入すると，左辺の値は明らかに＜⑧：0ではない＞ことがわかる。よって，$\sqrt{3}$，$-\sqrt{3}$ 以外の数では，等式$x^2=3$は成り立たないことが示せる。

〔問題3〕 (確率－円周上の点を結ぶ線分)

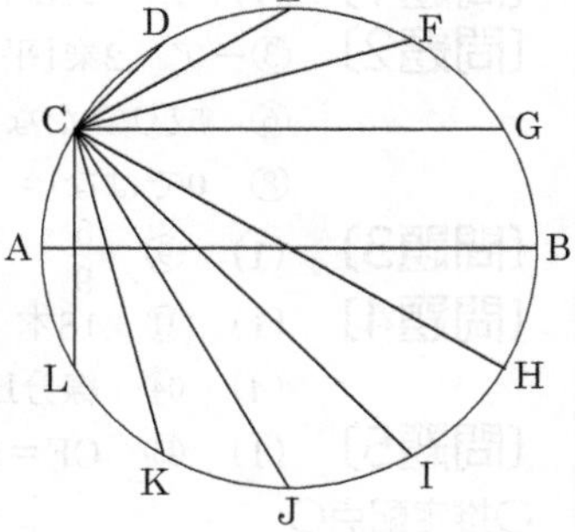

(1)　右図で，点Cと結べる線分は点A，Bを除いて9個ある。点D，点E，……，点Lからもそれぞれ9個の点と線分で結べるが，例えば，点Cから点Dに引いた線分と点Dから点Cに引いた線分は同じものだから，線分Lは10×9÷2＝45(本)できる。線分Lの両端が線分ABについて同じ側にあるとき，ABとの交点Pはできない。線分ABの上側には5個の点があって，それらの2点を結ぶ線分は5×4÷2＝10(本)できる。線分ABの下側にも10本できるので，線分ABとの交点ができる線分Lは45－10×2＝25(本)である。したがって，交点Pができる確率は，$\frac{25}{45}=\frac{5}{9}$…⑨

やや難　(2)　線分AB以外の点の個数は$2n-2$，それらのうちの2点を結ぶ線分の本数は，…⑨ $(2n-2)(2n-2-1)\div2=(n-1)(2n-3)$　線分ABの片側にある点の数は$(2n-2)\div2=n-1$であり，それらの点を結ぶ線分の本数は，$(n-1)\times(n-1-1)\div2$　線分ABについて反対側にも同じ数だけできるから，交点Pができない線分の本数は$(n-1)\times(n-1-1)\div2\times2=(n-1)(n-2)$　よって，交点Pができる線分の本数は，$(n-1)(2n-3)-(n-1)(n-2)$　$(n-1)$でくくると，$(n-1)\{(2n-3)-(n-2)\}=(n-1)^2$　よって，交点Pのできる確率は，$\frac{(n-1)^2}{(n-1)(2n-3)}=\frac{n-1}{2n-3}$と表せる。これが$\frac{25}{49}$になるとき，$\frac{n-1}{2n-3}=\frac{25}{49}$　両辺に$49(2n-3)$をかけて，$25(2n-3)=49(n-1)$　$50n-75=49n-49$　$n=26$…⑩－ア　$n=26$のとき，A，Bの2点を除いて2×26－2＝50の頂点ができ，ABについて両側にそれぞれ50÷2＝25ずつできる。例えば，そのうちの1つの点を右図のMとすると，

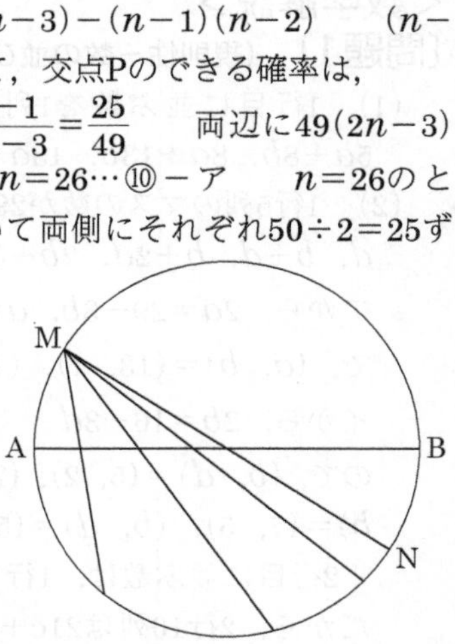

ABについて点Mと反対側にある25個の点を結ぶといずれもABと交わって点Pができる。そのうちの直径MNを考えると，MNよりもAに近い側の線分が作るPについては，APの長さが半径よりも短い。つまり，弧AN上にある点の個数だけAPの長さが半径よりも短いLができる。Aから1番目，2番目，3番目，4番目，……，25番目の点をMとしたき，NはAから25番目，24番目，23番目，22番目……，1番目の点となり，それぞれ弧AN上の点の数は，24，23，22，21，……，0となる。よって，全部で24＋23＋22＋21＋，……，＋0(本)できる。S＝24＋23＋22＋21＋，……，＋0とすると，2S＝(24＋0)＋(23＋1)＋(22＋2)＋(21＋3)＋，……，＋(0＋24)　よって，24×25÷2＝300(本)できる。

〔問題4〕 (空間図形－展開図，展開図から組み立てられた立体，重なる点や辺)

重要　(1)　立体を組み立てていくときにどの辺とどの辺が重なるかをみていくと，どの点がどの点に重なるかがわかってくる。CDとED，EFとGFが重なるから，点Cと点Gが点Eで重なる。そのこ

とからCBとGHが重なり，点Bと点Hが重なることがわかる。ところで，ABと等しい長さの辺で展開図全体の外周になっている辺はABを含めて22本あり，2本ずつ重なることによって，22÷2＝11(本)の辺を作る。その他に，展開図全体の外周になっていない辺がBV，DF，FK，KM，MR，RT，TDの7本あるので，立体の辺の数は，11＋7＝18(本)である。

(2)　点Uと点S，点Qと点Sが重なるので，UVとQPが重なる。

(3)　(1)で点Bと点Hが重なることを確かめた。すると，HIとBAが重なる。つまり，点Iと点Aが重なる。(2)でUVとQPが重なることを確かめた。点Vと点Pが重なるから，VAとPOが重なる。つまり，点Aと点Oが重なる。したがって，点Aと重なる点は点Iと点Oである。

(4)　辺ABと辺IHが重なるので，面HIJKFGでIHに平行なKFもABに平行である。面FKMRTDでKFに平行なRTもABに平行である。よって，立体を組み立てたときに辺ABに平行となる辺を展開図における線分で求めると，IH，KF，RTである。

〔問題5〕（平面図形－円の性質，合同，相似，長さ，面積の比）

(1)　$\triangle ADO_1$と$\triangle AFO_2$は，$\angle ADO_1=\angle AFO1=90^\circ$，$AO_1=AO_1$，$O_1D=O_1F$　直角三角形の斜辺と他の1辺がそれぞれ等しいので合同である。$\triangle AEO_2$と$\triangle AGO_2$も同様に合同だから，AD＝AF，AE＝AG　よって，DE＝FGである。円外の1点から円に引いた接線の長さは等しいから，BH＝BD＝3，BE＝BI＝BH＋HI＝5　CF＝CH＝xとすると，CG＝CI＝$x-2$　FG＝CF＋CG＝$x+(x-2)$＝DE＝8　$2x-2=8$　$x=5$(cm)

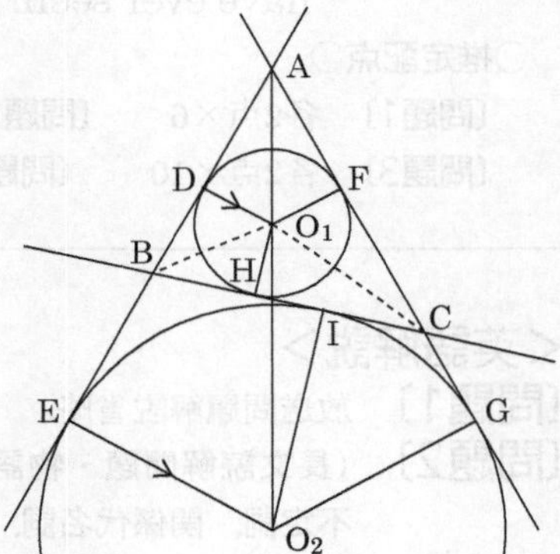

重要 (2)　$DO_1/\!/EO_2$なので，$AD:AE=DO_1:EO_2$　ところで，円O_1と円O_2の面積の比が1：9であり，相似な図形では面積の比は相似比の2乗だから，円O_1と円O_2の相似比は$\sqrt{1}:\sqrt{9}=1:3$　よって，$DO_1:EO_2=1:3$　AB＝yとすると，$AD:AE=(y-3):(y+5)=1:3$　$3y-9=y+5$　$2y=14$　$y=AB=7$(cm)

や難 (3)　$O_1D=O_1H=O_1F=h$とすると，$O_2I=3h$　$S_1=\triangle ABC=\triangle O_1AB+\triangle O_1BC+\triangle O_1CA=\frac{1}{2}\times AB\times h+\frac{1}{2}\times BC\times h+\frac{1}{2}\times CA\times h=\frac{1}{2}\times(AB+BC+CA)\times h=\frac{1}{2}\times(7+8+9)\times h=12h$

$S_2=\triangle O_2BC=\frac{1}{2}\times BC\times 3h=\frac{1}{2}\times 8\times 3h=12h$　したがって，S_1とS_2は等しい。

★ワンポイントアドバイス★

〔問題1〕は文字の係数に規則性があるのでm列n行の式を書き出しやすい。必要な部分だけ書き出していこう。〔問題3〕の(2)は(1)を参考にして考えるとよい。〔問題4〕はCDとEDなどの重なることがすぐわかる辺から考えていく。〔問題5〕は，相似な図形では面積の比が相似比の2乗であることが利用できる。

＋α は弊社HP商品詳細ページ(トビラのQRコードからアクセス可)参照。

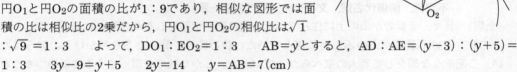

＜英語解答＞《学校からの正答の発表はありません。》

〔問題1〕 放送問題解答省略

〔問題2〕 (問1) エ　(問2) イ　(問3) ウ　(問4) ア　(問5) ウ
(問6) it is to have a son who wants to go　(問7) (7－A) sell
(7－B) added　(問8) イ　(問9) listened　(問10) ア

〔問題3〕 (問1) エ　(問2) a king who lived far away asked your parents to sell the statue　(問3) ア　(問4) イ　(問5) ア　(問6) ウ
(問7) blue eyes　(問8) イ　(問9) ウ
(問10) one third of the kingdom

〔問題4〕 (1) Do you know why the Japanese food has become so popular ?
(2) I have used this pen for three years.　(3) It is the best movie I have ever seen.　(4) They may hurt someone if they don't look out.

○推定配点○
〔問題1〕 各2点×6　〔問題2〕 (問7) 各1点×2　他 各2点×9
〔問題3〕 各2点×10　〔問題4〕 各2点×4　計60点

＜英語解説＞

〔問題1〕 放送問題解説省略。

〔問題2〕 (長文読解問題・物語文：語句補充・選択，指示語，語句解釈，語句整序，間接疑問，不定詞，関係代名詞，文補充・選択，内容一致)

(全訳) 昔々，老賢者が山の上に住んでいた。彼は庭の世話をしながら静かに過ごした。

アレンという若者が山のふもとに住んでいた。彼は時々，旅人たちを見かけた。彼らはたいてい，心配そうな顔をして老人の家へ向かっていった。しかし彼らが戻ってくる時はいつもうれしそうだった。「あの山の上で何が起きたのだろう？」と彼は思った。

そこである朝，アレンはその老賢者に会いに行くことにした。

「いらっしゃい，若者よ」とその老人が言った。「なぜ私の古い家に来たのか？」

「あなたが，あなたの助言がほしい来客たちをどうやって助けているのか知りたいのです」とアレンが言った。

老人は言った。「よく見ていれば，わかるだろう」

そこでアレンは見ていた。まもなく1人の農民が現れた。

その農民は言った。「私の農場について質問があります。私は近所の人から畑を買い取れるチャンスがあるのですが，その費用には私の財産全てが必要です。もし今期，私の他の野菜がよく育たなければ，私は新しい畑を失うだけでなく，私の農場全てを失うでしょう。どうすればよいでしょうか」

「うーむ。良い機会かもしれないね」と老人が言った。

「はい。そうかもしれません。えーと，私の家族はその土地をほしがっています。彼らは素晴らしい機会だと思っています。実は，私は土地をこれ以上ほしくありません。(1)多すぎます。私は世話できません」と農民が言った。

「ああ。なるほど」とその賢者が穏やかな声で言った。その農民が自分の問題について話す間，彼は聞いていた。そして老人はアレンに庭からメロンを取ってくるように頼んだ。3人がその果物を食べている時，農民は話し続けた。彼はツヤツヤした葉を付けた自分の小さな林について話した。

「私はその林の世話をするのが好きなんです」と農民がほほ笑んで言った。

アランはいつ老人が農民に彼の問題に対する答えを言うのだろうかとずっと気にしていたが，老人は「多分，お前さんはその小さな林が宝物なんだろうなあ。家族には(2)それがわからないんだ」と言っただけだった。

その男性は顔が赤くなり，「私はそのツヤツヤした葉を見ているととても幸せなんです」と言った。彼はため息をついた。「どうして私はもっと土地をほしがらなければならないのか，その土地はあの林を私から奪うかもしれないのに」 農民が話している間，老人は何も言わなかった。彼はただ，山を見つめてその甘い果物を食べ続けた。

農民はメロンを食べ終わると，帰ろうと立ち上がった。「あなたの言う通りだと思います」と彼は言った。「私はあの畑が必要ではないし，私には自分の小さな林の世話をするほうがいいんです。どうもありがとうございました」 農民は老人の家を出て行った。

数か月が過ぎたが，アレンは老人の(3)秘密を発見できなかった。それぞれの人の訪問はほとんど同じだった。

そしてある朝，老人は具合が悪くなり，ベッドで寝ていなくてはならなかった。アレンが彼にスープを持って行った時，ドアがノックされた。

「(4)ああ，困ったな！」とアレンが叫んだ。「誰かがあなたに会いに来ました。その人にまた日を改めて来るように言いましょうか？」

老人はほほ笑んで「(5)いいや。お前が行きなさい」と言った。

アレンは不安だったが「こんにちは，奥さん」と来客に挨拶した。

「おはよう，お兄さん。私は賢者に会いに来たのよ」と彼女は彼に焼き立てのパンを渡して言った。

アレンは贈り物を受け取って言った。「本当に申し訳ないのですが，彼は今日，具合が悪いのです。私に何かお手伝いできることはありますか」

その女性はいすに座って言った。「あなたが私にどんな答えをくれるっていうの？ あなたは若すぎる。(6)町に行き自分が引き継ぐ予定の農場から出て行こうとする息子を持つことがどんなことか，あなたにはわからないわ」

「それはあなたにとって難しいことでしょうね」とアレンは彼女にお茶を出して言った。彼はその女性に対して答えがなく，申し訳なかった。

「そう，難しいわ。理由はわからないけれど，息子はずっと，うちの土地が好きじゃないのよ。彼は商人になってお金を稼ぎたがっている」と女性が言った。

「うーん」とアレンは言い，パンを切ってそれを女性に出した。「どうしたらよいか，わからないですね」

一緒に彼らはお茶を飲み，パンを食べ，村の最新ニュースについて話した。

とうとうその女性が言った。「そう，息子は商人になるのが幸せだと思うわ。私は本当に，彼に幸せになってほしいの」

「彼が商人になったら，私たちは農場を(7−A)売り，私は町へ行って彼と一緒に住むことができるかもしれない…」と彼女は弱弱しい声で(7−B)付け加えた。

アレンは何も言わなかった。

その女性は立ち上がって彼に言った。「お兄さん，どうもありがとう。あなたは素晴らしい助手よ」彼女はさようならと言って山を下り始めた。

もう1杯お茶を飲み，パンを1切れ食べ，アレンは老人の部屋に行った。「少し食べ物をいかがですか」と彼は尋ねた。

「ありがとう，アレン」と老人が言った。「(8)訪問はどうだった？　お前は答えがわかったか？」

「いいえ。私は答えがわかりませんでした。私は(9)聞いただけです」とアレンが言った。「私は彼女に，ためになる言葉を言いませんでした。素晴らしい助言などは一言も」彼は女性の最後の言葉を思い出し，それから老人に言った。「でも，聞くことが一番の答えである場合がありますね？」

人々は山に登り続けたので，うわさは村中に広まった。人々は，あの若者はあの老人と同じくらい賢いと言った。

(問1)　全訳参照。主語 It は前文の land を指す。land「土地」は数えられない名詞なので「多い」の意味では much を用いる。

(問2)　it は直前の文の内容を指す。それを言い換えたものとして，イ「その農民は自分の小さな林を世話するのが好きだった」が適切。

(問3)　アレンは，老人が悩みを抱えた訪問者をどのような方法で助けているのか知りたかった。それを the old man's secret「その老人の秘密」と表す。

(問4)　下線部(4)の前後の部分より，アが適切。

やや難　(問5)　老人は体調が悪いため，アレンに客の相手をしてもらおうと思った。そこで「日を改めて来てもらうように言いましょうか」に対して No. と言い，私の代わりにお前が応対しなさい，という意味で You go.「お前が行け」と言った。

やや難　(問6)　know の目的語として間接疑問 how it is「それはどのようなことか」を置く。it は形式主語で真主語は to have a son「息子を持つこと」。その後ろに主格の関係代名詞 who を置き，who から文末までが son を後ろから修飾する。

(問7)　(7−A)　女性の息子は農場を継ぐつもりがなく，町に出て商人になりたいと思っていることから，農場を売るという流れになる。　(7−B)　add「付け加える」

重要　(問8)　go には「(事が)進行する」という意味がある。

重要　(問9)　下線部(1)の4つ後ろの文の listened を抜き出して入れる。老人は人々から助言を求められると，何か特別なことを言うのではなく，その話をよく聞くだけだった。そしてアレンが女性に対して何も助言できず，ただ話を聞いたところ，その女性はアレンに感謝して帰った。

重要　(問10)　ア「アレンはその老人を訪問した，なぜなら彼はその老人がすることに興味があったからだ」(○)

〔問題3〕（長文読解問題・物語文：語句補充・選択，語句整序，関係代名詞，不定詞）

(全訳)　メアリーは小さな村に住んでいた。10歳の時，彼女の両親は海で亡くなり，彼女は祖父宅で暮らすようになった。

毎晩，彼女の祖父はメアリーに，自分がかつて世界中で披露した素晴らしい手品を見せた。彼は動物になることができた。

「お願い，またネズミになって」とメアリーは頻繁に頼んだ。祖父はほほ笑んで自分の鼻をつかんだ。すると彼は小さなネズミになった。青い目だけがそのネズミは誰なのかを表していた。そして彼は彼女の足の周りを走り，彼女は驚いて目を覆った。彼女が再び目を開くと，祖父がほほ笑んで立っていた。

メアリーは両親の話を聞くのが好きだった。彼女は祖父に「(1)彼らはどうやって出会ったの？」と尋ねた。

「お前のお母さんは踊るのが大好きだった」と彼は答えた。「私が公演する時，彼女は私と一緒に来て踊った。彼女はみんなの注目を集めた」

「そして私のお父さんと出会ったのね」とメアリーが言った。

メアリーの祖父は言った。「そうだ。お前のお父さんは若い芸術家だった。彼は結婚の贈り物としてお前のお母さんの像を作り，それを結婚式で披露した。それはお前のお母さんにそっくりだった。みんながそれは世界で最も美しい像だと言った」

彼は続けた。「そして(2)遠いところに住む王様がお前の両親にその像を売ってほしいと頼み，彼らは結局同意した。彼らはその像を持って王国へ行った。悲しいことに帰る途中にひどい天気にあい，彼らが帰ってくることはなかった」

メアリーと祖父は，祖父が「ウサギ(3)はどう？」と言うまで，しばらくの間静かに座っていた。彼は鼻をつかんで小さなウサギになり，彼女の悲しい気持ちが溶けてなくなった。

メアリーは美しい娘に成長した。ある日彼女は家に一人でいた。ある男性が彼女を訪ねてきた。彼は村の男性ではなかった。メアリーは彼の目に信用できないものを感じたので怖くなった。

「すみません」とその男が言った。「私の船が大雨にあいまして。自分たちが今どこにいるのか知りたいのですが」 彼女は最も近い町の名前を言い，彼は彼女の答えに喜んだ。

「ありがとうございます。贈り物として金の皿を差し上げます」と彼は言った。「それは私の船にあります。ほら，あの向こうの。一緒に来てください」

メアリーは(4)危険だと感じたが，その皿を売って祖父のためにお金を稼ぐことを思い付いた。そこで彼女は船まで行くことに合意した。彼女が船に乗るとすぐに，船が動き出した。

メアリーは泣いた。「私は帰りたい！」

「聞け！」とその男は怒鳴った。「俺の名前はブルーノだ。俺は王の次男なので，王国は引き継げない。しかし兄のアダモは結婚することを拒否し，父はアダモと結婚する女性を見つけることができる者に王国の3分の1を与えると約束した」

「彼と結婚する？」とメアリーは尋ねた。

「アダモは宮殿内で見つけた像に恋をしている」とブルーノが説明した。「その像と同じくらい美しい女性を見つけるまで，彼は結婚しない」

すぐにメアリーは両親と像の話を思い出した。「その像は私に似ているの？」と彼女は尋ねた。

「そうだ」とブルーノが言った。「俺はその像の話を知っている。俺はずっと，その芸術家の(5)娘を探していた。俺は彼女が母親に似ていることを願った。そしてお前は似ている。お前は兄を喜ばせるだろう，そしてそうすれば俺が金持ちになれる」

メアリーは泣き，涙が下の水に落ちた。

突然，青い目をした魚が水の中から飛び出した。

「おじいちゃん！」と彼女は叫び，それが再び飛び跳ねた時，彼女はそれをエプロンでつかみ，それを水の中に戻す前に自分の状況についてささやいた。その魚は船についてきた。彼女は祖父がいると知っていたので(6－A)安全だと感じた。

その夜，ブルーノはメアリーを自分の食卓へ連れてきて一緒に夕食を食べるよう言った。ちょうどその時，黒い鳥が開いた窓から入ってきてテーブルの上に降り立った。

「出ていけ！」とブルーノが怒鳴った。

メアリーはその鳥の(7)青い目を認識し，それを腕に抱きかかえた。するとそれは恐ろしい声で言った。「お前は間違っている。お前は彼女を卑怯なやり方で扱った。お前は褒美をもらえないだろう。もしお前が，自分が彼女を兄のところに連れてきたと言ったら，お前の体は石になってしまうだろう」

ブルーノは(6－B)怖くなり，部屋から逃げた。メアリーはその鳥の頭にやさしく触れた。そしてそれは窓から飛び立っていった。

船が王国に着くと，ブルーノはメアリーの城内のある部屋へ連れて行った。1匹の小さなネズミが海岸から彼らの後をついてきていた。

「お前は明日アダモに会うことになっている」とブルーノが言った。「俺がお前を彼のもとに連れてきたと，お前が言え。(8)俺自身では言わないから，あの鳥の言葉を心配する必要はない。俺が言う通りにやれ，さもないと悪いことがお前の身に起きるぞ」

翌日，メアリーはアダモのところに連れて行かれた。彼は彼女を部屋の端に見つけると，立ち上がって駆け寄った。彼は彼女の手を取った。

「私の愛する人！」アダモが言った。「あなたの美しさにかなうものはありません！　あなたがここにいて，私は今，幸せを知りました。誰があなたを私のところに連れてきたのですか？」

アダモがとても紳士的で恐ろしい弟とは違うので，メアリーは驚いた。彼女は周りを見回し，ドアのところにブルーノを見つけた。彼は褒美を待っていた。しかし彼の足元には青い目をした小さなネズミがいて，メアリーはどうするべきかわかった。

「私の祖父が私と一緒に来ました」とメアリーが言った。

「違う！」とブルーノが叫んだ。彼は部屋に駆け込んできた。「それはうそだ！　彼女はここに(9)家族はいない。俺が彼女を連れてきたんだ！」

ブルーノがその言葉を言った直後，彼の足は灰色の石に変わった。脚から伝わり，胸と腕，そして頭に，その色が広がっていった。

あの小さなネズミが彼女を見上げた。そして，それは彼女の祖父に変わった。

のちに，アダモとメアリーは結婚した。彼女の祖父は(10)王国の3分の1を受け取った。そして彼はそこに家を建てて住んだ。彼は孫娘が平和な暮らしをしていると知って幸せだった。

(問1)　直後で祖父が，メアリーの両親の結婚のいきさつについて話していることから，エ「彼らはどうやって出会ったか」が適切。

やや難　(問2)　a king の後ろに主格の関係代名詞 who を置き，who lived far away「遠くに住んでいる」が king を後ろから修飾する。＜ ask ＋人＋ to ＋動詞の原形＞「(人)に～するよう頼む」

(問3)　メアリーは両親が亡くなった時の話を聞いて悲しくなった。祖父はメアリーの気持ちをやわらげようと，「ウサギはどう？」と聞き，ウサギに変身した。Would you like ～？「～はいかがですか」(人に何かをすすめる時の言い方)

(問4)　メアリーは訪ねてきた男に対して不信感を持っていた。dangerous「危険な」

重要　(問5)　芸術家(メアリーの父)は妻(メアリーの母親)にそっくりの像を作った。芸術家の娘(メアリー)は母親に似ていて，像にも似ていた。

(問6)　全訳下線部参照。safe「安全な」 afraid「恐れて，怖がって」

やや難　(問7)　第3段落第4文の blue eyes を入れる。祖父は動物に変身しても，青い目だけは変わらない。メアリーはその青い目を見れば，この動物は祖父が変身したものだとわかる。

やや難　(問8)　空所(6－B)の前文および下線部(8)の前文参照。ブルーノは自分でメアリーを連れてきたと言うと石にされてしまうので，自分では言わずに，メアリーに言わせることにした。

(問9)　メアリーが「祖父が一緒に来た」と言ったので，ブルーノが「彼女の家族はいない」と言った。

重要　(問10)　下線部(4)の後の，ブルーノの言葉から，one third of the kingdom を抜き出す。

〔問題4〕 (和文英訳：間接疑問，現在完了，比較，助動詞，接続詞，熟語)

(1)　Do you know「あなたは知っていますか」の後に間接疑問で「なぜ日本食がそんなに人気になったのか」を続ける。現在完了 has become so popular は「人気が出て，今もずっと人気である」という状態を表す。

(2)　現在完了で「私はこのペンを3年間使っている」とする。

(3)　＜ the ＋最上級＋名詞＋ that ＋主語＋ have ever ＋過去分詞＞「今までに～した一番…な(名詞)」

(4)　英文では主語を They(Many people を指す)にする。may[might]～「～かもしれない」 hurt「～を傷つける」 look out「注意して周りを見る」

★ワンポイントアドバイス★

〔問題4〕の和文英訳問題は，今年度は特に時制(現在完了)に注意しよう。

＜理科解答＞《学校からの正答の発表はありません。》

〔問題1〕 (1) 右図　(2) エ　(3) ウ　(4) イ

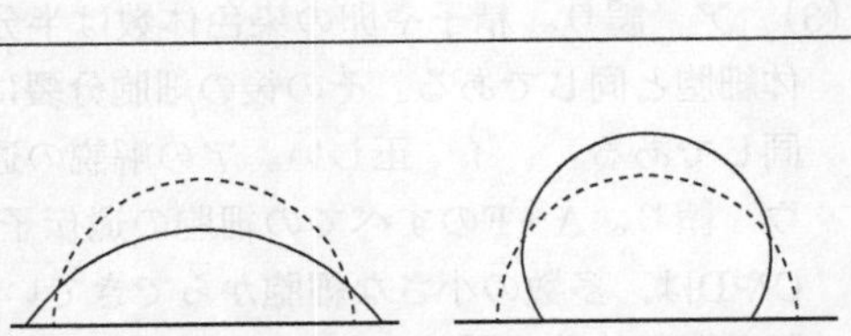

濡れやすい水滴の形状　　濡れにくい水滴の形状

〔問題2〕 (1) ア 減数分裂　イ 半分　(2) ① A→F→B→E→C→D　② 胚　(3) イ，カ

〔問題3〕 (1) 秒速72m　(2) ア　(3) イ　(4) イ

〔問題4〕 (1) a エ　b ウ　(2) ア，イ，カ　(3) オ

〔問題5〕 (1) 5Ω　(2) 3：2　(3) 500秒後　(4) エ

〔問題6〕 (1) 43％　(2) イ　(3) ア，ウ　(4) オ

〔問題7〕 (1) A 酸化　B 酸化　(2) $CuO+H_2 \rightarrow Cu+H_2O$　(3) 物質がステンレス皿の外へ飛び散ったから。　(4) ウ　(理由) 銅が再び空気中の酸素と結びついたから。

〔問題8〕 (1) 前日までにできたデンプンを葉からなくすため。　(2) ア，エ　(3) ③・道管　(4) イ

○推定配点○

〔問題1〕 各2点×4((1)完答)　〔問題2〕 (3) 2点　他 各1点×4

〔問題3〕 各2点×4　〔問題4〕 各2点×3((1)完答)　〔問題5〕 各2点×4

〔問題6〕 各2点×4　〔問題7〕 各2点×4((1)・(4)各完答)

〔問題8〕 各2点×4((3)完答)　計60点

＜理科解説＞

〔問題1〕 (物質の性質－水滴の形と濡れ)

(1) 問題文の内容から，物体が水に濡れやすい場合，物体と水が触れる面積が大きくなるような，平べったい水滴の形になる。一方，物体が水に濡れにくい場合，物体と水が触れる面積が小さく，水滴が球に近い形になる。

(2) フッ素樹脂加工されたフライパンの表面は，水や油をはじく性質を持つ。そのため，濡れにくい表面といえる。一方，木製のまな板は水が染み込みやすく，濡れやすい。

(3) どちらも，はじめの水滴は球形に近い形状である。その後，洗剤を含む水滴には油が溶けて

いくことで，濡れやすい形状に変化する。

(4)　ガラスはもともと濡れやすい素材である。一晩水に浸したコップは，タオルでふいたとはいえ，細かなすきまに水が存在している。そのため，水を一滴たらすと，コップについていた水と親和して，水滴は球形から外れて広がり，濡れやすいときの平べったい形状になる。

〔問題2〕（生殖・遺伝－カエルの発生）

(1)　体細胞の染色体では，1種類の染色体が2本ずつ存在する。一方，卵や精子のような生殖細胞では，1種類の染色体が1本ずつである。このような生殖細胞をつくる特別な細胞分裂が減数分裂である。

(2)　受精卵から個体として生まれるまでの状態を胚という。受精卵は1つの細胞だが，細胞分裂によって，細胞数が2個，4個，8個，16個と増加していく(A→F→B→E)。やがて，胚の形が球形から変化し，個体の形に近づいていく(C→D)。

重要　(3)　ア　誤り。精子や卵の染色体数は半分だが，それらが合体してできた受精卵の染色体数は，体細胞と同じである。その後の細胞分裂によってできる小さい細胞の染色体数もすべて体細胞と同じである。　イ　正しい。アの解説の通り，A～Fのすべての細胞の染色体数は同じである。　ウ　誤り。A～Fのすべての細胞の遺伝子は，受精卵の遺伝子と同じである。　エ　誤り。図のCやDは，多数の小さな細胞からできている。　オ　誤り。アの解説の通り，A～Fのすべての細胞の染色体数は同じである。　カ　正しい。Eが細胞分裂すると，さらに小さい細胞ができる。　キ　誤り。クローンは，全く同じ遺伝子を持つ個体どうしを指す語である。カエルは有性生殖により卵を生むので，子の遺伝子の半分はオスから受け継いでいる。

〔問題3〕（物理総合－物理の小問集合）

(1)　1時間は3600秒なので，260000÷3600＝72.22…より，秒速72mである。

重要　(2)　中央の磁石に着目し，力のつりあいを考える。中央の磁石に下向きにはたらく力は，その磁石にはたらく重力と，上の磁石との間の反発力である。一方，中央の磁石に上向きにはたらく力は，下の磁石との間の反発力である。よって，上の磁石との間の反発力は，下の磁石との間の反発力よりも弱い。磁石の力は，距離が遠いほど弱いので，Aの方がBよりも長い。

(3)　長い時間，一定の温度の場所においていたのだから，すべての部分の温度は等しい。

(4)　凸レンズAと凸レンズBの焦点距離は同じなので，像の作図も物体に対して左右対称となり，左右にできる像の大きさや向きは全く同じである。ただし，凸レンズAの方が小さいので，観測者Aから見た方がやや暗く見える。

〔問題4〕（地震－プレートの運動）

(1)　海嶺でできたばかりの海洋プレートの厚さは10km程度であり，その後は成長して，数十kmの厚さになる。大陸プレートは厚く，100kmを超える場所も多い。

重要　(2)　ア　正しい。Aの北アメリカプレートの下に，Bの太平洋プレートが沈み込んでおり，その境界に蓄積されたひずみが解放されるとき，逆断層型の巨大地震が発生する。　イ　正しい。Aの下にBが東から西へ沈み込むため，西に行くほど震源が深い。　ウ　誤り。Dのユーラシアプレートの下に，Cのフィリピン海プレートが近づき，沈み込んでいる。　エ　誤り。Aの下にDが沈み込みを開始していると考えられており，2019年6月18日の山形県沖の地震や，1993年7月12日の北海道南西沖地震などが起こっている。　オ　誤り。プレート内部の断層が動いて発生する地震が多い。　カ　正しい。CとDの境界は，東から駿河トラフ，南海トラフ，琉球海溝と続いている。過去何度も巨大地震が発生しており，今後も発生する確率の高い場所である。

(3)　Aの北アメリカプレートの下に，Bの太平洋プレートが沈み込む速度は，年間8cm程度である。プレートが2万km＝20億cm動くのにかかる年数は，20億÷8＝2.5億年程度である。これが地球上で最も古い海洋プレートであり，それより古い海洋底は存在しない。

〔問題5〕 (電流回路－電流による発熱)

(1)　図1で5Vの電圧をかけたとき，電力が5Wだから，流れた電流は1Aであり，電気抵抗は，$\frac{5\mathrm{V}}{1\mathrm{A}}$ =5Ωである。

(2)　図2の実験では，電熱線aの場合，17℃から21℃へ4℃上昇し，電熱線bの場合，17℃から23℃へ6℃上昇している。発熱量は4：6＝2：3だから，消費電力も2：3である。電圧は同じだから，電流が2：3となる。よって，電気抵抗の比は3：2となる。

難 (3)　図3では，電気抵抗が3：2である電熱線a，電熱線bが直列につながっている。両者にかかる電圧の比は3：2である。そのため，電熱線aにかかる電圧は図2のときに比べて$\frac{3}{5}$倍であり，電流も$\frac{3}{5}$倍である。そのため，電熱線aの消費電力は$\frac{3}{5}\times\frac{3}{5}=\frac{9}{25}$(倍)となる。21℃になるまでの時間は，図2のときの3分間＝180秒間に比べ，図3では$\frac{25}{9}$倍かかる。よって，求める時間は$180\times\frac{25}{9}=$ 500(秒)となる。

(4)　図3では，電気抵抗が3：2である電熱線a，電熱線bが直列につながっており，流れる電流は等しい($I_a=I_b$)。かかる電圧は3：2なので($V_a>V_b$)，消費電力も3：2である。よって，Aの水温はBの水温よりも高い。

〔問題6〕 (大気中の水蒸気－山を登る空気塊と雲)

(1)　空気の温度は，高さ100m上昇するごとに1℃低下する。よって，高さ1400mで雲ができたときの温度は，もとの25℃よりも14℃低い11℃となっている。つまり，ふもとにあったときの露点は11℃である。グラフを利用すると，湿度は$\frac{10}{23}\times100=43.4\cdots$で，43%となる。

(2)　ア　誤り。上昇したときに気温が下がる理由になっていない。　イ　正しい。上空では気圧が低いため，空気塊に外から熱が加わらないまま膨張する(断熱膨張)。そのため，空気は内部のエネルギーを消費し，温度が低下する。　ウ　誤り。状態変化がなくとも温度は下がる。また，水滴が気化すると熱を吸収する。　エ　誤り。状態変化がなくとも温度は下がる。また，水蒸気が凝結すると熱を放出する。　オ　誤り。移動のエネルギーは，周囲と空気塊の温度差や，吹いてくる風によってもたらされるので，温度の低下とは関わらない。

重要 (3)　ア　正しい。空気塊の温度が上がると，密度が軽くなるために，上昇しやすくなる。
イ　誤り。空気塊の温度が下がると，密度が重くなるために，上昇しにくくなる。　ウ　正しい。前線のように暖気と寒気がぶつかると，暖気が寒気の上に移動する。　エ　誤り。高気圧の中心部では，下降気流が生じている。　オ　誤り。台風は熱帯低気圧の一種で，中心付近では強い上昇気流が起こっている。しかし，勢力の強い台風の場合，吹き込む風が中心に到達する前に上昇してしまい，中心部は積乱雲の壁に取り囲まれた晴天域ができる。これを台風の目といい，弱い下降気流が生じている。

(4)　垂直方向の強い上昇気流によって，厚みのある積乱雲ができる。急激な強い雨や雷，突風などが起こる。地上の温度は下がる場合が多いが，場面による。

〔問題7〕 (酸化・還元－実験の操作と質量)

(1)　実験1では，銅が空気中の酸素と結びつき，黒い酸化銅となった。実験2では，マグネシウムが空気中の酸素と結びつき，白い酸化マグネシウムとなった。

(2)　実験3は，酸化銅の酸素を水素が奪う反応である。酸化銅は還元されて銅になる。水素は酸化されて水になる。

(3)　マグネシウムの酸化は，白く強い光を出しながら激しく起こる。ステンレス皿を載せ忘れると，反応前のマグネシウム粉末や，反応してできた酸化マグネシウム粉末が，ステンレス皿の外へ飛び散る可能性が高い。

(4)　実験3では，酸化銅が還元されて銅ができるが，火を止めた直後は銅の温度がまだ高く，すぐに空気中の酸素と結びついて，再び酸化銅に戻ってしまう。それを防ぐため，温度がある程度下がるまでは，水素の流し込みを継続して，銅が酸化しないようにする。

〔問題8〕（植物のからだ－光合成を調べる実験）

(1)　前日までにできたデンプンが葉に残っていると，実験結果が正しく考察できない。一昼夜暗室に置くと，デンプンが消費されたり，からだの他の部分へ移動したりして，葉からなくなる。

重要　(2)　ア　正しい。BとCの比較からわかる。　イ　誤り。この実験では確かめられない。なお，光合成に酸素が必要というわけではないが，それ以前に植物が生きるために酸素が必要である。
ウ　誤り。光合成に二酸化炭素は必要だが，この実験では確かめられない。　エ　正しい。AとBの比較から分かる。　オ　誤り。光合成に水は必要だが，この実験では確かめられない。
カ　誤り。光合成では酸素が発生するが，この実験では確かめられない。　キ　誤り。光合成ではデンプンができる。糖が直接できるわけではない。

(3)　図2では，細胞が規則正しく並んでいる右下側(柵状組織④)が葉の表であり，細胞にすき間の多い左上側(海綿状組織①)が葉の裏である。双子葉類の葉の維管束は，道管が表側③，師管が裏側②を通っている。

(4)　顕微鏡では，実物に対して見える像は上下左右が逆である。つまり，図2で右下側に見えている葉の表(おもて)面は，実際には左上にある。これを視野の上部に持ってくるためには，プレパラートを時計回りに60°回せばよい。

★ワンポイントアドバイス★

各現象，各操作には，原因や理由がある。結果の丸暗記にとどまらず，積極的に原因を探求する学習を心がけよう。

＜社会解答＞《学校からの正答の発表はありません。》

［問題1］　問1　(1)　A(→)C(→)B　(2)　エ　問2　エ　問3　イ・オ

［問題2］　問1　イ　問2　(1)　縦(軸)　(2)　(例)　自然減と社会増，あるいは自然増と社会減が同数で，人口に変化がない状態。　問3　エ　問4　(1)　都市(型)　(2)　(客層1)　(例)　訪日外国人観光客　(理由)　(例)　新型コロナウイルス感染症の流行の影響で，訪日外国人観光客が激減したから。　(客層2)　(例)　女性会社員　(理由)　(例)　新型コロナウイルス感染症の流行の影響で，在宅勤務が増え，化粧品の需要が減少したから。

［問題3］　問1　ア・エ　問2　a　執権　b　管領　問3　イ　問4　イ(→)ウ(→)エ(→)ア　問5　ウ　問6　(出来事)　(例)　寛政の改革　(説明)　(例)　田沼意次が主導した商業重視の政策を否定するため，農業を重視した享保の改革を再評価した。

［問題4］　問1　(1)　ウ　(2)　エ　問2　イ　問3　(1)　ゴム　(2)　カ　問4　イ

[問題5] 問1 A 法の下 B 社会 問2 (例) 医師が病状や医療行為の内容を正しく患者に伝え，患者がそれを納得，同意した上で医療を受けること。 問3 ウ
問4 ア 問5 ア × イ ○ ウ ○ エ × オ ○

[問題6] 問1 不自由 問2 (Aさん) 7(個) (Bさん) 3(個) 問3 (例) 自分が知らされているルール内で選択するしかないので，自分の手持ちが多くなるように提案する。 問4 寡占 問5 労働基準(法)

○推定配点○

[問題1] 問1(2)・問2 各1点×2 他 各2点×2(各完答)
[問題2] 問1・問3 各1点×2 他 各2点×5(問4(2)各完答)
[問題3] 問3・問5 各1点×2 他 各2点×5(問1・問6各完答)
[問題4] 問3(1) 2点 他 各1点×5 [問題5] 問1・問2 各2点×3 他 各1点×7
[問題6] 各2点×5(問2完答) 計60点

＜社会解説＞

[問題1] (地理－世界地図，世界の貿易など)

難 問1 (1) メルカトル図法は，オランダ人メルカトルが1569年ごろに考案した図法。経緯線は平行な直線で，互いに直交し，面積・距離は高緯度ほど拡大される。 (2) メキシコシティを8月13日午前1時に飛び立った飛行機が，目的地Xに到着したとき，メキシコシティの時刻は8月13日午後3時30分。このとき，目的地Xの現地時間は8月14日午前6時30分であるから，メキシコシティと目的地Xとの間には15時間の時差が存在する。メキシコシティの時刻は世界標準時と6時間の時差があり，目的地Xの方が時刻が進んでいるので，世界標準時よりも時刻が9時間(15時間－6時間)進んでいるエ(日本)となる。

重要 問2 オーストラリアは，石炭や鉄鉱石などの鉱産資源を大量に中国に輸出しており，2018年現在，輸出額に占める中国の割合は34.1％に達する。よって，Cが中国である。ヨーロッパ州に属するイギリスはEU(ヨーロッパ連合)との経済的な関係が深く，2018年現在，輸出額に占めるEUの割合は46.8％に達する。よって，AがEUである。残ったBがアメリカ合衆国となる。

問3 イ ブラジルのリオデジャネイロ，アルゼンチンのブエノスアイレス，ウルグアイのモンテビデオは，それぞれ国際的な貿易港をもつ大都市であるが，かつてヨーロッパ人により開拓の中心地として建設されたという歴史をもつ。オ 日本人の南アメリカ州への移住は，ペルーとボリビアが1899年，ブラジルとアルゼンチンが1908年に始まった。特にブラジルへは，コーヒー農場の契約労働者として大勢の移民が海を渡り，現在ブラジルには約150万人の日系人が住んでいる。ア－東部ではなく西部。ウ－アルゼンチンではなくブラジル。エ－コーヒー豆ではなく大豆。

[問題2] (地理－日本の自然，人口，商業活動など)

問1 A 積雪の多い地域であることから①(秋田県)。 C「カイニョ」は，富山県の砺波《となみ》平野での屋敷林の呼称。漢字では「垣入」と表記する。なお，Bは④(高知県室戸岬付近)，Dは②(群馬県)である。

や難 問2 (1) 東京都の社会増減は，1967年に減少に転じたが，1997年に増加となり，これ以降，2018年まで増加が続いている。 (2) 図の縦軸は社会増減数，横軸は自然増減数を示している。よって，斜線A上の人口は，自然減と社会増，あるいは自然増と社会減が同数で，人口に変化がない状態を示している。

問3　ドーナツ化現象は，都市の発展にともなって都心部の人口が減少し，周辺部の人口が増加する現象。過疎化の問題とは関係ない。

やや難　問4　(1)　A社は，B社に比べ，化粧品の割合が高く，食品の割合が低いことから，都市型と考えられる。郊外型のB社は，近隣の住民の利用が多く，食品や衛生介護品，ベビー用品などの生活必需品の購入が中心である。　(2)　都市型のA社は，生活必需品とはいえない化粧品，雑貨の比率が高い。このため，新型コロナウイルス感染症の流行の影響を強く受け，郊外型に比べ売上額が伸び悩んだ。

[問題3]　(日本の歴史－政治，外交，文化などに関する歴史)

基本　問1　ア　須恵器は，古墳時代中・後期から奈良・平安時代につくられた，朝鮮半島系技術による素焼きの土器。　エ　青銅器は，銅と錫(すず)の合金を材料とした金属器。紀元前3世紀ごろに大陸から伝えられ，弥生時代，権威の象徴・祭器として用いられた。

基本　問2　a　執権は，鎌倉時代，将軍を補佐し，政務を統括する役職。北条氏が代々担当した。
b　管領は，室町時代，将軍を補佐し，政務を統括する役職。足利氏の一門である斯波《しば》，細川，畠山の3氏が交替して就任した(三管領)。

問3　鎌倉時代，室町時代とも，幕府は禅宗を積極的に保護した。鎌倉時代，5代執権北条時頼は建長寺を，8代執権北条時宗は円覚寺をそれぞれ建立。いずれも臨済宗の寺院である。一方，室町時代3代将軍足利義満は，京都にある天竜寺，相国寺，建仁寺，東福寺，万寿寺を京都五山とし，南禅寺を五山の上と定めた。いずれも臨済宗の寺院である。ア－書院造が流行したのは室町時代。ウ－中国の王朝と朝貢貿易を行ったのは室町幕府。鎌倉幕府は朝貢貿易を行っていない。エ－戸籍を整備し，全国の土地と人々を直接的に統治しようとしたのは改新政府。オ－鎌倉時代，室町時代に流通した銅銭は，中国から輸入した宋銭，明銭である。

やや難　問4　イ(寛永十二年の鎖国令，1635年)→ウ(異国船打払令，1825年)→エ(天保薪水給与令，1842年)→ア(五品《ごひん》江戸廻送令，1860年)。

問5　朝鮮半島で，高句麗，百済，新羅が分立・抗争したのは4世紀～7世紀。ア－紀元前7世紀ごろ。イ－平安時代後期。エ－奈良時代(8世紀)，オ－紀元前3世紀。

やや難　問6　寛政の改革は，老中松平定信が主導した幕府政治の改革。田沼意次の時代，商業，高利貸し資本が農村に進出し，農民の階層分化が進み，天明の大飢饉の打撃によって農村の疲弊が進んだ。そこで，定信は，徳川吉宗の主導した享保の改革を手本とし，農業を重視する政策を断行した。

[問題4]　(日本と世界の歴史－明治～平成時代の経済史)

基本　問1　(1)　明治時代初期の1882年，日本は綿糸が最大の輸入品であった。しかし，その後，日本は軽工業中心の第一次産業革命を達成し，1897年には綿花を輸入し，綿糸を輸出するようになった(加工貿易の開始)。なお，この間，生糸は日本にとって最大の輸出品であった。　(2)　八幡製鉄所の開業は1901年。アは1894年，イは1883年，ウは1889年。

問2　シベリア出兵に際し，日本はアメリカ合衆国，イギリス，フランスなどの連合国の主力として，連合国最大の約73,000の兵をシベリアなどに派遣した。一方，第一次世界大戦は，ヨーロッパの戦火の外側にいる日本には好景気をもたらした(大戦景気)。戦争によって，ヨーロッパ列強が後退したアジア市場には綿織物などの輸出を増やし，世界的な船舶不足のために，海運業・造船業は空前の好況を迎えた。この結果，にわか富豪(成金)が生まれた。

問3　(1)　ゴムは，最も重要な軍需品の一つで，航空機やトラックなどのタイヤに用いられた。
(2)　ベトナム，ラオス，カンボジアのインドシナ三国はフランスによる植民地支配を受けた。そのため，現在でも飲料としてコーヒーが好まれるなど，フランス文化の影響がみられる。一方，インドネシアはオランダによる植民地支配を受けた。しかし，多くの地域がイスラム圏に含まれることもあり，オランダ文化の影響はそれほどみられない。

重要 問4 A 1973年の第一次石油危機の影響により，経済成長率が大幅に低下した。この結果，石油を大量に消費する「重厚長大」型の工業(鉄鋼業，造船業など)から，石油の消費が少ない「軽薄短小」型の工業(IC工業など)への転換が進んだ。 B リーマンショックの影響により，経済成長率が大幅に低下した。リーマンショックは，2008年9月，アメリカ合衆国の大手投資会社・証券会社のリーマン・ブラザーズ・ホールディングが経営破綻したことによって，世界金融危機が一気に顕在化したことをさす。これをきっかけに，2009年には日本の経済成長率はマイナスとなった。なお，bは1980年代，cは2002～2003年。

[問題5] (公民－日本国憲法と基本的人権，裁判制度など)

本 問1 A 法の下の平等は，法のもとではすべての人が平等であって，権利の享有や義務の負担につき，差別的扱いをされないということで，近代憲法の中核をなす原則の一つである。 B 社会的・経済的不平等を是正して，実質的平等を実現することも現在国家の重要な役割と考えられている。

や難 問2 臓器移植等の危険をともなう措置に先立って，また脳死状態になったときに生命維持装置をはずすか否かといったケースでは，インフォームド・コンセントは必須とされる。

問3 裁判員制度は，地方裁判所における第一審のうち，殺人，誘拐などの重大事件について，国民から事件ごとに選ばれた裁判員が，裁判官とともに審理に参加する制度。日本では2009年より開始された。よって，Cは正しい。A－「すべての刑事裁判」ではない。故意の犯罪行為により人を死傷させた罪など対象は限定されている。B－検察審査制度は，検察官が裁判にかけなかったこと(不起訴)のよりあしを，20歳以上で選挙権を有する国民の中から「くじ引き」で選ばれた11人の検察審査員が審査する制度。再審請求とは無関係である。

や難 問4 ハンセン病患者訴訟は，ハンセン病患者を隔離することを認めた「らい予防法(1996年に廃止」が憲法に反するとして，1998年に提訴された国家賠償訴訟。2001年5月に熊本地方裁判所で原告勝訴の判決が下され，政府の患者隔離政策や国会議員の立法不作為が糺(ただ)された。イ－アイヌ文化振興法には，「アイヌ民族は先住民」とする記述はない。衆議院・参議院内閣委員会による付帯決議で「アイヌの人々の先住性は，歴史的事実」と規定したにすぎない。ウ－部落差別の問題を解決するために，1969年，同和対策事業特別措置法が公布，施行された。エ－「障害者の日常生活及び社会生活を総合的に支援するための法律」が，2020年4月に施行されている。

重要 問5 ア 日本国憲法第33条は，「何人も，現行犯として逮捕される場合を除いては，権限を有する司法官憲が発し，且《か》つ理由となっている犯罪を明示する令状によらなければ，逮捕されない」と明記している。 イ 日本国憲法第36条は，「公務員による拷問及び残虐な刑罰は，絶対にこれを禁止する」と明記している。 ウ 日本国憲法第38条①は，「何人も，自己に不利益な供述を強要されない」と明記している。 エ 日本国憲法第39条は，「何人も，実行の時に適法であった行為又は既に無罪とされた行為については，刑事上の責任を問われない」と明記している。 オ 日本国憲法第40条は，「何人も，抑留又は拘禁された後，無罪の裁判を受けたときは，法律の定めるところにより，国にその賠償を求めることができる」と明記している。

[問題6] (公民－ゲーム理論，生産の集中，労働条件など)

問1 不自由とは，何かと制限や束縛，不足などがあって，自分の意思，感情に従った行動が思うようにできない状態。「お金に不自由する(お金がなくて困る)」といった表現もある。

や難 問2 AさんがBさんに対して，「あなたにキャンディを3個あげます」と提案する。もし，Bさんがこの提案を受けいれると，Aさんのキャンディは7個，Bさんのキャンディは3個となる。もし，

Bさんがこの提案を拒否すると，先生はいったんすべてのキャンディを没取したうえで，先生はBさんに改めて3個のキャンディを渡す。そして，BさんはAさんに対し，「あなたにキャンディを1個あげます」または「あなたにキャンディを3個をあげます」のいずれかの提案をしなければならない。どちらの提案をしたとしても，Bさんの手元に残るキャンディの数は最大でも2個である。したがって，一番最初の「あなたにキャンディを3個あげます」というAさんの提案を受け入れる方が，この提案を拒否するより多くのキャンディが手元に残ることになる。以上のことから，一番最初のAさんの提案をBさんは受け入れるほかに選択肢はないといえる。

やや難　問3　AさんはBさんがどのような選択をするかまったく分からないのだから，Aさんは自分のことだけを考え，自分の手持ちが多くなるように提案するしかない。つまり，「あなたにキャンディを1個あげます」と提案するのが最も合理的な行動といえる。

問4　寡占《かせん》は，市場に生産物を供給する企業が少数しかなく，少数の企業が市場を支配する状態のこと。このため，これらの企業は価格に影響力を与えることができる(寡占価格)。

基本　問5　労働基準法は，日本国憲法第27条②の「賃金，就業時間，休息その他の勤労条件に関する基準は，法律でこれを定める」という規定に基づいて，1947年に制定・施行された労働者保護立法のこと。労働条件の原則と最低守るべき労働条件，前近代的な労働関係の排除などを規定している。

★ワンポイントアドバイス★

[問題6]で「ゲーム理論」についての出題がみられた。はまってしまうと時間がいくらあっても足りない。よって，最後に余った時間で考えるのが定石である。

＜国語解答＞《学校からの正答の発表はありません。》

〔問題一〕　問一　一番大切な　～中力を注ぐ　問二　イ　問三　(例)　細かい指摘をされないよう目先のことを考えて行動するようになり，一番大切なことに注意がいかなくなる状態。　問四　エ　問五　(例)　注意力や集中力に限界があるという特性　問六　(例)　大事なことをおろそかにしないよう気をつけて，要求されたことに適度に対応すること。　問七　イ　問八　a　業績　b　本末　c　前提　d　小言

〔問題二〕　問一　エ　問二　(例)　(あ，いえ)私ではなく，すし屋をバックに両親を描いていただきたいんです。　問三　ウ　問四　イ　問五　エ　問六　ア　問七　(例)　相手の良い一面に気づかせて人々を幸せな気持ちにさせること。　問八　エ　問九　a　イ　b　ア

○推定配点○

〔問題一〕　問二　2点　問三・問五・問六　各5点×3　問八　各1点×4　他　各3点×3

〔問題二〕　問二・問七　各5点×2　問九　各1点×2　他　各3点×6　計60点

＜国語解説＞

〔問題一〕（論説文―大意・要旨，内容吟味，文脈把握，指示語，漢字の読み書き，語句の意味）

問一　同じ文に「『たいへん良いこと』であるはずの姿勢が，大きなトラブルの誘因になる」とある。傍線部①「真面目に仕事に取り組む」ことが「大きなトラブルの誘因」になり得ることをふまえて，どのような姿勢なのかを具体的に述べている部分を探す。「そして」で始まる段落に「一番大切な部分に注意がいかなくなり，結果として重大なトラブルを引き起こす」とあり，続く「なぜ」で始まる段落で「なぜこのようなことが起こるかというと，人間の注意力や集中力には限界があるからです。ですから一番大切なことから細かいところまですべてに同じような注意力と集中力を注ぐのは，現実にはほぼ不可能なのです」と理由を述べている。ここから，「真面目に仕事に取り組む」について，具体的な姿勢を述べている部分を抜き出す。

問二　傍線部②「ヤイノヤイノ」は，何回も繰り返して要求する様子を表す。小さなトラブルが起こったときに，周囲の人からうるさく言われ，真面目な人ほど冷静でいられなくなるという文脈から，意味を推察することもできる。アやウは，仕事上の状況として不自然。エは「ヤイノヤイノ」は大声とは限らないので適切ではない。

問三　「塩梅」は物事の具合や様子のこと。周りからうるさく言われることによって良い具合だった注意力のバランスが崩れるとは，具体的にどういう状態になることなのかを読み取る。「そして」で始まる段落に「細かい指摘をされ続けると当人は……だんだん嫌になってきて，これを避けるために目先のことを考えて行動するようになります。その結果，一番大切な部分に注意がいかなくなり，結果として重大なトラブルを引き起こす」と，注意力のバランスが崩れる様子を具体的に述べており，この部分を簡潔にまとめる。

問四　傍線部④の「それ」は，直前の文の「細かい所を注意するからといって，大きなミスを起こすなんてケシカラン」という考えを指し示している。筆者は，この考えを「正論」であるとしながらも正しくないと言っている。直後の文で述べられている理由に着目する。「このようなミスは本来，『たるんでいる』『緊張感がない』などといった精神論による指摘で解決できる問題ではないから」と理由を述べた後，直後の段落で「組織運営」の問題としている。したがって，問題の本質を捉えておらず，適切な対応ではないとしているエが適切。筆者は「具体性」を問題にしていないので，アは適切でない。イの「論理的矛盾」に関する叙述は，本文には見られない。ウの「ミスをした人を責め立てるのに使うべき考え方ではない」は，傍線部④の直後の文の理由にはあてはまらない。

問五　前後の文脈から，大きな問題を引き起こさないために，組織運営にあたって人間のどのような特性を前提に考えるべきなのかを考える。人間の特性について述べている部分を探すと，「なぜ」で始まる段落に「人間の注意力や集中力には限界がある」とある。この表現を用いて，簡潔にまとめる。

重要　問六　傍線部⑥「いい加減にやる」について，同じ段落で「人間の注意力や集中力に限界があるならば，その中で本当に優先すべき事柄を取捨選択し，状況に応じて力の配分を変えて」いくことや，「注意力や集中力には限界があることを自覚し，それを見越して自分で対策を立てる」「注意されたことに全力で取り組まず，本当に大事なことをおろそかにしないように気をつけながら『要求されたことに適度に対応する』」などと具体的に説明している。これらの説明を，「いい加減」という表現にふさわしい内容となるようにまとめる。

や難　問七　「ですから」で始まる段落で「組織運営に際しては，まずそうした人間の特性をゼンテイに考えるべきなのです。そのうえで……当人に理解させることで，常に真剣さを持続させる」と組織の在り方について述べ，最終段落では「注意力や集中力に限界があることを自覚し」「いい加減にやる」という個人の在り方について述べている。組織の在り方と個人の在り方を切り離して述べているが，人間の注意力や集中力には限界があるという同じ発想に基づいているので，「異なる発想」とあるイが適切ではない。本文では，細かい指摘をされ続けると目先のことを考えるようになり大きなトラブルを引き起こすという過程を丁寧に説明しているので，アは適切。「これを」で始まる段落の内容にウ，最終段落の内容にエが適切。

問八　a　事業や研究などで成し遂げた実績。「業」の他の音読みは「ゴウ」で，「罪業」「非業」などの熟語がある。　b「ホンマツ転倒」で，重要なこととつまらないことを反対にして扱うことという意味になる。　c　ある物事が成り立つためのもととなる条件。「提」の訓読みは「さ(げる)」。　d　不満や苦情のこと。

〔問題二〕（小説―主題・表題，情景・心情，内容吟味，文脈把握，語句の意味）

問一　前の「男性が小声で『あの，こちらでは似顔絵をお願いできると聞いたんですが』と尋ねてきた。店内にそういう表示はしていないので，人づてに聞きはしたが，本当かどうか確信が持てないようだった」とある。結衣が「ええ，できますよ。」という答えを聞いた後の男性の心情にふさわしいのはエ。アの「いつ切り出せばよいか迷いつつ」という描写は見られない。結衣が承諾した後で，共通の知り合いである真崎ひかりさんの話題が出たので，「共通の知り合いが話題に出たことで……頼みやすくなった」とあるイは適切ではない。男性は似顔絵をお願いできると聞いて店を訪れているので，「無理を承知で」とあるウも適切ではない。

問二　直前の「さっそく描かせていただきますね」から，結衣は坂口の似顔絵を描くつもりでいたとわかる。それに対して「あ，いえ」と答えているので，坂口はどのような絵を描いてもらいたがっているのかを述べるとよい。坂口は「これを組み合わせて一枚の似顔絵を仕上げていただけないでしょうか」と言って，「和食用の調理服を着た小柄な年配男性」と「同様の調理服を着た年配女性」，寿司屋の写真を見せている。坂口の両親であるこの二人と寿司屋の似顔絵を描いてほしい，という内容の言葉を考える。

問三　傍線部③の「お節介」は出しゃばって余計な世話をやくことで，結衣が似顔絵を描くサービスを謙遜して言っている。同じ結衣の会話の「お客さんに喜んでいただけるサービス」や，「お客さんにちょっとした手品を見せたり，占いをしてあげたり」などの例には，自分がしてあげたくてしているものとあるウが適切。「お客さんに喜んでいただける」と言っているので，自分の特技を生かせるとあるアは適当ではない。サービス店内に似顔絵のサービスの表示はないので，「宣伝にもなって」とあるイはそぐわない。前の「結構な手間のかかる頼み事」「特別な仕事」という坂口の言葉や，後の「マンガ家を目指した」という結衣の経験から，「大した労力も必要なく無料でよい」とあるエも適当ではない。

問四　傍線部④までで，似顔絵には特別なスキルが必要なのでお礼をすると言う坂口と，お客さんに喜んでいただくためのサービスなのでお金はいただかないという結衣のやりとりがある。傍線部④の直前の「そうですか……じゃあ，申し訳ありませんがお願いします」という坂口の言葉からは結衣の説明に納得はしたものの，無料で似顔絵を描かせることに対して恐縮する様子がうかがえる。この内容を述べているイが適切。傍線部④の「頭を下げた」という動作に，アの「照れ臭くなっている」は適切ではない。結衣はサービスと決めているので，ウの「結衣に気を遣わせて」は合わない。坂口の言葉は「反論」とは言えないので，オも適切ではない。

問五　「土俵に上がる」は議論や交渉のなどをする準備や資格があるという意味で，傍線部⑤は，「さか寿司」が回転寿司店と売り上げを競い合うような店ではないという意味になる。一つ前の会話「もう何年も前から鮮魚を扱わなくなってしまって，握りはシメサバ，穴子，湯通ししたタコや玉子くらいしかなくて，あとは稲荷に巻き寿司ですから。常連客も高齢化しちゃって」というさか寿司の現在の経営の状態をふまえているエを選ぶ。アは，立地ではなく経営について述べている部分なので，適切ではない。イは，「寿司店のひとつとして認めてもらえない」とまで言われているわけではない。ウの「敬遠」は表面では敬いながら実際には避けるという意味であるが，本文にそのような内容を述べた記述がない。

問六　お客さんに似顔絵を描いてあげるときの結衣の心情を述べている部分を探すと，一つ後の段落に「全否定することなんてなかった……似顔絵なら描ける。描いてほしいという人たちがいて，仕上がりを見て喜んでくれるのなら，やる意味はある」，さらに「似顔絵を描くときは」で始まる段落に「お客さんとの会話がよりいっそう弾む。描いてもらう側は自然と，自身の内面も見せようという気持ちになるからだろうか」とある。ここから，結衣が似顔絵を描くことを「自己表現方法」とする理由が読み取れ，この心情には「他の人とコミュニケーションをとりながら良好な関係を築く手立てとなっている」とあるアが適当。イは，「挫折感」を「封印」した描写は見られない。ウは，「相談相手」になっているわけではない。エは，結衣が「陰気臭かった」ことからは脱したことが読み取れるが，「いつも明るくふるまえる」という描写はない。

重要

問七　「魔法」という語に着目すると，「そう」で始まる段落で「そう，ひかりさんはうそを操る魔法使いだ」とある。「今は」で始まる段落にあるように，陰気臭かった結衣に似顔絵を描かせることで，人とつながり人を幸せにできると気づかせたひかりさんのことを「うそを操る魔法使い」と言っている。さらに，結衣が描いた似顔絵を見た坂口は「表情が一瞬だけ止まる。目を見開いて，口が開く，そして顔が緩み，目が細くなる」とあり，坂口が一瞬驚いた後，笑顔になったことが読み取れる。結衣はひかりさんのように相手の知らない面に気づかせて幸せな気持ちにさせたことがうれしく「魔法が使える」と言っていることから考える。自分の言葉を補って簡潔にまとめる。

問八　本文中では，ひかりさんにを頼まれて似顔絵を描きお客さんとの人間関係がよくなったいきさつは述べているが，過去の出来事として繰り返し回想されているわけではない。したがって，適切でないものはエ。ア，イ，ウは，本文の二人の会話や結衣の心情が丁寧に述べられていることから，適切である。

問九　a　ひっそりとして静かな様子を言う。直前の「以前は町工場や長屋のような建物が多かった場所ですが」や，一つ後の会話の「もっと寂しい通り」などの言葉もヒントになる。

b　元は，垣根の間からのぞき見をするという意味。結衣が似顔絵を描くときにお客さんの内面が見えることを，お客さんの「人生ドラマを垣間見る」と表現していることから，意味を判断する。

★ワンポイントアドバイス★

問題文の内容は読みやすいものであるが，内容をしっかりと理解してその内容を自分の言葉で説明できる力が求められている。一朝一夕で身につくものではない。ふだんから文章の要約などの練習を意識して繰り返しておこう。

MEMO

大切なことはメモしておこうネ！

2020年度

★★★★★★★★★★★★★★★★★★★★★★

入　試　問　題

2020年度
筑波大学附属高等学校入試問題

【数　学】（50分）〈満点：60点〉

【注意】 円周率を必要とする計算では，円周率はπで表しなさい。

〔問題１〕　２個以上のさいころを投げたとき，出た目すべての積の値をaとし，aの正の約数の個数について考える。

このとき，次の①～③の[　　　]にあてはまる数を求めなさい。

（１）　２個のさいころを投げるとき，aの正の約数の個数が[①－ア]個となる確率が最も大きく，その確率は[①－イ]である。

また，aの正の約数の個数が奇数個となる確率は[②]である。

（２）　３個のさいころを投げるとき，aの正の約数の個数が３個となるようなaの値をすべて求めると，

$a=$[③]

である。

〔問題２〕　AB＝３cm，BC＝４cm，CA＝５cmである△ABCがある。

３点P，Q，Rはそれぞれ頂点A，B，Cを同時に出発して，

点Pは毎秒３cmの速さで，A→B→C→A→…

点Qは毎秒２cmの速さで，B→C→A→B→…

点Rは毎秒１cmの速さで，C→A→B→C→…

のようにすべて同じ向きに進み，３点がそれぞれの最初の位置に同時に戻ったとき，３点とも止まる。

３点が出発してからの時間をx秒とするとき，次の④～⑥の[　　　]にあてはまる数または式を求めなさい。

（１）　$x>0$のとき，３点が動いている間にP，Q，Rがつくる三角形が△ABCと合同になるときのxの値と，３点が止まるときのxの値を求めると，

$x=$[④]

である。

（２）　３点P，Q，Rのうち，２つの点が重なることは[⑤]回ある。

（３）　３点P，Q，Rが三角形をつくらない時間すべてを，xについての等式または不等式で表すと，[⑥]である。

〔問題３〕　次のページの図のように，線分BC上に点DをBD：DC＝２：３となるようにとり，線分BCに垂直な線分DAを∠BAC＝45°となるように引く。

このようにしてできた△ABCに対して頂点Bから辺ACに垂直な線分BEを引き，ADとBEの

交点をHとする。

このとき，次の⑦～⑨の［　　　］にあてはまる三角形または数を求めなさい。

（1）　△BCEと相似な三角形のうち，△BCE以外のものを２つあげると，［　⑦　］である。

（2）　線分AHの長さは，線分BDの長さの［　⑧　］倍である。

（3）　AH＝10cmであるとき，△ABCの面積は，［　⑨　］cm^2である。

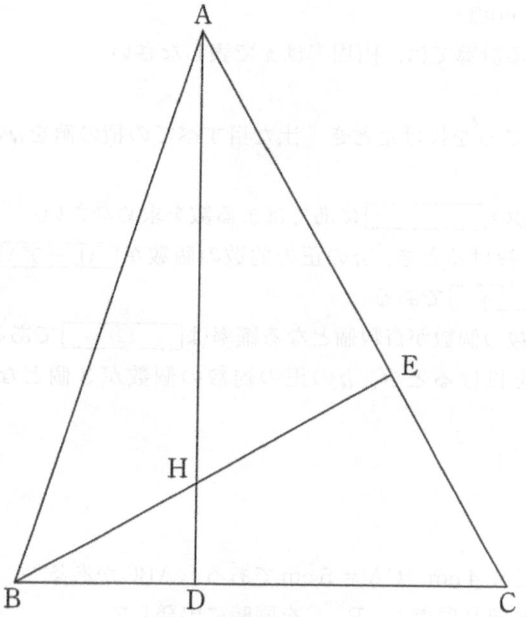

〔問題４〕　ふたがついた大きさの異なる２つの直方体の箱X，Yがある。Xには半径 r cmの球が５個，Yには半径４cmの球が４個，底面に接するように入っている。

下の図１の長方形ABCD，EFGHはそれぞれX，Yの平面図であり，AD＝EHである。

図１のように隣り合う球は互いに接しており，それぞれの箱の４個の球は側面にも接している。

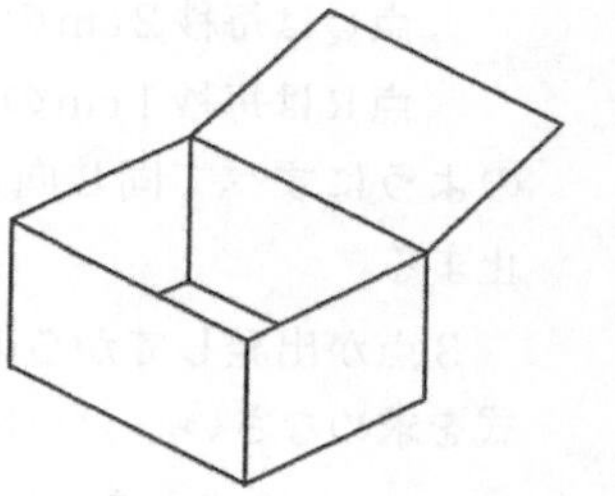

このとき，次の⑩～⑫の［　　　］にあてはまる数または辺を求めなさい。

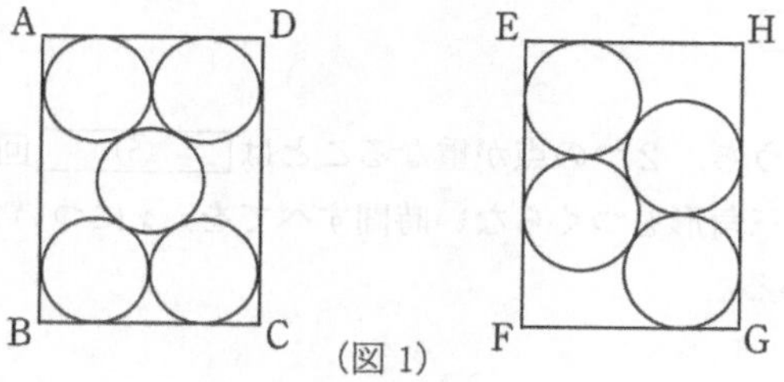

（図１）

（1）　r＝［　⑩　］cmである。

（2）　辺ABと辺EFの長さを比べると，辺［　⑪－ア　］の方が［　⑪－イ　］cmだけ長い。

（3） 下の図２のように，Ｘには半径 r cmの球，Ｙには半径４cmの球をそれぞれの３個の球と接するように１個ずつ置き，ふたをして直方体にしたところ，どちらのふたも置いた球と接した。

このとき，Ｘの体積は，Ｙの体積の［　⑫　］倍である。

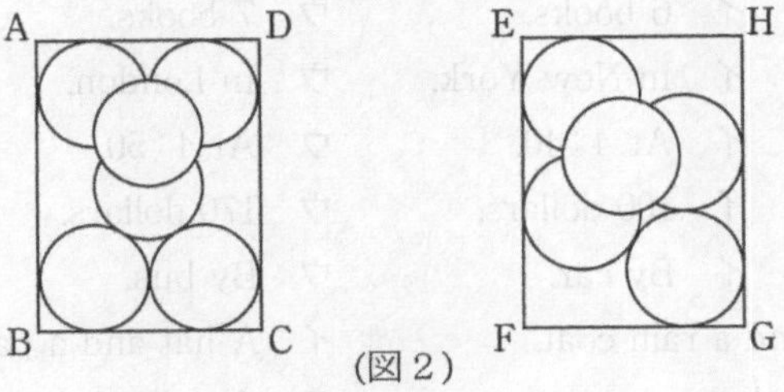

（図２）

〔問題５〕「１＋２×３＋４＝」と入力すると，計算結果が11となる電卓を使用する。

このとき，次の⑬，⑭の［　　　］にあてはまる数または数の組を求めなさい。ただし，１から10までの連続する自然数の和１＋２＋３＋……＋10は，55である。

（1） 11から20までの連続する10個の自然数を小さい方から順に入力して和を計算しようとしたところ，自然数 n の次の「＋」を「×」と押し間違えてしまい，計算結果が364となった。

このとき，

n ＝［　⑬　］

である。

（2） 自然数 m から $m+9$ までの連続する10個の自然数を小さい方から順に入力して和を計算しようとしたところ，自然数 n の次の「＋」を「×」と押し間違えてしまい，計算結果が94となった。

このような自然数の組 $(m,\ n)$ をすべて求めると，［　⑭　］である。なお，⑭の解答欄には答えを求めるまでの過程や考え方も書きなさい。

【英　語】（50分）〈満点：60点〉

〔問題1〕　放送の指示にしたがって答えなさい。

例題　ア　A CD.　　イ　A pen.　　ウ　A cake.　　エ　A book.

（1）ア　5 books.　　イ　6 books.　　ウ　7 books.　　エ　8 books.

（2）ア　In Tokyo.　　イ　In New York.　　ウ　In London.　　エ　In Hawaii.

（3）ア　At 4：30.　　イ　At 4：40.　　ウ　At 4：50.　　エ　At 5：00.

（4）ア　90 dollars.　　イ　100 dollars.　　ウ　170 dollars.　　エ　180 dollars.

（5）ア　By bike.　　イ　By car.　　ウ　By bus.　　エ　By train.

（6）ア　A water bottle and a rain coat.　　イ　A hat and a pair of shoes.

　　ウ　A rain coat and a hat.　　エ　A pair of shoes and a water bottle.

※リスニングテストの放送台本は非公表です。

〔問題2〕　次の英文を読んで，（問1）～（問9）に答えなさい。

I feel nervous, but I try to smile as I stand with the teacher in front of my new sixth grade class. Ms. Gomez places her hand on my shoulder.

“Please welcome Hasan Yilmaz,” she says. “Hasan has just moved to Florida from his home in Turkey. We will learn a lot about Turkey from Hasan this year.”

“Hello,” I say to the class. When I walk to my desk, a boy, bigger than the others, brings his left hand under his mouth and moves his fingers in a strange way.

“Gobble-gobble,” he says in a high voice. A few students laugh. He does it again. I don’t know why he is making this sound, but maybe it’s not good for me.

“You shouldn’t do that, Brian,” says Ms. Gomez with an angry look. Brian puts his hands on his desk.

Later that morning, Ms. Gomez calls Jimmy and me to her desk. Jimmy is a tall, thin boy who sits in front of me.

“Jimmy,” she says. “Would you help Hasan this week? Sit with him at lunch and introduce him to your friends.”

“Sure,” says Jimmy, “no problem.” He turns to me. “I moved here from India last year. I know it’s hard to move to a new country.”

“Thanks,” I say. We go back to our seats, and I hear the sound again. “Gobble-gobble. Gobble-gobble.” This time the teacher cannot hear it. （1）＿＿＿＿＿＿＿＿＿＿

“Why does Brian make that sound?” I ask Jimmy.

“In America, *turkey* isn’t just the name of your country,” he says. “It’s the name of a bird that we eat at Thanksgiving. *Gobble* is the sound this bird makes.”

“Uh-huh. I have read about Thanksgiving,” I say.

“But don’t worry. Just forget about Brian,” says Jimmy.

During the day, Brian keeps saying to me, “Gobble-gobble.” I try to calm down, but he knows it bothers me.

At dinner I tell my family about my problem with Brian.

"Don't give Brian any attention. He will get bored soon," says Fatma, my ten-year-old sister.

"I tried that, but it didn't work," I say.

"Hasan," says Father. "You are a smart boy. I know you will solve (2) this problem."

"Look," Mother says, "I have a surprise. I made this for you." She shows us our favorite Turkish cake. "Wow!" Fatma and I shout. As I eat it, the sweet taste fills my mouth, and it reminds me of my hometown. For a moment, my problems melt away.

But for the rest of the week, Brian always comes to whisper into my ear, "Gobble-gobble," when he finds me. I am losing my temper.

On Monday, I have a P.E. class on the field. Our P.E. teacher, Mr. Wilson, says that we are going to play soccer. I've never heard of soccer, but when he holds up a ball, I get (3-A) __________ .

"Football!" I shout.

Everyone is silent. I feel (3-B) __________ and say, "In Turkey, we say football."

Mr. Wilson says, "Yes, people around the world call this game football. That's the most common name for this sport. Thanks for reminding us."

Mr. Wilson selects two captains, and they choose their team members. I am chosen last. Last! I am surprised. In Turkey, I was usually chosen first. Maybe (4) [well / too / I'm / they / play / small / think / to].

My captain, Julia, points at me and then to the bench.

"I'll put you back in," she says, "after we have the lead."

She doesn't think I'm a good player. Tears come to my eyes as I walk to the bench. On the field, the teams are enjoying the game. I cannot just sit and wait. I pull a ball from the ball bag and start to warm up. I want to be ready when Julia calls me back.

I tap the ball from my knee to my head. Then I tap it from foot to foot without dropping it to the ground. Suddenly, play has stopped. Both teams are watching me. Their mouths are open. A girl shouts, "(5) __________ !"

"Hey," Julia says to me. "Come on in."

I run to the field. "The score is 3 to 3. We need to score a point quickly," Julia says. After the ball is thrown in, she gets it and passes it to me.

Two boys are running toward me. I don't move. I wait. When they get close enough, I dribble right, then left, and leave the first boy behind. When the second boy tries to get the ball, I kick it through his open legs and go past him. Now I dribble toward the goal.

The goal keeper comes out to meet me. Brian!

"Gobble-gobble," he says. "(6) This is going to be like taking candy from a baby."

Brian pulls back his foot to kick the ball, but I move it quickly to the left. Brian kicks at the air. I run past him and kick the ball into the goal.

"Goal!" Mr. Wilson shouts and raises his arms. Our team cheers. Several players tap my back. Just then Mr. Wilson says, "Time is up!" He looks at me. "You're a fantastic football player."

I smile back. When I look at Brian, (7)<u>he turns away.</u>

On the way back to our classroom, Julia comes and says, "Sorry. I didn't know you are such an awesome player."

"Football — I mean soccer — is Turkey's national sport," I say. "We play soccer as soon as we can walk."

"Well done!" says Jimmy. "You're not going to hear any more gobbles."

After school, I invite Julia and Jimmy to my house. While they see photos of my home and friends in Turkey, I run into the kitchen. My mother meets me with a plate of the (8)＿＿＿＿＿.

"Thanks, Mom," I say and smile. My new friends will never forget the treat.

（注） gobble　ゴロゴロ（鳥の鳴き声）　have the lead　リードする　warm up　準備運動をする
tap　軽くたたく　dribble　球を蹴りながら進む

（問1） 下線部(1)の空所に入る最も適切なものを，次のア～エから1つ選び，記号で答えなさい。

ア Brian points at me and laughs.
イ Brian asks me to stop making the sound.
ウ Brian looks at her and says, "Sorry."
エ Brian stands up and comes to us.

（問2） 下線部(2)が指す内容を，句読点を含む20字以内の日本語で答えなさい。

（問3） 下線部(3-A)，(3-B)の空所に入る語の組み合わせとして最も適切なものを，次のア～エから1つ選び，記号で答えなさい。

ア (3-A) frustrated　(3-B) strange　イ (3-A) interested　(3-B) tired
ウ (3-A) disappointed　(3-B) proud　エ (3-A) excited　(3-B) embarrassed

（問4） 下線部(4)の［　　　］内の語を，意味が通るように並べかえなさい。

（問5） 下線部(5)の空所に入る最も適切なものを，次のア～エから1つ選び，記号で答えなさい。

ア It's boring　イ That's my ball　ウ It's like magic　エ You can't join us

（問6） 下線部(6)が表す意味として最も適切なものを，次のア～エから1つ選び，記号で答えなさい。

ア お前，思っていたよりもやるじゃないか。
イ お前のボールを止めるくらい朝飯前だぜ。
ウ 何としてでもお前のゴールを阻止してやる。
エ 俺から簡単にゴールを奪えると思うなよ。

（問7） 下線部(7)の行動の理由として最も適切なものを，次のア～エから1つ選び，記号で答えなさい。

ア Because Brian still wants to say "Gobble-gobble."
イ Because Brian knows that the game hasn't finished yet.
ウ Because Brian doesn't want to say that Hasan is a good player.
エ Because Brian doesn't know what to do when Hasan smiles at him.

（問8） 下線部(8)の空所に入る連続する最も適切な2語を，本文中から抜き出して答えなさい。

（問9） 次の英文はこの日の晩にHasanが母国の友人に向けて送ったメッセージである。本文の内容に沿って，文中の空所（ ① ）～（ ④ ）に入る最も適切な英語1語を答えなさい。

I'll tell you two things I learned here. First, the word *turkey* has two meanings in America.

One is, of course, the name of our (①), but the word is used for a (②), too. Interesting! Also, do you know what they call (③) in America? They call it (④) instead of (③). I played it in P.E. class today and my team won! I scored a goal, and I made new friends through the game.

〔問題３〕 次の英文を読んで，(問１)～(問10)に答えなさい。

When people in Scotland become fifteen years old, they can choose a single spell from the spell book of the Grand Wizard and learn it. On the morning of my fifteenth birthday, I'm going to go to the Grand Wizard's Castle. I can look through the book for only five minutes before making my decision. There are thousands of spells to choose from. 'How am I going to decide?' I wonder.

"Ron," my sister Mei insists, "you should choose a practical spell." She points at me with her fork when she says this. There is still some pancake with honey on her plate.

"Leave him alone," my father says, without moving his eyes from the newspaper. "It's his decision. Not yours," he adds.

I look up at the kitchen ceiling. 'What should I do? My birthday is only three days away! I need to make a decision — and soon,' I think.

"Active!" Mei suddenly says in a loud voice. From her knife, arms and legs appear, and the knife begins dancing in circles around the table.

My mother laughs softly. A few seconds later, the knife falls to the floor.

"See?" Mei says. "Useless! A silly trick!"

Mei learned the spell, Active. When she casts the spell on something small, it begins dancing. However, it only (1)________ a few seconds.

My friend Andy chose a spell, Assist. Once a day, he can whisper the word, and any answer on any test appears on the page in his own writing.

"Believe me, Ron," Andy says to me, "don't choose that spell."

Everyone at school knows Andy's spell. On test days his teacher watches him closely and he gets too nervous to do his best.

Both my parents made good decisions. My father chose Love. When he whispers, "Love," he can attract anyone for twenty seconds. And he is happy now, because he got married to my mother. My mother learned Photo. She can only cast it once a week. When she does, that moment is kept in her memory. She can remember the sights, the sounds, and even the feelings she has at that moment.

"I won't use my spell this week," she tells me as she touches my hair, "until your big day."

"Great," I say. "I'll make a bad choice. You'll remember it."

"Ron!" My mother (2)________. She looks very serious.

I look down at my plate and say, "Even if I try very hard, I won't be happy with my decision."

For the first time, my sister defends me. "He's probably right," she says.

When the big day comes, I put on a suit and my father helps me to put on a tie. We go to the Grand Wizard's Castle. It is a huge old castle. A man in a long black coat comes out from the castle to meet us at our car. Then he leads me to the castle.

My parents have to wait around the car. It's the rule, and I am happy. (3)'I don't want them to see which spell I will choose,' I think.

"This day isn't for them," the wizard says. 'Can he read my thoughts?' I wonder. He continues, "It's for you. Don't be nervous."

'Don't be nervous? Is that all?' I think. I try to say something clever, but I can't.

We walk for a while and reach a small dark room. It is lit only by candles. There is a large old wooden desk. A huge (4) ______ sits on it. "This is it," I whisper.

"You have exactly five minutes," the wizard says. "After you choose your spell, read it in a loud voice. When you make your choice, it's final. So choose carefully."

'It is easy for the wizard to say. He probably knows hundreds of spells. He never has to choose just one. (5) ____________,' I think.

As I don't have much time, I quickly look through the pages. There is a spell, Birdcall. It's a spell to attract birds. They will even land on my head and shoulders for a short time. I suddenly remember my sister's advice. I should choose something (6) ______.

I skip forward a few pages. There is a spell, Shine. I know this is a popular one. The shoes and the windows clean themselves for a few minutes.

"Just two more minutes," the wizard says. "If you're looking for a spell that will (7) [everything / gold / touch / turn / to / you], I'm afraid you won't find it. These are common spells. There is nothing that will make you rich."

Finally, I find a spell that I want. I continue looking through the pages just to be sure, but I realize the spell is the best.

"Time's up!" the wizard says.

When I walk back to the car, I smile. It is the first time I have done so in at least three days. I'm not worried about my decision anymore. Maybe there is a better spell, but I'm happy with my choice.

"You won't believe it," I tell my parents. "You won't believe my choice!"

"Wait, wait," my father says. "Before you say anything, let me tell you this. (8)Your mother and I are proud of you."

I can't wait any longer.

"I chose Clear," I say.

Both of them look confused. It isn't a very popular spell.

"It helps people to see all the good points and bad points of their decisions more clearly. When it's time for my friends to choose their spells, I can cast it and help them," I say.

My mother smiles, touches my hair and says, "Now this is the moment." She says, "(9) __________."

（注） spell 魔法の呪文　wizard 魔法使い　cast （呪文を）唱える　useless 役に立たない
defend かばう　skip 飛ばし読みする

（問1） 下線部(1)の空所に入る最も適切なものを，次のア～エから1つ選び，記号で答えなさい。
ア chooses　イ counts　ウ lasts　エ waits

（問2） 下線部(2)の空所に入る最も適切なものを，次のア～エから1つ選び，記号で答えなさい。
ア smiles　イ scolds　ウ panics　エ agrees

（問3） 下線部(3)のように考えた理由を，句読点を含む15字以内の日本語で答えなさい。

（問4） 下線部(4)の空所に入る最も適切な1語を，本文中から抜き出して答えなさい。

（問5） 下線部(5)の空所に入る最も適切なものを，次のア～エから1つ選び，記号で答えなさい。
ア It's not fair　イ It's difficult　ウ It's not enough　エ It's dangerous

（問6） 下線部(6)の空所に入る最も適切な1語を，本文中から抜き出して答えなさい。

（問7） 下線部(7)の［　］内の語を，意味が通るように並べかえなさい。

（問8） 下線部(8)のように言った理由として最も適切なものを，次のア～エから1つ選び，記号で答えなさい。
ア Ron followed his parents' advice.
イ Ron was able to choose his own spell.
ウ Ron learned the same spell as his father did.
エ Ron chose the spell that helps his friends.

（問9） 下線部(9)の空所に入る最も適切な1語を，本文中から抜き出して答えなさい。

（問10） 本文の内容に合うものを，次のア～エから1つ選び，記号で答えなさい。
ア Mei always disagrees with her brother and never helps him.
イ Andy's teacher assists him in answering questions on test days.
ウ Ron's mother takes pictures to keep all the moments in mind.
エ Ron's father can attract anyone for a short period of time.

〔問題4〕 次の（1）～（4）の対話を読んで，それぞれの空所に，［　　］内に示した日本語の意味を表す英語を書きなさい。

（1） A : What do you want to be in the future?
B : A scientist. ＿＿＿＿＿＿＿＿＿＿＿＿＿＿＿＿
［病気で苦しんでいる子ども達を救う薬を開発したいんだ。］

（2） A : Mom, there are many trees in the yard. Is this an apple tree?
B : Right. ＿＿＿＿＿＿＿＿＿＿＿＿＿＿＿＿
［この木はね，私が生まれてすぐに植えられたんだよ。］

（3） A : Do you have any plans this weekend?
B : My sister had a baby last week, so I am going to visit her.
＿＿＿＿＿＿＿＿＿＿＿＿＿＿＿＿
［赤ちゃんに初めて会うのが楽しみ。］

（4） A : I very much enjoyed the Rugby World Cup. The final game was very exciting.
B : Yes, it really was. ＿＿＿＿＿＿＿＿＿＿＿＿＿＿＿＿
［優勝チームのキャプテンのスピーチが印象的だった。］

【理　科】（50分）〈満点：60点〉

【注意】　コンパスと定規を使用してはいけません。

〔問題１〕Ａ～Ｅは，日本国内の異なる地点である。冬至の日，Ａ～Ｅの各地点で太陽の南中高度と南中時刻を調べたところ，次の表のようになった。また，Ｅ地点の夏至の日の南中高度は78.7°であった。あとの⑴～⑶の問いに答えよ。

表

	Ａ地点	Ｂ地点	Ｃ地点	Ｄ地点	Ｅ地点
冬至の日の南中高度	30.9°	31.9°	35.0°	33.0°	31.9°
冬至の日の南中時刻	11:35	11:38	12:20	12:13	11:58

⑴　次に示す記述にあてはまる地点はどこか。それぞれについて，Ａ～Ｅからあてはまるものをすべて選び記号で答えよ。

①　緯度が同じである地点

②　冬至の日，太陽が出ている時間がもっとも長い地点

⑵　Ａ地点の秋分の日の南中高度を求めよ。

⑶　Ｂ地点とＥ地点の経度の違いについて，Ｂ地点はＥ地点より何度西または，何度東の形で答えよ。

〔問題２〕10Ｖの電源装置，豆電球Ａ～Ｃ，抵抗器，電流計，電圧計を用いて図１～３の回路を組んだ。図１～３の豆電球Ａと抵抗器は，同一のものを用いた。あとの⑴～⑷の問いに答えよ。

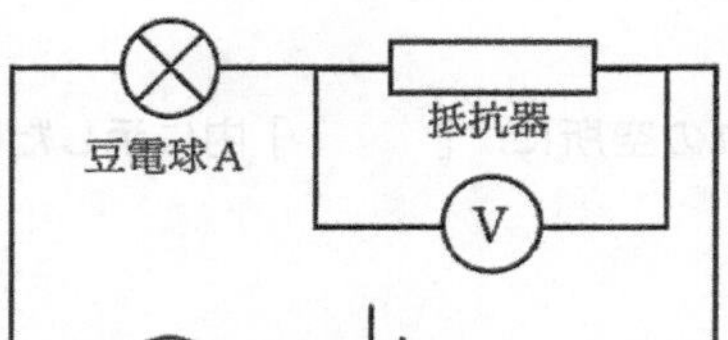

図１

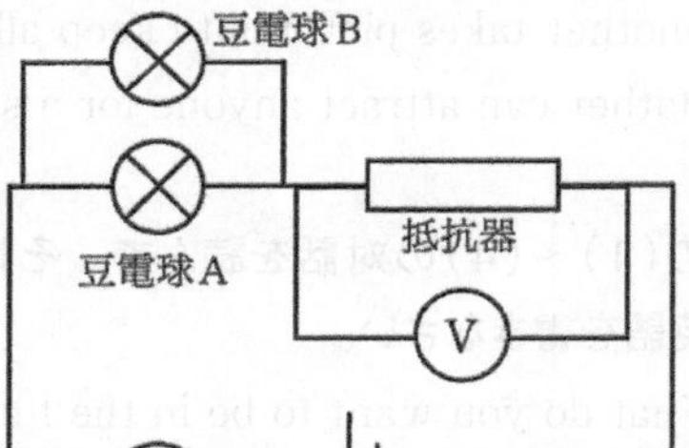

図２

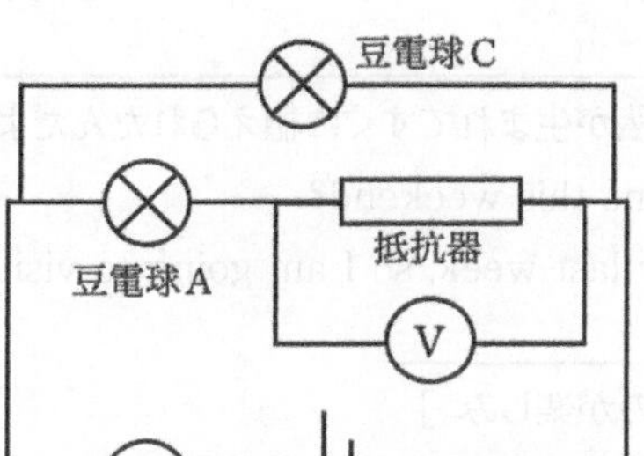

図３

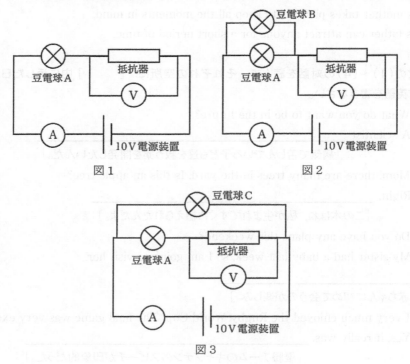

(1)　図１の回路において，電流計は200 mAを，電圧計は3.0 Vを表示していた。抵抗器の抵抗は何Ωか。

(2)　図２の回路における電流計と電圧計の表示値について，図１のときと比べたものとして最も適切な組み合わせを，次のア～ケから１つ選び，記号で答えよ。

	電流計の表示値	電圧計の表示値
ア	大きい	大きい
イ	大きい	等しい
ウ	大きい	小さい
エ	等しい	大きい
オ	等しい	等しい
カ	等しい	小さい
キ	小さい	大きい
ク	小さい	等しい
ケ	小さい	小さい

(3)　図３の回路における電流計と電圧計の表示値について，図１のときと比べたものとして最も適切なものを，(2)のア～ケから１つ選び，記号で答えよ。

(4)　図１～図３の回路における豆電球Ａの明るさを比べたとき，最も明るく光る豆電球Ａはどの図のものか。最も適切なものを，次のア～クから１つ選び，記号で答えよ。

ア　図１　　イ　図２　　ウ　図３
エ　図１および図２　　オ　図２および図３　　カ　図１および図３
キ　どの図の豆電球Ａも同じ明るさ
ク　判断するために必要な情報が足りない

〔問題３〕　次の文を読み，あとの(1)～(4)の問いに答えよ。

地球上には，さまざまなセキツイ動物が生息している。これらについて，呼吸のしかた・子のうまれ方・体表のようすで分けると，表の①～⑤のグループになった。

表

	呼吸のしかた	子のうまれ方	体表
①	肺呼吸	卵生	羽毛
②	肺呼吸	胎生	毛
③	えら呼吸（幼生） →肺呼吸（成体）	卵生	しめった皮膚
④	えら呼吸	卵生	うろこ
⑤	肺呼吸	卵生	うろこ

(1) 図は，まわりの温度と，あるセキツイ動物の体温の関係を表している。このグラフにあてはまる動物はどのグループか。表の①～⑤からあてはまるものをすべて選び，記号で答えよ。

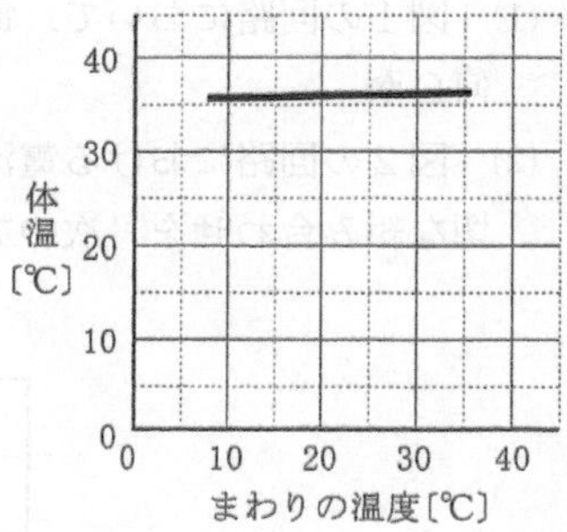

図

(2) (1)で答えたグループ以外の体温の変化を表すとしたらどのようになるか。解答用紙の図中に描け。

温度０℃から描く必要はないが，図を参考にし，その特徴がわかるように描くこと。

(3) 写真は，ドイツで中生代の地層から発見されたある生物の化石で，表の①と⑤の両方の特徴をもつ。その生物の名称をカタカナで答えよ。

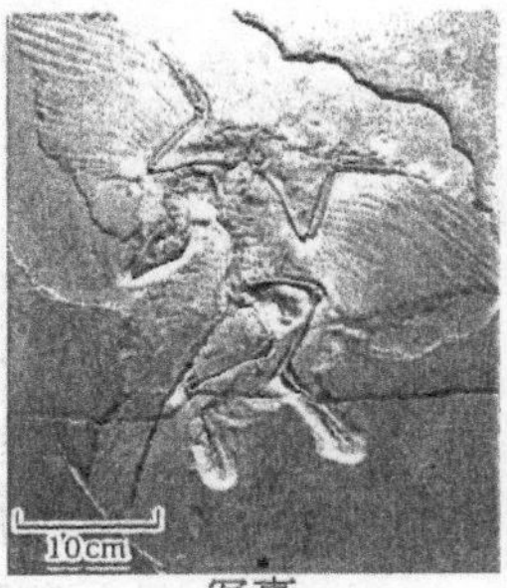

写真

(4) 表の②のグループについて，空を飛ぶ前あしは翼，水中を泳ぐ前あしはひれ，二足歩行をして道具を使う前あしはうで，というように前あしがもつはたらきは異なっていても，骨格を比べてみると基本的なつくりに共通点がある。このように，現在の形やはたらきは異なっていても，もとは同じと考えられるものを何というか。漢字４字で答えよ。

〔問題４〕 次の文を読み，あとの(1)～(4)の問いに答えよ。ただし，(3)，(4)に関しては解答欄の行数以内で述べよ。

赤色色素，※ショ糖，香料で構成された，かき氷用シロップ（以下，シロップとする）がある。このシロップに活性炭の粉末を混ぜてしばらく放置すると，活性炭が沈み，無色透明の水溶液になった。この上澄み液を口に入れてみたところ，シロップの香料のにおいがするショ糖水溶液であった。そこで，シロップを用いてできるだけ香料のにおいがしないショ糖水溶液を作ろうと，上の実験とは別に以下の２つの実験行った。

〈実験１〉シロップをろ過した。

〈実験２〉シロップを図のような装置で加熱した。

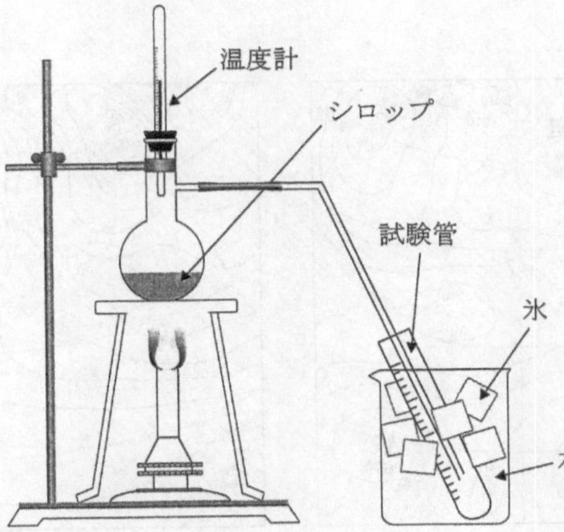

図

※ショ糖は砂糖の主成分である。

(1) 〈実験１〉において，ろ液に関して述べた次の文中の①～③について，それぞれ正しいものを１つ選び，記号で答えよ。

> ①(ア 赤色 ・ イ 無色透明)で
> 香料の②(ウ においがする ・ エ においがしない)，
> ③(オ 甘い味の ・ カ 甘い味のしない)水溶液であった。

(2) 〈実験２〉において，収集した試験管内の水溶液に関して述べた次の文中の④～⑥について，それぞれ正しいものを１つ選び，記号で答えよ。

> ④(ア 赤色 ・ イ 無色透明)で
> 香料の⑤(ウ においがする ・ エ においがしない)，
> ⑥(オ 甘い味の ・ カ 甘い味のしない)水溶液であった。

(3) 〈実験２〉のシロップの加熱を続けて，フラスコ内のシロップに含まれる水をすべて蒸発させて，ショ糖の結晶を得ようとした。どのような結果になるか，答えよ。

(4) シロップを用いて無色で香料のにおいができるだけしないショ糖水溶液を作る方法を説明せよ。

〔問題５〕 次のＡ～Ｄの図は，気象庁の web サイトにある天気図を一部改変したものである。あとの(1)～(3)の問いに答えよ。

A

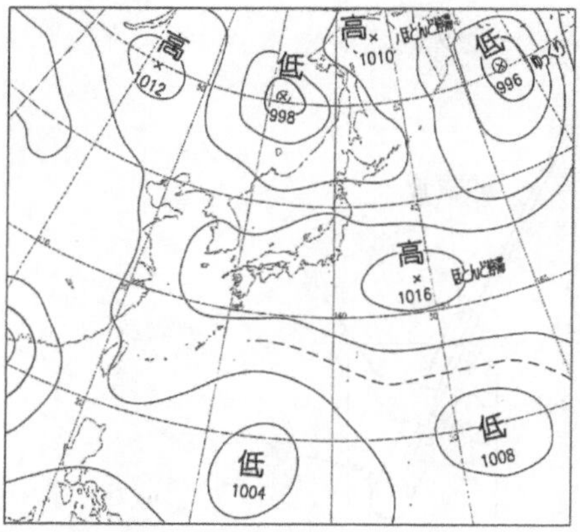

B

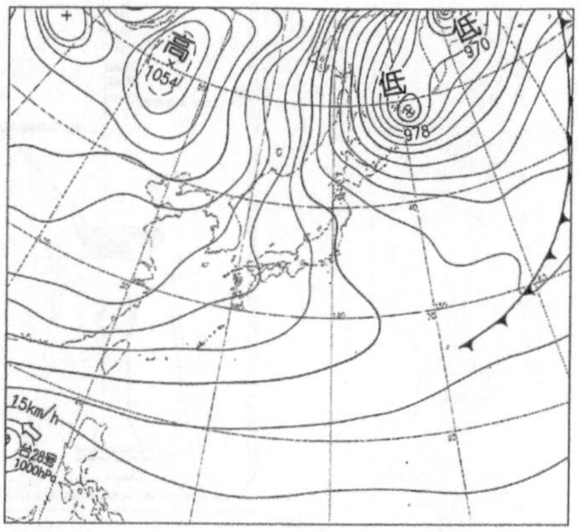

C

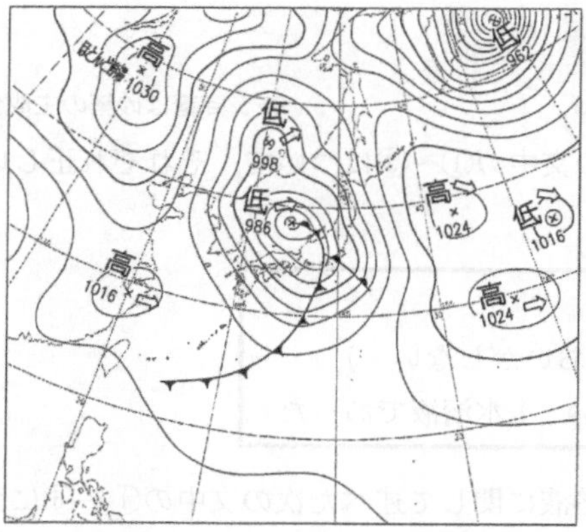

D

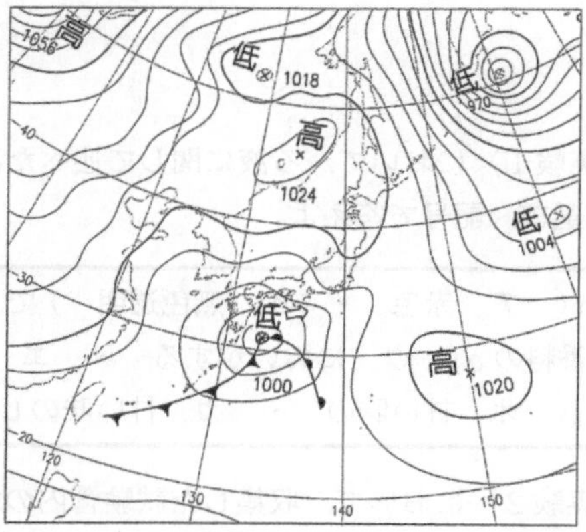

(1)　４つの天気図Ａ～Ｄの中で，東京に強い南風が吹くものはどれか。最も適切なものを１つ選び，記号で答えよ。

(2)　Ａは，ある季節によくみられる特徴的な天気図である。この季節の気象について述べた次のア～オから正しいものを2つ選び，記号で答えよ。

ア　南北の気団の間に前線が停滞し，雨天が続く。

イ　上空に寒気が入り込み，地上との気温差で不安定な大気になることがある。

ウ　関東地方は高気圧におおわれ晴天になるが，日本海側は雪が降ることが多い。

エ　関東地方は西から低気圧と高気圧が数日ごとに交互に訪れ，晴天は続かない。

オ　関東地方は高気圧におおわれ，晴天が続き猛暑になる。

(3)　１気圧は 1013hPa である。Ｂの天気図で，日本の北西，ユーラシア大陸上に見られる高気圧は 1054hPa であり，非常に発達している。この高気圧はどのような理由で発達したと考えられるか。適切なものを次のア～オから3つ選び，記号で答えよ。

ア　放射冷却によって，大陸上に寒気が蓄積されやすいため。

イ　地球温暖化がすすみ，大陸上に高気圧が発達しやすくなったため。

ウ　フェーン現象により，大陸上に高温の空気が吹き降りてくるため。

エ　ヒマラヤ山脈により，大陸上の寒気がせき止められやすいため。

オ　大陸の方が海洋よりもあたたまりやすく，冷えやすいため。

〔問題６〕 次の文を読み，あとの(1)〜(4)の問いに答えよ。

図１のようにまさつのある水平な台の上に，糸をつけた直方体の物体Ｘを置いた。糸を滑車にかけて，おもりＹをつるし，糸がたるまないようにＹを手で支えた。このときおもりＹの底面は高さ0.4mの位置にあった。次に，物体Ｘに記録テープをつけ，記録タイマーでＸの運動を記録できるように準備した。

おもりＹから手を離したところ，Ｙは落下して床で弾むことなく静止し，物体Ｘは１ｍ進んで静止した。図２のグラフは，この実験から得られた物体Ｘの速さと時間との関係を表している。

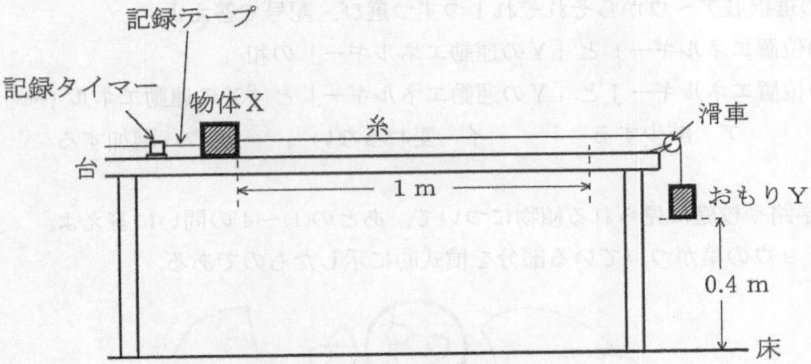

図１

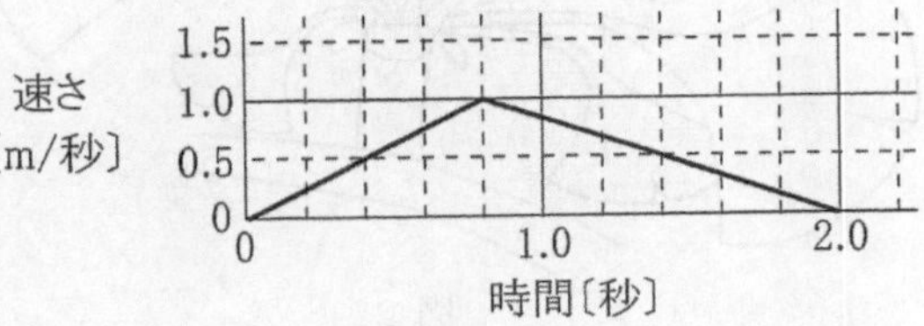

図２

(1)　おもりＹが動き始めてから床に着くまで，Ｙの平均の速さは何m/秒か。

(2)　物体Ｘの運動を記録したテープのうち，おもりＹが床に着いたあとの部分を模式的に表すとどうなるか。最も適切なものを次のア〜エから１つ選び，記号で答えよ。

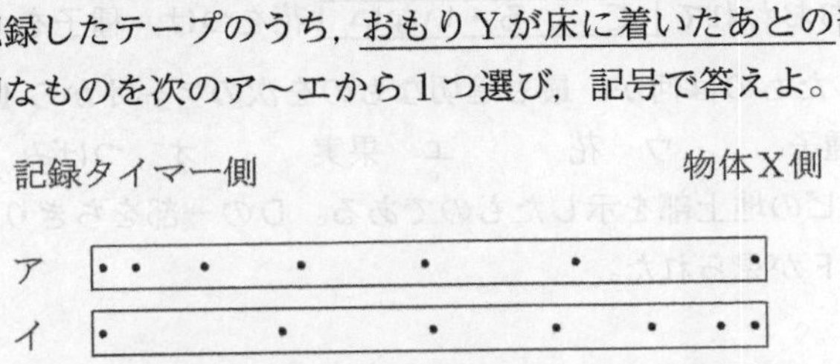

(3) おもりYが動き始めてから床に着く直前までの間に，Yが受けている上向きの力の大きさをT，下向きの力の大きさをWとする。TとWの関係について正しく述べているものを，次のア～オから１つ選び，記号で答えよ。

ア　つねに$T > W$である。
イ　つねに$T = W$である。
ウ　つねに$T < W$である。
エ　最初は$T > W$で，途中から$T < W$になる。
オ　最初は$T < W$で，途中から$T > W$になる。

(4) 物体Xがこの台を滑るとき，まさつによって熱エネルギーが生じている。その熱エネルギーの源は，おもりYの位置エネルギーだと考えられる。

おもりYが動き始めてから床に着く直前までの間に，次の①と②の量はどのように変化するか。あとの選択肢ア～ウからそれぞれ１つずつ選び，記号で答えよ。

①「Yの位置エネルギー」と「Yの運動エネルギー」の和
②「Yの位置エネルギー」と「Yの運動エネルギー」と「Xの運動エネルギー」の和

選択肢　　ア　減少する　　イ　変わらない　　ウ　増加する

〔問題７〕 通学路や校庭に見られる植物について，あとの(1)～(4)の問いに答えよ。

図１は，イチョウの葉がついている部分を模式的に示したものである。

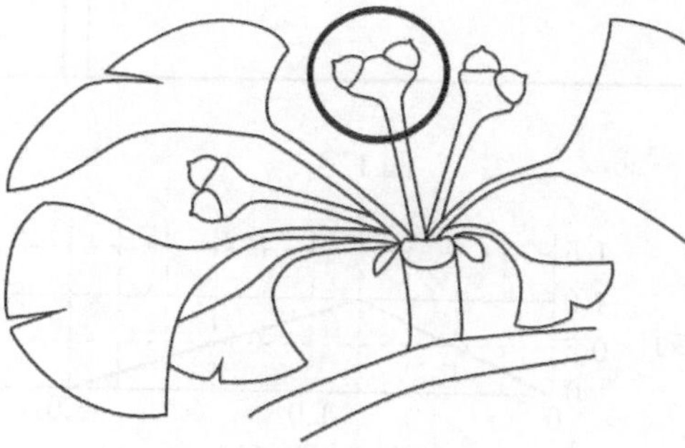

図１

(1) イチョウの特徴について述べた次の文中のA，Bにあてはまる適切な語句を漢字で答えよ。また，Cはどちらか一方を選べ。

［ A ］が［ B ］におおわれて［ C いる・いない ］花をつけ，種子をつくって増える。

(2) 図１中に○で示したものは何か。最も適切なものを次のア～オから１つ選び，記号で答えよ。

ア　芽　　イ　種子　　ウ　花　　エ　果実　　オ　つぼみ

図２のDは，イヌワラビの地上部を示したものである。Dの一部をちぎりとり，裏面を双眼実体顕微鏡で観察すると，EやFが見られた。

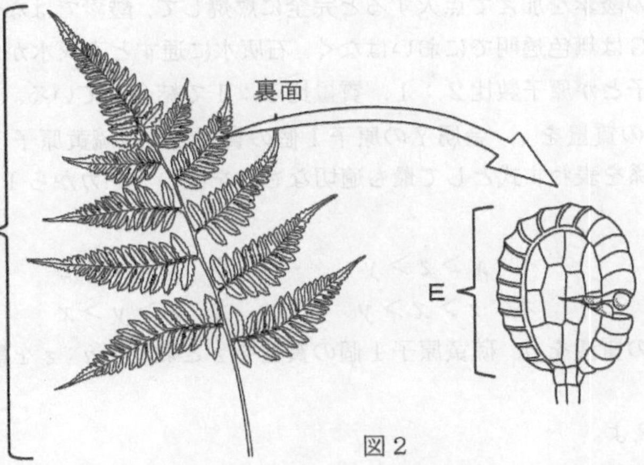

図２

(3)　イヌワラビの特徴について述べた文として適切なものを，次のア～キからすべて選び，記号で答えよ。

ア　シダ植物に分類される。

イ　根・茎・葉のはっきりとした区別がない。

ウ　維管束がある。

エ　根から有機物を吸収して成長する。

オ　からだ全体で有機物を吸収して成長する。

カ　光合成を行い，有機物を合成する。

キ　精子と卵の受精によって，種子をつくる。

(4)　図２のＤやＥの細胞の染色体数を調べると 80 本であったが，Ｆの染色体数は 40 本であった。Ｅから Ｆができる過程で何が起こったと考えられるか，漢字４字で答えよ。また，Ｅの名称を答えよ。

〔問題８〕　次の文を読み，あとの(1)～(4)の問いに答えよ。

硫黄はいろいろな元素と結合して化合物を作ることが知られている。

ある金属Ｘの粉末と硫黄粉末とを混ぜて加熱すると，金属Ｘの原子と硫黄原子とが原子数比１：１で結合する。金属Ｘの質量を変えて，生成した化合物の質量を調べると右図のようになった。

別の金属Ｙの原子と硫黄原子も原子数比１：１で結合し，金属Ｙの質量と化合物の質量との関係は右図のようになる。

一方，ある元素Ａの原子と硫黄原子とは，原子数比１：２で結合して化合物Ｍを作る。この化合物Ｍに含まれる元素Ａと硫黄との質量比は３：16である。

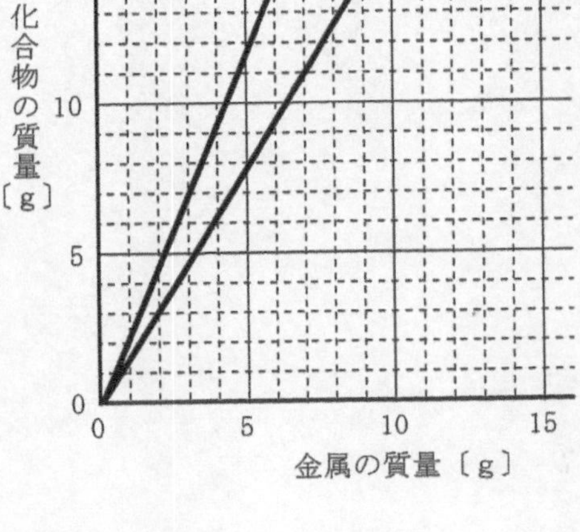

化合物Mは充分な量の酸素を加えて点火すると完全に燃焼して，酸素ではない２種類の気体GとHとが生成する。気体Gは無色透明でにおいはなく，石灰水に通すと石灰水が白濁する。気体Hは元素Bの原子と硫黄原子とが原子数比２：１，質量比１：１で結合している。

(1) 金属Xの原子１個の質量をx，金属Yの原子１個の質量をy，硫黄原子１個の質量をzとおく。それらの大小関係を表わす式として最も適切なものを次のア～カから１つ選び，記号で答えよ。

ア　$x>y>z$　　イ　$x>z>y$　　ウ　$y>x>z$

エ　$y>z>x$　　オ　$z>x>y$　　カ　$z>y>x$

(2) 元素Aの原子１個の質量をa，硫黄原子１個の質量をzとおく。$a:z$を最も簡単な整数比で答えよ。

(3) 気体Gの名称を答えよ。

(4) 19gの化合物Mに充分な量の酸素を加えて完全に燃焼させたとき，生成する気体Gの質量は何gか。小数第１位を四捨五入して整数で答えよ。

【社　会】（50分）〈満点：60点〉

［問題１］

〔問１〕図Ⅰの５つの地図は，メルカトル図法で描いた世界地図の一部である。これらは上端が北緯50°，下端が北緯20°の範囲を示しており，経度は20度間隔で任意に切り取ったものである。図ⅡのＰ～Ｓは，図ＩのＡ～Ｄのいずれかの地点における雨温図である。ＱとＲの正しい組合せを，下のア～シの中から１つ選び，記号で答えなさい。

図Ⅰ

北緯50°

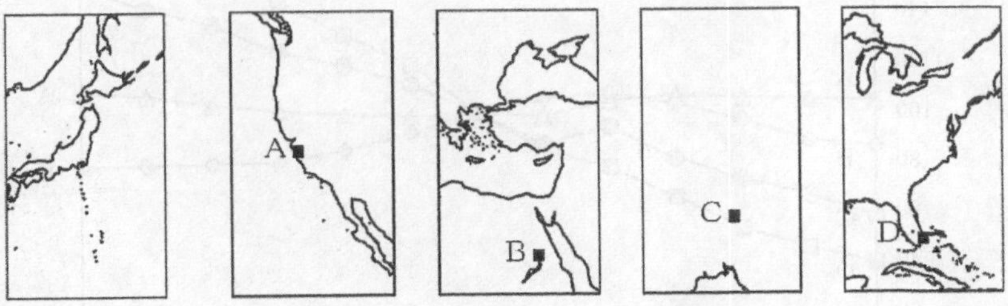

北緯20°

図Ⅱ

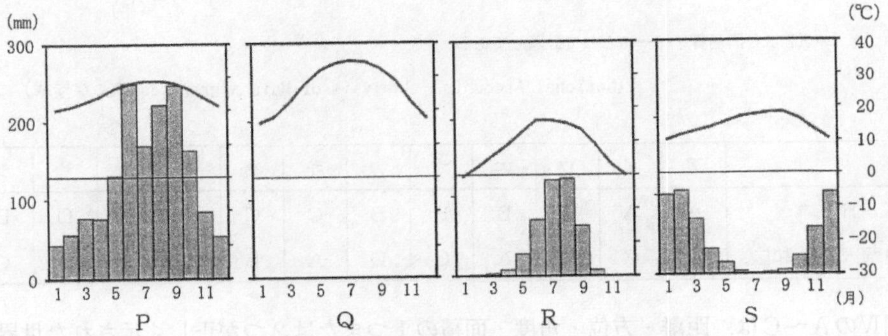

	ア	イ	ウ	エ	オ	カ	キ	ク	ケ	コ	サ	シ
雨温図Q	A	A	A	B	B	B	C	C	C	D	D	D
雨温図R	B	C	D	A	C	D	A	B	D	A	B	C

〔問２〕次の文は，東南アジアとオセアニア州の共通点をまとめたものである。正しいものを次のア～カの中から２つ選び，記号で答えなさい。

ア．大陸地域はプレート境界に位置し，島しょ地域に比べ地震や火山が多くみられる。

イ．農業では大型機械が多数導入され，大規模に小麦栽培が行われている。

ウ．イギリスによって植民地支配を受けていた国がある。

エ．島しょ地域はイスラム教を信仰する人が最も多い。

オ．主要な貿易相手国は，アジア諸国とヨーロッパ諸国である。

カ．APECとTPPの両方に加盟している国がある。

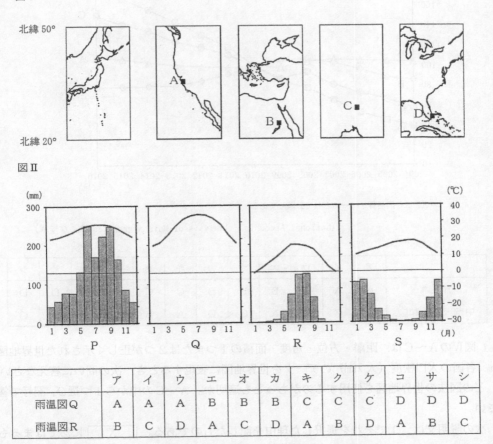

〔問３〕図ⅢのＡ～Ｄは，それぞれの国の2004年から2016年のGDP*（国内総生産）推移を，2010年を100として示したものである。これらの国は日本，ギリシャ，中華人民共和国，マレーシアのいずれかである。日本と中華人民共和国の正しい組合せを，下のア～シの中から１つ選び，記号で答えなさい。

図Ⅲ

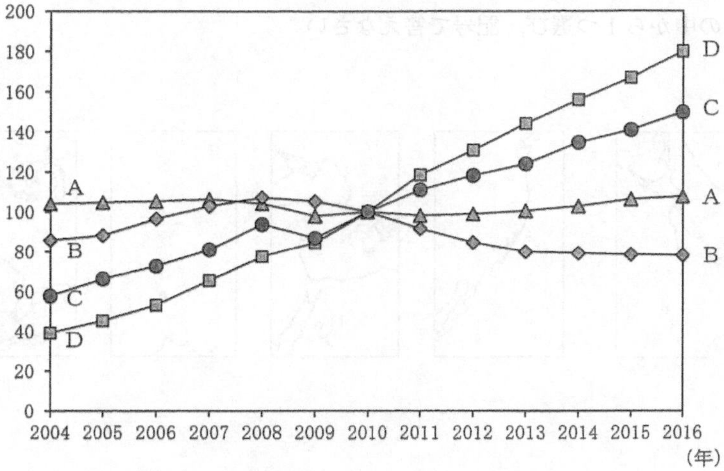

＊GDPは各国通貨をベースとして計算してある。

(National Accounts - Analysis of Main Aggregates により作成)

	ア	イ	ウ	エ	オ	カ	キ	ク	ケ	コ	サ	シ
日　本	A	A	A	B	B	B	C	C	C	D	D	D
中華人民共和国	B	C	D	A	C	D	A	B	D	A	B	C

〔問４〕図ⅣのＡ～Ｃは，距離・方位・角度・面積の１つまたは２つが正しく示された世界地図である。各国の人口密度（人/km²）のデータを世界地図に表現するとき，次の問いに答えなさい。

⑴　どの図法の世界地図を使用するのがもっとも適切か。Ａ～Ｃの中から１つ選び，記号で答えなさい。

⑵　次の説明文は，⑴でそれを選択した理由を記したものである。［　Ｘ　］にあてはまるものを次のア～ウの中から１つ選び，［　Ｙ　］にあてはまる語句を答えなさい。

説明文

この図法は［　Ｘ　］が正しく，［　Ｙ　］には適切だから。

ア．角度　　イ．中心からの距離と方位　　ウ．面積

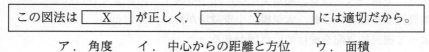

図Ⅳ

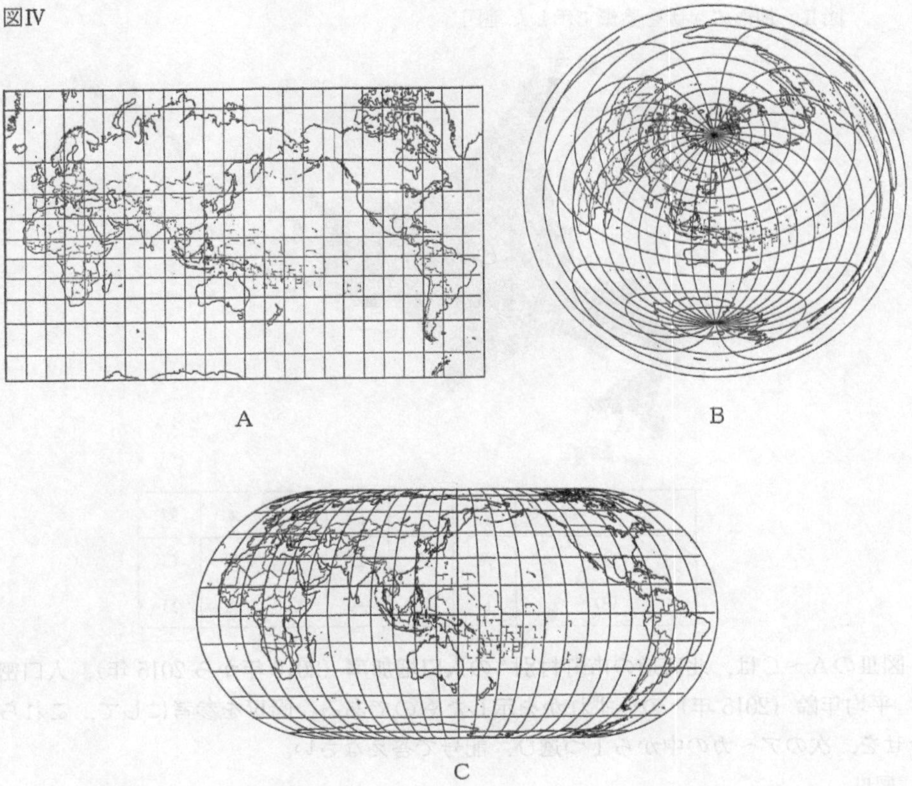

［問題２］

〔問１〕図Ⅰの①～③は，図Ⅱの A ～ C の都市における，気象に関するデータを示したものである。①と③の正しい組合せを，次のア～カの中から１つ選び，記号で答えなさい。

図Ⅰ　気温の年較差と年平均日照時間

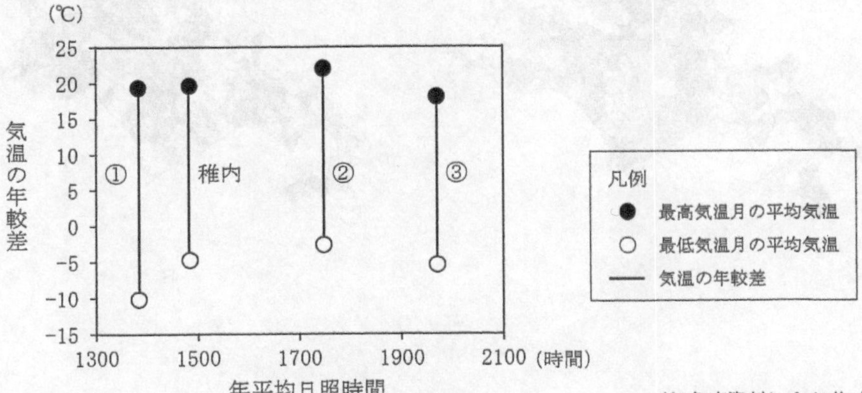

（気象庁資料により作成）

図Ⅱ　地形の起伏を陰影で示した地図

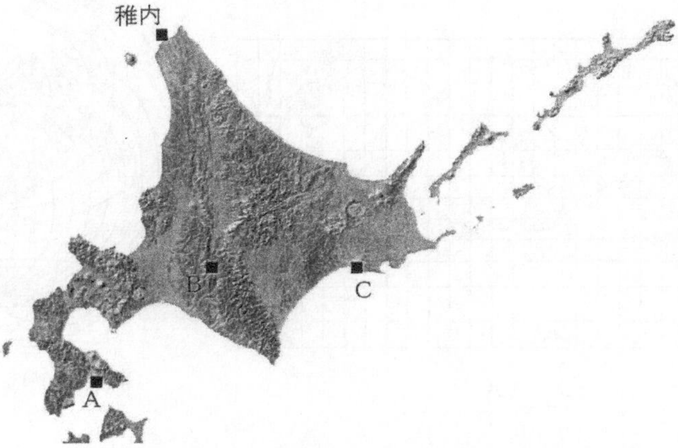

	ア	イ	ウ	エ	オ	カ
①	A	A	B	B	C	C
③	B	C	A	C	A	B

〔問２〕図Ⅲの A ～ C は，北海道の市町村別＊の人口増加率（2010 年から 2015 年），人口密度（2015 年），平均年齢（2015 年）のいずれかを示したものである。図Ⅳを参考にして，これらの正しい組合せを，次のア～カの中から１つ選び，記号で答えなさい。

図Ⅲ

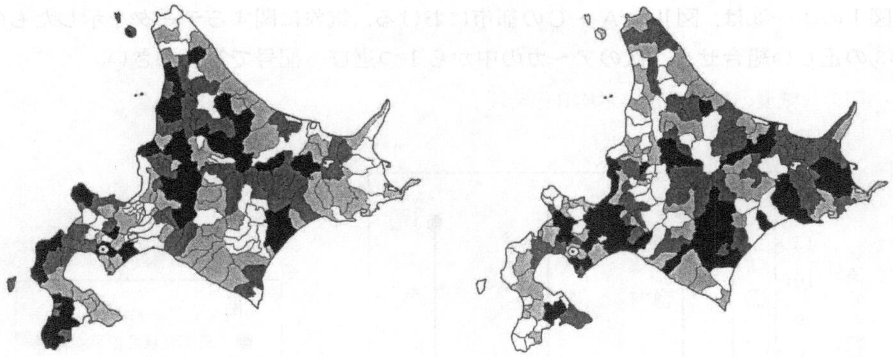

A　　　　B

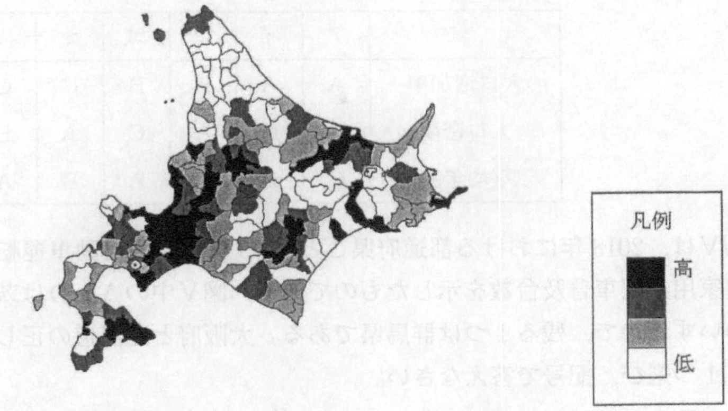

C

＊図Ⅲに関する北方領土のデータは無し。

（『国勢調査』により作成）

図Ⅳ　北海道の人口上位６市の位置（2015年）

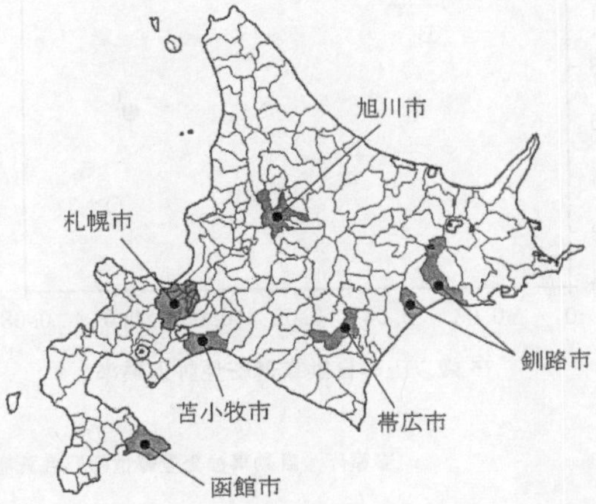

＊人口上位６市で北海道の人口の約６割を占める。

＊札幌市には10区あり，図Ⅲでは区ごとのデータを示している。

＊釧路市は2005年の市町合併の結果，２地域から成り立っている。

＊人口に関する北方領土のデータは無し。

（『国勢調査』により作成）

	ア	イ	ウ	エ	オ	カ
人口増加率	A	A	B	B	C	C
人口密度	B	C	A	C	A	B
平均年齢	C	B	C	A	B	A

〔問３〕図Ⅴは，2018年における都道府県ごとの75歳以上の自動車運転免許返納率と，一世帯あたりの自家用乗用車普及台数を示したものである。図Ⅴ中のA～Dは茨城県，大阪府，東京都，北海道のいずれかで，残る１つは群馬県である。大阪府と北海道の正しい組合せを，次のア～シの中から１つ選び，記号で答えなさい。

図Ⅴ

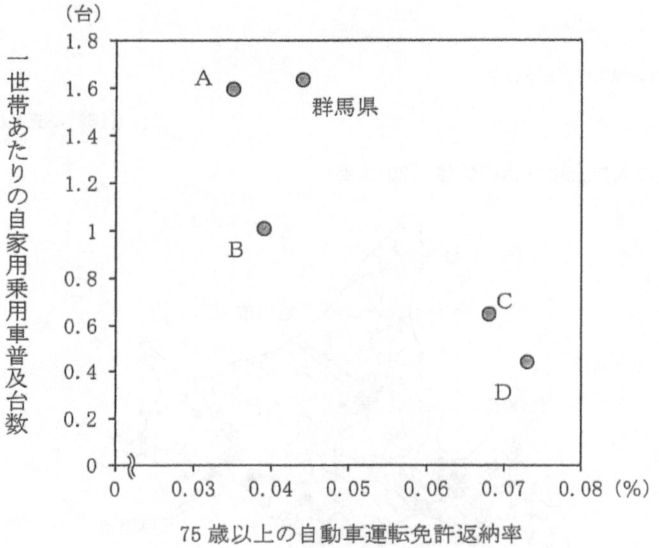

（警察庁，自動車検査登録情報協会資料などにより作成）

	ア	イ	ウ	エ	オ	カ	キ	ク	ケ	コ	サ	シ
大阪府	A	A	A	B	B	B	C	C	C	D	D	D
北海道	B	C	D	A	C	D	A	B	D	A	B	C

〔問４〕図ⅥのAは1952年，Bは2016年発行の25000分１地形図であり，A，Bとも同じ地域を示している。この地域一帯は，2018年９月６日に発生した北海道胆振東部地震で大きな被害を受けた。

Bの円で囲んだXとYの地域は，Xでは被害が大きく家屋の倒壊や，液状化現象などが発生した一方で，Yの被害はXに比べると小さかった。Bの時点で，両地域の標高はともに約60mであった。Xの被害が大きかった理由を，Aを参考に地形と土地利用の改変に注目して説明しなさい。

図Ⅵ

A（1952年）

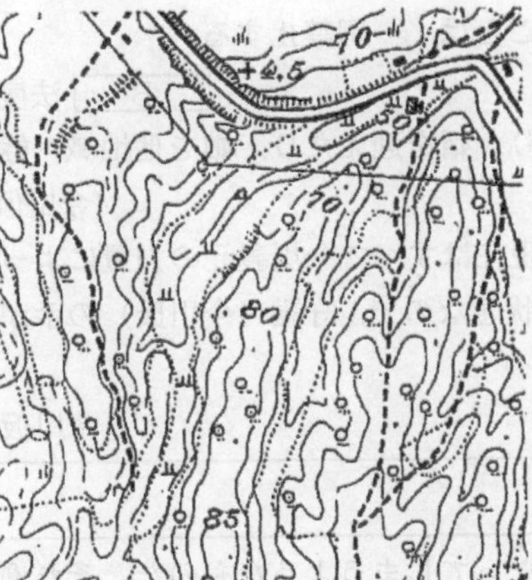

B（2016年）

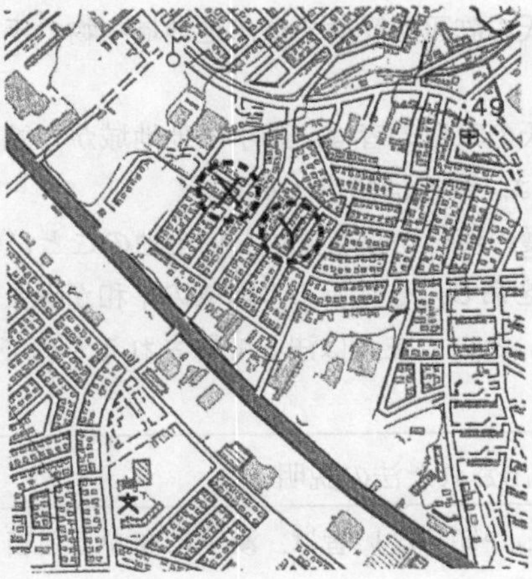

＊それぞれの地形図は，読み取りやすいように拡大してある。

＊それぞれの地形図内に記された地名は伏せた（白抜き）。

＊Aの地図記号のうち，次の２つの地図記号は，現行の地図記号と一部異なる。

 広葉樹林　 水田

［問題３］

次の資料は，①～④の各時代に出された法や，法についての説明である（一部意訳している）。これを読んで，あとの各問いに答えなさい。

時代①に出された法

・各地域の城は，たとえ修理であっても必ず幕府に報告せよ。まして，新規に築城することは厳重に禁止する。
・大名が幕府の許可なく私設の関所をおいたり，新たに法をつくって関所や港での物資の出入りを制限することは禁止する。
・すべて幕府の制定した法令に準じて，各地域において法令を守ること。

時代②に出された法

・戸籍は六年に一回つくること。十一月の上旬からはじめて，法に定めた書式に従ってつくること。里別に巻を分けること。写しをあわせて三通つくること。…二通は太政官に提出せよ。一通はその地域に置いておくこと。
・兵役の任務は，都の警備は一年，辺境の防備は三年。都での任務は衛士と名付ける。…辺境防備の任務を［　A　］と名付ける。

時代③に出された法

・わが朝倉の城郭のほかには，領域内に城郭を構えさせてはならない。　（朝倉孝景条々）
・武田氏の許可を受けずに，他地域へ物や手紙を送ることは，一切禁止する。
（[　B　]法度之次第）
・今川氏の家臣の者は，勝手に他地域から嫁をとったり，婿を迎えたり，娘を他地域へ嫁として送ることは，今後は禁止とする。　（今川仮名目録）
・ⓐ守護の使いが立ち入れない土地のことについて…現在はすべて今川義元の力量によって地域支配の法を命じ，それでこの地域の平和が保たれている状態なので，守護（今川氏）の手が入ってはならないという主張は決して許されるものではない。…
（今川仮名目録）

時代④に出された法の説明

ⓑ仮名しか知らない者は，漢字に向かうと目が駄目になってしまうようなものだ。それゆえに，この法は仮名だけを知っている人が世間には多いのだから，ひろく人々に納得させやすいように，そうした武士の便宜のためにつくったというほどのものである。これによって京都の朝廷でのとりきめや律令の規定が少しでも改まるようなことはない。…京都の人々の中に，この法の制定について非難するものがあったならば，この趣旨をよく心得て伝えてほしい。…

〔問１〕時代①～時代④を，古いものから順に正しく並べなさい。
〔問２〕[　A　]にあてはまる語を，漢字２字で答えなさい。
〔問３〕[　B　]にあてはまる地域名を，次のア～エの中から１つ選び，記号で答えなさい。
ア．奥州　　イ．甲州　　ウ．信州　　エ．遠州
〔問４〕下線部ⓐについて，守護に関する説明として正しいものを，次のア～エの中から１つ選び，記号で答えなさい。
ア．源頼朝は1185年に，荘園ごとに守護を置いた。
イ．守護は都から派遣され，地方の豪族であった郡司を従えて政治を行った。
ウ．国司の権限を吸収し，守護大名となる者もいた。
エ．下剋上の世の中では，守護大名が成長して戦国大名となることはなかった。
〔問５〕下線部ⓑに関連して，かな文字を使って書かれた書物を，次のア～エの中から１つ選び，記号で答えなさい。
ア．古今和歌集　　イ．日本書紀　　ウ．風土記　　エ．古事記
〔問６〕次の先生と生徒の会話について，[　C　]・[　D　]にあてはまるものを次のア～オの中から記号で選び，[　E　]にあてはまる語句を答えなさい。
先生「法をみてみると，当時の国の様子が分かってきますね。①～④の時代で，それぞれ法がどこから出されているかに着目すると，何が分かりますか。」
生徒「４つの時代を比べると，①・②では法が[　C　]から出され，それに対して③・④では法が[　D　]から出されていることが分かります。」
先生「その通りです。そこから考えると，当時の国の様子として，どういったことが分かるでしょうか。」

生徒「③・④の時代では，日本という国が［　E　］ということができると思います。」
先生「そうですね。現在のような日本という国のあり方が，昔からずっと続いてきたというわけではないんですね。」

ア．朝廷　　イ．幕府　　ウ．地方政権　　エ．1つのところ　　オ．複数のところ

［問題4］

〔問1〕次の年表は日本と世界の，統計に関する出来事をもとに作成したものである。年表と資料を参考にあとの問いに答えなさい。

年表

年	出来事	
1690年	他国との国力を比較した『政治算術』出版（イギリス）	
		A
1801年	ナポレオンが統計局を設置し政策に活用（フランス）	
		B
1871年	太政官に統計を管轄する部署が設置される（日本）	
		C
1885年	内閣制度ができ，内閣に統計局が設置される（日本）	
		D
1916年	「統計の進歩改善に関する内閣訓令」が出る（日本）	
1920年	日本初の国勢調査が実施される（日本）	
		E
1945年	戦争のため国勢調査を実施できず（日本）	

(1)　年表中のA～Eの5つの期間に起きた出来事を順不同に1つずつ挙げた次のア～オのうち，B・Cにあてはまるものをそれぞれ1つずつ選び，記号で答えなさい。

ア．征韓論を唱えて辞職した人々によって，政府に民撰議院設立の建白書が出された。

イ．政府が議会の承認なしに労働力や物資を動員できる国家総動員法が制定された。

ウ．日本の漂流民をのせてきたアメリカ商船モリソン号が，浦賀などで砲撃を受けた。

エ．大逆事件が起こり，幸徳秋水ら社会主義者が処刑された。

オ．松平定信が幕府の学問所で朱子学以外を講じることを禁止した。

(2)　資料Ⅰ中の下線部①の戦争について述べた次のア～カの中から正しいものを2つ選び，記号で答えなさい。

ア．この戦争中に，日本は中国に対して二十一か条の要求を出して受け入れさせた。

イ．ドイツによるポーランド侵攻が戦争のきっかけとなった。

ウ．背景としてイギリスなど三国同盟と，ドイツなど三国協商の対立があった。

エ．この戦争中にアウシュビッツなどの強制収容所で，多数のユダヤ人が殺害された。

オ．パリでこの戦争の講和会議が開催され，日本も参加した。

カ．戦争後，ウィルソンの提言でニューヨークを本部とする国際連盟が発足した。

資料Ⅰ

> 統計は，国家社会の様々な現象を観察し，その発達や消長の様子を明らかにするものであって，将来の施策の指針とすべきものであるのみならず，また，学術研究の基礎となるべきものである。単に数値を並べ，体裁を整えるだけで良しとすべきではない。その調査は，迅速で詳細かつ正確で実用に適したものである必要がある。官庁各種の統計報告年報等を作成するにあたっては，特にこの点に留意すべきである。
>
> 欧米列強の状況を見ると，皆各種統計を整備し，常に用意周到に計画を立てている。①欧州におけるこの度の戦争が終息すれば，必ず各国競って戦後の国家経営を計画し，自他の情勢を比較検討して，民力の回復と国運の発展を図ることと考えられる。②我が国もまた各種統計の調査を的確にし，それによって列国が連なって進む世界情勢に対応する方法を議論することをぬかりなく行うことが必要である。この職務に就く者は，ますます統計のために力を尽くし，有能な官僚にこれを担当させ，調査のずさんな点を改め，詳細かつ正確な報告を心掛け，統計の進歩改善に努め，国務に役立てることを望む。
>
> 大正５年５月10日
>
> 内閣総理大臣　大隈重信
>
> （「統計の進歩改善に関する内閣訓令」『官報』第1130号より一部改め）

(3)　下線部②に関連し，資料Ⅰに加えて次の資料Ⅱ・Ⅲも参考に，1920年に行われた第一回国勢調査について述べた文として正しいものを次のア～オの中から２つ選び，記号で答えなさい。

資料Ⅱ

> …国の勢い社会《よ》の中の　実情《さま》を細かに調べ立て　政治経済学問の　基本《もと》ともならん国民の　「氏名」「職業，仕事前」　「出生地《うまれしところ》」「誕生日」　「世帯の組織」「男女別」　「配偶《つれあい》あるか独身《ひとりみ》か」　「領土生まれの民なるか　余所《よそ》の国より来た人か」是《これ》等八つの事項《ことがら》を…「申告書《さだめのかみ》」にカキクケコ
>
> 大正九年十月の　一日午前正零時　大正九年十月の　一日午前正零時　人も寝入りて世の中も　静かにチンと十二時を　打出す時の身の上を　其日《そのひ》の朝に書き出《いだ》す　「税金」「戸籍」「犯罪」や　「財産」などにかかわらぬ　大正維新世界的　いとも重要《だいじ》な事調べ是ぞ皇国《みくに》の基本調査《もとしらべ》　基の調べの無い国は　国とはいえどさりながら　半開未開野蛮国欧米諸国逸《いち》早く　是の調査を幾度《いくたび》も　重ね重ねてかく迄《まで》に　進みに進み栄えに栄ゆ　進みゆく世界《よ》の為となり　御代《みよ》の御栄《みさかえ》我れ人の　為ともならん基本調査　いざやつくさん打ち連れて…
>
> （調査実施直前に出された「国勢調査宣伝歌謡集」（1920年）より一部改め）

資料Ⅲ　第一回調査時の就業者の業種別割合

業種	A	B	商業	公務自由業	交通業	水産業	その他（無職含む）
割合（%）	51.6	19.4	11.6	5.3	3.8	2.0	6.3

ア．第一回調査実施当時，選挙権を持たなかった者は調査の対象外であった。

イ．国勢調査を実施することは欧米の国ぐにに並ぶ国力の育成につながると考えられた。

ウ．外国出身の人も調査の対象となっていたことがわかる。

エ．資料Ⅲ中のAは工業である。

オ．資料Ⅲ中のBは農業である。

〔問2〕次のa～cは，第8回（1955年）以降の国勢調査について説明したものである。古いものから順に正しく並べたものを下のア～カの中から1つ選び，記号で答えなさい。

a．この調査で初めて日本の総人口の減少が確認された。

b．この調査は返還後の沖縄を含んだ初めての調査となった。

c．この調査の翌年の『経済白書』に「もはや戦後ではない」と記述された。

ア．a→b→c　　イ．a→c→b　　ウ．b→a→c

エ．b→c→a　　オ．c→a→b　　カ．c→b→a

〔問3〕かつての日本の諸統計には植民地等のものも含まれていた。資料Ⅳ・Ⅴを参考に資料中のDにあてはまる語を答えなさい。

資料Ⅳ　植民地関係統計

地域	人口（人）	米生産量（石）	甘蔗（千斤）	パルプ（円）
C	18,068,116	13,219,322	—	639,758
D	4,041,702	6,443,163	7,793,689	—
E	152,668	—	—	21,126,113

（『日本長期統計総覧』『明治大正国勢総覧』などより）

＊人口は外国人なども含む全在住人口
＊パルプ（紙の原料）の生産額は昭和4年，その他は大正13年の統計
＊1石は約180リットル，甘蔗はさとうきびで1斤は600グラム
＊—はデータなし

資料Ⅴ　帝国各部の面積割合

地　域	本州	C	北海道	九州	D	E	四国	その他
面積割合（%）	33.5	32.5	11.7	6.0	5.4	5.1	2.7	3.1

（教科書『帝国地理　大正七年』より）

〔問4〕中学校の歴史の授業のまとめとして，「戦後日本の経済と私たちの生活」というタイトルのレポートを作成することになった。そのレポートの中でグラフを用いて「バブル経済とその崩壊とはどのようなものだったか」を説明したい場合，次の4つのグラフのうちどれを使うのがもっとも適切か。次のア～エの中から1つ選び，記号で答えなさい。なお，4つのグラフはすべて日本に関するものである。

ア

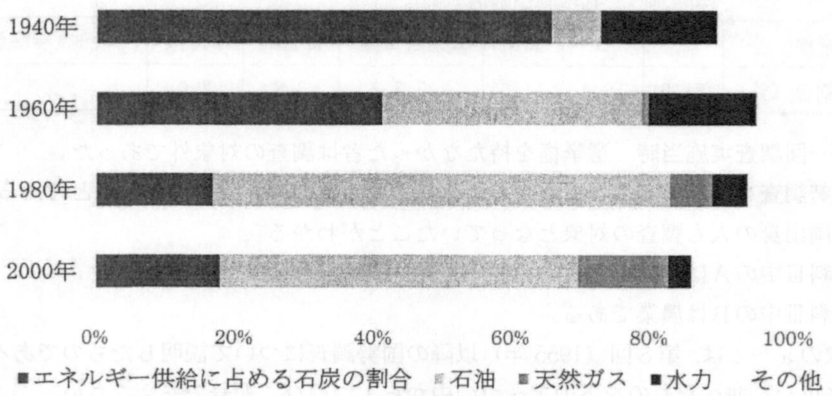

(資源エネルギー庁資料などより)

イ

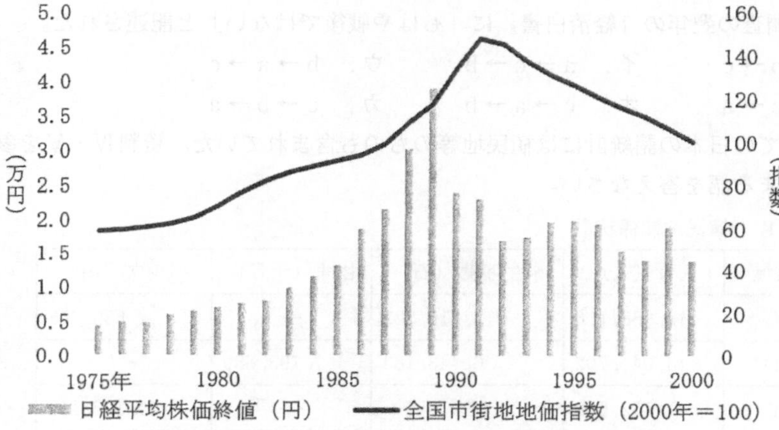

(総務省統計局資料，日経プロフィルなどより)

ウ

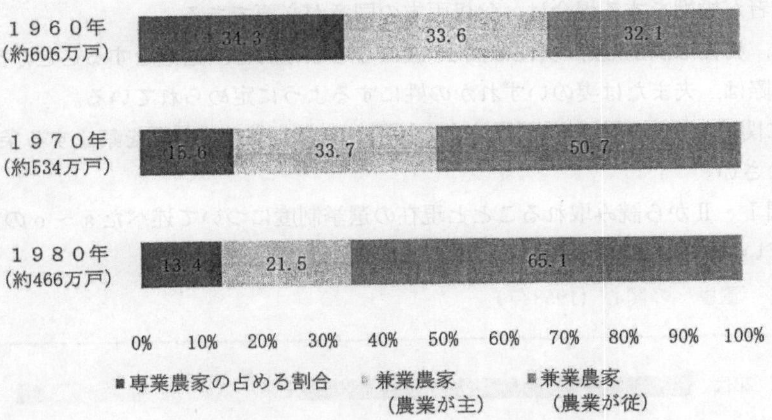

(農林水産省資料より)

エ

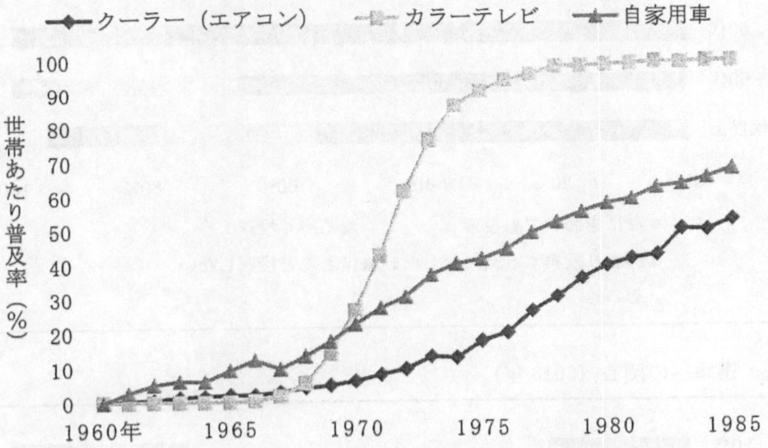

(内閣府資料より)

［問題５］

〔問１〕次の日本国憲法の条文を読んで，あとの問いに答えなさい。

> 第24条　婚姻は，両性の［　A　］のみに基いて成立し，夫婦が同等の権利を有することを基本として，相互の協力により，維持されなければならない。
>
> 2　配偶者の選択，財産権，相続，住居の選定，離婚並びに婚姻及び家族に関するその他の事項に関しては，①法律は，［　B　］と②両性の本質的平等に立脚して，制定されなければならない。

(1)　［　A　］・［　B　］にあてはまる語句を答えなさい。

(2)　下線部①に関連して，現在の民法に関して誤っているものを，次のア～エの中から１つ選び，記号で答えなさい。

ア．相続については，子どもは性別・出生順位に関わりなく平等に相続することができる。

イ．未成年者が婚姻をする場合は，父母両方の同意が必要である。

ウ．現在は，男性は満 18 歳，女性は満 16 歳にならなければ，婚姻をすることが出来ない。

エ．婚姻の際は，夫または妻のいずれかの姓にするように定められている。

(3) 下線部②に関連して，1979 年に国際連合で採択された女性への差別を禁止する条約は何か，漢字 8 字で答えなさい。

〔問2〕次の図Ⅰ・Ⅱから読み取れることと現在の選挙制度について述べた a ～ e の文が正しければ ○，誤っていれば×をつけなさい。

図Ⅰ　選挙への関心（1958 年）

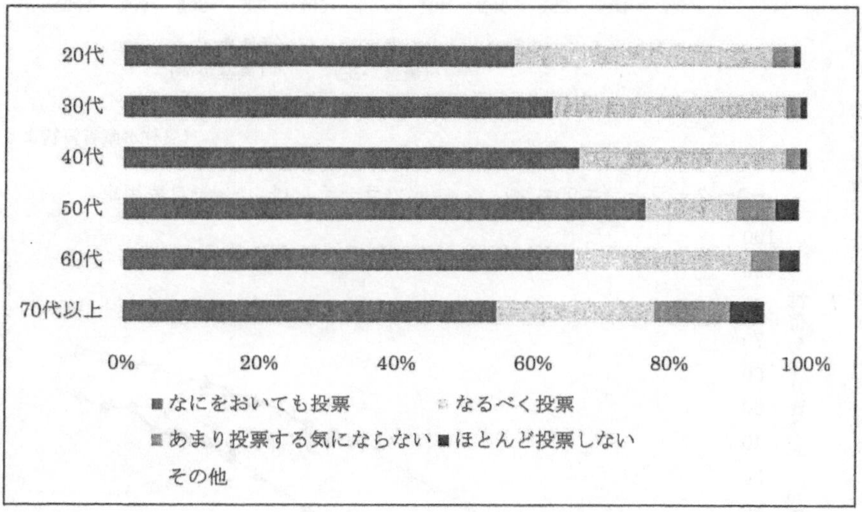

図Ⅱ　選挙への関心（2013 年）

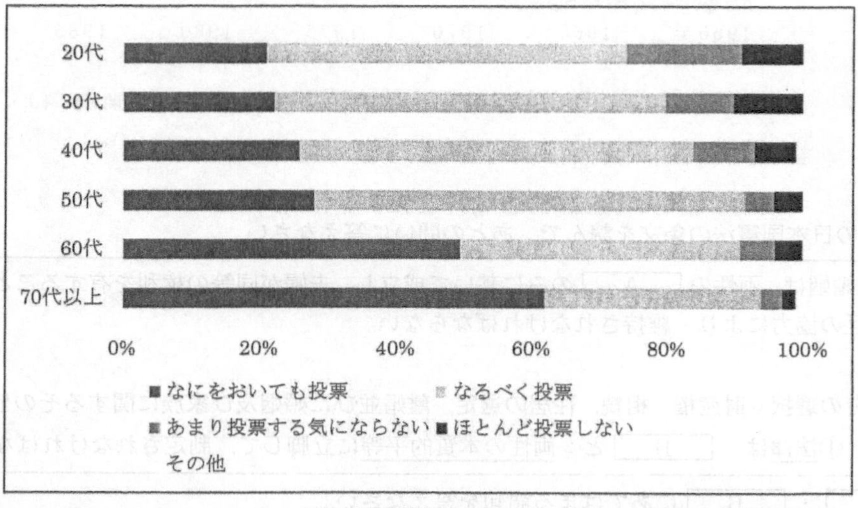

（統計数理研究所　第 13 次「日本人の国民性調査」より）

a．いずれの年齢層においても，「あまり投票する気にならない」人と「ほとんど投票しない」人を加えた割合は1958年よりも2013年の方が多い。
b．いずれの年齢層においても，「なるべく投票」したい人の割合は1958年に比べて2013年の方が多い。
c．ネット環境の整備が進み，現在は投票に行くことができない人のためにインターネットでの投票ができるようになっている。
d．インターネット等を利用した選挙運動は，人によって利用環境が異なるので認められていない。
e．現在は，投票日に予定があって投票できない人は，期日前に投票できる。

〔問３〕選挙の原則には，秘密選挙，直接選挙などがある。このうちの１つである平等選挙の原則とはどのような原則か，説明しなさい。

［問題６］

〔問１〕ある人が，商品を購入するために，この価格までだったら支払ってもいいと考える価格を留保価格と呼ぶ。例えば，ハンバーガーの留保価格が200円の人は，180円のハンバーガーは買うが，210円のハンバーガーは買わない。また，商品Aに対する留保価格がa円で，商品Bに対する留保価格がb円のとき，AとBのセットに対する留保価格は（a＋b）円だとする。この前提に基づいて，下の文章の［ A ］～［ G ］にあてはまる数値を答えなさい。

Xさんと Yくんがハンバーガー店に入った。Xさんと Yくんのハンバーガーとジュースの留保価格は下表の通りで，２人ともハンバーガーを２個以上買うことも，ジュースを２本以上買うこともないとする。

	ハンバーガーの留保価格	ジュースの留保価格
Xさん	300円	200円
Yくん	450円	150円

もしハンバーガー店が，ハンバーガーを300円，ジュースを100円で売るとすると，この２人に対する売上高（商品を売って得られた金額の合計）は［ A ］円になる。

もしハンバーガー店が，ハンバーガーを400円，ジュースを100円で売ったとすると，この２人に対する売上高は［ B ］円になる。

もしハンバーガー店が，ハンバーガーを300円，ジュースを250円で売ったとすると，この２人に対する売上高は［ C ］円になる。

こう考えると，ハンバーガーとジュースを別々に売るとすれば，この２人に対する売上高を最大化するには，ハンバーガーを［ D ］円，ジュースを［ E ］円で売ればよい。この場合，この２人に対する売上高は［ F ］円になる。

しかし，ここでもし「ハンバーガー＋ジュース」のセットを考えて，このセットの価格を500円とすると，この２人に対する売上高は［ G ］円となる。

ハンバーガー店などで「セットメニュー」があることの理由はここにある。

〔問２〕コンビニ店などでは，提示するとポイントがたまるポイント・カードを導入しているところが多い。ポイント・カードの使用により，店側は，誰が，いつ，どこで，何を，いくら支払って買ったかをデータとして入手・保存でき，それを利用することで売上高を伸ばすことができる。

一方，消費者側は，ポイントをためることで，価格の割引を受けたり，特別なサービスを受けたりすることができる。消費者にとって「お得」に感じられることだが，それは［ H ］を店に売った代金と考えることができる。

(1) 波線部について，売上高を伸ばすためにデータをどう利用すればよいか，例をあげて説明しなさい。

(2) ［ H ］にあてはまる言葉を，次のア～オの中から１つ選び，記号で答えなさい。

ア．品質　　イ．利便性　　ウ．時間　　エ．情報　　オ．権利

〔問３〕次の条文は，循環型社会形成推進基本法から抜粋したものである。

第１条　この法律は，［ I ］の基本理念にのっとり，循環型社会の形成について，基本原則を定め…もって現在及び将来の国民の健康で文化的な生活の確保に寄与することを目的とする。

第２条　この法律において「循環型社会」とは，製品等が廃棄物等となることが抑制され…もって天然資源の消費を抑制し，環境への負荷ができる限り低減される社会をいう。

(1) ［ I ］には，公害対策基本法が元となり，地球環境問題への対応も視野に入れて制定された法律名が入る。その法律名を答えなさい。

(2) 循環型社会形成推進基本法の背景には，国際連合を中心とする世界規模の動向がある。その動向に関連して，近年提唱されている行動指針の略称を次のア～オの中から１つ選び，記号で答えなさい。

ア．EPA　　イ．ODA　　ウ．PKO　　エ．SDGs　　オ．WTO

エ　驚いて呆然《ぼうぜん》となった

問二　傍線部①「頬が紅潮しているのは夕日のせいだけではないだろう」とあるが、何のせいだというのか。その説明として最も適切なものを次の中から一つ選び、記号で答えなさい。

ア　松平の意地の悪さに思わずカッとなってしまったせいだということ。

イ　島をかばって反論したい気持ちが表情にあらわれたせいだということ。

ウ　年配の人に対して反論するためにひどく緊張しているせいだということ。

エ　ホテルの功績を丁寧に説明しようとする熱意が顔に出たせいだということ。

問三　傍線部②「広海は舌打ちをこらえ」とあるが、このときの広海の心情はどのようなものか。**五〇字以上六〇字以内**で説明しなさい。

問四　傍線部③「広海は松平から目をそらした」とあるが、それはなぜか。その説明として最も適切なものを次の中から一つ選び、記号で答えなさい。

ア　自分たち島民を見下す松平の楽しげな様子を見ているのが不快だったから。

イ　自分の考えが見抜かれてしまった動揺を松平に気づかれたくなかったから。

ウ　松平と自分とが同じ考えを持っていることがわかり、それが嫌だったから。

エ　松平の意見に反論したくなり、その言葉を落ち着いて考えようとしたから。

問五　傍線部④「まるでお面を脱ぐように、松平の顔から柔和な表情が消えた」とあるが、このときの松平の心情はどのようなものか。その説明として最も適切なものを次の中から一つ選び、記号で答えなさい。

ア　しつこい問いかけにどう答えればよいのか言葉を失い、困惑した。

イ　核心を突く質問に余裕を失って、返事をする気力がなくなった。

ウ　子ども扱いしていた相手が急に歯向かってきたので、驚いた。

エ　自分の本心を見透かされたことに戸惑い、警戒心を強めた。

問六　傍線部⑤「ふくらんだ気持ちはするするとしぼんだ」とあるが、どのような気持ちがどうなったというのか。具体的に説明しなさい。

問七　本文の特徴についての説明として**適切でない**ものを次の中から一つ選び、記号で答えなさい。

ア　主人公の広海の視点から登場人物の心の動きを細かに描き出すことで、会話の運びに緊張感を持たせている。

イ　松平に対して真帆が物怖《ものお》じしない態度をとることで場面が展開し、それに伴って主人公の心情も変化している。

ウ　松平の不可解な言動を含めた様子を「魔女」と表現するなどして、彼女の存在を強く意識させるようになっている。

エ　簡単に予測できる安易なドラマ性を広海が心中で否定することにより、読者に問題の深刻さを伝えようとしている。

うと決意する、というのはやりすぎだろうか。

「別に、なにも」

案の定、松平は鼻を鳴らした。

「なにも？」

不服そうな声を上げた真帆に、すましてうなずいている。ホテルにチェックインしたときの苦しげな表情とはうってかわって、泰然《たいぜん》と落ち着きはらっている。

「じゃあ、なんで」

広海は思わずさえぎった。目の前にいる松平ではなく、ロビーをつかつかと横切っていくはりねずみみたいに神経をとがらせた老女を、頭の中に再生する。

「なんで、ぴりぴりしてるんですか？」

松平の口もとがこわばった。手ごたえを感じ、広海はさらにたたみかけた。

「結局はこだわってるんじゃないですか」

④まるでお面を脱ぐように、松平の顔から柔和な表情が消えた。にらみつけてくる視線も、もうおそろしくはなかった。どちらかといえば快い。

「子どもが、えらそうに」

松平が吐き出すように言って、ぷいとそっぽを向いた。勝った、と広海は思った。晴れやかな気分で松平を見下ろす。白い髪がぺたんと頭にはりつき、骨ばった首筋にしみが浮いている。

びくつくことなんかなかった。ただの老人だ。魔法なんて使えない。確かめるように、自分に言い聞かせるように考えた。しかし考えれば考えるほど、どういうわけか、⑤ふくらんだ気持ちはするするとしぼんだ。ばつが悪くなってきて、広海は顔をそむけた。いつのまにか、空を染めていたピンク色は水で薄めたように淡くぼやけていた。天頂に細かい星が散らばっている。

（瀧羽麻子《たきわあさこ》「瀬戸内海の魔女」による）

[注]

＊荷物を運んで……広海はホテルで旅客の手荷物を運ぶ仕事をしている。

＊主任……ホテルでの広海の上司。

＊美術館……広海の勤めるホテルは美術館を併設している。

＊魔女……本文の前に、松平の表情や服装が広海に魔女を連想させたという主旨の記述がある。

＊オーシャンビュー……海の眺めが良いこと。

＊ホテル……いま松平が宿泊しているホテルではなく、かつて別の場所で経営していたホテルのこと。

問一　二重傍線部a「むこうみず」、b「毒気を抜かれた」の本文中での意味として最も適切なものを、それぞれ後の中から一つずつ選び、記号で答えなさい。

a「むこうみず」
ア　後先を考えないこと
イ　反対を押し切ること
ウ　勇気をもって動くこと
エ　危険に気づかないこと

b「毒気を抜かれた」
ア　安心して気分が軽くなった
イ　怒りが沈んで落ち着いた
ウ　拍子抜けして落胆した

「あれは別に島が作ったものじゃない。ただ、外からきたものをまるごと受け入れただけで」

松平の声はぞっとするほど冷ややかだった。

ホテルやそこを訪れる人々をあれこれと批判しながらも、松平が本当に敵視しているものがなんなのか、広海はようやくはっきりと理解する。要するに松平は、見下しているのだ。この島と、ここで暮らしている人々を。

「わたしは、そうなりたくなかった」

口調をがらりとあらためて、松平が言う。これまで聞いた中では一番の、言い換えればはじめてといってもいい、明るい声音《こわね》だった。

「絶対にそうなりたくなかった」

広海と真帆を交互に見る。楽しげともいえる微笑《ほほえ》みを浮かべている。

「運とか好意とか、そういう不確かなものにばっかり頼ってないで、自分だけでうまくやりたかった」

③広海は松平から目をそらした。夕日に照らされたホテルが、視界の隅で輝いている。

「他人の力を借りて、自分で成功した気になって、調子に乗るなんてみっともない。それなら失敗したほうがまだいい」

なんだよそれ、と思う。なんなんだよ。危うく口にも出しそうになって、それは思いとどまった。なにを言っても、松平は気を悪くするどころか、笑みを深めそうな気がする。それにしても、どうしてこんなにいらいらするのか、自分でもわからない。広い外の世界に出て誰の力も借りずに勝負したいというのは、まさに広海の願いでもあるのに。

*「ホテルを経営してるんでしたっけ？」

真帆が我に返ったように聞いた。松平の声が表面上は穏やかなせいか、言葉遣いが抽象的で真意が伝わりづらかったのか、さっきのように腹を立てている様子はない。

「経営していた」

松平が浅くうなずいた。

先月、社長の座を後任に譲ってから、ひたすら時間が余るようになったという。たいくつそうな元社長を見かねた部下たちに、せっかくだからのんびり旅行でもしてきたらどうかとすすめられ、その気になった。ひとりだから身軽なものだ。海外にしようか国内にしようかと思案しているうちに、故郷の島のことをふっと思い出した。

「もう何十年も、完全に忘れてたのにね」

肩をすくめる。

「ひまつぶしにはちょうどいいかと思って、来ることにした」

「どうですか、帰ってきてみた感想は？」

真帆が足をぶらぶら前後に揺らしてたずねた。好意的な反応が期待できないのは明らかなのに、勇気があるというかこりないというか、広海はもはや感心してしまう。

現実は、ドラマのようにはいかないのだ。これがドラマなら、ひねくれた老女は心優しい島の少年少女に感銘を受け、ひさびさになつかしいふるさとを訪れた喜びを素直に独白する。そして、少年たちに感謝しつつ、ほろ苦くもあたたかな郷愁《きょうしゅう》を胸に、すがすがしい気分で帰っていく。あるいはもっとわかりやすく、島に戻って余生を過ごそ言いたいことだけ言い終えると、言葉に詰まっている広海には目もくれず、松平は前に向き直ってすたすたと歩きはじめた。

動揺しながらも、いやでも矛盾《むじゅん》してるだろう、と広海はかろうじて胸の中で反論する。あざといと自らこきおろしているそのホテルで、松平は最高級のスイートルームにひとりで泊まり、シャンパンを注文している。文句があるなら、三つもベッドルームがある*オーシャンビューの部屋なんかではなくて、そのへんの民宿に泊まればいい。いっそ親戚の家を訪ねてもいい。指摘してやりたいところだが、下手にはむかってまたやりこめられそうな気がして、とりあえず黙って後を追いかける。

「お客さんが満足してるんだから、いいじゃないですか？　何度も繰り返し来てくれるひとも多いみたいだし」

言い返したのは、真帆だった。右半分だけ見える横顔の、①頰が紅潮しているのは夕日のせいだけではないだろう。

好みというのは遺伝するのか、それとも育てかたのせいなのか、aむこうみずとも言える勢いでここへ移住してしまった両親の娘だけあって、真帆は本当に島のことが好きなのだった。

「それに、島に活気が出たのはホテルのおかげだってみんな言ってます。わたしたち、感謝してるんです。たくさんのひとに、ここがこんなにいいところだって知ってもらえたんだから」

ただし今回は相手が悪い。松平にとってこの島が「いいところ」だったとは思えない。もう帰ろう、と広海は念じる。こんなやつと話していてもいやな気持ちになるだけだ。別につきあう義理もない。

足をとめたのは、しかし真帆ではなく松平だった。腕を組み、真帆をじっと見据《みす》えている。どんなに辛辣《しんらつ》な返答をよこすのか、広海ははらはらして見守った。

「ちょっと疲れた。休みたい」

松平が一方的に宣言した。

ちょうど通り過ぎようとしていたバス停のベンチに近づいて、ぺたりと腰を下ろす。むきになりかけていた真帆もb毒気を抜かれたようで、おとなしく隣に座った。

「じゃあ、少しだけ」

つくづく自分勝手なばあさんだ。②広海は舌打ちをこらえ、自転車を停めた。年寄りのくせに、意地になって歩くからだ。このまま走り去ってしまえれば爽快だろうが、真帆の自転車でそんなことはできない。そもそも真帆を置き去りにはできない。

「そうかもしれない」

松平がぽつりとつぶやいた。

それがさっきの話の続きだとは、広海も真帆もとっさにわからなかった。顔を見あわせているふたりにはおかまいなしに、松平はひとりごとのように続ける。

「感謝したほうがいい。運がよかったんだ。他に島なんかいくらでもあるのに」

ホテルは、とある大企業からの出資を受けて建てられた。瀬戸内海に浮かぶ小島は無数にあるのに、なぜ他でもないこの島に白羽の矢が立ったのか、広海は正確なところを知らない。なにか明確な理由があったなら、主任あたりが嬉々《きき》として教えてくれそうなものだから、松平の言うとおり、単に運がよかっただけなのかもしれない。

あり、それを誰もが思い通りによどみなくできるのが当たり前だとする前提はおかしいのだということ。

ウ　言葉を発することは、吃音のない人からすると何の苦もなく行えることだが、吃音のある人にとっては、工夫や努力が必要な、困難を伴う辛い営みなのだということ。

エ　言葉を発することは、本来、自分の思っていることを自分の言葉で表現することであり、滑らかに話せるかどうかだけにとらわれてはいけないのだということ。

問九　破線部「西洋社会において黙読が発明されたのは」とあるが、日本語においては、何によって黙読がしやすくなっていると考えられるか。本文を踏まえつつ、自分で考えて答えなさい。ただし、スペースおよび句読点等の記号以外の例を考えること。

問十　二重傍線部a～cのカタカナを適切な漢字に改めなさい。

〔問題二〕次の文章を読んで、後の問いに答えなさい。

中学生の広海は、瀬戸内海のとある島のホテルで接客係のアルバイトをしている。そのホテルには、松平ナミエという老女が宿泊していた。松平はその島を出てから五十年ぶりに戻ってきたという噂だったが、ホテルではなぜかいつも不機嫌な様子を見せていた。ある日、アルバイトの帰り道に同級生の真帆と会い、自転車で一緒に家に向かっていた広海は、車道わきにうずくまる松平を発見する。広海と真帆とでホテルに送り届けることになるが、その間、松平はホテルのことを意地悪くけなし続けるのだった。

「それだけの値打ちがあるんでしょう」

広海が言うと、松平はぱっと振り向いた。まるで広海の存在にはじめて気づいたかのように、しげしげと顔をのぞきこんでくる。

「値打ち？」

松平がゆっくりと繰り返した。声はさっきほどとがっていないけれど、からかうような試すような響きを聞きとって、広海の体はこわばった。

「あんたはそう思うんだ？　あそこで*荷物を運んでやってるお客はみんな、値打ちがわかって来てるって思うんだね？」

口もとがゆがんでいる。笑っているのだと広海が気づくのに、少しかかった。

松平が自分を覚えていたらしいことにも、驚いた。到着してロビーへ入ってきたときに一瞬すれ違っただけなのに、どうして覚えられているのだろう。ひょっとして*主任が言っていたように、無愛想すぎて目立っていたのか。それはまずい。かなりまずい。

「*美術館だかなんだか知らないけど、ホテルなんて基本的に安心して眠れればそれでいいと思うけどね」

なにもかも見透かされている気がして、広海はますますたじろぐ。優等生ぶるな、と暗に戒められた感もある。やっぱり松平は*魔女なのか。他人の心が読めるのか。

「まあ、お客はしかたないか。そうやってあおってるほうが問題だね。いりもしないものをごてごてくっつけて、あんなとんでもない値段をふっかけて」

＊**吃音**……言葉が滑らかに話せないこと。
＊**手枷**……刑罰のために手にはめて自由を奪う道具。
＊**足枷**……刑罰のために足にはめて自由を奪う道具。
＊**帯**……本の表紙の下方に巻く、内容の紹介や広告文を記した紙。

問一 傍線部①「自分の声を他者に貸す」とは具体的にはどうすることか。簡潔に説明しなさい。

問二 傍線部②「『アテレコ』された墓の声として聞いていた」とはどういうことか。その説明として最も適切なものを次の中から一つ選び、記号で答えなさい。

ア まるで奴隷がグラウコス本人のしゃべる様子を再現しているかのように聞いていたということ。
イ まるでグラウコスの魂が奴隷にのりうつってしゃべっているかのように聞いていたということ。
ウ まるでグラウコスの墓そのものがしゃべっているかのように聞いていたということ。
エ まるで墓石の下からグラウコスがよみがえったかのように聞いていたということ。

問三 傍線部③「個人的な実感として、音読が奴隷的な行為である、というのは非常に納得がいく」とあるが、筆者にとっては音読のどのような点が「奴隷的」なのか。二点にわけて説明しなさい。

問四 空欄 A に当てはまる**二字**の語を、自分で考えて答えなさい。

問五 傍線部④「音読がむしろ快感だった」とあるが、その理由として最も適切なものを次の中から一つ選び、記号で答えなさい。

ア 他者の言葉は意味を正しく理解することが難しいものだが、自分で声に出して読むことでその意味が自然に頭の中に入り、黙読よりもすんなりと内容を読み取れるため。
イ 他者の言葉をそのまま発声する方が、自分の考えた言葉を口に出していくことよりもスムーズにできて、一時的であっても自分が吃音であることを感じなくてすむため。
ウ 自分の言葉で話そうとするとリズムよく話せないが、他者の言葉には自分の言葉にはないリズムがあり、それに乗って話すことで詰まることなく話せて楽しくなるため。
エ 自分で言葉をつないで発していくよりも、他者の構成した言葉を声に出す方が、間違えてもかまわないと割り切ってしまえるので、多少の吃音も気にならなくなるため。

問六 空欄 B に当てはまる**一〇字以内**の表現を、自分で考えて答えなさい。

問七 傍線部⑤「字幕付きでしゃべっているような感覚」とあるが、ここでは何が字幕のような役割を果たしているか。本文中から**五字以内**で抜き出して答えなさい。

問八 傍線部⑥「しゃべれるほうが、変。」とあるが、この言葉に込められている意味として最も適切なものを次の中から一つ選び、記号で答えなさい。

ア 言葉を発することは、心の中に起こるさまざまな感情や考えを他者に伝える行為であり、すらすらと話せる方がものごとを深く捉えていないとも言えるのだということ。
イ 言葉を発することは、身体をうまく操ることで為《な》し得る営みではめられているような気分だったのだ。

私以外の吃音当事者と話しても、音読が苦痛だったという人は多い。どうやって地獄を切り抜けたかという話は、吃音当事者定番の「あるあるネタ」である。わざと漢字が読めない振りをして、言いにくい単語を代わりに先生に発音してもらった、なんていうツワモノもいる。

だが一方で、さらに話を聞いてみると、④音読がむしろ快感だった、という吃音当事者もいるのである。

彼らにとっては、音読はむしろ「自分の体の思い通りにならなさ」を忘れられるユートピアのような瞬間だった。他者の言葉に身を任せ、言うべき音を機械的に体から出していけばいい。私には信じがたいが、自分の体を明け渡すことが、解放になることもあるのだ。別の人格になりきって演技するように読むと、吃音が出ないという人もいる。

確かに、体のコントロールを手放すことによってうまくいく、ということは吃音にはしばしば見られる現象である。

たとえば歌。吃音の出方や捉え方は人によって実にさまざまだが、どんな症状の人でも、歌を歌っていると吃音が出ない、という一点においては一致する。歌がなくとも、単純な拍子だけでも効果は出る。いずれにせよ何らかのパターンやリズムがあると、ふだんはひどく吃音が出ている人であっても、それに乗せてしゃべればよいので、スムーズに言葉が出てくるのである。

あるいは、全員が教科書を持っていることが、むしろ安心につながるという当事者もいて驚いた。彼にとっては、音読の目的は「書かれているとおりに読むこと」ではなく、「　B　」なのである。だから、少しくらい自分の発音がまずくても、書いてあるのだから大丈夫だろう、と思える。おそらく、⑤字幕付きでしゃべっているような感覚なのだろう。

同じ吃音という苦労を抱えている人であったとしても、言葉と体の関係は人によってずいぶんと違っていて面白い。ひとくちに「音読」と言っても、言葉を体から出すために彼らがやっている行為そのものは、かなり違っている。

程度の差こそあれ、吃音でない人の多くにとっても、言葉と体の関係は一筋縄ではいかないはずだ。私は、さいきん出版した本の帯*に、「⑥しゃべれるほうが、変。」というちょっと思い切った言葉を掲げた。この言葉に対しては驚くほどたくさんの反響をいただいたが、その多くは、吃音でない人たちからだった。

音読には、文の意味が生き生きと感じられる等メリットもあり、営みそのものを批判するつもりはない（もちろん、要望に応じて吃音のある生徒に配慮することは必要だが）。だが同時に、言葉と体の関係は一筋縄ではいかないことを、安心して話せる場が学校の中にあったら、どんなにか良かったろうと思う。言葉は言語活動であると同時に、それをあやつる体の問題でもあるのだから。

（伊藤《いとう》亜紗《あさ》「ままならない体と言葉」による。一部改）

[注]

*スペース……空白。

*碑文……石碑に刻んだ文。

*アテレコ……アニメーション制作や外国映画の吹き替えの時、先に撮った映像に合わせて、後からセリフを録音すること。

【国　語】（五〇分）〈満点：六〇点〉

【注意】字数制限のある設問は、句読点やその他の記号も一字として数えます。

〔問題一〕次の文章を読んで、後の問いに答えなさい。

あまり知られていないが、aイッセツによれば、古代ギリシャにおいて、音読は奴隷の仕事だったそうだ。文字を扱うのは精神的な営みであり、したがって自由人の特権だと思われがちだ。だが、そうではなかったのだ。

前提として、西洋社会において黙読が発明されたのは、遅く見積もって紀元前五世紀とされている。それまでは*スペースなしで文字が続けて書かれていたため、語の切れ目を把握するためには、声に出して読む必要があった。つまり書かれた文字から意味を取り出すためには、音読が必須だったのである。

たとえば旅人の一団が、荒れ果てた土地の一角に古い墓を見出《いだ》したとしよう。その*碑《い》には、何やら碑文が彫ってある。主人の命を受けた奴隷が前に進み出て土埃《つちぼこり》を払い、その碑文を読み上げる。一団に聞こえるように大きな声で——「私はグラウコスの墓である。」

音読とは、何よりもまず、①自分の声を他者に貸す行為である。つまり、己の身体の自由を失うことである。

碑文を読む者は、自分ではしゃべることのできない墓に成り代わって、声を発している。しかも、現代ならば「これはグラウコスの墓である」と無生物主語で記すところ、当時は「私は」と一人称で記すのが普通だった。そこに居合わせた人々は、それを奴隷の声ではなく、②「*アテレコ」された墓の声として聞いていたに違いない。

私はこの説が大好きである。専門家ではないので、この説の学問的な正しさを客観的に判断することはできないが、少なくとも③個人的な実感として、音読が奴隷的な行為である、というのは非常に納得がいく。やっぱりね！　音読に苦しんできた身としては、bツウカイこの上ない。

私は子供のころから*吃音《きつおん》があった。大人になったいまでは症状は軽く、日常生活にcシショウはないが、それでも音読の機会があれば可能なかぎり避けたいと思う。

音読が苦しい理由は二つある。一つは、「言い換え」ができないこと。吃音のある人の多くが、つっかえそうな言葉に出会うと、同じ意味の別の言葉に言い換えて言う、という工夫をしている。たとえば「いのち」と言いたいけれど言えなそうだと感じたら、直前で「 A 」という語に変えて言うのだ。

音読の場合、当然ながら言い換えという手段は使えない。教室での音読では、全員が教科書という正解を持っている以上、書かれているのと違う言葉を発したらおかしなことになってしまう（が、私は小学校の頃にはあまりに苦しくて、音読でさえも言い換えをしていた。みんな不思議に思っていたことだろう）。

もう一つの理由は、より根本的なもので、「思ってもいないことを言う」つらさだ。心のなかは刻一刻と変化していて、さまざまな感情を抱いたり、考えがめぐったりする。音読をするためには、そういう自分のなかで起こっているうごめきを押し殺して、決められた言葉を体から出す、ということをしなければならない。まるで、*手枷《てかせ》や*足枷《あしかせ》を

2020年度

解　答　と　解　説

《2020年度の配点は解答欄に掲載してあります。》

＜数学解答＞《学校からの正答の発表はありません。》

〔問題1〕　(1)　①　ア　4個　　イ　$\frac{5}{18}$　②　$\frac{2}{9}$　(2)　$a=4,\ 9,\ 25$

〔問題2〕　(1)　$x=8,\ 12$　(2)　4回　(3)　$\frac{7}{3}\leqq x\leqq 4,\ x=5,\ x=\frac{19}{2}$

〔問題3〕　(1)　△ACD，△BHD，△AHE(より2つ)　(2)　$\frac{5}{2}$倍　(3)　$60\mathrm{cm}^2$

〔問題4〕　(1)　$r=2+\sqrt{3}$(cm)　(2)　⑪　ア　辺AB　イ　$6\sqrt{3}-10$(cm)

(3)　$\frac{19+11\sqrt{3}}{40}$

〔問題5〕　(1)　$n=15$　(2)　$(m,\ n)=(2,\ 6),\ (3,\ 5)$　(説明)解説参照

○推定配点○

〔問題1〕　(1)　①　各2点×2　②　4点　(2)　4点　〔問題2〕　各4点×3

〔問題3〕　各4点×3　〔問題4〕　(1)　4点　(2)　各2点×2　(3)　4点

〔問題5〕　(1)　4点　(2)　(説明)・(答)　各4点×2　　計60点

＜数学解説＞

〔問題1〕　(確率－2個のさいころ，3個のさいころの積とその数の約数の個数)

基本　(1)　右の表は，2個のさいころを投げたときの積をまとめたものである。積aの正の約数の個数が4になるのは，$a=6,\ 8,\ 10,\ 15$であって，6は4通りの出方があり，8，10，15はそれぞれ2通りずつの出方があるので合わせて10通りある。aの正の約数の個数が1，2，3，5，6，8，9となることもあるが，4の場合が最も多い。よって，その確率は，$\frac{10}{36}=\frac{5}{18}$である。

	1	2	3	4	5	6
1	1	2	3	4	5	6
2	2	4	6	8	10	12
3	3	6	9	12	15	18
4	4	8	12	16	20	24
5	5	10	15	20	25	30
6	6	12	18	24	30	36

また，aの正の約数の個数が奇数個となる場合は，1，3，5，9となる場合がそれぞれ1通り，5通り，1通り，1通りとあるので，その確率は，$\frac{8}{36}=\frac{2}{9}$

重要　(2)　3個のさいころの目の数を$p,\ q,\ r$とすると，$p,\ q,\ r$のいずれもが1でない場合，$a=pqr$の正の約数は，最小でも1，$p,\ q,\ r,\ pq,\ \cdots$と3個を超えてしまう。1つの目が1のときは，例えば$p=1$の場合，1，$q,\ r,\ qr$となり，やはり3個を超えてしまうが，$q=r$ならば，1，$q,\ q^2$となるので，qが素数である場合に正の約数の個数が3個となる。また，$p=q=1$の場合は，$q=4=2^2$のときにaの正の約数は3個となる。さいころの目は1から6までなので，$a=4,\ 9,\ 25$のときに正の約数が3個となる。

〔問題2〕　(関数・グラフ－動点，速さ，グラフの作成と読み取り，方程式または不等式)

基本　(1)　点P，Q，Rが時間の経過とともに，△ABCのどの位置にあるかを右図に示した。3点

P，Q，Rが同時に△ABCの異なる頂点上にあるとき，3点が作る三角形が△ABCと合同になる。$x=8$のとき，点P，Q，Rはそれぞれ点A，C，B上にあり，△PRQ≡△ABCとなる。また，$x=12$のとき，点P，Q，Rはそれぞれ点A，B，C上に来て，3点の動きが止まる。

(2) 右図で，3点P，Q，Rの動きを表す直線のうち2本が交わるとき2点が重なる。点Aからの道のりを$y$cmとして，$0<x\leqq 4$のときの経過時間と点Aからの道のりの関係を式に表すと，点Pについては，$y=3x$…① 点Qについては，$y=2x+3$…② 点Rに関しては，$y=x+7$…③ ①と②が重なるとき$x=3$，②と③が重なるとき$x=4$，①と③が重なるとき，$x=3.5$ $8<x\leqq 12$のときにも点Pと点Rが重なるときがある。点Pの移動は，$y=3x+b$が(8，0)を通るから，$y=3x-24$…④ 点Rの動きは$y=x+c$が(5，0)を通るから，$y=x-5$…⑤ ④，⑤から，$x=9.5$ 以上のように2点が重なるのは4回ある。

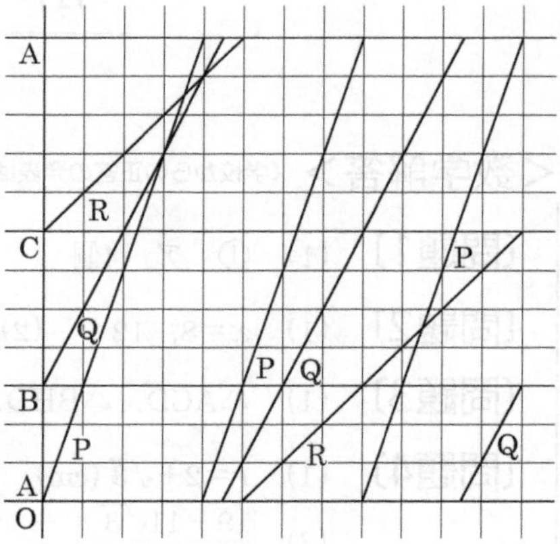

重要 (3) 点P，Q，Rの3点が同じ辺上にあるとき，この3点は三角形を作らない。出発して1秒後に点Pが最初に点Cに到達したときから，出発して4秒後に点Pが点Aに戻る間，3点P，Q，Rはすべて辺AC上にあるのでこの3点は三角形をつくらない。その場合のxは，$\frac{7}{3}\leqq x\leqq 4$…① また，出発して5秒後には，点Pが2度目に点Bに到達し，同時に点Rが初めて点Aに到達する。この瞬間も3点が辺AB上にあった三角形をつくらない。よって，$x=5$…② また，出発して$\frac{19}{2}$秒後には，点Pと点Qは辺BC上で交わる。このときにも3点P，Q，Rは三角形をつくらない。よって，$x=\frac{19}{2}$…③ ①，②，③から，3点P，Q，Rが三角形をつくらない時間は，$\frac{7}{3}\leqq x\leqq 4$，$x=5$，$x=\frac{19}{2}$

〔問題3〕 (平面図形－相似，合同，2次方程式，面積)

基本 (1) △ACDと△BCEにおいて，∠ADC＝∠BEC＝90° ∠ACD＝∠BCE 2組の角がそれぞれ等しいので，△ACD∽△BCE △BHDと△BCEにおいても，∠BDH＝∠BEC＝90°，∠HBD＝∠CBEなので，△BHD∽△BCE △AHEと△BHDにおいて，∠AEH＝∠BDH＝90°，∠AHE＝∠BHD やはり2組の角がそれぞれ等しいので，△AHE∽△BHD∽△BCE したがって，△ACD，△BHD，△AHEのうちの2つをあげればよい。

(2) △AHEと△BCEにおいて，△AEBは直角二等辺三角形なのでAE＝BE ∠AEH＝∠BEC＝90° △AHE∽△BHDなので，∠HAE＝∠CBE よって，1辺とその両端の角がそれぞれ等しいので△AHE≡△BCE よって，AH＝BC…① BD：DC＝2：3だから，BD：BC＝2：5…② ①，②からBD：AH＝2：5 したがって，線分AHの長さは線分BDの長さの$\frac{5}{2}$倍である。

(3) AH＝10のとき，△AHE≡△BCEだから，BC＝AH＝10 よって，$BD=10\times\frac{2}{5}=4$，$CD=10\times\frac{3}{5}=6$ DH＝xとすると，AD＝$10+x$ △ACD∽△BCE∽BHDなので，AD：BD＝CD：HD よって，$(10+x):4=6:x$ $x(10+x)=24$ $x^2+10x-24=0$ $(x+12)(x-2)=0$ $x=2$ AD＝12となるので，△ABCの面積は，$\frac{1}{2}\times 10\times 12=60$(cm^2)

〔問題4〕 (空間図形－直方体に内接する球，半径，長さ，体積の比)

基本 (1) 箱Xについて，AD＝$4r$ 箱Yについては，2円が接するときに中心を結ぶ線分は接点を通るから，PQ＝QR＝RP＝8 △PQRは正三角形なので，高さRKは1辺の長さの$\frac{\sqrt{3}}{2}$倍の$4\sqrt{3}$

よって，$EH=8+4\sqrt{3}$　　$AD=EH$なので，$4r=8+4\sqrt{3}$　　よって，$r=2+\sqrt{3}$ (cm)

(2)　ABについては，△STUで三平方の定理を用いると，$SU=\sqrt{ST^2-UT^2}=\sqrt{(4r)^2-(2r)^2}=\sqrt{12r^2}=2\sqrt{3}\,r$　　よって，$AB=2r+2\sqrt{3}\,r=2r(1+\sqrt{3})$　　$r=2+\sqrt{3}$を代入すると，$AB=2(2+\sqrt{3})(1+\sqrt{3})=2(5+3\sqrt{3})=10+6\sqrt{3}$　　$EF=5\times4=20$

$6\sqrt{3}=\sqrt{108}>10$だから，

ABの方が長く，その差は，$10+6\sqrt{3}-20=6\sqrt{3}-10$(cm)

図(1)

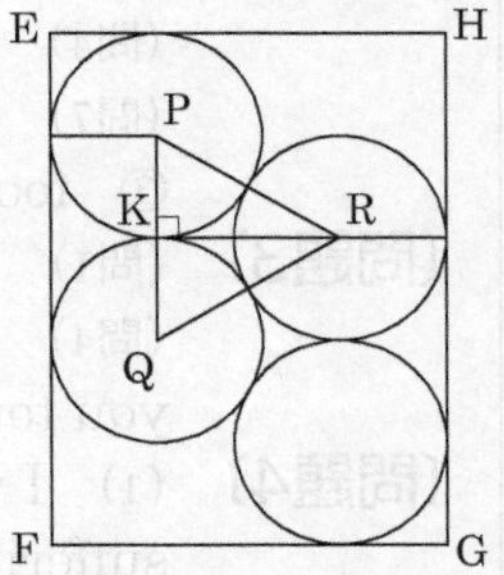

重要

(3)　3個の同じ半径の球の上にもう1個同じ半径の球を乗せると，4個の球の中心を結ぶ線分は正四面体を作る。1辺の長さがaの正四面体の高さは$\frac{\sqrt{6}}{3}a$と表される。このことを，図(3)の正四面体OVWXを使って説明すると，点Oから正三角形の面VWXに垂線OZを引くと，Zは正三角形の重心である。重心は中線VYを2：1に分ける点である。$VY=\frac{\sqrt{3}}{2}a$なので，$VZ=\frac{\sqrt{3}}{2}a\times\frac{2}{3}=\frac{\sqrt{3}}{3}a$

△OVZで三平方の定理を用いると，$OZ=\sqrt{a^2-\left(\frac{\sqrt{3}}{3}a\right)^2}=\frac{\sqrt{6}}{3}a$

ところで，正四面体の1辺の長さは球の半径の2倍なので，箱Xの高さは，$2r+\frac{\sqrt{6}}{3}\times2r=2r\left(1+\frac{\sqrt{6}}{3}\right)=2(2+\sqrt{3})\left(1+\frac{\sqrt{6}}{3}\right)$

箱Yの高さは，$8\left(1+\frac{\sqrt{6}}{3}\right)$

図(2)

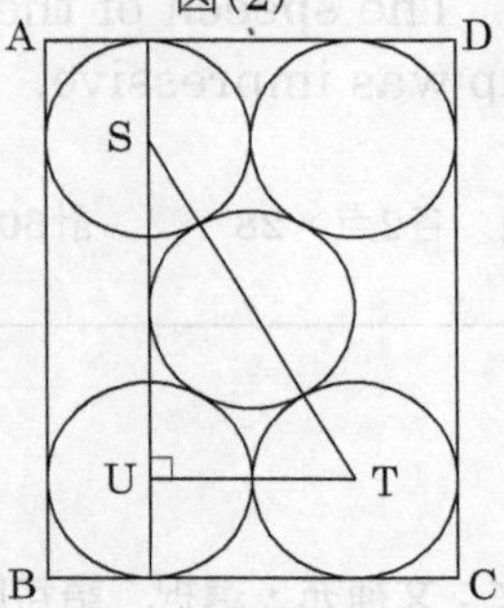

図(3)

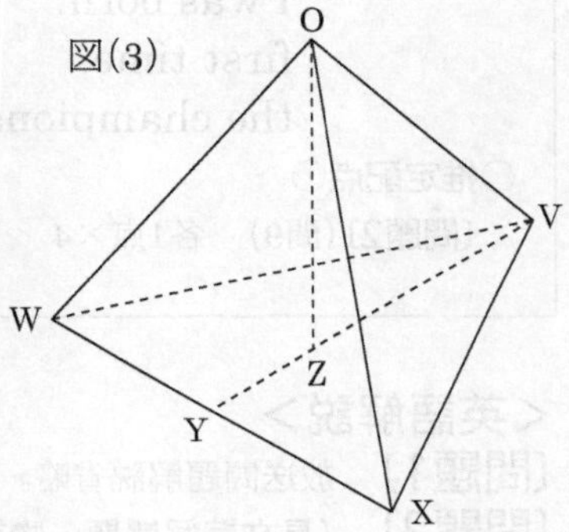

よって，箱Xの高さは箱Yの高さの$2(2+\sqrt{3})\left(1+\frac{\sqrt{6}}{3}\right)\div8\left(1+\frac{\sqrt{6}}{3}\right)=\frac{2+\sqrt{3}}{4}$…①　　$AD=EH$なので，底面積の比は$AB：EF$　　よって，箱Xの底面積は箱Yの底面積の$(10+6\sqrt{3})\div20=\frac{5+3\sqrt{3}}{10}$…②　　したがって，箱Xの体積は箱Yの体積の$\frac{2+\sqrt{3}}{4}\times\frac{5+3\sqrt{3}}{10}=\frac{19+11\sqrt{3}}{40}$

〔問題5〕（規則性－自然数の計算，方程式）

(1)　$11+12+\cdots\cdots+19+20=(10+1)+(10+2)+\cdots\cdots+(10+9)+(10+10)=10\times10+55=155$　　$11+12+\cdots+n\times(n+1)+\cdots+19+20=364$　よって，$n(n+1)-\{n+(n+1)\}=364-155=209$　　式を整理すると，$n^2-n-210=0$　　$(n+14)(n-15)=0$　　$n=15$

(2)　$m\geqq1$なので，$m+(m+1)+\cdots\cdots+(m+8)+(m+9)=(m-1+1)+(m-1+2)+\cdots\cdots+(m-1+9)+(m-1+10)=10(m-1)+55=10m+45$　　$m+(m+1)+\cdots\cdots n\times(n+1)\cdots+(m+8)+(m+9)=94$となるとき，$n(n+1)-\{n+(n+1)\}=94-(10m+45)$　　$n^2-n-1=49-10m$　　$n(n-1)=10(5-m)$　　$5-m$は自然数だから$10(5-m)$が自然数となるmの値は，1，2，3，4　　$m=1$のとき，$n(n-1)=40$となる自然数nはない。$m=2$のとき，$n(n-1)=30$だから，$n=6$　　$m=3$のとき，$n(n-1)=20$だから，$n=5$　　$m=4$のとき，$n(n-1)=10$となる自然数nはない。よって，$(m,\ n)=(2,\ 6)$，$(3,\ 5)$

★ワンポイントアドバイス★

〔問題1〕の(1)は表を作ってみるとよい。〔問題2〕は動きをグラフに書きこむ。〔問題3〕は△BCEと合同な三角形が役に立つ。〔問題4〕は正三角形や正四面体を利用する。〔問題5〕は，まずは(1)を手堅く仕上げよう。

＜英語解答＞《学校からの正答の発表はありません。》

〔問題1〕　放送問題解答省略

〔問題2〕　(問1)　ア　(問2)　ブライアンがハサンに嫌がらせをすること。　(問3)　エ　(問4)　they think I'm too small to play well　(問5)　ウ　(問6)　イ　(問7)　ウ　(問8)　Turkish cake　(問9)　①　country　②　bird　③　football　④　soccer

〔問題3〕　(問1)　ウ　(問2)　イ　(問3)　良い呪文を選ぶ自信がないから。　(問4)　book　(問5)　ア　(問6)　practical　(問7)　turn everything you touch to gold　(問8)　イ　(問9)　Photo　(問10)　エ

〔問題4〕　(1)　I want to develop medicines which help children who are suffering from disease.　(2)　This tree was planted just [right] after I was born.　(3)　I am looking forward to seeing the baby for the first time.　(4)　The speech of the captain of the team that won the championship was impressive.

○推定配点○

〔問題2〕(問9)　各1点×4　　他　各2点×28　　計60点

＜英語解説＞

〔問題1〕　放送問題解説省略。

〔問題2〕　**(長文読解問題・物語文：文補充・選択，語句解釈，語句補充・選択，語句整序，不定詞，要旨把握)**

(全訳)　僕は緊張しているが，新しい6年生のクラスの前で先生と一緒に立つ時に微笑もうとする。ゴメス先生が僕の肩に手を置く。

「ハサン・イルマスを歓迎しましょう」と彼女は言う。「ハサンはトルコの家からフロリダに引っ越してきたばかりです。今年私たちはハサンからトルコについてたくさん学ぶでしょう」

「こんにちは」と僕はクラスに向かって言う。僕が自分の机に向かって歩いていくと，他の子たちより大きな少年が左手を口の下に持ってきて指を奇妙に動かす

「ゴロゴロ」と彼は高い声で言う。数人の生徒が笑う。彼はそれをもう一度する。どうして彼がこの音を出しているのか僕はわからないが，僕にとって良くないことかもしれない。

「ブライアン，そんなことをしてはいけません」とゴメス先生が怒った顔で言う。ブライアンは両手を机の上に置く。

その朝しばらくたって，ゴメス先生がジミーと僕を教卓へ呼ぶ。ジミーは僕の前に座っている，背が高くてやせた少年だ。

「ジミー」と彼女は言う。「今週，ハサンを手伝ってあげてくれる？　昼食の時に彼と一緒に座り，彼をあなたの友達に紹介して」

「もちろんです」とジミーが言う。「構いません」　彼は僕の方を向く。「僕は去年インドからここに越してきたんだ。新しい国に引っ越すのが大変だって，僕はわかるよ」

「ありがとう」と僕は言う。僕たちは自分の席に戻り，僕はまたあの音を聞く。「ゴロゴロ。ゴロゴロ」　今回は先生には聞こえない。(1)ブライアンは僕を指さして笑う。

「どうしてブライアンはあの音を出すの？」と僕はジミーに尋ねる。

「アメリカでは，ターキー(トルコ)は君の国の名前だけではないんだ」と彼は言う。「感謝祭の時に食べる鳥の名前なんだよ。ゴロゴロはこの鳥の出す音だ」

「ああ。僕は感謝祭について読んだことがあるよ」と僕は言う。

「でも気にしないで。ブライアンのことは忘れろよ」とジミーが言う。

その日の間，ブライアンは僕に「ゴロゴロ」と言い続ける。僕は落ち着こうとするが，彼はそれが僕をイライラさせるのを知っている。

夕食の時，僕は家族にブライアンとの問題を話す。

「ブライアンを気にしちゃだめ。彼はすぐに飽きるわ」と10歳の妹，ファツマが言った。

「そうしてみたけれど，うまく行かなかったんだ」と僕が言う。

「ハサン」と父が言う。「お前は賢い子だ。お前は(2)この問題を解決するだろうと，父さんはわかっているよ」

「見て」と母が言う。「サプライズがあるのよ。あなたたちのためにこれを作ったの」 彼女は私たちに私たちの大好物のトルコケーキを見せる。「やった！」とファツマと僕が叫ぶ。食べると甘い味が僕の口を満たし，僕の故郷の町を思い出す。一瞬，僕の問題はとけてなくなる。

でも，その週の残りずっと，ブライアンは僕を見かけると必ず僕のところに来て耳元で「ゴロゴロ」とささやく。僕はもうキレそうだ。

月曜日，外で体育の授業がある。体育教師のウィルソン先生が僕たちはサッカーをすると言う。僕はサッカーというのを聞いたことがないが，彼がボールを持った時，僕は(3-A)興奮する。

「フットボール！」と僕は叫ぶ。

みんなシーンとする。僕は(3-B)恥ずかしく感じて「トルコではフットボールと言います」と言う。

ウィルソン先生は言う。「そうです，世界中の人々がこの競技をフットボールと呼びます。それはこのスポーツに対する最も一般的な名前です。私たちに思い出させてくれてありがとう」

ウィルソン先生がキャプテン2人を選び，彼らが自分のチームのメンバーを選ぶ。僕は最後に選ばれる。最後だって！ 僕は驚く。トルコでは僕はたいてい最初に選ばれた。(4)彼らは僕が小さすぎてうまくプレーできないと思っているのかもしれない。

僕のキャプテンのジュリアは，僕を指さし，その後ベンチを指さす。

「あなたを入れるわ」と彼女が言う。「私たちがリードしたらね」

彼女は僕が良い選手だと思っていない。ベンチに向かう時，涙が僕の目に浮かぶ。フィールドでは両チームが試合を楽しんでいる。僕は座って待つだけなんてできない。僕はボールバッグからボールを取り出し，ウオーミングアップを始める。ジュリアが僕を呼び戻してくれた時に準備万端でいたいんだ。

僕はボールを軽く蹴って，ひざから頭に乗せる。そしてボールを片方の足からもう片方の足へと，ボールを地面に落とすことなく移動させる。突然，プレーが中断する。両チームとも僕を見ている。彼らは口をぽかんと開けている。1人の少女が「(5)魔法みたい！」と叫ぶ。

「ねえ」とジュリアが僕に声をかける。「入って」

僕はフィールドに走っていく。「得点は3対3よ。はやく1点入れなきゃ」とジュリアが言う。ボールがスローインされると，彼女がそれを受け取って，僕にパスする。

2人の少年が僕に向かって走ってくる。僕は動かない。待つ。彼らが十分近くに来ると，僕は右に，そして左にドリブルし，1人目の少年を抜かす。2人目の少年がボールを奪おうとするが，僕は彼の開いた両脚の間にボールを蹴って，彼を抜き去る。僕は今，ゴールに向かってドリブルする。

ゴールキーパーが僕を迎えようと出てくる。ブライアンだ！

「ゴロゴロ」と彼は言う。「(6)こんなの，赤ちゃんからアメ玉を取るようなもんだ」

ブライアンはボールを蹴ろうと足を引くが，僕はボールを素早く左へ動かす。ブライアンが宙を蹴る。僕は彼の横を走り去り，ボールをゴールへキックする。

「ゴール！」とウィルソン先生が叫び，両腕を挙げる。僕たちのチームが歓声を上げる。何人かの選手が僕の背中を軽くたたく。

ちょうどその時，ウィルソン先生が「時間終了！」と言う。彼は僕を見る。「君は素晴らしいフットボール選手だ」

僕は微笑み返す。僕がブライアンを見ると，(7)彼は顔をそむける。

教室へ戻る途中，ジュリアが来て言う。「ごめんね。私，あなたがあんなにすごい選手だって知らなかった」

「フットボール，つまりサッカーはトルコの国技なんだ」と僕が言う。「僕たちは歩けるようになるとすぐにサッカーをするんだよ」

「よくやったな！」とジミーが言う。「もうゴロゴロなんて，耳にすることはないよ」

放課後，僕はジミーとジュリアを家に招く。彼らがトルコの僕の家や友達の写真を見ている間に，僕はキッチンに駆け込む。母が僕を(8)トルコケーキの皿を持って迎えてくれる。

「ありがとう，ママ」と言って僕はほほ笑む。僕の新しい友達はそのごちそうを忘れないだろう。

(問1)　全訳参照。ブライアンはトルコから引っ越してきたハサンへの嫌がらせで「ゴロゴロ」と言っている。

やや難 (問2)　具体的に書くと「ブライアンが嫌がらせでハサンに『ゴロゴロ』と七面鳥の鳴き声のマネをすること」となるが，20字以内でまとめなくてはならないため，「ブライアンがハサンに嫌がらせをすること」「トルコ出身であることをからかわれること」などと解答すればよい。

(問3)　全訳下線部参照。excited「興奮した」 embarrassed「恥ずかしい，きまり悪い」

(問4)　全訳下線部参照。< too ＋形容詞＋ to ＋動詞の原形>「…すぎて～できない」

(問5)　皆がハサンの巧みなボールさばきに驚いている場面なので，ウ「魔法みたい！」が適当。

やや難 (問6)　全訳下線部参照。ハサンのボールを止めることは，赤ちゃんからアメ玉を取り上げるように簡単だ，という意味である。ブライアンがハサンを見下している発言なので，イが適当。

(問7)　ブライアンは自分が見下していたハサンにサッカーの試合で負けた。ウ「なぜならブライアンはハサンが良い選手だと言いたくなかったから」が適切。

重要 (問8)　下線部(8)の2文後に treat「ごちそう，もてなし」とあることから，下線部(2)の3文後の Turkish cake を抜き出す。

(問9)「僕がここで学んだ2つのことを君に伝えるよ。まず，ターキーという単語はアメリカでは2つの意味がある。1つはもちろん，僕たちの①国の名前だけど，その単語は②鳥にも使われるんだ。おもしろいね！　また，アメリカでは③フットボールを何と呼ぶか知っている？　③フットボールの代わりに④サッカーと呼ぶんだ。僕は今日，体育の授業でそれをやって，僕のチームが勝った！　僕は1点入れたし，試合を通じて新しい友達ができたよ」

〔問題3〕 (長文読解問題・物語文：語句補充・選択，内容吟味，語句整序，関係代名詞，内容一致)

(全訳)　スコットランドの人は15歳になると「偉大な魔法使い」の呪文の本から呪文を1つ選んでそれを学ぶことができる。15歳の誕生日の朝，僕は偉大な魔法使いの城に行くことになっている。僕は決定する前に5分間だけその本に目を通すことができる。何千もある呪文から選ぶ。「どうやったら決められるんだろう？」と僕は悩む。

僕の姉のメイは主張する。「ロン，実用的な呪文を選ぶべきよ」彼女は僕にフォークを向けてこう言う。彼女の皿にはまだハチミツがかかったパンケーキが残っている。

「彼に構うな」と父が新聞から目を離さずに言う。「彼が決めることだ。お前が決めることじゃない」と彼が言い足す。

僕はキッチンの天井を見上げる。「どうしたらいい？　僕の誕生日はもう3日後だ！　決めなくちゃ，すぐに」と僕は思う。

「アクティブ！」とメイが突然大声で言う。彼女のナイフから腕と脚が現れ，ナイフがテーブルでくるくると踊りだす。

母が穏やかに笑った。数秒後，ナイフは床に落ちた。

「ほらね？」とメイが言う。「役立たず！　ばかばかしい魔法！」

メイはアクティブという呪文を学んだ。彼女が何か小さなものにその呪文を唱えると，それは踊りだす。しかしそれは数秒しか(1)続かない。

僕の友達のアンディはアシストという呪文を選んだ。1日に1度，彼はその言葉をささやくことができ，どんなテストでも解答がページ上に彼の筆跡で現れる。

「ロン，俺の言うことを信じてくれ」とアンディは僕に言う。「あの呪文を選んじゃだめだ」

学校では誰もがアンディの呪文を知っている。テストの日，先生は彼を厳重に見張るので，彼は緊張しすぎて実力が出せない。

僕の両親は2人とも良い選択をした。父はラブを選んだ。彼がラブとささやくと，誰でも20秒間引き付けることができる。そして彼は母と結婚でき，今，幸せだ。母はフォトを学んだ。彼女は週に1度だけその呪文を唱えることができる。そうすると，その瞬間が記憶に残る。彼女はその光景，音，その瞬間の感情までも覚えていられる。

「今週，私は呪文を使わないわ」と彼女は僕の髪をなでると言った。「あなたの大切な日まで」

「いいね」と僕は言った。「僕はひどい選択をするよ。母さんはそれを覚えておくんだね」

「ロン！」と母は(2)叱る。彼女はとても真剣な様子だ。

僕はうつむいて自分の皿を見て言った。「一生懸命やったとしても，僕はきっと自分の決定に満足しないよ」

初めて姉が僕をかばう。「たぶんその通りね」と彼女は言う。

その大切な日が来ると，僕はスーツを着て，父は僕がネクタイを結ぶのを手伝ってくれる。僕たちは偉大な魔法使いの城に行く。それは巨大で古い城だ。丈の長い黒いコートを着た男性が城から出てきて私たちを車のところで出迎える。そして彼は僕を城へ連れて行く。

両親は車のそばで待っていなくてはならない。それが規則で，僕はうれしい。(3)「僕がどの呪文を選ぶか両親に見られたくない」と僕は思う。

「今日は彼らのための日ではない」と魔法使いが言う。「彼は僕の考えが読めるの？」と僕は不思議に思う。彼は続けて言う。「君のための日だ。緊張するな」

「緊張するな？　それだけ？」と僕は思う。僕は何か気の利くことを言おうとするが，できない。

僕たちはしばらく歩き，小さな暗い部屋に着く。そこはろうそくだけで明かりがともされている。大きな古い木の机がある。巨大な(4)本がその上に載っている。「これだ」と僕は小声で言う。

「きっかり5分だ」とその魔法使いが言う。「呪文を選んだら，大声でそれを読みなさい。選んだら，それが最終決定だ。だから注意して選びなさい」

「あの魔法使いにとっては，言うのは簡単だよ。彼はきっと数百の呪文を知っているだろう。彼は1つだけ選ぶ必要がない。(5)不公平だよ」と僕は思う。

時間があまりないので，僕はページに素早く目を通す。バードコールという呪文がある。それは鳥を引き付ける呪文だ。鳥たちは僕の頭や肩の上に少しの間とまってくれる。僕は突然，姉の助言を思い出す。僕は(6)実用的なものを選ぶべきだ。

僕は飛ばし読みして数ページ先に進む。シャインという呪文がある。これは人気の呪文だと僕は知っている。靴や窓が数分でひとりでにきれいになる。

「あと2分」と魔法使いが言う。「もし(7)君が触れたものを何でも金に変える呪文を探しているのなら，見つからないぞ。これらは一般的な呪文だ。君を金持ちにするものはない」

ついに僕は自分が望む呪文を見つける。僕は念のため本の通し読みを続けるが，その呪文が一番だとわかる。

「時間終了！」とその魔法使いが言う。

僕は車に戻る時に微笑む。少なくともこの3日間で僕がそうしたのは初めてのことだ。僕はもう，自分の決定について悩んでいない。もっと良い呪文があるかもしれないけれど，僕は自分の選択に満足している。

「父さんも母さんもきっと信じないよ」と僕は両親に言う。「2人とも僕の選択を信じないよ！」

「待て，待ちなさい」と父が言う。「お前が言う前に，私にこう言わせてくれ。(8)母さんと私はお前を誇りに思っている」

僕はもう待ちきれない。

「僕はクリアを選んだ」と僕は言う。

2人とも困惑した様子だ。それはあまり一般的な呪文ではない。

「それは人に，自分の決定の良い点と悪い点をはっきりと気づかせてくれる。僕の友達が呪文を選ぶ時が来たら，僕はその呪文を唱えて彼らを助けることができる」と僕は言う。

母は微笑み，僕の髪に触り，「さあ，今がその瞬間ね」と言う。「(9)フォト」

(問1)　last(動詞)「継続する」

(問2)　scold「叱る」

重要 (問3)　下線部(2)の前後の主人公の言葉を参照する。主人公は，満足のいく良い呪文を選べないと思っていた。

(問4)　第1段落第1文および第3文参照。book を抜き出す。空所(4)に続く sit on ～は「(物が)～の上に載っている」という意味。

(問5)　魔法使いは魔法をたくさん知っており，魔法を1つ選ぶ必要がないが，主人公は1つだけ選ばなくてはならないので，「不公平だ」という気持ちでいる。fair「公平な」

(問6)　第2段落第1文のメイの言葉から practical「実用的な」を抜き出す。

やや難 (問7)　turn A to B「AをBに変える」 A の部分に everything you touch「あなたが触った全てのもの」を入れる。everything と you の間には目的格の関係代名詞が省略されている。

重要 (問8)　主人公が無事，呪文を選び終え，両親のもとに戻ってきた場面なので，イ「ロンが自分自身の呪文を選ぶことができたから」が適当。

やや難 (問9)　母親は，主人公が呪文を選び終えた時を記憶するため，呪文「フォト」を唱える。

(問10)　エ「ロンの父親は誰でも短時間引き付けることができる」(○)

やや難〔問題4〕（和文英訳：不定詞，関係代名詞，進行形，受動態，接続詞，熟語，動名詞）

(1)　＜ want to ＋動詞の原形＞「～したい」 develop「～を開発する」 medicine「薬」「病気で苦しんでいる子供たちを救う」は，関係代名詞を使って medicines の後ろに置く。suffer from ～「～で苦しむ」

(2)「植えられた」は受動態で表す。「～してすぐに」は just[soon]after ～ とする。be born「生まれる」 ここでは動詞を全て過去形にする。

(3) look forward to ～ing は「～することを楽しみにする」という熟語で，進行形で用いられることが多い。for the first time「初めて」

(4)「優勝チーム」は関係代名詞を使って the team that won the championship「優勝

したチーム」と表す。win the championship「優勝する」 impressive「印象的な」

★ワンポイントアドバイス★

〔問題4〕の和文英訳問題は，日本語が話し言葉なので，省略されている主語を補って英訳しよう。

＜理科解答＞《学校からの正答の発表はありません。》

〔問題1〕 (1) ① BとE ② C (2) 54.3度
(3) 5度東

〔問題2〕 (1) 15Ω (2) ア (3) イ (4) カ

〔問題3〕 (1) ①，② (2) 右図 (3) シソチョウ
(4) 相同器官

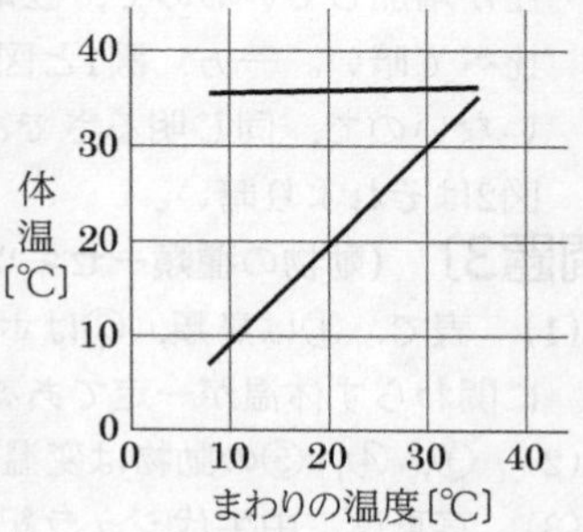

〔問題4〕 (1) ① ア ② ウ ③ オ (2) ④ イ
⑤ ウ ⑥ カ (3) 赤く色のついたショ糖が得られる。 (4) 加熱して香料を逃がし，活性炭の粉末を混ぜて色素を沈殿させる。

〔問題5〕 (1) C (2) イ，オ (3) ア，エ，オ

〔問題6〕 (1) 0.5m/秒 (2) ア (3) ウ (4) ① ア ② ア

〔問題7〕 (1) A 胚珠 B 子房 C いない (2) ウ (3) ア，ウ，カ
(4) 減数分裂 E 胞子のう

〔問題8〕 (1) イ (2) 3：8 (3) 二酸化炭素 (4) 11g

○推定配点○

〔問題6〕(3)・(4)，〔問題7〕 各1点×10(〔問題7〕(3)完答) 他 各2点×25
(〔問題3〕(1)，〔問題4〕(1)・(2)，〔問題5〕(2)・(3)各完答) 計60点

＜理科解説＞

〔問題1〕 (地球と太陽系－各地での冬至の太陽の動き)

(1) ① 緯度が同じであれば，同じ日の太陽の南中高度も同じで，BとEが当てはまる。 ② 昼の長さは，赤道は1年じゅう12時間であり，北極や南極は0時間から24時間まで大きく変化する。冬至であれば，赤道に近い南にある地点ほど，太陽の南中高度が高く，昼の長さが12時間に近い。よって，Cが当てはまる。

重要 (2) 太陽の南中高度は，秋分の日に比べて冬至の日が23.4°低い。A地点では，冬至の日の南中高度が30.9°だから，秋分の日は23.4°高く，30.9＋23.4＝54.3(°)となる。ちなみに，この場所の緯度は90－54.3＝35.7(°)であり，東京の緯度とほぼ等しい。

(3) B地点での太陽の南中時刻は，E地点に比べて20分早い。天体の南中時刻は，経度15°につき1時間，経度1°につき4分ずれる。だから，経度の5°差が南中時刻の20分差に相当する。よって，B地点はE地点よりも経度が5°東にある。

〔問題2〕 (電流と電圧－豆電球を含む回路)

(1)　図1で，電圧計は抵抗器の両端の電圧を示している。抵抗は$\frac{3.0\mathrm{V}}{0.2\mathrm{A}}=15\Omega$である。

(2)　図2を図1と見比べると，豆電球Aに豆電球Bが並列につながれている。そのため，回路全体の抵抗は減少している。電源装置の電圧は同じなので，回路を流れる電流は増加している。抵抗器に流れる電流も増加しているので，抵抗器にかかる電圧も増加する。

重要

(3)　図3を図1と見比べると，回路全体に豆電球Cが並列につながれている。そのため，回路を流れる電流全体は増加するものの，それは豆電球Cを流れる電流が単純に増えただけである。電源装置→抵抗器→豆電球A→電源装置という流れは図1と何も変わっていない。抵抗器に流れる電流や，抵抗器にかかる電圧は，図1と同じである。

(4)　図1と図2を比べると，(2)で解説したように，電源装置の電圧は同じで，抵抗器にかかる電圧が増加しているので，豆電球にかかる電圧は減少している。そのため，図2の豆電球Aは図1に比べて暗い。一方，図1と図3を比べると，(3)で解説したように豆電球Aの部分は何も変わっていないので，同じ明るさである。まとめると，豆電球Aの明るさは，図1と図3が同じ明るさで，図2はそれより暗い。

〔問題3〕 (動物の種類－セキツイ動物の特徴)

(1)　表で，①は鳥類，②はホ乳類，③は両生類，④は魚類，⑤はハ虫類である。図は外界の温度に関わらず体温が一定である恒温動物を表している。これは，①鳥類と②ホ乳類の特徴である。

(2)　③，④，⑤の動物は変温動物であり，外界の温度が変化すると体温も変化する。

(3)　写真は，中生代ジュラ紀に生息していたシソチョウ(始祖鳥)である。ハ虫類と鳥類の中間種であり，歯や尾骨，爪のある指などハ虫類の特徴と，翼や羽毛など鳥類の特徴の両方を持つ。

(4)　現在の形やはたらきは異なっていても，その基本的なつくりが同じであり，共通の祖先から進化したことが分かる器官を相同器官という。

〔問題4〕 (物質の性質－かき氷用シロップの蒸留)

(1)　ろ過は，水に溶けていない物質を取り除く操作である。赤色色素，ショ糖，香料はどれも水に溶けているので，すべてろ紙を通過し，ろ液に入る。つまり，ろ液はシロップそのものであり，色もにおいも味も残っている。

(2)　実験2の図は蒸留をあらわしている。蒸留は，水をいったん水蒸気に変え，その水蒸気を冷やして水を得る。そのため，水よりも沸点が低く気体になりやすいものは試験管内に混ざるが，そうでないものは試験管に移らない。シロップの中の香料は，においの物質であることからも分かるように，気体になりやすい物質(揮発性物質)であり，加熱すると水蒸気とともに試験管に移る。一方，赤色色素やショ糖は100℃では気体にならないので，試験管には移らない。

(3)　実験2で，(2)で解説したように香料は試験管に移るので，丸底フラスコには赤色色素とショ糖が残る。赤色色素が加熱しても変質しないならば，水がすべて出て行くと，赤い色のついたショ糖が残る。なお，フラスコ中の空気は水蒸気によって追い出されているので，砂糖が酸素と結びついて真っ黒になることは考えにくい。

(4)　問題文のように，赤色色素は活性炭の粉末に吸着させて一緒に沈殿させることができる。また，実験2のように香料は加熱すると逃げていく。この2つの操作を組み合わせれば，ショ糖水溶液だけが残る。加熱と活性炭の順序はどちらからでもよい。

〔問題5〕 (天気の変化－高気圧と低気圧)

(1)　高気圧のまわりは時計回りに風が吹き出す。低気圧のまわりは反時計回りに風が吹き込む。また，等圧線が込み合っているところほど強い風が吹く。各天気図での東京の風は，Aは高気圧から吹き出す弱い南東風，Bは大陸から吹き込むやや強い北西の季節風，Cは日本海にある低気圧に向かって吹き込む強い南風，Dは弱い南～南東の風と想定される。

重要 (2)　天気図Aは，太平洋高気圧が日本列島に張り出した夏の天気図と考えられる。ア：誤り。梅雨の特徴であり，天気図Aには停滞前線はない。イ：正しい。地表は高温だが，上空に寒気が入り込むと上昇気流が活発となり，一時的に雷を伴う集中豪雨が降ることがある。ウ：誤り。冬の特徴であり，天気図Bの説明である。エ：誤り。春や秋の特徴である。オ：正しい。太平洋高気圧によって，おおむね高温で晴天が続く。

(3)　Bの天気図の大陸にある高気圧は，シベリア高気圧である。たいへん冷たい空気からなるため，密度が大きく，地表での気圧が高い。ア：正しい。赤外線の放射によって地表から熱が逃げることで温度が低くなる。イ：誤り。人類が引き起こした地球温暖化とは関係なく，冬季の大陸で高気圧が発達する。ウ：誤り。低温の空気による高気圧である。エ：正しい。冬は北極方面からの寒気が上空を南下するが，ヒマラヤ山脈は標高が数千mとたいへん高く，寒気の南下をせき止める。オ：正しい。大陸は海洋に比べて，冬季は温度が下がりやすい。

〔問題6〕　(運動とエネルギー－糸でつながれた2物体の運動)

(1)　図2は縦軸が速さであることに注意する。物体Xは，動き始めてから止まるまで1mの長さを，図2では2秒間で進んでいる。平均の速さは1÷2＝0.5(m/秒)である。

(2)　選択肢の図では，左側が記録タイマー側の新しい打点であり，右側が古い打点である。おもりYが床についた後は，速さが小さくなっていくので，左に行くほど打点どうしの間隔が狭まっていく。

(3)　おもりYが床に着く直前までは，おもりX，おもりYとも加速運動(速さが速くなっていく運動)をしているので，物体にはたらく力はつりあっておらず，合力は加速の向きにはたらいている。物体Yでは，下向きにはたらく重力Wが，上向きにはたらく糸の張力Tよりも大きい。また，物体Xでは，右向きにはたらく糸の張力Tが，左向きにはたらく摩擦力よりも大きい。

(4)　摩擦がなければ，物体Xと物体Yの力学的エネルギーの合計が保存されていたはずである。しかし，この実験では一部のエネルギーが，物体Xと床の間の摩擦によって生じた熱エネルギーに変わってしまった。つまり，「最初のYの位置エネルギー」は，「Yの位置エネルギー」と「Yの運動エネルギー」と「Xの運動エネルギー」と「摩擦による熱エネルギー」の4つに分かれたと考えればよい。だから，①，②ともに減少したことになる。

〔問題7〕　(植物の種類－イチョウとイヌワラビ)

(1)　イチョウは裸子植物であり，花には花びらがなく，雌花では胚珠が子房におおわれていない。胚珠は受粉と受精を経て種子(ぎんなん)になるが，子房がないので果実はできない。

基本 (2)　図1中の○で示されたものは雌花であり，2つの先端部分が胚珠である。

(3)　イヌワラビはシダ植物の一種であり，Dはすべて葉である。シダ植物は，光合成をおこない，自分で有機物をつくっている。また，陸上生活に適するように，根・茎・葉の区別があって，根から水や無機養分を吸収し，発達した維管束のうち道管を通してからだの各部に送っている。種子はつくらず，胞子で殖える。花はないので，精子と卵の受精は前葉体でおこなわれる。

(4)　種子植物の精細胞や卵細胞と同様に，シダ植物の胞子Fの染色体数も，体細胞の染色体数の半分であり，減数分裂によってつくられている。胞子Fのつくられる袋が胞子のうEであり，葉Dの裏に多数ついている。

〔問題8〕　(化学変化と質量－硫黄と金属の反応)

(1)　図より，7gの金属Xが硫黄と化合すると11gの化合物ができるから，結びついた硫黄は4gである。金属Xの原子と硫黄原子は，原子数比1：1で化合するので，原子1個ずつの質量比はx：

z＝7：4である。同様に，3gの金属Xが硫黄と化合すると7gの化合物ができるから，結びついた硫黄は4gである。金属Yの原子と硫黄原子は，原子数比1：1で化合するので，原子1個ずつの質量比はy：z＝3：4である。以上をまとめると，x：y：z＝7：3：4となり，x＞z＞yとなる。ちなみに，金属Xは鉄，金属Yはマグネシウムである。

(2)　元素Aと硫黄は，原子数比1：2で結びつき，その質量比は3：16だから，原子1個ずつの質量比はa：z＝(3÷1)：(16÷2)＝3：8である。

(3)　無色透明で無臭の気体Gを石灰水に通すと白濁するので，気体Gは二酸化炭素である。

やや難　(4)　化合物Mを完全燃焼させると二酸化炭素である気体Gが発生することより，化合物Mには炭素が含まれている。つまり，元素Aは炭素である。また，気体Hは硫黄原子が酸素と結びついてできるものだから，元素Bは酸素である。気体Hは，Bの原子と硫黄原子が原子数比2：1で結びついており，その質量比は1：1だから，原子1個ずつの質量比は(1÷2)：(1÷1)＝0.5：1である。(2)で，原子1個ずつの質量比は，元素A：硫黄＝3：8と求めたので，それに合わせると、元素B：硫黄＝4：8となり，まとめると，元素A：元素B：硫黄＝3：4：8となる。19gの化合物Mには，元素Aと硫黄が質量比3：16で含まれるから，元素Aが3g含まれている。元素A：元素B，つまり，炭素原子：酸素原子の質量比は3：4だから，二酸化炭素CO_2に含まれる炭素：酸素の質量比は3：8である。よって，3gの元素A(炭素)と結びつく酸素は8gであり，発生する気体G(二酸化炭素)は3＋8＝11(g)となる。

★ワンポイントアドバイス★

理詰めで考える問題が多い。与えられた条件を整理し，基本知識をフル活用しながら，考えを進めていこう。

＜社会解答＞《学校からの正答の発表はありません。》

[問題1]　問1　オ　　問2　ウ・カ　　問3　ウ　　問4　(1)　C　　(2)　X　ウ
Y　(例)　1km²あたりの人口を比較する

[問題2]　問1　エ　　問2　エ　　問3　ク　　問4　(例)　Xは谷だったところに盛り土をして造成したので，地盤が弱い。一方，Yは尾根だったところを切取って造成したので，地盤が強いから。

[問題3]　問1　②→④→③→①　　問2　防人　　問3　イ　　問4　ウ　　問5　ア
問6　C　エ　　D　オ　　E　(例)　複数の政権によって統治されていた

[問題4]　問1　(1)　B　ウ　　C　ア　　(2)　ア，オ　　(3)　イ，ウ　　問2　カ
問3　台湾　　問4　イ

[問題5]　問1　(1)　A　合意　　B　個人の尊厳　　(2)　イ　　(3)　女性差別撤廃条約
問2　a　×　　b　○　　c　×　　d　×　　e　○
問3　(例)　選挙人の投票の価値をすべて平等に取り扱う制度。

[問題6]　問1　A　800(円)　　B　600(円)　　C　600(円)　　D　300(円)
E　150(円)　　F　900(円)　　G　1,000(円)　　問2　(1)　(例)　時間帯によって品ぞろえを変える。　(2)　エ　　問3　(1)　環境基本法　　(2)　エ

○推定配点○

［問題1］　問4Y　3点　他　各1点×6　［問題2］　問4　4点　他　各1点×3
［問題3］　問6E　3点　他　各1点×7　［問題4］　各1点×9
［問題5］　問3　3点　他　各1点×9　［問題6］　問2(1)　3点　他　各1点×10
計60点

＜社会解説＞

［問題1］（地理－地図や統計を使った世界の自然，人々の生活など）

やや難　問1　Aはアメリカ合衆国のサンフランシスコで，夏季に乾燥する地中海性気候が卓越する。よって，S。Bはエジプトのアスワンで，極端に降水量が少ない砂漠気候が卓越する。よって，Q。Dはアメリカ合衆国のマイアミで，年中高温で，弱い乾季がみられる熱帯モンスーン気候が卓越する。よって，P。残ったCが中国のラサでRとなる。

やや難　問2　ウ－東南アジアでは，マレーシア，ミャンマーなどが，オセアニアでは，オーストラリア，ニュージーランドなどがイギリスの植民地支配を受けたことがある。カ－東南アジアでは，シンガポール，ブルネイ，ベトナムなどが，オセアニアではオーストラリア，ニュージーランドが，APEC(アジア・太平洋経済協力会議)，TPP(環太平洋経済連携協定)の両方に加盟している。ア－オーストラリア大陸は地震や火山は少ない。イ－東南アジアの多くは熱帯に属しているため，冷涼乾燥の気候に適する小麦の栽培には向かない。エ－オセアニアの島しょ地域はキリスト教を信仰する人が多い。オ－東南アジア諸国の主要な貿易相手は，アジア諸国とアメリカ合衆国。

問3　日本の経済は，近年，低成長が続き，多少の改善はみられるものの，全体には伸び悩みの状況にある。したがって，GDP(国内総生産)の伸びもごく僅かで，年によっては前年を下回ることもある。よって，Aである。一方，中国は，工業化の進展による経済の発展によって，GDPは大きく伸びており，毎年5％以上の経済成長を記録している。よって，Dである。なお，Cはマレーシア，Bはギリシャである。

重要　問4　各国の人口密度のデータを世界地図に表現するときは，面積の正しい世界地図(正積図)を用いる。Cのエケルト図法は正積図の一つである。なお，Aのメルカトル図法は角度，，Bの正距方位図法は中心からの距離と方位は正しいが，いずれも面積は正しくない。

［問題2］（地理－地図や統計を使った日本の自然，人口など）

重要　問1　B(上富良野町)は内陸に位置しているため，気温の年較差が大きく，冬季の月平均気温は－10℃ぐらいまで下がる。よって，①である。A(函館市)は，C(釧路市)に比べて緯度が低いので，気温が比較的高い②がA。残った③がCと判定できる。

やや難　問2　Aは札幌市などの都市部が低位になっているので平均年齢である。都市部は雇用機会が多いため，生産年齢人口の割合が高い。一方，都市部以外は雇用機会が少ないため，過疎化が進み，少子高齢化が進んでいる。Cは札幌市などの都市部が高位であるほか，面積のごく狭い市町村が高位となっていることから，人口密度と判定できる。残ったBが人口増加率である。

問3　一般に，一世帯あたりの乗用車普及台数は，公共の交通機関が発達している大都市圏で低く，公共の交通機関がそれほど整備されていない地方で高い。2018年現在，一世帯あたりの乗用車普及台数が最も多いのは福井県で，これに富山県，山形県，群馬県，栃木県，茨城県が次いでいる。最も少ないのは東京都で，これに大阪府，神奈川県，京都府などが次いでいる。

問4　図ⅥのA，Bを比較すると，Xの地域は1952年では谷，Yの地域は1952年では尾根であったことが読み取れる。

[問題3]　(日本の歴史－法令を題材にした日本の歴史)

重要　問1　①は江戸時代の武家諸法度，②は飛鳥時代の律令，③は戦国時代の分国法，④は鎌倉時代の御成敗式目に関する説明。

基本　問2　防人は，律令制において，九州に配備された兵士。諸国の軍団の兵士から選び，現地では大宰府の管轄下に入った。3年交替で勤務し，装備・往復の食料は自弁であった。

基本　問3　「武田氏」に注目。武田氏は，甲斐(山梨県)の戦国大名で，武田信玄のときに，今川，上杉，北条氏などと対抗。甲斐だけでなく，信濃，駿河，遠江，上野まで勢力を広げた。

問4　守護大名は，室町時代，任国の支配権を強め，領主化した守護。守護は，鎌倉時代末期から職権を利用してしだいに任国内の武士を支配下に入れ，南北朝内乱期には半済，守護請などの手段で，国司の権限を吸収し，任国を領土化していった。アー国ごとに守護，荘園・公領ごとに地頭を置いた。イー守護ではなく，国司の説明。エー駿河の今川義元，甲斐の武田信玄などは守護大名が成長して戦国大名になったものである。

問5　かな文字が成立したのは平安時代。平安時代に成立した古今和歌集はかな文字が使われているが，奈良時代に成立した日本書紀，風土記，古事記では，かな文字は使用されていない。漢字のみである。

やや難　問6　①は江戸幕府，②は朝廷が発布した法令で，それぞれ日本全体を統一的に支配する中央政権が存在していたことが伺える。一方，③は戦国大名がそれぞれの領国に対し発布した法令，④は御成敗式目について説明している文章である。④からは，鎌倉幕府の発布した御成敗式目と，朝廷の発布した法令である律令が同時に存在していたことが伺える。

[問題4]　(日本と世界の歴史－統計を題材にした歴史)

問1　(1)　アは1874年，イは1938年，ウは1837年，エは1910～11年，オは1790年。　(2)　下線部①の戦争は，第一次世界大戦(1914～1918年)。アー二十一カ条の要求は1915年。オー第一次世界大戦の講和会議であるパリ講和会議は1919年に開かれた。パリ講和会議における日本の首席全権は西園寺公望。イ・エー第二次世界大戦の説明。ウー三国同盟と三国協商が逆。カーニューヨークではなく，ジュネーブ。　(3)　イー「欧米列強の状況を見ると，皆各種統計を整備し，常に容易周到に計画を立てている。」などの記述に注目する。ウー「領土生まれの民なるか余所の国より来た人か」という記述に注目する。アー『「税金」「戸籍」「犯罪」や「財産」などにかかわらぬ』という記述に注目する。エー資料Ⅲ中のAは農業である。オー資料Ⅲ中のBは工業である。

基本　問2　aは2015年，bは1975年，cは1955年。

問3　甘藷(さとうきび)の生産が多いことから台湾と考えられる。なお，Cは朝鮮，Eは樺太。

問4　バブル経済は1986～91年にかけての好景気。超低金利が長く続き，過剰資金が投機目的で株式や土地に集中して，これらの価格を異常につり上げ，経済が実体以上に泡(バブル)のように膨張した。1989年以降日銀が金融引締めに転じたため，株価や地価が急落し，バブルは崩壊した。

[問題5]　(公民－日本国憲法，選挙制度など)

やや難　問1　(1)　日本国憲法第24条は，家族関係における夫婦の平等，両性の本質的平等を定め，男女にかかわらず，すべての人間の尊厳が認められなければならないことを明記している。　(2)　未成年者が婚姻する場合，父母どちらかの一方の同意が必要である。父母両方の同意は求められていない。　(3)　女性差別撤廃条約は，男女平等の社会的な実現を目指して，1979年，国連総会で採択された条約。締約国に，女性差別を禁止する立法や適切な措置をとることを求め，1981年に発効した。

問2　a：70代以上では，1958年の方が多い。b：いずれの年齢層でも，2013年の方が多い。c：

2020年2月現在，インターネットでの投票は実現していない。d：インターネット等を利用した選挙運動は，すでに認められている。e：現在は，期日前投票が可能となっている。

問3　有権者が選挙権を行使する場合，その投票権の価値が平等である選挙を，平等選挙という。何らかの特別な資格をもつ場合に，1人2票以上の権利を認められている場合には，差別選挙という。

［問題6］（公民－商品の価格形成，環境問題など）

問1　A：X(300円＋100円)＋Y(300円＋100円)＝800円。B：X(100円)＋Y(400円＋100円)＝600円。C：X(300円)＋Y(300円)＝600円。D：Xさんのハンバーガーの留保価格である300円。E：Yくんのジュースの留保価格である150円。F：X(300円＋150円)＋Y(300円＋150円)＝900円。G：X(500円)＋Y(500円)＝1000円。

問2　(1)　時間帯による「売れ筋商品」が把握できるので，商品ごとの搬入の時間を適切に設定することにより，売れ残りや売り切れを回避することが可能となる。　(2)　ポイントカードを使用することにより，消費者は店側に個人情報を提供していることになる。

問3　(1)　環境基本法は，環境保全に関する施策の基本を定めた法律。1993年，公害対策基本法に代わって制定された。従来の公害対策だけでなく，地球環境保全問題への対応をも含んでいる。　(2)　SDGsは，Sustainable Development Goalsの略称で，日本語では「持続可能な開発目標」と訳す。2015年9月の国連サミットで採択された「持続可能な開発のための2030アジェンダ」にて記載された国際目標で，17のゴール，169のターゲットから構成されている。アは経済連携協定，イは政府開発援助，ウは国連平和維持活動，オは世界貿易機関。

★ワンポイントアドバイス★

商品の価格形成に関する出題がみられた。一見難しそうに思えるが，順番に問題を解いていけば，正解できる問題。あわてないことが大切である。

＜国語解答＞《学校からの正答の発表はありません。》

〔問題一〕　問一　(例)　他者に成り代わって声を発すること。　問二　ウ

問三　(例)　・自分の言いたい言葉に言い換えられない点。　・思ってもいないことを言わなければならない点。　問四　生命　問五　イ

問六　(例)　内容を伝えること　問七　教科書　問八　イ

問九　(例)　漢字と仮名による表記。　問十　a　一説　b　痛快　c　支障

〔問題二〕　問一　a　ア　b　イ　問二　ア　問三　(例)　自分が泊まっているホテルの悪口を言った後，急に休みたいと言って腰を下ろす自分勝手な松平に対していらだちをおさえている。　問四　ウ　問五　エ　問六　(例)　松平に勝ったという気持ちが失われていった。　問七　エ

○推定配点○

〔問題一〕　問十　各1点×3　他　各3点×11

〔問題二〕　問一　各1点×2　問三　7点　他　各3点×5　計60点

＜国語解説＞

〔問題一〕（論説文─内容吟味，文脈把握，脱文・脱語補充，漢字の読み書き）

問一　直後の文の「己の身体の自由を失うこと」や，前後の段落で挙げられている「碑文を読む者」の例に着目する。設問では「具体的にどうすることか」と聞かれているので，直後の段落の語を用いて，他者に成り代わって声を発することなどとまとめる。

問二　本文後の注釈から「アテレコ」の意味を確認しておく。同じ段落の「自分ではしゃべることのできない墓に成り代わって，声を発している。しかも，現代ならば『これはグラウコスの墓である』と無生物主語で記すところ，当時は『私は』と一人称で記すのが普通だった」に着目する。「私はグラウコスの墓である。」と読み上げられるのを聞いて，「そこに居合わせた人々」はグラウコスの墓がしゃべっているかのように聞いていたということだとわかる。

問三　筆者は，音読を自分の自由にならない「奴隷的な行為」とし，自身を「音読に苦しんできた身」としている。「苦しんできた」理由について，一つ後の段落で「音読が苦しい理由は二つある」と述べており，この二つの理由によって，筆者は音読を「奴隷的な行為」としている。「音読が苦しい理由は」で始まる段落に，一つは「『言い換え』ができないこと」とある。ここから，自分の言いたい言葉に言い換えられない点が「奴隷的」であるとわかる。二つ目の「苦しい理由」については，「もう一つの理由は」で始まる段落に，「『思ってもいないことを言う』つらさ」と述べている。「自分のなかで起こっているうごめきを押し殺して，決められた言葉を体から出す，ということをしなければならない」という説明を参考にしながら，思ってもいないことを言わなければいけない点，などとまとめる。「手枷や足枷をはめられているような気分」が，筆者の「奴隷的」という感覚に通じていることも確認する。

基本　問四　「いのち」の言い換えにあたる二字の言葉を考える。

問五　傍線部④の「快感」を，直後の段落で「『自分の体の思い通りにならなさ』を忘れられるユートピアのような瞬間」と表現している。その後の「他者の言葉に身を任せ，言うべき音を機械的に体から出していけばいい……自分の体を明け渡すことが，解放にもなる」から，「音読がむしろ快感だった」とする理由を読み取る。

やや難　問六　B を含む段落の内容から，吃音者である「彼」が，全員が教科書を持っているのだから「少しくらい自分の発音がまずくても，書いてあるのだから大丈夫だろう，と思える」のは，「音読の目的」がどうすることだと考えているからなのかを探る。「彼」は，「教科書に書かれているとおりに読むこと」ではなく，教科書に書かれている内容を伝えることを「音読の目的」にしていると推察する。十字以内という指定字数に合うようにまとめる。

問七　傍線部⑤は，同じ段落の「全員が教科書を持っている」状況で，吃音者である「彼」が音読をする場合を喩えて表現している。音読する言葉が書かれている「教科書」が，「彼」の音読を聞く人にとって「字幕」のような役割を果たしている。

問八　直前の文の「程度の差こそあれ，吃音でない人の多くにとっても，言葉と体の関係は一筋縄ではいかないはずだ」を踏まえて，筆者は「しゃべれるほうが，変。」という言葉を掲げている。「一筋縄ではいかない」が，普通のやり方ではなかなか思いどおりにいかないという意味であることから，筆者は，身体をうまく操って言葉を発することができる方が「変」で，言葉を発することは誰でもできるのが当たり前だとする前提はおかしいと考えていることが読み取れる。

重要　問九　ひらがなの五十音が繰り返し書かれているものは，波線部の直後の文の「スペースなしで文字が続けて書かれていた」ことをイメージしやすくするためのものである。波線部と同じ段落に「語の切れ目を把握するためには，声に出して読む必要があった」「書かれた文字から意味を取り出すためには，音読が必須」とあり，書かれた文字から意味を取り出すためには，語の切れ目を把握することが必要だとわかる。日本語において黙読がしやすくなっているのは語の切れ目を把握しやすいためで，それが日本語のどのような特徴によるものかを考える。日本語の文章は，漢字とひらがなやカタカナという仮名によって表記されることで語の切れ目が把握しやすく，このことが黙読のしやすさに通じている。この内容を，「スペース」「句読点の記号」という例に準じて，一行に簡潔にまとめる。

問十　a　別の説。文章や音楽の区切りを意味する「一節」と区別する。　b　胸がすっとするほど気持ちがよいこと。「痛」の訓読みは「いた(む)」，「快」の訓読みは「こころよ(い)」。

c　さしさわり。「支」の訓読みは「ささ(える)」，「障」の訓読みは「さわ(る)」。

〔問題二〕（小説―情景・心情，内容吟味，文脈把握，語句の意味）

問一　a「向こう」を見ない，と考える。結果がどうなるかを考えないで行動する様子を意味する。　b「毒気」は「どくけ」と読む。前の「むきになりかけていた真帆」が，「おとなしく隣に座った」という様子にふさわしい意味を選ぶ。

問二　直前の「お客さんが満足してるんだから，いいじゃないですか？何度も繰り返し来てくれるひとも多いみたいだし」という真帆の言葉は，ホテルをあざといとこきおろす松平に対して，ホテルをかばって言うものである。傍線部①からは，前の「ホテルなんで基本的に安心して眠れればそれでいい」「あおってるほうが問題だね。いりもしないものをごてごてくっつけて，あんなとんでもない値段をふっかけて」という松平の言葉のせいで，真帆が腹を立てている様子が読み取れる。「島」ではなく「ホテル」をかばっているので，イは適切ではない。

や難　問三　「舌打ち」はいらだたしさを表すしぐさであることから，広海はいらだちをおさえているとわかる。直前の「つくづく自分勝手なばあさんだ」から，広海が誰のどのような態度に対していらだっているのかを加えてまとめる。

問四　広海が「松平から目をそらしたきっかけ」となったのは，直前の「運とか好意とか，そういう不確かなものにばっかり頼ってないで，自分だけでうまくやりたかった」という松平の言葉である。続く「他人の力を借りて，自分で成功した気になって……それなら失敗したほうがまだいい」という言葉の後で，「どうしてこんなにいらいらするのか，自分でもわからない。広い外の世界に出て誰の力も借りずに勝負したいというのは，まさに広海の願いでもあるのに」と広海の心情を述べている。この心情を述べているものを選ぶ。

問五　傍線部④「お面を脱ぐように」は，松平の本心が現れる様子を表現している。松平は，真帆に生まれ故郷の島に帰ってきた感想を聞かれても「別に，なにも」と「泰然と落ち着き払ってい」たが，広海の「なんで，ぴりぴりしてるんですか？」「結局はこだわってるんじゃないですか」という問いかけに「口もとがこわば」り「柔和な表情が消えた」とある。傍線部④の直後の「にらみつけてくる視線」からも，松平が警戒心を強めたことがうかがえる。

や難　問六　直前の段落の「勝った，と広海は思った。晴れやかな気分で松平を見下ろす」から，広海の「ふくらんだ気持ち」がどういう気持ちなのかを読み取る。その気持ちが「するするとしぼんだ」というのであるから，勢いを失われていったなどとまとめる。

重要　問七　「現実は，ドラマのようにはいかないのだ」で始まる段落で，広海が「簡単に予測できる安易なドラマ性を心中で否定している」が，「読者に問題の深刻さ」を伝えるものではない。したがって，適切でないのはエ。

★ワンポイントアドバイス★

読解文，小説ともに，文脈を正確に読み取った上で簡潔にまとめることが問われている。ふだんから筆者の考えや人物の心情を簡潔にまとめる練習を重ねておこう。

MEMO

大切なことはメモしておこうネ！

解答用紙集

○月×日 △曜日 天気(合格日和)

◆ご利用のみなさまへ

＊解答用紙の公表を行っていない学校につきましては、弊社の責任において、解答用紙を制作いたしました。

＊編集上の理由により一部縮小掲載した解答用紙がございます。

＊編集上の理由により一部実物と異なる形式の解答用紙がございます。

人間の最も偉大な力とは、その一番の弱点を克服したところから生まれてくるものである。──カール・ヒルティ──

東京学参株式会社

筑波大学附属高等学校　2024年度

◇数学◇

※ 152％に拡大していただくと，解答欄は実物大になります。

（注意）　解答用紙には，解答，受検番号のほかは記入してはいけません。
円周率を必要とする計算では，円周率は π で表しなさい。

問題1	（1）	①						
		②−ア			②−イ			
	（2）	③−ア			③−イ			
	（3）	④						
問題2	（1）	⑤−ア	m		⑤−イ			m
	（2）	⑥						m
	（3）	⑦−ア	m		⑦−イ			m
	（4）	⑧−ア	m	⑧−イ	m	⑧−ウ		m
問題3	（1）	⑨						
	（2）	⑩−ア	△		⑩−イ	△		
	（3）	⑪						
	（4）	⑫−ア			⑫−イ			

問題4	（1）	⑬	cm^2		
	（2）	⑭	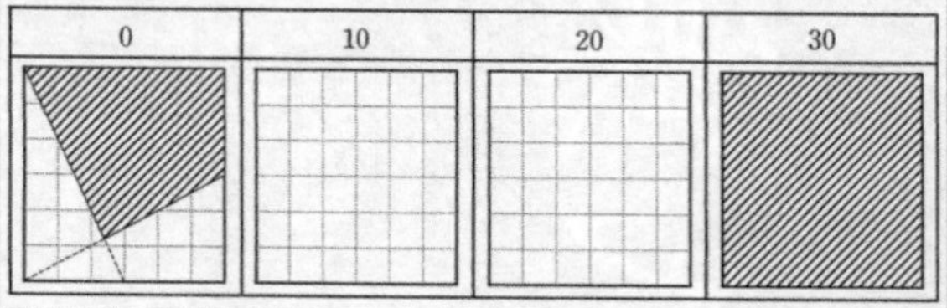		
	（3）	⑮	cm^3		
問題5	（1）	⑯−ア	$t=$	⑯−イ	$a=$
	（2）	⑰−ア	$u=$	⑰−イ	$u=$
	（3）	⑱	m		

筑波大学附属高等学校　2024年度

◇英語◇

※ 164%に拡大していただくと，解答欄は実物大になります。

〔問題1〕

(1)　(2)　(3)　(4)　(5)　(6)

〔問題2〕

(問1)　(1-A)　(1-B)　(1-C)　(問2)

(問3)

(問4)　(問5)

(問6)　(6-A)　(6-B)　(6-C)　(6-D)　(問7)

(問8)　(問9)　①　②

〔問題3〕

(問1)　(問2)

(問3)　?

(問4)　(問5)　妖　精　に

(問6)　(問7)　(問8)

(問9)　①　②　③　④

〔問題4〕

(1)

(2)

(3)

(4)

筑波大学附属高等学校　2024年度

◇理科◇

※ 145%に拡大していただくと，解答欄は実物大になります。

〔問題１〕

A	(1)	(記号)	
		(根拠)	30
	(2)	km/時	
	(3)	気温 / 湿度 / 気圧 / 天気	
B	(4)	① / ②	
	(5)		

〔問題２〕

(1)	
(2)	ア / イ / ウ / エ / オ
(3)	
(4)	
(5)	

〔問題３〕

(1)	
(2)	A / B / C / D / E
(3)	(記号) (反応式)
	(記号) (反応式)
(4)	(密度) (略称)
(5)	

〔問題４〕

(1)	① / ② / ③ / ④
(2)	
(3)	
(4)	
(5)	

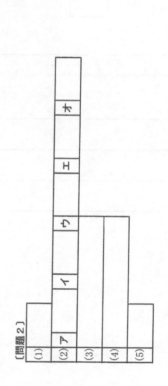

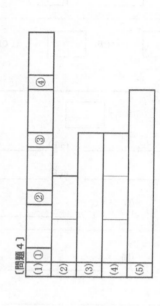

筑波大学附属高等学校　2024年度

◇社会◇

※ 149％に拡大していただくと，解答欄は実物大になります。

［問題１］

問1		問2			問3		問4	

問4	

［問題２］

問1		問2		問3	

［問題３］

問1	(1)		(2)	

問2	(1)		(2)	

(3)		(4)	

［問題４］

問1		問2	A		B		C	

問3		問4		問5		問6	→ →

［問題５］

問1		問2	A		B	

C		問3			問4		問5	

［問題６］

問1		問2		問3	(1)	A		B		C		D		E		F	

X		(2)	

筑波大学附属高等学校　２０２４年度

◇国語◇

※１３３％に拡大していただくと、解答欄は実物大になります。

（注意）解答用紙の一行の枠には、二行以上書いてはいけません。

〔問題一〕

問一

問二

問三

問四

問五

問六

問七

問八　a　b　c　ねる

〔問題二〕

問一

問二

問三　〜

問四

問五

問六

問七　a　b　c

筑波大学附属高等学校　2023年度

◇数学◇

※ 127%に拡大していただくと，解答欄は実物大になります。

（注意）　円周率を必要とする計算では，円周率は π で表しなさい。

問題1	(1)	①	b =
		②	MK－NL =
	(2)	③	NL =
	(3)	④	(ア)　(イ)　(ウ)　(エ)　いずれかに○をすること。 理由：

問題2	(1)	⑤	倍		
	(2)	⑥	AR = cm		
	(3)	⑦-ア		⑦-イ	

問題3	(1)	⑧	km		
	(2)	⑨	km		
	(3)	⑩-ア	午後　時	⑩-イ	分

問題4	(1)	⑪	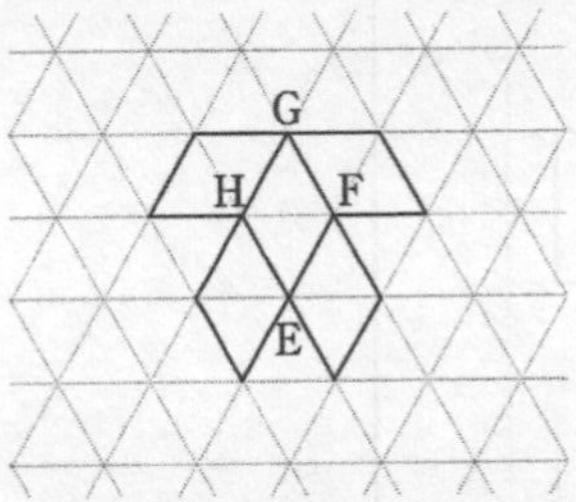
	(2)	⑫	CE = cm
	(3)	⑬	cm^2

問題5	(1)	⑭	
	(2)	⑮	
	(3)	⑯	

※ 161％に拡大していただくと，解答欄は実物大になります。

〔問題1〕

(1)　(2)　(3)　(4)　(5)　(6)

〔問題2〕

（問１）

（問２）　（問３）　（問４）

（問５）馬 は 人 の

（問６）　→　→　→　（問７）

（問８）(8-A)　(8-B)　(8-C)　(8-D)　（問９）

〔問題3〕

（問１）　（問２）

（問３）

（問４）　（問５）(5-A)　(5-B)

（問６）　（問７）

（問８）　（問９）

〔問題4〕

(1)

(2) I know it's impossible, but .

(3)

(4)

筑波大学附属高等学校　2023年度

◇理科◇

※ 154%に拡大していただくと，解答欄は実物大になります。

〔問題１〕

(1)

(2)

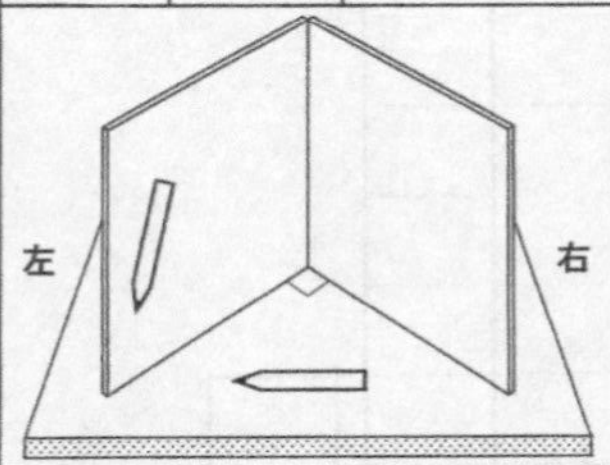

(2) ② a　b　c

(3) ①

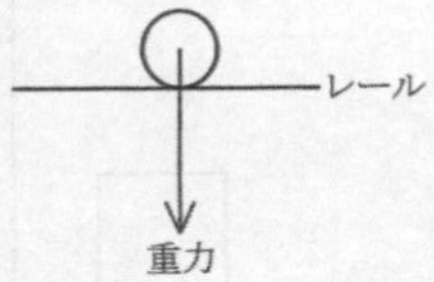

(3) ③ (記号)

(理由)

〔問題２〕

(1) A　B　C

(2)

(3) ①　②　③

(4) ④

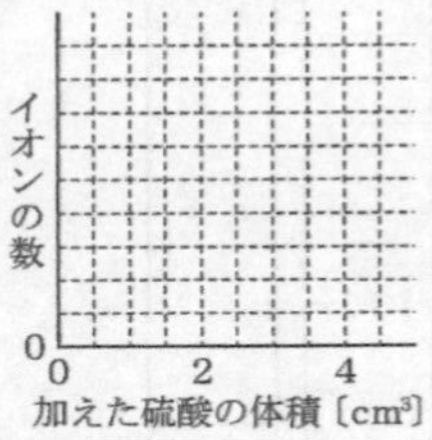

⑤

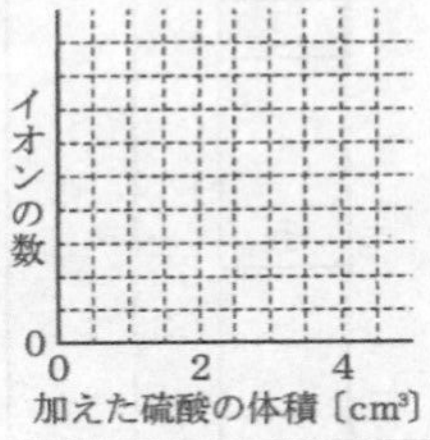

(5) D　E

〔問題３〕

(1)

(2) ①　②　③

(3) ①　②

(4) ①

② (実験)

(結果)

③

〔問題４〕

(1) ①　②　③　(2)　°

(3)　%　(4)　km

(5) ①　°

② (気温差)

(理由)

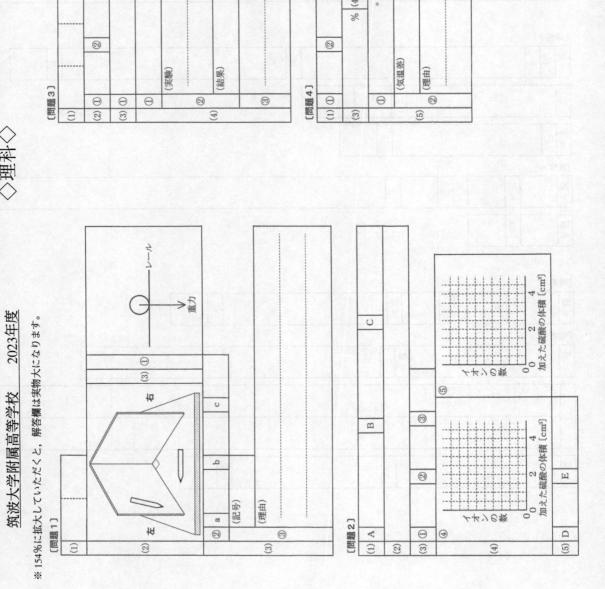

筑波大学附属高等学校　2023年度　◇社会◇

※ 154%に拡大していただくと，解答欄は実物大になります。

［問題１］

問1	(1)			(2)	問2	

問3	地図		理由	

［問題２］

問1		問2		問3	

問4	

［問題３］

問1	(1)	A		B		(2)	

(3)		(4)		(5)	

問2	(1)		(2)	

［問題４］

問1		問2		問3	(1)		(2)	

問4		問5	

［問題５］

問1	(1)		(2)		(3)		問2	(1)		(2)	

［問題６］

問1	パック	問2	(1)	経子さん　円	済くん　円

(2)	

問3	ア		イ	委員会	問4	

◇国語◇

筑波大学附属高等学校　2023年度

※133%に拡大していただくと、解答欄は実物大になります。

（注意）解答用紙の一行の枠には、二行以上書いてはいけません。

〔問題一〕

問一	問二	問三 (1)	問三 (2)	問四	問五	問六 a	問六 b	問六 c	問六 d
		20 / 40							

〔問題二〕

問一	問二	問三	問四	問五	問六	問七	問八 a	問八 b	問八 c
				15 / 20					

筑波大学附属高等学校　2022年度

◇数学◇

※ 145%に拡大していただくと，解答欄は実物大になります。

問題1	(1)	①	〈18〉=	
	(2)	②	$n=$	
	(3)	③		個
	(4)	④	$n=$	
問題2	(1)	⑤	BC =	cm
	(2)	⑥	BD =	cm
	(3)	⑦		cm^2
問題3	(1)	⑧	時速	km
	(2)	⑨-ア	秒　⑨-イ	秒未満
	(3)	⑩		秒後
問題4	(1)	⑪	$x=$	
	(2)	⑫		cm^2
	(3)	⑬		cm^3

問題5	(1)	⑭	点
	(2)	⑮	点
	(3)	⑯	あり得る　あり得ない (理由)
	(4)	⑰	

筑波大学附属高等学校　2022年度

◇英語◇

※ 164％に拡大していただくと，解答欄は実物大になります。

〔問題1〕

(1)　(2)　(3)　(4)　(5)　(6)

〔問題2〕

（問１）

（問２）

（問３）

（問４）　（問５）

（問６） Well, ( ) ( ) not ( ) me anymore

（問７）　（問８）　（問９）

〔問題3〕

（問１）　（問２）　（問３）　（問４）

（問５）　（問６）　(6-A)　(6-B)

（問７）

（問８）

（問９）　（問１０）

〔問題4〕

(1)

(2)

(3)

(4) Yes, but

筑波大学附属高等学校　2022年度

◇理科◇

※ 137%に拡大していただくと，解答欄は実物大になります。

〔問題１〕

(1)	N	(2)	N	(3)	P	cm	Q　cm

〔問題２〕

(1)		(2)		(3)	

〔問題３〕

(1)				
(2)				
(3)	①	②	③	④

〔問題４〕

(1) ①

②

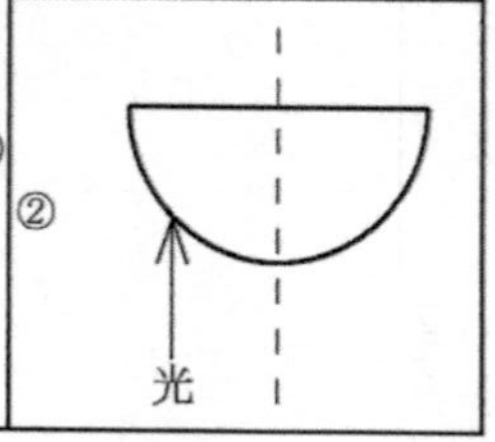

(2)	図	文
(3)		

〔問題５〕

(1)				(2) ①	②
(3) ①	②	③	(4) X	Y	

〔問題６〕

(1)		(2)	

(3)

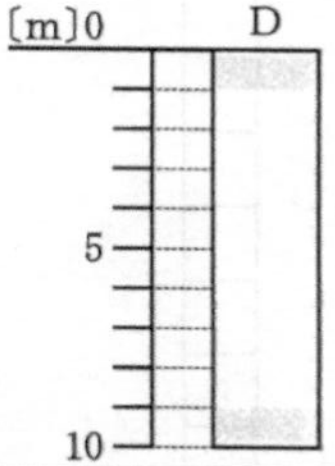

〔問題７〕

(1)				
(2)		(3) 質量　g	体積　mL	

〔問題８〕

(1) X	Y	(2)	
(3)	(4) ビーカー	生物群	

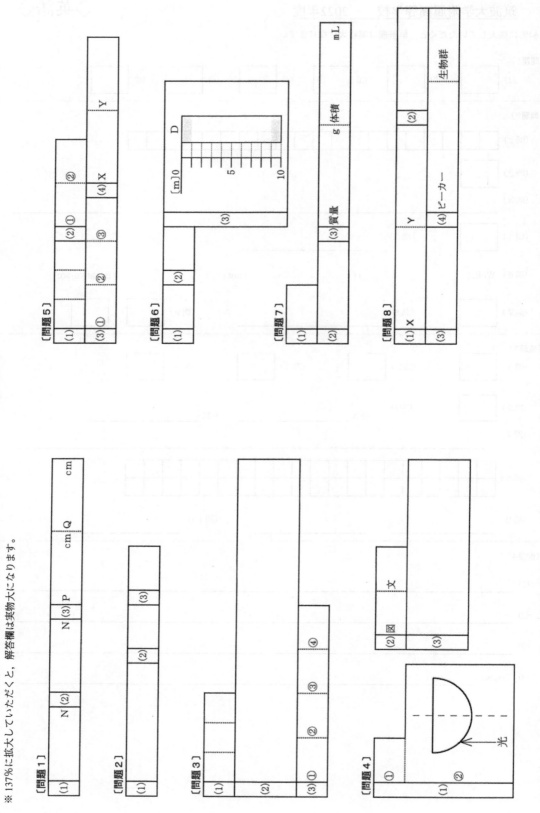

筑波大学附属高等学校　2022年度

◇社会◇

※ 159％に拡大していただくと，解答欄は実物大になります。

［問題１］

問1		問2	A		B		問3

問4	C		D	

［問題２］

問1		問2		問3		問4	(1)	

問4	(2)	

［問題３］

問1	(1)			(2)		(3)	

問2	(1)		(2)	→ → →

問3	(1)	A		B		C	

問3	(2)	D		E	

［問題４］

問1		問2		問3	(1)	(2)	

問4		問5			

［問題５］

問1	A	万人	B		問2		問3		問4	

問5	P		Q	%	R 万人

問5	S	

［問題６］

問1	万円	問2		問3		問4	

問5		問6	

問7	F		G		H	

2022年度

筑波大学附属高等学校

※130%に拡大していただくと、解答欄は実物大になります。

解答用紙の一行の枠には、二行以上書いてはいけません。

◇国語◇

〔問題一〕

問一 A B

問二

問三

問四 20 80

問五 20 25

問六

問七 a b c d

〔問題二〕

問一

問二

問三

問四 A ～ B ～

問五

問六

問七

問八 a b

筑波大学附属高等学校　2021年度

◇数学◇

※ 156%に拡大していただくと，解答欄は実物大になります。

問題1	（1）	①			
問題1	（2）	②-ア	$a=$	②-イ	$c=$
問題2		③-ア		③-イ	
問題2		④			
問題2		⑤			
問題2		⑥			
問題2		⑦-ア	（　　）	⑦-イ	（　　）
問題2		⑧			
問題3	（1）	⑨			
問題3	（2）	⑩-ア	$n=$	⑩-イ	本
問題4	（1）	⑪	本		
問題4	（2）	⑫	線分		
問題4	（3）	⑬	点		
問題4	（4）	⑭	線分		

問題5	（1）	⑮	CF＝　　cm
問題5	（2）	⑯	AB＝　　cm
問題5	（3）	⑰	

◇英語◇

※ 165%に拡大していただくと，解答欄は実物大になります。

〔問題1〕

(1)　(2)　(3)　(4)　(5)　(6)

〔問題2〕

（問１）　（問２）　（問３）　（問４）　（問５）

（問６）

（問７）　(7-A)　(7-B)

（問８）　（問９）　（問１０）

〔問題3〕

（問１）

（問２）

（問３）　（問４）　（問５）　（問６）

（問７）　（問８）　（問９）

（問１０）

〔問題4〕

(1)

(2)

(3)

(4)

筑波大学附属高等学校　2021年度

◇理科◇

※ 144%に拡大していただくと，解答欄は実物大になります。

〔問題１〕

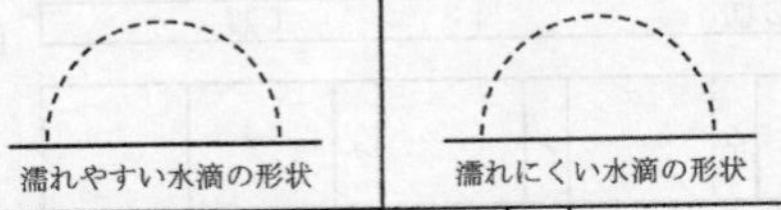

(1)			
(2)		(3)	(4)

〔問題２〕

(1)	ア	イ	
(2)	①	A → → → → →	
	②		
(3)			

〔問題３〕

(1)	秒速　m	(2)	(3)	(4)

〔問題４〕

(1)	a	b	(2)	(3)

〔問題５〕

(1)	Ω	(2)　：	(3)　秒後
(4)			

〔問題６〕

(1)	%	(2)	(3)
(4)			

〔問題７〕

(1)	A	B	(2)
(3)			
(4)	記号		
	理由		

〔問題８〕

(1)			
(2)		(3) 番号	名称
(4)			

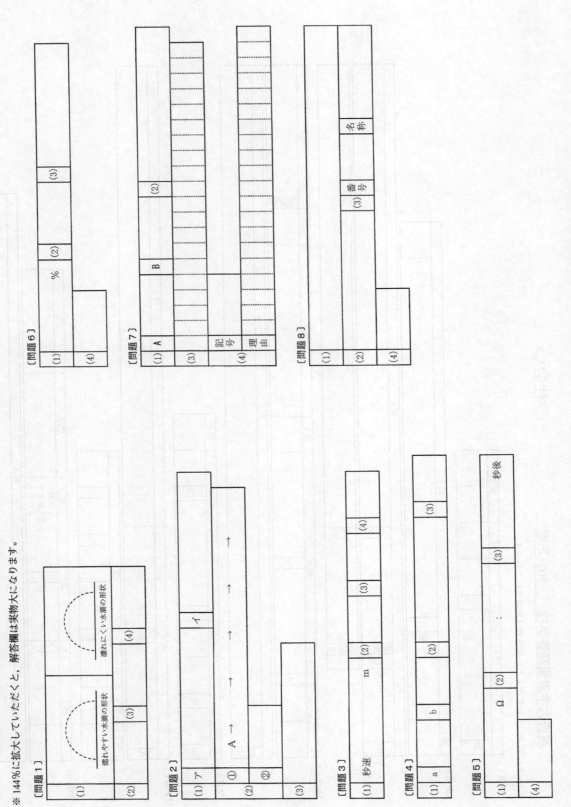

筑波大学附属高等学校　2021年度

◇社会◇

※ 154％に拡大していただくと，解答欄は実物大になります。

[問題１]

問１				問２	問３
(1)	→ →	(2)			

[問題２]

問１	問２				問３
	(1)	軸	(2)		

問４					
(1)	型	(2)	客層1	理由	
		(2)	客層2	理由	

[問題３]

問１		問２				問３	問４	問５	問６	
		a		b			→ → →		出来事	

問６	
説明	

[問題４]

問１				問２	問３				問４
(1)		(2)			(1)		(2)		

[問題５]

問１				問２
A		B		

問３	問４	問５									
		ア		イ		ウ		エ		オ	

[問題６]

問１			問２				問３	問４	問５
			Aさん	個	Bさん	個	下欄に記入すること		法

問３

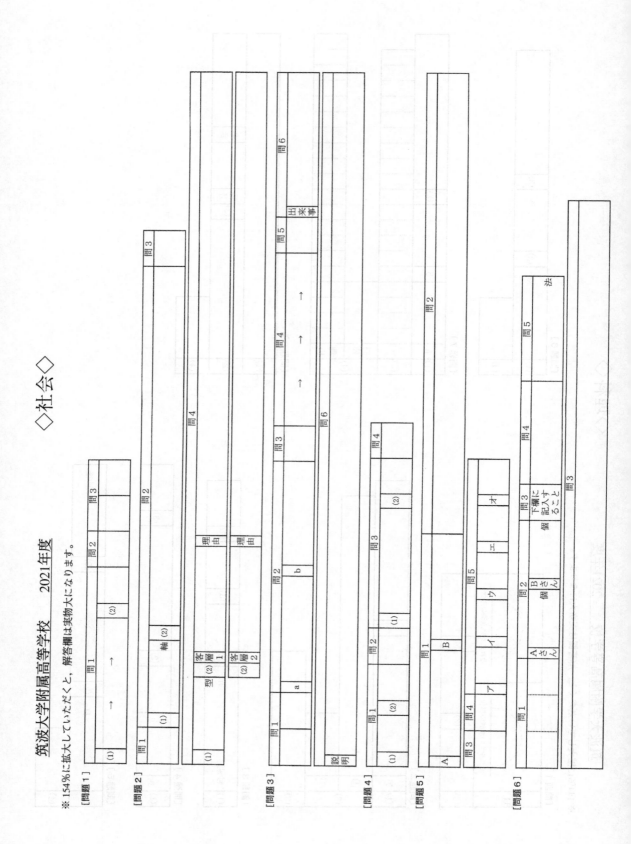

筑波大学附属高等学校　2021年度

※138%に拡大していただくと、解答欄は実物大になります。

解答用紙の一行の枠には、二行以上書いてはいけません。

◇国語◇

〔問題一〕

問一　～

問二

問三

問四

問五

問六　15　40

問七

問八　a　b　c　d

〔問題二〕

問一

問二　あ、い　え　12　30

問三

問四

問五

問六

問七　15　30

問八

問九　a　b

筑波大学附属高等学校　2020年度

◇数学◇

※143%に拡大していただくと，解答欄は実物大になります。

問題1	(1)	①-ア	個	①-イ	
		②			
	(2)	③	$a =$		
問題2	(1)	④	$x =$		
	(2)	⑤			回
	(3)	⑥			
問題3	(1)	⑦			
	(2)	⑧			倍
	(3)	⑨			cm^2
問題4	(1)	⑩	$r =$		cm
	(2)	⑪-ア	辺	⑪-イ	cm
	(3)	⑫			倍

問題5	(1)	⑬	$n =$
	(2)	⑭	$(m, n) =$

筑波大学附属高等学校　　2020年度　　◇英語◇

※164％に拡大していただくと，解答欄は実物大になります。

〔問題1〕

(1)　(2)　(3)　(4)　(5)　(6)

〔問題2〕

（問１）　（問２）

（問３）　（問４）

（問５）　（問６）　（問７）　（問８）

（問９）　①　②

③　④

〔問題3〕

（問１）　（問２）

（問３）

（問４）　（問５）　（問６）

（問７）

（問８）　（問９）　（問１０）

〔問題4〕

(1)

(2)

(3)

(4)

筑波大学附属高等学校　2020年度

◇理科◇

※127％に拡大していただくと，解答欄は実物大になります。

〔問題１〕

(1)	①		②		(2)	
(3)	度					

〔問題２〕

(1)	Ω	(2)		(3)		(4)	

〔問題３〕

(1)					
(3)					
(4)					
(2)					

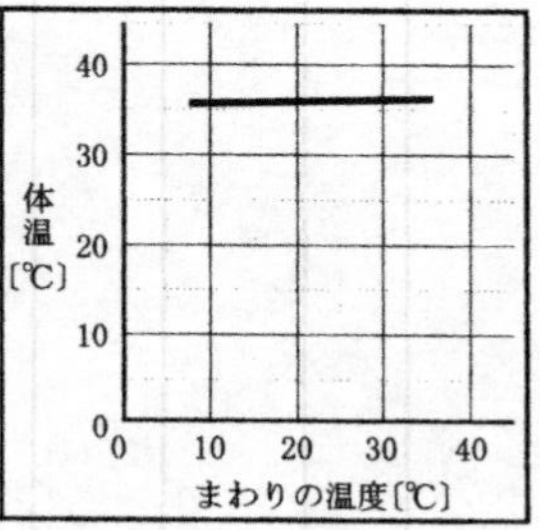

〔問題４〕

(1)	①		②		③		(2)	④		⑤		⑥	
(3)													
(4)													

〔問題５〕

(1)		(2)			(3)		

〔問題６〕

(1)	m/秒	(2)		(3)		(4)	①		②	

〔問題７〕

(1)	A		B		C		
(2)		(3)					
(4)					E		

〔問題８〕

(1)		(2)	:	(3)	
(4)	g				

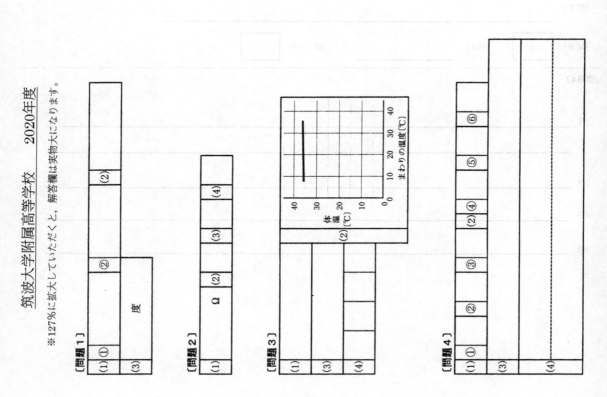

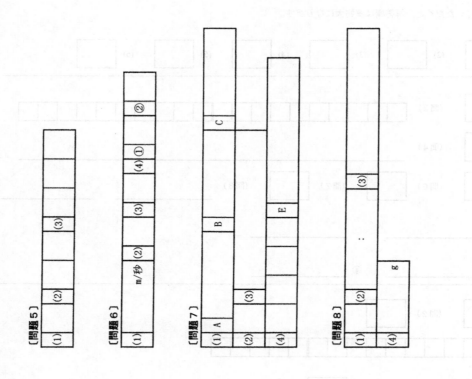

筑波大学附属高等学校　2020年度

◇社会◇

※137%に拡大していただくと，解答欄は実物大になります。

［問題１］

問１	問２	問３	問４		
			⑴	⑵ X	Y

［問題２］

問１	問２	問３	問４

［問題３］

問１	問２	問３	問４	問５
時代　→　時代　→　時代　→　時代				

問６		
C	D	E

［問題４］

問１				問２	問３	問４
⑴ B	C	⑵	⑶			

［問題５］

問１			
⑴ A	B	⑵	⑶

問２					問３
a	b	c	d	e	

［問題６］

問１						
A　円	B　円	C　円	D　円	E　円	F　円	G　円

問２		問３	
⑴	⑵	⑴	⑵

筑波大学附属高等学校　２０２０年度

※１２３％に拡大していただくと、実物大になります。

◇国語◇

〔問題一〕

問一

問二

問三

問四

問五

問六

問七

問八

問九

問十　a　b　c

〔問題二〕

問一　a　b

問二

問三　15　60

問四

問五

問六

問七

MEMO

大切なことはメモしておこうネ！

MEMO

大切なことはメモしておこうネ！

MEMO

大切なことはメモしておこうネ！

～公立高校志望の皆様に愛されるロングセラーシリーズ～

公立高校入試シリーズ

・全国の都道府県公立高校入試問題から良問を厳選
　※実力錬成編には独自問題も！
・見やすい紙面、わかりやすい解説

数学

合格のために必要な点数をゲット

目標得点別・公立入試の数学　基礎編

- 効率的に対策できる！　30・50・70点の目標得点別の章立て
- web解説には豊富な例題167問！
- 実力確認用の総まとめテストつき

定価：1,210 円（本体 1,100 円 + 税 10%）／ ISBN：978-4-8141-2558-6

応用問題の頻出パターンをつかんで80点の壁を破る！

実戦問題演習・公立入試の数学　実力錬成編

- 応用問題の頻出パターンを網羅
- 難問にはweb解説で追加解説を掲載
- 実力確認用の総まとめテストつき

定価：1,540 円（本体 1,400 円 + 税 10%）／ ISBN：978-4-8141-2560-9

英語

「なんとなく」ではなく確実に長文読解・英作文が解ける

実戦問題演習・公立入試の英語　基礎編

- 解き方がわかる！　問題内にヒント入り
- ステップアップ式で確かな実力がつく

定価：1,100 円（本体 1,000 円 + 税 10%）／ ISBN：978-4-8141-2123-6

公立難関・上位校合格のためのゆるがぬ実戦力を身につける

実戦問題演習・公立入試の英語　実力錬成編

- 総合読解・英作文問題へのアプローチ手法がつかめる
- 文法、構文、表現を一つひとつ詳しく解説

定価：1,320 円（本体 1,200 円 + 税 10%）／ ISBN：978-4-8141-2169-4

理科

短期間で弱点補強・総仕上げ

実戦問題演習・公立入試の理科

- 解き方のコツがつかめる!　豊富なヒント入り
- 基礎～思考・表現を問う問題まで
  重要項目を網羅

定価：1,045 円（本体 950 円 + 税 10%）
ISBN：978-4-8141-0454-3

社会

弱点補強・総合力で社会が武器になる

実戦問題演習・公立入試の社会

- 基礎から学び弱点を克服!　豊富なヒント入り
- 分野別総合・分野複合の融合など
  あらゆる問題形式を網羅
  ※時事用語集を弊社HPで無料配信

定価：1,045 円（本体 950 円 + 税 10%）
ISBN：978-4-8141-0455-0

国語

最後まで解ききれる力をつける

形式別演習・公立入試の国語

- 解き方がわかる!　問題内にヒント入り
- 基礎～標準レベルの問題で
  確かな基礎力を築く
- 実力確認用の総合テストつき

定価：1,045 円（本体 950 円 + 税 10%）
ISBN：978-4-8141-0453-6

〈ダウンロードコンテンツについて〉

本問題集のダウンロードコンテンツ、弊社ホームページで配信しております。現在ご利用いただけるのは「2025年度受験用」に対応したもので、**2025年3月末日**までダウンロード可能です。弊社ホームページにアクセスの上、ご利用ください。

※配信期間が終了いたしますと、ご利用いただけませんのでご了承ください。

高校別入試過去問題シリーズ

筑波大学附属高等学校　2025年度

ISBN978-4-8141-2898-3

[発行所] 東京学参株式会社

〒153-0043　東京都目黒区東山2-6-4

書籍の内容についてのお問い合わせは右のQRコードから　⇒

※書籍の内容についてのお電話でのお問い合わせ、本書の内容を超えたご質問には対応できませんのでご了承ください。

2024年5月30日　初版